21世纪高等学校旅游管理专业本科教材

公共文化管理教程

主　编 ○ 晏　雄

副主编 ○ 解长雯　张　波　叶晓龙　范　朋　赵文炜

中国旅游出版社

前　言

全球化时代，由于"文化"被纳入国家战略范畴，以它为核心所衍生出的新国家利益成为包括发达国家与发展中国家在内的各国政府均极力维护的目标。政府不断赋予文化以新的使命，公共文化管理的性质也悄然发生着改变——从单纯的文化行政管理向文化战略管理演变。因此，公共文化管理既是管理科学和文化学相互交叉的一门重要学科，也是对文化管理学的细化。其更强调文化的公共属性，以及怎样发展好公共文化，服务于人民大众，进而推动政府职能转变；同时，公共文化管理的发展又能充实和丰富文化管理学的学科内容。

作为一门综合性交叉学科，学习公共文化管理须具备文化社会学、文化管理学、文化产业学、文化政策学等相关学科知识。为此，本书按照六大板块十二章的逻辑体系进行编排，以期为读者呈现较为完整的公共文化管理全貌。分别为第一板块：公共文化管理的历史沿革和基本概况（绪论、第一章 公共文化管理概述），第二板块：公共文化管理的重要抓手（第二章文化政策、第三章文化组织、第四章文化市场），第三板块：公共文化管理的主要类型（第五章公益性文化事业、第六章文化产业管理），第四板块：公共文化管理中国实践（第七章农村文化管理、第八章城市文化管理、第九章社区文化管理），第五板块：公共文化管理中的服务与保护（第十章公共文化服务、第十一章文化遗产保护），第六板块：国外公共文化管理经验（第十二章国外公共文化管理的实践）。

本书编写分工为：云南财经大学晏雄教授、南宁职业技术大学范朋副教授负责编写绪论、第一章；云南财经大学张波副教授负责编写第二章、第三章；云南财经大学解长雯博士负责编写第四章、第五章、第十二章；云南财经大学晏雄教授、史晨旭硕士、乔思琪硕士负责编写第六章、第七章、第八章、第九章；九江学院叶晓龙硕士负责编写第十章、第十一章。全书由晏雄教授负责总撰和策划，云南财经大学赵文炜博士负责总校对。云南财经大学赵玲岚、郭菊梅、师萌、杨宇婷、李灵睿、吴佳雪、梁明涛等参与了本书的编撰和校对。

由于作者水平有限，难免出现编写错误，欢迎各位读者批评指正！

感谢中国旅游出版社编辑老师的大力支持和辛勤工作！

晏　雄
2024 年 10 月
于云南财经大学安宁校区齐远楼

目 录

导 论 ··· 1
  第一节　中国文化管理的历史实践与特点 ······································· 1
  第二节　公共文化管理的主要知识框架和知识体系 ······················ 15

第一章　公共文化管理概述 ··· 21
  第一节　文化的含义、特点及功能 ·· 23
  第二节　公共文化管理的含义及内容 ·· 31
  第三节　公共文化管理的基本原则及方法 ···································· 42

第二章　文化政策 ··· 50
  第一节　文化政策概述 ··· 52
  第二节　文化政策过程 ··· 58
  第三节　中国文化政策的发展 ··· 66

第三章　文化组织 ··· 88
  第一节　中国共产党的文化管理组织 ·· 90
  第二节　文化行政组织 ··· 99
  第三节　文化产业组织 ··· 107
  第四节　文化事业组织 ··· 115
  第五节　群众文化组织 ··· 121

第四章　文化市场 ··· 131
  第一节　文化市场概述 ··· 133

第二节　文化市场分类 …………………………………………137
 第三节　文化市场规范 …………………………………………156
 第四节　文化市场管理手段及内容 ………………………………162

第五章　公益性文化事业 ……………………………………………168
 第一节　公益性文化事业概述 ……………………………………172
 第二节　公益性文化事业管理的内容 ……………………………186
 第三节　公益性文化事业管理的原则和方法 ……………………193

第六章　文化产业管理 ………………………………………………199
 第一节　文化产业概述 …………………………………………200
 第二节　文化产业管理概述 ……………………………………213
 第三节　我国文化产业管理现状及其改革 ………………………228

第七章　农村文化管理 ………………………………………………237
 第一节　农村文化管理概述 ……………………………………238
 第二节　我国农村文化管理的现状 ………………………………252
 第三节　加强我国农村文化建设与管理 …………………………264

第八章　城市文化管理 ………………………………………………272
 第一节　城市文化概述 …………………………………………274
 第二节　我国城市文化建设中存在的问题 ………………………281
 第三节　完善我国城市文化建设的措施 …………………………289

第九章　社区文化管理 ………………………………………………294
 第一节　社区与社区文化 ………………………………………297
 第二节　社区文化的类型与功能 …………………………………304
 第三节　社区文化事业的建设与管理 ……………………………306

第十章　公共文化服务 ………………………………………………317
 第一节　公共文化服务概述 ……………………………………319
 第二节　公共文化服务体系 ……………………………………328

  第三节 公共文化服务效能评估 ······ 335
  第四节 互联网时代的公共文化服务 ······ 345

第十一章 文化遗产保护 ······ 350
  第一节 文化遗产概述 ······ 351
  第二节 物质文化遗产保护 ······ 356
  第三节 非物质文化遗产保护 ······ 371
  第四节 文化遗产的利用 ······ 380

第十二章 国外公共文化管理实践 ······ 387
  第一节 国外公共文化管理的典型模式 ······ 388
  第二节 国外公共文化管理经验 ······ 391
  第三节 国外公共文化管理发展趋势 ······ 410

参考文献 ······ 416

导　论

> **【学习要点】**
> 1. 了解中国封建统治者文化管理活动的主要体现方面。
> 2. 熟悉文化专制主义概念及历代实践。
> 3. 熟悉中国古代文化管理特点及 20 世纪以来中国文化管理现状。
> 4. 掌握公共文化管理主要知识框架和知识体系的结构及内容。

第一节　中国文化管理的历史实践与特点

我国是一个有着五千年灿烂文化的文明古国。在漫长的古代社会，文化是以一种自由的、无序的状态逐渐发展的。当文化活动发展到一定规模时，国家对于文化的管理也就开始了。纵览我国古代文化管理的历史演变，可以看到以下几个具有规律性的特点[①]。

一、中国古代的文化管理主要体现为代表皇权意志的统治者的管理

在中国漫长的封建社会，文化管理代表了封建皇权意志的最高统治者的管理行为，数千年文化发展的历程充分表明，历代统治者的文化管理活动在一定意义上推进了中国文化的发展，同时，其管理行为中的负面效应也对中国文化发展起到了不同程度的阻碍作用。

中国封建统治者的文化管理活动主要体现在以下方面。

（一）对于文学艺术的管理

早在西周时期，统治者就在传统礼制的基础上，重新制定了一整套严密的礼乐制

---

① 田川流，何群.文化管理学概论［M］.昆明：云南大学出版社，2006.

度，对其中的乐舞在内容及形式上均有严格的规范和要求，实施过程中的等级差别也相当严密。在宫廷中，设有兼管音乐行政、音乐教育和音乐演出的机构，即"大司乐"，乐官之长亦为"大司乐"，由他统领众乐官，掌管乐律、乐教和大合乐。除参加各种庆典和礼仪活动外，还要参与礼乐教育活动，实施对贵族的音乐教育、乐工的训练和管理等。

两汉时期，统治者对艺术的发展十分重视。其一，倡导辞赋。汉赋是汉代发展最繁盛、最具有审美价值的文学艺术品种，它的兴起与发展，均与统治者的倡导有关。汉代统治者为了显示自己的至高无上及皇权的威仪，需要各种形式的艺术及文学来供其娱乐，并为其歌功颂德，因此辞藻华丽、文体精美的辞赋便格外为统治者所喜爱，同时也吸引了众多文士为之呕心沥血，精心制作。其二，扩大乐府。汉代乐舞管理机构分为两个系统：一是国家特设的管理雅乐的官署，即太乐署；二是乐府，也是掌管音乐的官署。乐府最早出现在秦代，汉承秦制，汉代初期便有乐府，到武帝时，其规模大大扩展了。乐府的行政首长是乐府令丞，业务负责人是协律都尉（汉武帝时音乐家李延年任此职），其成员主要是演奏员和演唱人员，机构相当庞大。乐府的职责，主要是采集、整理和创作音乐歌舞并组织演出，它一方面用于以观民风，供统治者参照，另一方面满足皇帝及贵族的娱乐享受，还要服务于各种祭祀和礼仪活动。其三，发展百戏。汉代百戏，是一种以杂技、技艺为中心，并汇集幻术、歌舞、角抵、驯兽为一体的艺术表演新品种，它是在周代至秦朝以来的竞技和角抵的基础上发展起来的，广泛流行于民间，用俗乐伴奏，有较大的普及性。汉武帝时，曾令太常在雅乐之外，另设"散乐"专部，即将百戏俳优歌舞杂奏引入宫廷。同时，武帝时还经常组织大型的百戏演出，以显示天下太平和夸耀其国威。

魏晋南北朝时期，绘画艺术地位的提高，使其成为一门独立发展的艺术。一些皇家贵族子弟，甚至皇帝本人也热衷绘画，这就形成一种无拘无束、自由发展的气氛，也使官方对绘画的管理有了调整和加强，促进了绘画艺术的发展。这一时期，大多数统治者及文论家仍沿袭两汉的传统，强调绘画的"鉴戒"作用，重视其社会功能，一些统治者极力推崇佛教，使之有助于维系其统治。敦煌壁画和云冈、龙门的石刻画都突出地体现了这一点。同时，乐舞地位得到加强。该时期统治者一直强调"乐以教化"，士人阶层则认为乐舞是增进个人修养、完善人格的形式之一。因此，统治者和士人阶层均把改造传统乐舞、重新确立乐舞的正统地位作为努力的目标。南朝时宋文帝确立了刘宋王朝的礼乐制度，梁武帝萧衍亲自动手，完成了朝廷礼乐的修订。在北朝，西北少数民族的乐舞进入中原的宫廷，与中国传统礼乐相结合，出现了新声乐曲。

隋唐时期，统治者十分重视艺术的发展。隋代在美术方面的成就是显著的，出现了杨子华、展子虔等著名画家。由于隋文帝对佛教的支持，随着寺院的兴建，包括绘画、雕塑在内的宗教美术相当活跃，许多南北著名寺庙均有大量的壁画和雕塑出现。唐代在绘画上，表现领域不断扩大，不仅是人物画及鞍马画，山水、花鸟画也都成为专门画科。唐代人物画注重鉴戒、记功和政事纪实性。由于有的统治者喜爱绘画，客观上促进了绘画的发展。唐玄宗李隆基即位后，"始置翰林院，密迩禁廷，延文章之士，下至僧、道、书、画、琴、棋、数术之工皆处之，谓之待诏"。技艺特别高的，有的授内廷供奉，也有的授内廷博士。绘画的发展带动了作品的交流和收藏。在盛唐时，卖画之风就已开始，帝王及贵族豪富竞相收藏；隋唐时期国力强盛，音乐舞蹈艺术也达到了中国古代乐舞文化的高峰，出现了空前活跃和多姿多彩的景况。这时期，隋设清商署，唐增设教坊、梨园等专职机构，管理和从事乐舞活动。宫廷教坊可以从太常寺所属梨园新院中选拔人才。梨园，是唐玄宗时在内廷设立的音乐、歌舞机构，以教习法曲为主，因地点在禁苑梨园中而得名，是培养和选拔音乐人才的机构。隋唐两代的舞蹈艺术非常繁荣，特别是大唐舞蹈，登上了中国古代舞蹈艺术的高峰。

宋元时期，画院制兴起，宋代各朝都设翰林图画院，宋徽宗赵佶于崇宁三年设置的画院，在中国艺术史上占有重要的地位。翰林图画院一般都由太监管辖，主要承担为宫廷作画和为皇家建筑工程作画的任务。画院在招生、课程设置、教学等方面有着完整的体系和制度。画院职称分为四级，即待诏、艺学、祗候、学生。由于城市经济的发展，以及市民阶层的兴起，社会对于绘画作品的需求逐渐增加，城市出现了书画市，这是艺术作品具有商品属性并走向市场的重要现象；宋代的音乐、舞蹈艺术继续得到发展，并在此基础上产生了戏剧这一非常重要的艺术形式。都市的日益繁荣，使各类娱乐场所纷纷出现，大约在崇宁年间（1102—1106年），瓦舍已遍布汴梁全城。南宋时，都城临安（今杭州）的瓦舍、勾栏也很发达，计有瓦舍23处。瓦舍的出现，使各种艺术形式和艺人能够相互交流与影响，为新兴的戏剧以及歌舞和说唱艺术的迅速发展提供了良好的条件，并促使自由竞争的局面形成，有助于推进艺术的发展。元代绘画得到长足的发展，特别是山水画，达到了历史的高峰，这是与元朝帝王的支持和引导分不开的。元代虽没有设置画院，但宫廷装饰画、工作画还是有专门机构的。皇朝在将作院下设有画局，秩从八品。元杂剧，是在宋、金杂剧的基础上发展而成，其形式与结构，以至表演、音乐和舞美，都趋于成熟。

明代的艺术成就逊于唐、宋，但在绘画、戏剧、建筑和工艺美术等方面，也获得了许多重大的成就，其艺术管理方面也有一定的特色。明朝初年，统治者便设立了画院，吸引和培养了一些宫廷画师。明代的建筑艺术是人类建筑史上的瑰宝。北京城、紫禁城、天坛、三海等皇家建筑，苏州"拙政园"等私家园林，十三陵等陵墓建筑，均是建筑艺术上的典范，明王朝对皇家建筑的实施管理非常严格，制作精益求精。皇朝从全国各地挑选能工巧匠，任用一些身怀绝技的建筑师担任设计和建造之职，有的因劳苦功高被授予官位，有的在史志上予以记载。明代是工艺美术得到全面发展的时期，宫廷与地方官府对工艺美术的管理也很完备。明朝的陶瓷制作，有官窑和民窑，官窑瓷器与民窑瓷器相互影响和竞争。洪武三十五年后曾在景德镇设御窑20座，命员外郎段廷圭督窑烧造供御器物。明代官府还设有"铸冶局"，专门制造兵器及宫廷御用金属器皿。明代还曾专门命工部制造宫廷鼎彝之类祭器，在漆器制作上，果园厂则是官办机构。明代的戏剧和曲艺得到了很大的发展，这是江南广大地区出现资本主义生产关系的萌芽、工场手工业和商品经济在城镇逐渐兴起的结果，它为戏曲的发展提供了必要的条件，使戏剧这一群体性艺术的行业化特点得以确认，在社会上获得了生存的基础。戏剧表演逐渐具有了商业性特点，人们对戏剧的管理也就要在商业活动的制约下来进行。明代戏剧创作出现了许多优秀作家，临川派、昆山派、吴江派便是在明代传奇全盛时期出现的三大著名流派，其中临川派与吴江派各执不同的创作主张，共同推进了戏剧的发展。

在清代，由于历朝皇帝均爱好书画，因而不仅宫廷绘画在皇室扶植下活跃一时，而且整个士大夫阶层的文人画也深受影响，逐渐占据画坛主流。有的画家直接受到皇室的扶植，有的被委以高官，或应召供奉内廷。他们的画风，一时成为画坛的正统派。清代的书法，也由于康熙、乾隆两位皇帝的酷爱和提倡，形成时尚，出现了"馆阁体"书法。篆刻在清代也得以兴盛，不断有大大小小的流派出现。清廷为了显示自己的统治和威仪，很重视与建筑相联系的雕塑艺术，故宫及皇帝陵墓、宗教寺庙等处的雕塑，均体现了很高的艺术水平。乾隆七年（1742年），内阁总管仪宾的工布查布编译了《造像度量经》，并以皇帝的名义颁布执行，该规定对于佛教各种造像的姿态、服饰、比例、尺寸、座子、背光等都有严格的规范。清代的工艺美术也很繁荣，染织工艺是伴随着纺织业的发展而兴盛的，清廷在各地设置织造局，北京及有的地方设织染局，管理纺织与"缎纱染彩绘之事"，也管理皇室服饰用品的制作。清代的陶瓷艺术相当兴旺，其官用瓷器由设在景德镇的御厂经办，并开始采用以金钱雇用劳动力的方式进行制作，体现了工艺品的商品交换的特点。御厂可以集中优秀工匠，创制工艺精品，满足宫廷的需要。其他满汉贵族所用的瓷器则多来自民窑。在戏曲方面，中国的戏曲艺术在清代达到了高峰，其宫廷戏曲，主要由教坊司女优或太监负责。高宗年间曾扩充宫廷演剧机构，称"南府"，从八旗子弟及民间艺人中大量选取人才，充实南府，其演员阵容及演出规模均很大，演出活动也十分频繁。乾隆年间，曾多次举行大规模庆典活动，各路艺人竞相献艺，热闹非凡。嘉庆至道光年间，宫廷戏剧萎缩，到咸丰以后又开始兴盛，慈禧听政时尤其繁荣，这在客观上促成了京剧取代昆曲成为国剧的进程。清廷对戏曲演出控制很严，曾在扬州专门设局，为人修改剧本，并大搞文字狱，对戏曲创作妨碍很大。传奇和昆曲的创作在乾隆以后的衰落，与此有很大关系。在建筑方面，清代建筑艺术的成就很高，包括宫殿建筑、陵墓建筑、园林建筑、宗教建筑、坛庙建筑和民居建筑等方面均如此。清朝历代皇帝都十分重视建筑，特别是对离宫和皇家园林，更有浓厚的兴趣。避暑山庄、圆明园、颐和园等均是其中的代表性杰作。为了显示清王朝国力的兴盛和各民族的和睦亲善，历代清帝还动用大量人力、财力，修建各类宗教建筑，最著名的有西藏的布达拉宫、甘肃的拉卜楞寺、北京的雍和宫、承德的外八庙等。这些建筑多由当地宗教领袖及地方长官主持建造，融合了各民族的思想文化及艺术精华，是中华民族的艺术瑰宝。

（二）对于艺术教育及图书建设的重视

春秋战国时期，人们的精神获得了较大的解放，特别是"士"阶层的思想空前活跃。其时，西周时形成的"学在官府"的局面得到改变，私人办学开始兴起，文化知识的传播与艺术活动在民间相当广泛。统治者对他们的学术思想及学术活动采取了宽容态度，使他们能够自由地进行学术研究，开展学术争鸣，为文化的发展创造了一种难得的社会条件。齐桓公时创立的"稷下学宫"，便是齐国在国都临淄设立的一所高等学府，先后存在了一百五十余年。稷下之学允许学者各授所长，也允许学生自由选择"祭酒"（教师）和学习内容。这样的环境曾吸引了包括荀况、孟轲在内的众多学者率弟子前来游学，从而使稷下学宫成为各家学说自由交流、争鸣和相互融会之处，为发展学术、繁荣文化起到了重要作用。

汉朝历时四百余年，及至汉武帝时，采纳董仲舒的建议，"罢黜百家，独尊儒术"，使儒家学说在官方意识形态中占据统治地位。元朔五年（前124年），汉武帝在首都设置太学，五经博士为太学的教师，这是我国兴办太学的开端。其后，太学的规模不断扩大，太学以外的其他学校也相继开设。如创立于东汉灵帝光和元年（178年）的鸿都门学，是我国乃至世界最早的一所文学艺术方面的专门学院。汉代统治者非常重视对图书的搜集、保存和整理。西汉初就开始了搜集图书的工作，到武帝时，更在全国开展了大规模征集古代典籍的活动，并建立了我国历史上第一个明确记载的收藏和保管图书的国家图书馆。

魏晋南北朝时期，两汉文明逐渐衰颓，人们的儒学信仰发生了危机，逐步走向了以道家思想为本原的玄学，它力求打破儒学的束缚，获得人格的自由。士人的思想非常活跃，文学艺术及其艺术思想的发展得到了极大推动。但从其主导方面来看，文化仍处在一种无序的、自然的发展过程之中。尽管如此，该时期的文化管理也具有一定的特色。长期的战乱使学校教育出现了时兴时废的状态，但有些新型学校及其制度却也不乏积极作用。晋武帝咸宁四年（278年），朝廷在汉代太学的旧基础上创立了国子学，形成了门阀士族阶层所享有的教育特权。北魏时，太和十七年（493年）后，在地方普遍建立郡国学校教育制度。各类分科学校也相继出现，如三国时有了专门教授法律的机构，南朝宋文帝时开办了"儒、玄、史、文"四个学馆。该时期私学的发展超过官学，非常繁荣，各类艺术的社会教育或学校教育都有一定的发展。在书法方面，西晋武帝时创设"官书学"，立书博士，设弟子员，教习书法。

隋唐时期，隋文帝杨坚奉行开明和改革的政策，加强了封建中央集权统治，推进了正统经学与佛教文化的同时并行，促进了南北思想文化的合流与中外文化的交流。在唐代，最高统治者李世民以及魏徵等人倡导文化的多样性，奉行佛、道、儒三教并行的政策，鼓励文人自由发展，营造了一种开放的社会文化心态。宽容的管理模式及文化气氛，赋予唐代文化充实的内涵与高扬的气势。唐代文化还体现出兼容并蓄的宏大气派，吸收一切外来文化的形式与风格，形成具有多元特色的大文化体系。隋唐时代的学校管理与艺术教育也具有这种特点。隋代虽然存在时间不长，但其学校教育制度对后世影响很大。在皇朝中央设立国子寺，置祭酒，专门管理全国的学校教育，这是我国设立专门教育行政部门和设置专门教育长官的开始。在国子寺下设五学：国子学、太学、四门学、书学、算学。隋炀帝大业三年（607年）改国子寺为国子监，国子祭酒为其行政长官。到唐代，中央直接设有"六学""二馆"，"六学"包括国子学、太学、四门学、书学、算学、律学，直属国子监，长官为国子祭酒。"二馆"为崇文馆和弘文馆。另外，集贤殿书院隶属于中书省，实际是中央图书馆。医学附设于太医署，兽医学附设于太仆寺，天文学附设于司天台，音乐学附设于太乐署，工艺学附设于少府监，这些均为专科教育。当时"六学""二馆"的学生，加上外国留学生，多时可达八千多人。

宋元时期，社会经济出现了持续发展的状况，在文化管理方面，也有突出的特点。在宋代，逐步形成了以中央太学、国子监为中心，各专科及地方学校相配合的官学系统。在官学内部，各种管理体制趋于完善，学科设置比较齐全，一些专门学校很有特色，如书学、画学、医学、算学、律学、武学等，培养了大批人才。已有300年历史的科举制度达到了成熟。为了广开才路、网罗人才，宋朝十分重视对科举的管理，形成了一整套的管理措施和管理制度。宋代的书院作为民间性的学术研究和文化传播的综合教育机构，促进了自由讲学和学术研究的发展。图书事业也获得较大的发展。宋太祖很注重收集书籍，对于献书者，经考试，多授以官职。建隆初，设立了昭文馆、史馆和集贤院，收藏图书一万二千余卷。太平兴国三年（978年），又建三馆书院，名为崇文馆，藏书八万余卷。淳化三年（992年）建秘阁，真宗晚年又建天章阁，均是藏书之处。国子监也藏书甚多。除藏书外，宋代还非常重视编书。宋初便开始大规模地编纂类书，先后曾编纂了《太平广记》《太平御览》《文苑英华》《册府元龟》四部大型类书，保存了大量古代典籍。在中外文化交流方面，元朝借助于那些深受阿拉伯文化影响的包括许多西迁的畏兀儿人（回鹘人）和到中国经商、传教或被俘的欧洲人（统称为"色目人"），将伊斯兰教文化和基督教文化在中国予以传播。在文化教育方面，元朝推行汉法，兴学重教，并尊孔重儒，把以儒家思想为主体的文化作为统治阶级的文化，确认程朱理学作为官方思想的地位。元王朝虽然奉行民族歧视的政策，视汉人、南人低于蒙古人与色目人，但在用人上还是能够优待和任用汉族知识分子的，他们把重才养士作为发展科技文化的一项重要政策。重才养士的一个实际措施，就是兴办学校。元朝统治者除了重视兴办国子学和地方学校外，还积极创办蒙古国子学，鼓励兴办庙学、私学以及医学、阴阳学等专门学校。

明朝注重礼乐教化的作用，极力提倡儒家学说，还善于借助释、道的作用，服务于皇朝的统治。明初，皇朝非常重视学校教育，从国子监到各地方学校，都相继兴办和完善。成化年间（1465—1487年）以后，科举越来越盛行，科举制度逐渐支配和压倒了学校教育。明代初期的书院很是冷清，只是明正德年间以后，各地书院才逐渐兴办和盛行。书院是传播新的学术思想的场所，同时也是对学校教育日渐衰微的补救。明朝规定，御制《大诰》和政府律令为所有国学和地方学校的必修课，"四书""五经"均为各类学校的规定教材。永乐元年（1403年），明成祖朱棣下令编纂一部大型类书，命翰林学士解缙负责，后又令礼部选拔有学识的人参加纂修，起用国子监的学生负责抄写，先后曾有3000多人参与编纂工作，经过4年努力，终于编成，朱棣题名为《永乐大典》，并亲自作序。这是我国第一部综合性的大型类书。

清代统治者奉儒学为正宗，大力提倡尊孔读经，推崇朱熹之学，努力确立朱子学派在思想界的统治地位，朱熹的著作，如《朱子大全》等，也就成为教化之本。清代的官学体系直接受制于科举制度。各地各级书院发展很快，最盛时有3000余所，其体制、学制及管理体制、办学风格与官学不同，比较灵活，但也深受官学及科举考试的影响。清朝很重视对书籍的管理。经过历代文化的发展，到清代已积累了大量各类图书。编纂各种类书和丛书，是清廷的一项重要举措。在二百年的时间里，他们组织编纂了《康熙字典》《明史》《佩文韵府》《全唐诗》《清文鉴》《皇朝通志》《皇朝通典》《续通志》《续通典》《皇朝文献通考》《续文献通考》《古今图书集成》《四库全书》等。其中《古今图书集成》达10000卷，计5000册；《四库全书》共收书3503种，79330卷，分经、史、子、集四部，另存目6819部，94034卷，是我国历史上最大的一部丛书。

在该书编纂过程中，乾隆曾下征书诏谕，向全国征集图书，并规定了进书的奖励办法。但同时，乾隆也下令对那些"语涉有碍"的书籍予以查禁和焚毁，四库全书馆也颁布了《查办违碍书籍条例》，将查禁的范围一直上溯到宋、元时期。在这个时期，竟有高达六七万部以上的书籍被焚毁。可以说，清代统治者既为弘扬民族文化做了一些贡献，但同时又是践踏和毁灭中华文化的罪魁。

二、历代统治者在文化管理政策上总是以推行文化专制主义为主导

在漫长的封建社会里，不论朝代如何更迭，不论是盛世还是乱世，皇朝的最高统治者无不把文化活动和对其管理作为巩固和加强其封建政权统治的重要方面。他们有时是出于自身娱乐及渲染歌舞升平盛世景象的需要，有时则出于对知识和艺术的控制、使之只能有利于而不能有损于自身统治的目的，有时则为了体现自身那种至高无上的威仪和皇权，为此，他们就要努力发展和完善宫廷艺术，广揽天下贤士和艺术人才，同时也要大搞文化专制，实行愚民政策。就其文化管理的策略和方式来看，历代皇帝有很大的不同。大凡盛世君主，往往能够采取比较开明和宽松的政策，在对内文化管理和对外文化交流等方面均能比较灵活和自由，使其有利于发展文化，有利于招揽人才，有利于渲染皇朝的兴盛和威仪，他们在客观上为中华民族文化的发展做出了不同程度的贡献。而那些只知专制、镇压和强权的君主，则往往是践踏民族文化的罪人。还有不少的帝王，他们在建设文化的同时，又在摧残和毁灭文化，构成了一个复杂的矛盾体。如果从历史的高度来看待这些纷繁复杂的现象，就不难发现，无论是采取何种文化管理政策的君主，其出发点和最终归宿，都在于处心积虑地利用文化来维护自身的统治，只是他们对待文化的观念及其采取的方式有所不同罢了。

秦朝统一六国，建立了中国历史上第一个中央集权的封建国家，其文化政策也随之发生了变化。它的核心，便是强化思想与文化的统一，实行文化专制和愚民政策，以巩固其专制主义统治下的大一统的封建帝国政权。它在文化管理方面的做法主要有三种。其一，统一文字。秦在统一全国的当年，即公元前221年，就开始实行"书同文"。他们在秦国文字的基础上，参照原来各国所用文字，创造出"小篆"，又将程邈整理而成的"隶书"加以推广，这样，就形成了两种不同形体文字共存的情况。其二，焚书。为了强化政治思想方面的统治，确立君权的绝对权威，秦始皇于始皇三十四年（前213年），接受了李斯关于焚毁古书的建议，即除《秦纪》、医药、卜筮、农家经典，其他书籍一律交官府销毁。还规定，谈论《诗》《书》者处死，以古非今者灭族。这样，不到30天的时间，大批古代文化经典便化为灰烬。其三，坑儒。在焚书后的第二年，由于一些方士和儒生未能为秦始皇弄到长生不老药而逃跑，且斥责秦始皇

"天性刚愎自用""专任狱吏""贪于权势",从而引起始皇盛怒,遂下令追查,并圈定四百六十余人活埋于咸阳,此即"坑儒事件",它极大地激化了统治者与知识分子的矛盾。

到了明清时期,科举和所有考试都看重八股文,将天下读书人束缚在一个令人窒息的框架之内,成为统治者扼杀人才的工具。明朝对知识分子大搞文字狱,以文字获罪,残害知识分子和儒臣。对那些不愿与朝廷合作的人,他们当然不放过,而对于那些并无冒犯、只因某些文字的同音字有讥讽、辱骂之嫌的人,明朝统治者也肆意地进行血腥屠杀,其为害之烈,令世人惊恐。天启年间,阉党魏忠贤对东林党人在全国兴办的书院予以大规模的毁禁,这也是实行文化专制主义的结果。其宫廷画院在制度上缺乏必要的规范,不仅帝王的专横和恐怖政策令画师们胆寒,不敢放手创作,而且朝廷对他们乱授官衔和职称,比如将"锦衣卫"的称号授予画师,扭曲了他们的形象,因此画院渐渐衰败,失去了应有的作用。清朝时期文化管理的状况,也同它的前朝一样,具有浓郁的封建专制主义色彩,实施残酷压制的高压政策。

三、民间和社会性的文化管理在漫长的岁月中逐渐得到发展

虽然朝廷和地方官府对文化的管理一直是我国古代文化管理的主要模式,但也不能排除那些民间和社会性的文化管理在我国文化管理史上所起到的重要作用。自古以来,许多文人和艺术家所从事的活动多是一种个体的、独立的行为,但当文化活动的某些方面发展到一定阶段,就需要形成一种群体的、社会化的形式,来维系它的存在和推进它的繁荣。这种群体性形式可能是松散的,也可能是紧密的,但只要有这种形式,其间便一定会有管理行为的存在。而当某种集体性、行业化的艺术形式(如戏剧)出现之后,其内部的组织和管理就一定是严密的、全面的。那些由于思想观念和艺术观念相近而形成的学术和艺术流派,其内部也有一定的组织和管理,如果发展成为诗社、画院、书院等形式,其间的管理就更加复杂和完备。自宋元以来,大城市中市民阶层的形成,歌坊、教坊、瓦舍、勾栏的出现,促使民间和社会性的文化管理具有商品经济的倾向。以至到明、清时期,资本主义生产关系的萌芽在部分地区的滋长,更使这些地区的文化活动加重了商业的成分,而此时的文化管理自然也就越来越多地渗入了商品生产及消费的特点。

元代的知识分子开始有了文艺社团性活动。许多难进官场的文人和画家经串联结为诗社,在一起赋诗作画,议论时政,相互交流和切磋。元代民间乐舞非常丰富,又经不断加工,逐渐形成以杂剧、散曲和南戏为代表的、富于浓郁时代特色的乐舞艺术。

明代,许多画家离开宫廷来到民间,使民间美术得到较快发展,同时也产生了如

"浙派""吴派"等绘画群体。不同流派之间的艺术见解之争,在一定意义上成为绘画发展的动力,提高了文人之作的整体水平。这种绘画群体的形成、艺术家之间的相互联结与影响,是这个时期艺术活动及其管理的重要现象。

清代,以"扬州八怪"为代表的扬州画派对近代花鸟画的发展影响很大。他们的出现,与扬州的经济发达、社会繁荣有直接的关系。作为商业城市的上海和广州也分别出现了"海上画派"和"岭南画派",这当然也得益于社会经济活动的发展和市民阶层的喜爱。同治、光绪年间,吴昌硕出任"西泠印社"第一任社长,他的篆刻艺术获得很高的成就,同时也为社会化、民间性的艺术管理做出了贡献。清代的民间戏曲,多以民间艺术群体的形式活跃于世。清初,以李玉等人为代表的"苏州群",达二十余人,共同创作,成果斐然,推出不少重要作品,使当时的苏州成为戏曲艺术的中心。李渔的戏剧理论,是对戏曲艺术发展的全面总结。洪昇和孔尚任,人称"南洪""北孔",洪昇的《长生殿》和孔尚任的《桃花扇》均获得巨大的成功。

但是,由于中国长期停留在自给自足的个体农业经济的发展阶段,只要现代工业社会及商品经济大潮还没有将小农经济的堤坝彻底冲垮,这种民间的、社会性的文化管理就仍将是自发和自然形态的。

四、中国古代文化管理长期处于一种无序的、自然的、缓慢的发展状态

虽然自周代始,我国便有了一定层面的文化管理,比如人数多达千人的音乐机构,曾有以大司乐为首的多级官员对其进行严密的管理,《诗经》的出现,也是有组织、有计划地对民歌广泛采集的结果,但是,由于当时的生产力水平在长达两三千年的时间里一直处于缓慢发展的状态,与之相适应的文化领域自然也就在漫长的岁月里较缓慢地发生着演变,滞留在一种低水准、小规模的层面上。只要整个社会还没有从以个体经济、小农生产为突出特征的结构形态,上升到大工业生产的、以商品经济为主导模式的结构形态,其文化方面的活动及其管理,就必然呈现出局部的、缺乏宏观调控的状态,以一种无序的、近于自然形态的模式缓缓前行。而且中国历代统治者对文化的管理,大都源于个人的或阶级的意愿,表现为局部的行为,比如对宫廷乐舞、皇家画院等方面的管理,而对众多民间文化活动则很少过问,任其以一种自然的形态或生或灭。只有随着社会不断发展,统治者才有可能涉及更广泛的社会层面,但即使开始涉及较大范围的管理,其特性也是松散的、断断续续的,缺乏现代管理所必需的严密性、体系性和科学性。即便如此,历代皇朝在文化某些方面的管理中仍积累了一定的经验,创造出一些与我国封建社会的发展相适应的管理形式及方法,这些成果,应属于博大

精深的中华民族文化中的一个组成部分，到今天仍不失借鉴和参考的价值。

五、20世纪以来的中国文化管理体现了现代管理思想的融入与马克思主义的指导

中国进入20世纪以后，开始了一个百废待兴的新时代。清末的"洋务运动"和"维新运动"相继失败，但随着民族资产阶级的发展，以及西方文化的全面进入，思想文化领域中新学与旧学、西学与中学之间的争论相当激烈。终于在1911年，由中国民族资产阶级中的先进分子领导发动的辛亥革命推翻了清政府，建立了中华民国。1919年，"五四"运动爆发，广大进步知识分子高举"科学"与"民主"的旗帜，在全国掀起了反帝反封建的高潮。从此，一场猛烈冲击封建文化的思想解放运动迅速兴起，在思想、文化及艺术等各个领域都产生了深刻的影响。

1949年以前的中华民国处于一个动荡的时代。在这三十余年的时间里，由于中国广大进步知识分子和文艺家的共同努力，加上世界文化，特别是无产阶级文化的影响和马克思主义的传播，我国的文化有了很大的发展，人们在文化的各个领域都有许多实践和创新，一些新的艺术形式相继出现，在文化的管理方面，也有不少建树。但是，由于战争频繁、社会动荡，加之国民党政府一贯推行文化专制主义，扼杀和镇压进步的文艺运动和革命文艺家，在这个时期，国民党政府对于文化的管理收效甚微，有时甚至是在从事摧残文化、绞杀艺术的罪恶活动。与之相反，中国共产党人自20世纪20年代以来就在不断探索、建设和发展革命新文艺的道路。毛泽东同志于1942年所写的《在延安文艺座谈会上的讲话》，不仅对文化的许多方面作了马克思主义的阐述，而且也涉及了特定革命战争时期的文化管理工作。解放区许多文化工作的开展，正是在毛泽东革命文艺思想指导下的具体实践。其中一些文化管理方面的思想和经验，不仅有效地推动了解放区文化工作的开展，也为中华人民共和国成立以后的文化工作的管理积累了经验。

这个时期文化管理方面的成就，更多地体现在众多文艺社团及社会性文化机构对文化的管理和推进上。"五四"运动以后，许多进步的文学社、艺术团体相继问世，它们对包括文学、美术、音乐、戏剧、电影等在内的各种艺术形式的组织、管理与活动的开展都做了大量的工作。特别是在20世纪30年代初，由中国共产党人参加和指导下的左翼文艺运动，更是对以部分大城市为主体的全国进步文艺运动的全面组织和推进。当时不仅在文学领域，在音乐、美术、戏剧、电影等领域都成立了进步的艺术家组织。艺术家们团结在一起，创办刊物，创作作品，组织演出、展出，拍摄影片等各项活动，并与国民党政府的破坏和镇压进行了坚决的、持久的斗争。左翼文艺运动的

开展是一次大规模、全国性的对文化艺术活动的组织与管理的尝试，形成了一次全国性的文艺发展的高潮，许多艺术家、艺术教育家和艺术理论家都参与和尝试过文化的管理工作。在美术方面，20世纪20年代，最早赴欧洲学习美术的一批艺术家先后回国，创办各种新式美术教育学校，投身于"新美术运动"之中，努力创造中西融合的新型的中国绘画，体现出不同流派的不同风格。北京、上海、广州等地都曾成立了有关美术方面的研究会，为中国美术的继承传统与革新发展做出了各自的贡献；在音乐方面，从20世纪初开始，清朝政府便逐渐将音乐教育纳入学校教育之中，为音乐的普及和发展奠定了基础。辛亥革命以后，各大中城市相继出现了一些音乐社团，其成员主要由爱好音乐的教师和学生组成。他们举办音乐讲座和短期训练班，组织演出活动，翻译西方音乐论著，研究中国传统音乐，从事音乐创作，活动相当频繁。接着，全国各地均设立了一些专业性的音乐教育机构、演出机构和研究机构，一些大学的音乐系和专业音乐学院也相继成立，民国政府以及地方政府也成立了一些音乐团体；在戏剧方面，辛亥革命前后曾出现戏曲改良的热潮，各地也成立了一些戏曲界的社团组织。二三十年代，京剧的发展达到了巅峰，获得"国剧"之称。戏曲剧种飞速发展，有三百多个，戏曲艺术教育得到一些改革，戏曲论著、刊物的出版及理论研究也有了发展。20世纪初，西方文明剧传入中国，并在上海出现了最早的文明剧教育机构——春阳社和通鉴学校，以及春柳社、进化团、南开新剧团等。"五四"以后，话剧艺术成为中国现代戏剧艺术发展的主流，洪深、欧阳予倩、田汉、郭沫若、曹禺、夏衍等人都在戏剧队伍的组成、戏剧创作、戏剧演出、戏剧教育、戏剧的研究与宣传等方面做出了贡献。在电影方面，自20世纪初中国出现电影以来，其制片机构就具有企业的性质，以企业化生产的方式制作影片。除个别属于国有的电影厂家外，大部分电影厂家均由电影企业家和艺术家结合组成，属于私营或联营性质，各电影厂家在筹集资金、增置设备、筹划创作、组织演职员、实施拍摄、销售宣传等方面积累了不少管理经验，电影制作在我国也是最早实行企业化管理并进入市场流通领域的艺术形式。他们的经验使中国的电影制片业获益良多。

1949年后，中国进入一个崭新的发展阶段，在中国共产党的领导下，以前所未有的速度推进着经济、文化等各个领域的发展，其辉煌的成就令世人瞩目，但是，也曾走过不少弯路。从文化管理工作来看，它直接受到国家政治生活和意识形态的影响，既有适应我国国情的管理体制与政策方面的有益探索，也有在错误的思想指导制约之下所出现的严重偏差和失误。

1949年后，国家根据建设和发展社会主义文化事业的需要，相继制定了一系列有关文化工作的方针和政策，其中包括部分管理方面的政策。从中央政府到各级地方政府，均设立了由各级党的有关部门和文化行政主管部门统一领导下的文化工作的庞大体系。在这种体制下，过去那些分散的、杂乱的艺术团体和个人被组织起来，纳入统一的管理范围之中，各种文化活动都得到统一的组织和调控，所有文化的从业人员都成为国家的全民所有制或集体所有制事业单位的干部或职员，国家和地方政府要按年度为这些单位拨款，其中包括员工的工资以及开展艺术活动的费用。对于各艺术团体所从事的演出、展出、出版或影片制作等各方面的艺术活动，上级主管部门均需指导、审定和检查。由于在较长的一段时间里，人们主要强调了文化的认识功能和教育功能，加之计划经济模式逐步建立，使人们对各种形式的艺术品均不强调它的商品属性和票房价值，人民群众对文化的需求可以以免费或低费的方式来获得。如果把这种状况放在中华人民共和国成立初期特定的历史环境中去考察，我们不难看到它确实具有一定的合理性。这种合理性主要体现在它是在旧制度的废墟上建立起来的一种新的体制，相较于中华人民共和国成立前夕社会混乱、政治腐败、文化事业陷于困境、广大从业人员生活无着而言，新体制的建立无疑是一个巨大的进步，它可以在一个时期内使文化的运行机制得到调整，文艺工作者的积极性、创造性得到保护和发挥，文化活动得到一个良好的环境，从而使艺术生产力得到前所未有的发挥，文化出现欣欣向荣的景象。

然而，随着社会主义事业的不断深入，人们越来越清楚地看到，对文化工作控制过严或管理过死，过分强调文化的教育特性和工具特性，容易束缚文艺工作者的思想和手脚，使他们的创造力与艺术才干受到压抑，不利于发现艺术人才和推出艺术精品，难以满足人们日益增长的对文化的需求。同时，由于一个时期内我们党和政府在指导思想上的失误和极"左"倾向，致使政治运动迭起，广大文艺工作者受到精神伤害，文化活动趋于单调，艺术作品出现公式化和模式化倾向，文化的理论研究不能正常开展。直至发展到"文化大革命"，上述极"左"的思想指导被推向极端，终于导致了文化工作的全面陷落和文化管理的畸变。在长达10年的时间里，文化缺乏正常管理，文化活动难以正常展开，文艺作品极度贫乏和单一，文艺工作者得不到创作的权利和思考的自由，"百花齐放"和"百家争鸣"的方针被扭曲，得不到实施，中国以及世界的优秀文化遗产统统被打入冷宫，遭受批判。这个时期文化工作及其文艺工作者的命运和景况，在中国历史上留下了深刻的教训。

1978年以后，人们在拨乱反正的同时，也开始对文化管理工作进行深刻反思，并涉及有关文化管理方面的若干理论和政策性的问题。其中包括文学艺术与政治的关系，艺术创作、学术研究与政治问题界限，艺术标准与政治标准的关系，党的领导与文化活动的内部规律，"双百"方针与"二为"方向的关系，等等。在不断深入的探讨中，人们逐渐廓清了疑云,在有关文化的地位、性质和规律等方面有了深刻的认识。在我们党纠正了"极左"的思想指导之后,全国的文化管理工作便迅速走向正轨,并在20世纪70年代末和80年代初我国文化的兴盛和繁荣中起到积极的推进作用。随着我国改革开放向纵深发展,商品经济在社会生活中占有越来越多的分量,这种现象对文化活动也产生了直接的影响。普遍认为,我国现行的文化管理体制及政策已经不能适应社会经济领域的深刻变革,以及人民群众日益增长的文化方面的需求,因此,必须深入进行文化及其管理方面的改革,克服其中的弊端,才能使其在发展社会主义文化中发挥积极的作用。我国理论界及广大文化工作者开始深入研究现代文化管理的理论和实践,并根据我国的国情,在各方面进行探讨,大胆创新。他们重温马克思主义关于精神生产、艺术生产及艺术的商品属性等思想,借鉴西方现代艺术管理的理论,努力探索适应我国经济和文化建设发展的文化管理的理论、体制和政策,积累了大量经验,社会主义文化生产和消费出现了良性的运行机制。随着我国社会主义市场经济模式的逐步确立,社会主义文化市场也开始由小到大,得到精心培育和管理。

自20世纪80年代以来,我国的文化管理体制改革取得了一定成就,已经形成了一些与传统文化管理迥然不同的新型管理特点[①]:

(一)宏观管理

政府既要扶持文化,又不能做文化的"婆婆"。转变政府职能成为当前文化体制改革的重点。要实行政事分开、政企分开,使文化管理部门从办文化向管文化转变,从主要管理直属单位向管理社会转变,从行政手段为主向综合运用法律、经济、行政等手段转变。加强调查研究,制定和完善文化事业发展规划和政策;加大文物保护、抢救和文物流通管理力度,加强对出版业的管理,加强文化市场管理;增强协调、指导、监督、检查、服务职能。弱化对直属单位的直接管理职能,减少审批事务,将具体事务性工作下放给企事业单位。

(二)分类管理

以广播电影电视总局为例来进行说明:广播电视由笼统粗放管理走向科学分类管理,是管理方式的转变。

1. 广播电视节目的分类管理

广播电视节目包括新闻、广告、社教、文艺、娱乐、体育、财经、生活等节目,应当制定不同的节目标准和规则。广告、娱乐等节目固然有导向,但不能以时政新闻节目的导向标准来要求;同样,也不能以广告、娱乐等节目的标准来要求时政新闻。

---

① 刘德忠,齐才.文化管理学[M].哈尔滨:黑龙江人民出版社,2006.

制定完善各类节目播出标准，把禁播内容标准公之于众，这是法治管理的基本要求，可以达到事半功倍的效果。尤其要严格规定广告节目的播出标准和插播时间。

2. 广播电视服务的分类管理

我国广播电台、电视台都属于行政事业单位，其宗旨是提供公益性服务，但又需要创收，各套节目都基本依靠广告收入为支撑，相互竞争非常激烈，各级广电部门之间的矛盾日益突出，迫切需要对公益性服务和营利性服务进行界定，分别制定不同的规则，既保证公益性服务，又确保营利性服务。广播电视公益性服务是指把党和国家的声音传入千家万户，把中国的声音传向世界各地，这是我国广播电视机构的一项政治任务，需要建立广播电视公共服务体系。广播电视营利性服务是指通过向大众提供广告节目、付费节目等节目服务获取利益，这直接关系到广播电视机构的生存与发展，需要制定公平竞争的管理规则。

另外，随着我国市场经济的发展，公民的社会身份发生了变化，从"单位人"变为"社区人"。广播电视在追求集团化、规模化、国际化，提供全国性、区域性和国际性服务的同时，必须提供社区性服务。对于用户的订购接收服务、点播式服务，要切实保证用户的合法权益不受侵害，这是市场经济条件下广播电视管理的一项重要任务。

（三）法治管理

还以广电总局为例来说明。我国管理广播电视的通知、意见、规定等政策文件成百上千，但随意性强，效力低下，相互矛盾，缺乏权威，迫切需要梳理现有政策文件，并在此基础上制定广播电视法，构建独立的、法治的广播电视监管体系。可以说，广播电视由政策管理走向法治管理，是管理理念的转变、管理手段的改变。法治是推进我国现代化进程的必然选择，是治国、治业最为经济有效的手段，也是一个国家政治文明、制度文明的重要标志。

第二节　公共文化管理的主要知识框架和知识体系

一、公共文化管理的知识框架

公共文化管理是随着经济社会的发展，出现的一门新兴课程。与一般文化管理的显著不同在于，其将企业管理的相关措施引入公共文化管理中，形成绩效考核和竞争机制，从而推动政府职能转变。该理论强调政府应该具有整体观念，要从宏观方向上把握公共文化服务建设的总体发展，需要及时了解公众的公共文化需求偏好，并以此为导向，引入竞争和合作机制，科学运用市场经济规律来重建公共文化供给和分配方式，使公共文化服务的社会化和市场化程度提升，进而提供高质量的、多样化的公共文化产品和服务[1]。结合公共文化管理的概念的内涵、外延，公共文化管理是管理科学领域和文化领域相互交叉的一门重要学科，是文化管理的一个分支类型，也是文化管理的重要组成部分。同文化管理一样，公共文化管理的发展离不开与其有必然联系的系统理论，即文化管理哲学[2]。文化管理哲学是指导组织和个体行为的价值观和方法论，核心思想是崇尚人性，尊重个体差异，重视人的价值，并用"文化人"的理念去审视组织内部关系。其对公共文化管理的发展具有重要的指导和促进作用。此外，公共文化管理的一大重点就是将企业管理相关的管理学理论和知识引入公共文化的管理、考核中，因此，管理学理论也是公共文化管理的重要指导来源。

另外，公共文化管理作为一门跨学科的综合性交叉课题，也必然与文化管理等社会科学之间存在密切的关联。公共文化管理是与文化学、文化社会学、文化管理学、文化产业学、文化政策学等相关学科存在密切联系的学科。

公共文化管理与文化学之间的关系。文化学是一门以人类文化现象及其发生发展规律为研究对象的学问。它是一门综合性的人文科学，涉及人类文化的各个方面[3]，其研究范畴包括文化的生产、起源、定义、本质、结构、功能、特征、人类和各民族文化过程中的客观规律、人类物质文化和精神文化各种现象和事件等[4]。公共文化管理与文化学之间的联系主要体现在，公共文化管理也是一种文化形态，具有文化意义上的研究价值。此外，文化学原理的引用与渗透能更好地推动公共文化管理的发展[5]，把文化管理与文化形态深刻地关联起来[6]，两者的区别主要体现在公共文化管理中凸显了公共文化的管理属性。

公共文化管理与文化社会学之间的关系。文化社会学注重对衣食住行、婚丧嫁娶、娱乐游玩、宗教信仰、风俗礼仪、生活方式、价值观念等进行广泛的研究，关注文化的社会属性，强调文化的社会作用，其核心问题是文化在社会问题中发挥的作用[7]。而公共文化管理主要是将企业管理的相关措施引入公共文化管理中，适当引入绩效考核和竞争机制。两者有诸多相似之处，相互促进，相互渗透。但公共文化管理更多地从

---

[1] 郑毅.湖北省文联参与公共文化服务研究［Z］.中共湖北省委党校，2020：8-9.
[2] 刘吉发，金栋昌，陈怀民.文化管理学导论［M］.北京，中国人民大学出版社，2013：36.
[3] 陈建宪.文化学教程［M］.武汉，华中师范大学出版社，2004：7.
[4] 吴克礼.文化学教程［M］.上海，上海外语教育出版社，2002：4.
[5] 刘吉发，金栋昌，陈怀民.文化管理学导论［M］.北京，中国人民大学出版社，2013：36.
[6] 金冠军，郭常明.市场经济与文化关联［M］.上海，学林出版社，1996：2-5.
[7] 王玉德.文化学［M］.昆明，云南大学出版社，2006：66.

管理学视角进行分析,文化社会学更多地从社会学视角进行分析。

公共文化管理与文化产业学之间的关系。文化产业学是一门研究文化领域中的经济活动、经济关系、经济效益、经济规律和经济政策的学科[①]。研究对象更多的是聚焦国民经济产业分类中文化产业的大类,经济属性特征明显。公共文化管理中也涉及文化产业管理,但只是其中的一个方面,公共文化管理更多的是从管理学的视角介入,同时强调文化管理的公共属性,内涵外延更大。因此,公共文化管理与文化产业学之间存在密切的联系,借助文化产业学相关理论,能够更好地推动文化产业的发展和公益性文化事业的发展,促进政府职能转变。两者的区别在于一个以管理学为主,一个侧重于经济学视角。

公共文化管理与管理学、文化管理学之间的关系。管理学是文化管理学、公共文化管理的重要基础和来源,文化管理学是在管理学基础上衍生的一门学科,公共文化管理是对文化管理学的再一次细化,更多地强调文化的公共属性,以及怎样发展好公共文化,服务于人民大众,进而推动政府职能转变。文化管理学揭示了文化行业管理的特殊规律,是对管理学知识和理论在文化行业管理的深化和实践。可以看出,三者之间关系密切,管理学、文化管理学的发展能够推动公共文化管理研究的深入和自身发展,同时,公共文化管理的发展也能充实和丰富管理学、文化管理学等学科的建设。

结合刘吉发等学者的研究基础,同时考虑公共文化管理对企业管理等管理理论的引进,我们可以将公共文化管理课程的知识框架概括为管理学、文化管理哲学和文化管理科学三大方面,如图 1 所示。

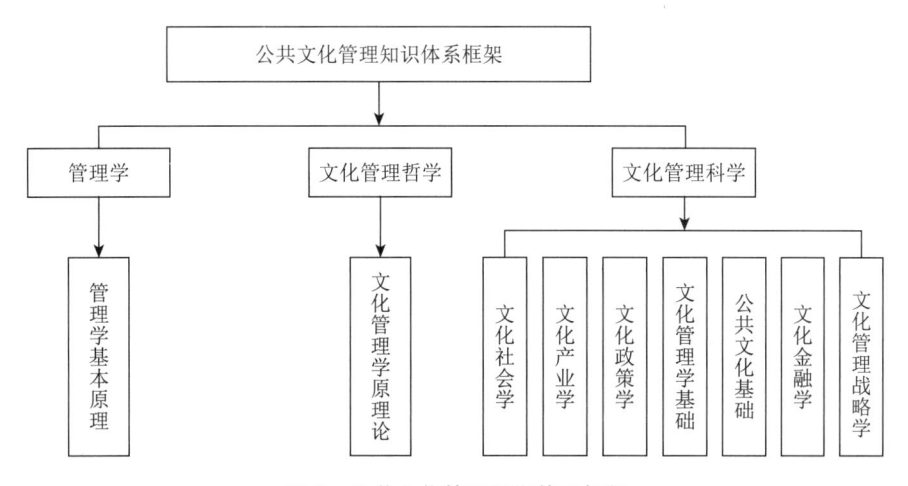

图 1 公共文化管理知识体系框架

---

① 王玉印,郑晓华.文化产业学[M].郑州:中原农民出版社,1994:12.

二、公共文化管理的知识体系

本书研究内容主要包括公共文化管理的历史沿革和基本概况（绪论、第一章公共文化管理概述）、公共文化管理的重要抓手（第二章文化政策、第三章文化组织、第四章文化市场）、公共文化管理的主要类型（第五章公益性文化事业、第六章文化产业管理）、公共文化管理中国实践（依据对象的不同，分为第七章农村文化管理、第八章城市文化管理、第九章社区文化管理）、公共文化管理中的服务与保护（第十章公共文化服务、第十一章文化遗产保护）、国外公共文化管理经验（第十二章国外公共文化管理实践），如图2所示。

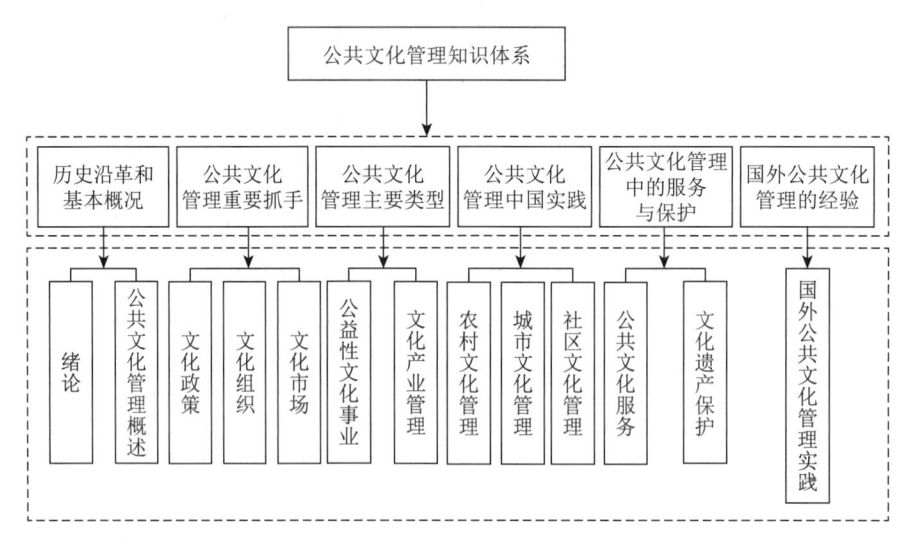

图2 公共文化管理知识体系

第一部分：公共文化管理的历史沿革和基本概况。该部分包含绪论部分和第一章公共文化管理概述。绪论部分主要交代了中国文化管理的历史实践与特点，厘清了公共文化管理的主要知识框架和知识体系。第一章公共文化管理概述主要论证了文化的含义、功能、特点；详尽说明了公共文化管理概念及其内容体系，阐述了公共文化管理的主要原则和基本方法。

第二部分：公共文化管理的重要抓手。文化政策、文化组织、文化市场既是公共文化管理的重要抓手，又是公共文化管理的重要内容。该部分包含第二章文化政策，第三章文化组织，第四章文化市场三部分内容。第二章文化政策介绍了文化政策的概念、特点以及文化政策实施的主客体；阐述了文化政策的制定、执行、终止过程；梳理和回顾了我国当前主要文化政策。第三章文化市场介绍了党的文化管理组织、文化行政组织、文化产业组织、文化事业组织、群众文化组织五种文化组织类型，剖析了我国文化事业组织发展面临的困境，明确我国文化事业组织深化改革的基本思路。第四章文化市场，从特点、功能、分类、规范（具体从经营主体、从业人员、经营客体、经营内容四个方向展开）四个方面分析文化市场，指出了当前存在的不足，提出了文化市场主体管理规范和可行手段。

第三部分：公共文化管理的主要类型。公益性文化事业与经营性文化事业是公共文化管理的两种不同类型，该部分主要包含第五章公益性文化事业和第六章文化产业管理。第五章主要介绍了公益性文化事业的概念、范围、特点和意义；公益性文化事业与经营性文化事业的主要区别，以及公益性文化事业的管理内容、原则和方法。第六章明确文化产业管理的内涵、特征、原则、目标、方法以及文化产业的管理模式，阐述了我国文化产业管理的现状、存在的不足，提出了文化产业管理的改革方向。

第四部分：公共文化管理的中国实践。依据管理对象的不同，结合中国公共文化管理的特点，该部分围绕农村文化管理、城市文化管理、社区文化管理进行论述。第七章介绍了农村文化活动的类型、特征及加强管理的重要性，阐述了农村文化建设取得的成效、存在的问题以及农村政策法规的表现形式和重要作用。提出了社会主义新农村文化建设的路径选择和乡村文化振兴的思路。第八章介绍了城市文化管理的概念、功能、特点、结构，提出了完善我国城市文化建设的原则和措施。第九章介绍了社区文化的概念、特征、构成要素、功能类型，阐明了我国社区文化管理的现状、存在的问题以及完善的原则和举措。

第五部分：公共文化管理中的服务与保护。公共文化的治理不仅仅包括管理功能，服务与保护也同样重要。该部分包括第十章公共文化服务、第十一章文化遗产保护。第十章主要介绍了我国公共文化服务体系的界定和指导原则，公共文化服务的体系构成。并从效率、效益、公平等多个方面对公共文化服务进行绩效评估，提出了评估的基本原则、方法指标，明确了如何利用互联网思维提高公共文化服务质量的路径。第十一章介绍了文化遗产的概念和分类，提出了物质文化遗产、非物质文化遗产保护的原则和措施，基于文化遗产保护和利用的关系，提出了利用文化遗产的基本原则，以及两种不同类型文化遗产的申报与审批管理。

第六部分：国外公共文化管理的经验介绍。该部分包括第十二章，主要介绍了国外公共文化管理的三种典型模式（政府主导模式、市场调节模式、多元复合模式），以及韩国、美国、法国三个国外公共文化管理的经验，基于科技和信息技术的发展以及各国经济发展模式的转变，提出了国外公共文化管理分权化、去行政化和法制化的发展趋势。

➡ 【延伸阅读一】

《高举中国特色社会主义伟大旗帜 为全面建设社会主义现代化国家而团结奋斗——在中国共产党第二十次全国代表大会上的报告》

用手机扫一扫，了解更多信息

➡ 【延伸阅读二】

中国文化政策的发展历程

用手机扫一扫，了解更多信息

第一章

公共文化管理概述

【学习要点】

1. 明晰文化的含义、特点、功能。
2. 理解公共文化管理的含义。
3. 掌握公共文化管理的主要内容。
4. 重点掌握我国公共文化管理的基本原则及方法。

【引例】

发挥区位优势，努力建设"一公里文化圈"

福田区是深圳市的中心城区，面积78.66平方公里，常住人口约152万人，辖区有10个街道，92个社区居委会，功能定位为深圳市行政、文化、信息、商务和国际展览五个中心。区委、区政府在大力发展经济的同时，将文化事业作为一项长期的精神文明建设工程来抓，2002年以来以创建全省、全国文化先进区为目标，投入大量资金，建立公共文化服务体系，为人民群众建设"一公里文化圈"，贯彻"让先进文化走进社区，贴近百姓，融入生活，提升环境"的思路，使社区文化硬件和软件建设均跃上了一个新的台阶，辖区群众文化活动呈现出欣欣向荣的新局面。

所谓"一公里文化圈"，就是让市民在一公里范围内就能享受到公益性文化设施提供的服务。按照规划，2000—2005年，投入13亿元建设7个文化馆（1个中心馆、6个分馆），8个街道文化站，16个文化广场，2间区级图书馆，60个社区图书馆，70

个社区文化活动室，1个大型体育中心，2个片区文体休闲公园。目前，这些文化设施已完成并投入使用，"一公里文化圈"的框架基本形成。区文化馆系列共有38000多平方米，其中中心馆是文化馆办公场地，是辖区大型文化活动的策划中心、全区文化管理骨干和艺术骨干的培训基地，同时也是福田社区的群众文化活动中心。

其他六个分馆有的以青少年活动为主，有的以老年人活动为主，有的以艺术品收藏展览为主，每个馆均有10个以上功能室，是片区群众文化活动中心。街道文化站系列共有13800平方米，有90多个功能室，每个功能室均配备了较先进的设施，其中16个街道和社区文化广场共85800平方米，随时为当地群众文化活动提供服务，社区的文化活动室一般是与"星光老人之家"一起规划建设的，每个文化活动室活动面积超过100平方米，均配备了较实用的设施，上述这些文化设施达到了为老百姓就近服务的目的，成了老百姓"家门口"文化活动的良好场所。

资料来源：南方新闻网，http://epaper.southcn.com/nfdaily/html/2017-10/16/content_7674736.htm

【引例启示】

"一公里文化圈"是福田区文化服务规划与建设的一个成功个案。这个个案对于构建公共文化服务体系的意义有二：

一是从规划的角度体现了政府对于公共文化服务的责任意识。2002年，国务院办公厅转发文化部、国家计委、财政部《关于进一步加强基层文化建设的指导意见》(简称《意见》)，要求各级政府加大投资力度，加快推进基层文化设施建设，满足广大人民群众就近、经常和有选择地参加文化活动的需要。可以说，福田区"一公里文化圈"的提出，是对《意见》的创造性执行。当然，这里面还包含了深圳提出实施"文化立市"战略，建设高品位文化城市，以及以福田区为基础打造中心城区而制定的"大经济、大文化、大环境、大服务"这一政策因素。它的出台与实施，可以看出一个地方政府正在用自己的行动体现文化与服务并重的治理理念。

二是这个规划确立了一个相对完整的公共文化服务指标体系，把公共文化服务所设计的建设主体责任、财政投入、人才队伍、设施数量、管理模式、活动数量都做了详细的规定，初步形成了一个较为完善的公共文化服务体系，使"一公里文化圈"超越了空间上的含义而具有更丰富的内容。这是当前公共文化服务的一项基础性的工作。

第一节 文化的含义、特点及功能

一、文化的含义[①]

"文化"一词，在德文中为"Kultur"，在英文中为"Culture"，他们都源于拉丁文"Cultura"，意为耕作、培养、教育、发展、尊重。18世纪以后，其含义逐步演化为个人素养，整个社会的知识，思想方面的素养，艺术、学术作品的汇集，以及引申为一定时代、一定地区的全部社会生活内容。关于文化的定义有很多，英国人类学家泰勒在1871年出版的著作《原始文化》当中，将文化定义为：包括知识、信仰、艺术、道德、法律、习俗以及任何人作为社会成员所获得的能力和习惯在内的复杂整体。这一定义被公认为是第一个关于文化的定义。自泰勒以后，文化人类学家、社会学家、哲学家、考古学家、民俗学家、民族学家、管理学家从不同的角度对文化给予不同的解释。据学者们统计，到21世纪初，用英语对文化进行的定义就有160多种。还有人认为，当今出现的文化定义已有一万种以上。

美国著名文化学家克罗伯和克拉克洪在1952年出版的《文化：一个概念定义的考评》一书中收集了1871—1951年的166条文化的定义（其中162条为英文定义），这些定义由世界著名的人类学家、社会学家、心理学家、哲学家、政治学家等所界定。该书将这166条文化的定义分为6组，分别是描述性定义、历史性定义、规范性定义、心理性定义、结构性定义和遗传性定义。[②]

（一）描述性定义

描述性定义的主要特点是把文化作为一个整体事物来描述，并尝试列举出文化所涵盖的全部内容。这组定义的代表人物包括泰勒等。

（二）历史性定义

历史性定义强调文化的社会遗传与传统属性。如代表人物萨丕尔对文化的定义："文化被民族学家和文化史学家用来表达在人类生活中任何通过社会遗传下来的东西，这些包括物质和精神两方面。"其他学者，如洛维、马林诺夫斯基、米德、林顿等也是从这个角度定义文化的。

---

① 刘德忠，齐才.文化管理学[M].哈尔滨：黑龙江人民出版社，2006.
② AL Kmeber. D Klursbochn. Calur: A Cieal Rerirw of Comeple and Drfni[M]. Cumbridge：The Peabedly Mueum，1952.

(三）规范性定义

规范性定义一方面强调文化是规则与方式，另一方面强调文化中的理想、价值与行为因素。美国人类学家威斯勒强调文化是规则与方式，将文化定义为"某个社会或部落所遵循的生活方式，它包括所有标准化的社会传统行为"。强调文化中的理想、价值与行为因素的，如托马斯的定义："文化是指任何（无论是野蛮的还是文明的）人群所拥有的物质和社会价值观、制度、风俗、态度、行为反应。"这一组定义的其他代表人物包括维茨、弗思、拉斯韦尔、弗兰克等。

（四）心理性定义

心理性定义一方面强调文化是调整与解决问题的方法手段，另一方面强调学习的重要性。强调文化是调整与解决问题的方法手段的，如萨姆纳和凯勒的定义："人类为适应他们的生活环境所做出的调整行为的总和就是文化或文明。"另外还有福特的定义："文化包括所有解决问题的传统方法。"强调学习重要性的，如拉皮尔的定义："文化是一个社会群体中一代代人学习得到的知识在风俗、传统和制度等方面的体现；它是一个群体在一个已发现自我特殊的自然和生物环境下，所学到的有关如何共同生活的知识的总和。"还有从强调习惯的角度来定义文化，如默多克的定义："文化是行为的传统习惯模式，这些行为模式构成了个人进入任何社会所应具备的已确定行为的重要部分。"这一组定义的其他代表人物包括伦德伯格、莫里斯、帕南基奥、本尼迪克特、斯图尔特、威尔逊等。

（五）结构性定义

结构性定义主要强调文化的模式或结构，如奥格本和尼姆科夫的定义："文化包括各种发明或文化特性，这些发明和特性彼此之间含有不同程度的相互关系，它们结合在一起构成了一个完整的体系。围绕满足人类基本需要而形成的物质和非物质特性使我们有了社会制度，而这些制度就是文化的核心。文化的结构互相联结形成了每一个社会独特的模式。"这一组定义的其他代表人物包括雷德菲尔德、库图和克拉克洪等。

（六）遗传性定义

遗传性定义一方面强调文化是人工制品，另一方面强调文化的观念因素。强调文化是人工制品的，如福尔瑟姆的定义："文化不是人类自身或天生的才能，而是人类所生产的一切产品的总和，包括工具、符号、大多数组织机构、共同的活动、态度和信仰。文化既包括物质产品，又包括非物质产品，是指我们称为人造的并带有相对长久特性的一切事物。这些事物是从一代传给下一代，而不是每一代人自己获得的。"强调文化的观念因素的，如沃德的定义："任何人如果愿意的话，他可以把文化说成是一种社会结构或是一个社会有机体，而观念则是它的起源之地。"奥斯古德的定义是："文化包括所有关于人类的观念,这些观念已传入人的头脑中,而且人也意识到它们的存在。"此外,遗传性定义还强调符号在文化中的重要作用,如戴维斯的定义:"文化包括所有的思维和行为模式,这些思维和行为模式是通过交际相互作用的,即它们是通过符号传递方式而不是由遗传方式传递下来的。"怀特的定义是:"文化是一组现象,其中包括物质产品、身体行为、观念和情感,这些现象由符号组成或依赖于符号的使用而存在。"这一组定义的其他代表人物也包括伯纳德、沃登、路透、亨廷顿等。[1]

在当代中国,对文化比较权威的解释是《辞海》的解释,即从广义来说,文化指人类社会历史实践过程中所创造的物质财富和精神财富的总和;从狭义来说,文化指社会的意识形态,以及与之相适应的制度和组织机构,或者说,是在一定物质资料生产方式基础上发生和发展的精神生活方式的总和。一般情况下,人们更多地从狭义上来理解文化概念。

从管理的角度来看,比较一致的看法是:文化就是人们的生活方式和认识世界的方式。人们总是遵循他们已经习惯了的行为方式,这些方式决定了他们生活中特定规则的内涵和模型,社会的不同就在于他们文化模式的不同。从一般意义上说,文化可以定义和表示为人们的态度和行为,它是由人们一代代传下来的,对于存在、价值和行动的共识。文化是由特定的群体成员共同形成的,它形成了社会与人们共同生活的基础。社会生活在很大程度上依赖于人们的共识,这种共识就构成了特定的文化。[2]

二、文化的特点[3]

(一)民族性

文化根植于民族之中,与民族的发展相伴相生。民族文化是民族的表现形式之一,是各民族在长期历史发展过程中自然创造和发展起来的,具有本民族特色。民族文化就其内涵而言是极其丰富的,就其形式而言是多姿多彩的。民族的社会生产力水平越高,历史越长,其文化内涵就越丰富,文化精神就越强烈,因而其民族性也就越突出、越鲜明。

(二)普遍性

文化的普遍性表现为社会实践活动中普遍的文化形式,其特点是各个不同民族的意识和行为具有共同的、统一的样式。世界文化的崇高理想自古以来一直使文化有可能超越边界和国界。文化的诸多领域,如哲学、道德、文学、艺术和教育等,不但包

---

[1] 郭莲.文化的定义与综述[J].中共中央党校学报,2000(2):115-118.
[2] 朱筠笙.跨文化管理碰撞中的协同[M].广州:广东经济出版社,2000.
[3] 李丹.公共文化管理[M].北京:高等教育出版社,2018.

含阶级的内容，而且包含全人类的、普遍的原则。这些原则促成各国人民的相互接近、各民族文化的相互融合。目前，随着经济全球化进程的加快以及互联网等信息通信技术的发展，各民族生活方式的差距正在逐渐缩小，各地域独一无二的文化特征正在慢慢消融，民族特点正在淡化，整个世界文化更加趋向普同。

（三）多样性

不同的自然、历史和社会条件，形成了不同的文化种类和文化模式，使得世界文化从整体上呈现出多样性的特征。各民族文化各具特色，相互之间不可替代，它们都是全人类的共同财富。中国历来主张各民族的文化没有优劣之分，要充分尊重各个民族的文化，要在完全平等、互相尊重的基础上加强各民族、各个国家之间的文化交流，彼此欣赏对方的创造，理解对方文化中所隐含的独特价值和精神内涵，借鉴对自身文化发展有益的养料，共同抵制今天世界上还不时出现的文化强权和文化霸权行径，保障各国和各民族人民所创造的文化受到充分尊重。只有在这个基础上，才能实现世界文化的繁荣。费孝通先生的名言"各美其美，美人之美，美美与共，天下大同"就准确地表达了我们对世界各国各民族文化的基本态度。任何一个民族，即使是人数最少的民族，其文化成果如果遭到破坏，都会是整个人类文化的损失。

（四）时代性

文化是不断发展变化的。19世纪的进化论人类学者认为，人类文化是由低级向高级、由简单到复杂不断进化的。从早期的茹毛饮血到今天的时尚生活，从早期的刀耕火种到今天的自动化、信息化，这些都是文化发展的结果。以马林诺夫斯基为代表的功能学派认为，文化过程就是文化变迁。文化变迁是现存的社会秩序，包括组织、信仰、知识以及工具和消费者的目的，或多或少地发生改变的过程。总的来说，文化稳定是相对的，变化发展是绝对的。在人类及文化发展的历史进程中，每一个时代都有自己典型的文化类型。例如，作为文化的有机组成部分，赋、诗、词、曲分别成为我国汉、唐、宋、元各朝最具代表性的文学样式。

（五）继承性

人类生息繁衍向前发展，文化也连绵不断世代相传。继承性是文化的基础，如果没有继承性，也就没有文化可言。在文化的历史发展进程中，每一个新的阶段在否定前一个阶段的同时，必须吸收它的所有进步内容，以及人类此前所取得的全部优秀成果。文化的时代性强调时代的更迭必然导致文化类型的变异，新的类型取代旧的类型。但这并不否定文化的继承性，也并不意味着作为完整体系的文化发展的断裂。相反，人类演进的每一个新时代，都必须继承前人优秀的文化成果，将其纳入自己的社会体系，同时又创造出新的文化类型，成为这个时代的标志性特征。

三、文化的功能[1]

文化的功能是由其自身特性和发展规律决定的。文化不仅是上层建筑，具有教育人民、引导社会的意识形态属性，同样也是生产力，具有商品的属性。文化所创造的效益，既有社会效益，也有经济效益。

（一）文化的一般功能

1. 记录功能

从被人类创造的那一刻起，文化就起着记录的作用。当文字还没有出现时，人们就通过口头语言，将经验、知识、观念等，口耳授受，代代相传。世界各民族的文学几乎都是在口头文学的基础上发展起来的。当文字出现后，文字作为文化的载体，更是扩大了文化的记录功能，中国的甲骨文等古代文字，都给我们留下了人类早期社会事件的记录，让我们从中窥见了远古先民的智慧和能力。当造纸术、印刷术出现后，这种记录功能更是得到了发展。随着科技的进步，现代化的文化传播媒介和传播技术越来越发达，其记录功能也越来越凸显。

2. 认识反映功能

既然文化具有记录功能，那么也会必然地具有认知反映功能。从内容上来看，文化是人类在社会历史实践过程中，通过人脑的观念活动，对社会政治、经济运行过程中各种关系和矛盾的认识和反映。这种认识和反映的结果或者存在于认识者的大脑中，或者形成和发展为一定社会的哲学和人文社会科学。但要说明的是，文化不是被动反映社会经济政治及其矛盾，而是积极地参与这些矛盾，是这些矛盾的内在因素，也是解决矛盾、促其发展的内在因素。文化的认识反映功能还表现在通过哲学和人文社会科学反映当时社会的经济政治，使后人或其他国家的人认识当时的社会现实，并影响他们的价值观，包括经济价值观、政治价值观及道德等。[2]

3. 传播功能

任何一种文化现象都是社会现象，它在社会交往中产生和发展，自然就会在社会交往中得到传播。从语言、文字到实物都可以成为文化传播的载体。随着科技的不断进步，文化传播功能将更加完善。尤其在信息化社会的今天，文化的这种传播功能已经使人类的空间距离缩小，"地球村"的出现，就是一个最好的例证。

4. 教化功能

文化被人们所创造以后，就成了人们生活环境中的有机组成部分。这种不同于自

---

[1] 刘德忠，齐才.文化管理学[M].哈尔滨：黑龙江人民出版社，2006.
[2] 孙富江.文化的定义、内容与作用[J].国际关系学院学报，2003（3）：57.

然界的人工环境，我们称之为"文化环境"。它一旦产生，就反过来影响人、塑造人，具有极其强大的教化功能。在中国，"文"与"化"并联使用时，这种教化思想就已经十分明显。正如《易·贲卦·象传》所阐释的："刚柔交错，天文也。文明以止，人文也。观乎天文，以察时变；观乎人文，以化成天下"。

5. 凝聚功能

文化有教化功能，也就有凝聚功能。因为文化可使一个社会群体中的人们，在同一文化类型或模式中得到教化，从而产生相同的思维方式、价值观念、行为习惯，从而紧紧团结在一起，产生巨大的认同和抗异力量。

6. 调控功能

任何一个社会群体，为了共同的生存和发展，在实践过程中，自然会要求其成员必须遵守某一行为准则和道德标准，形成一定的社会规范，使人们明是非、辨善恶，共同趋向某种价值观、审美观，以保证社会在一定秩序中运行发展。这就是文化的调控功能。

随着时代的发展，文化在社会中发挥着越来越特殊的功能和作用。人们对文化功能的认识，也发生了根本性的改变，已不再局限于传统功能的认识，而是上升为文化国力。包括科技、教育在内的文化，日益成为社会经济、政治发展的首要的、基础性的资源。现代社会的发展是以人为本的全面、协调、可持续发展。综合国力的竞争是人的发展水平和状况的竞争，归根结底是文化发展水平的竞争。马克思预见并论述人类社会发展的这种重大转变，指出"在这个转变中，表现为生产和财富的宏大基石的，既不是人本身完成的直接劳动，也不是人从事劳动的时间，而是对人本身的一般生产力的占有"，"是社会个人的发展"。因此，从"人本身的一般生产力""社会个人的发展"来理解文化的功能、作用和地位问题，可以引出新的结论、新的观念。

（二）文化的经济功能与超经济功能

文化与经济的关系再认识主要指两个方面的内容：一是文化和经济之间出现了过去从未有过的相互融合和"一体化"的趋势，以致出现所谓"文化经济化"和"经济文化化"的现象，社会经济越来越表现一种新的文化表现形态，我们所说的知识经济，实质上就是现代的文化经济形态；二是文化和经济之间不仅相互融合，而且互为决定。经济是基础，它对文化、思想意识形态起着决定性的作用。在传统的认识和观念中，经济与文化是一种单向的决定与被决定的关系。在知识经济形态发展的今天，二者之间越来越表现出双向的决定的关系，既相互融合，又互相决定。

1. 文化的经济功能

首先，文化的经济功能表现为文化作为一种经济活动所产生的巨大经济效益。文化一直被认为主要具有促进人的发展、丰富人的精神生活、推动社会发展和国际交流等作用。近年来，文化的经济功能正在逐步被认同、发现和推动。1998年世界银行发布的《文化与持续发展：行动主题》报告，提出了"文化为当地发展提供新的经济机会，并能加强社会资本和社会凝聚力"的观点。如亚洲金融危机后，在韩国经济恢复过程中，文化产业最为活跃且成长最快。1998年，韩国正式提出了"文化立国"的战略口号，并将文化产业作为21世纪韩国国家经济发展的战略性支柱产业。韩国文化产业主要涵盖了游戏、出版、电影、音乐、漫画等泛娱乐产业。2000年，韩国的文化产业出口仅5亿美元。到2004年，文化产业成为仅次于汽车制造业的第二大出口创汇产业。根据韩国文化体育观光部公布《2022年文化内容产业调查》数据，近年来韩国文化产业出口额连续增长，2022年达132.4亿美元，同比增长6.3%。尽管面临国内外经济下行压力，韩国文化产业的增长率远高于整体产业增长率的3.3%。

其次，文化的经济功能还表现为对经济的服务上。

（1）文化的管理功能。20世纪80年代，西方管理学界提出了"企业文化"的管理理论，也就是运用文化作为管理手段来进行企业管理，从而产生巨大的经济效益。企业文化的管理功能具体表现在以下几个方面。

一是企业文化对企业兴衰、企业发展所起的作用将越来越显著。

二是企业文化的发展同企业的经营活动和管理创新将更加紧密地结合起来。企业文化将更为突出地表现为一种市场经济中的微观文化、企业经营管理文化。

三是企业结盟取胜、实施双赢战略必然追求"文化沟通"和"双赢思维"。

四是企业精神的概括和提炼更加富有个性、特色和独特的文化底蕴。

五是企业文化建设，将更加注重企业精神、企业价值观的人格化和"人企合一"的境界。

六是作为"学习型组织"的企业文化将更加受到关注。

七是企业文化的独特性将越来越表现为企业差别化战略和企业的核心竞争力。

八是作为企业文化的第一设计者——企业家的素质、决策力将越来越重要。

九是企业文化建设与企业形象设计将更好地结合在一起。

（2）文化是先进的技术和信息的载体，文化交流有助于推动技术进步和经济发展。

文化交流是文化发展的表现形式，它包括由文化传播引起的文化接触、文化冲突、文化采借、文化移植、文化整合或融合的过程。当今社会，每一个国家和民族都被纳入世界范围内的多元化文化交流之中，谁也无法将自己封闭起来，完全拒绝交流是不可能的。

文化交流对社会发展起着重要作用。首先是思想的启迪。当一种新的思想产生，经传播而被另一个社会所接受，就会引起这个社会的巨大变化。其次是模式的提供。为满足社会生活所需要的大量模式主要来自本民族文化，但随着社会发展，也有相当多的模式来源于文化交流。如当今中国社会的政府、法院、学校等，大都是由外国文化提供的模式。最后是物品的采用。物质方面的文化交流对社会发展具有更加明显的直接的推动作用。如改革开放以来，国外先进技术设备的引入迅速提高了我国生产力水平，国外家用电器产品的采用大大改善了我国人民的生活质量。随着文化交流的日益广泛，当今世界各国所用物品，没有一个国家全部是由自己制造的。

2. 文化的超经济功能

文化的超经济功能主要表现在对经济改革和经济发展的指导以及对人类精神的塑造方面。

第一，文化是民族的灵魂和血脉，是凝聚全国各族人民的精神纽带，是激励全国人民建设有中国特色社会主义现代化强国的重要力量。文化是民族身份的象征，而中华民族文化更是中华民族的骄傲。中国的文化源于中华民族五千年文明史，源远流长，绵延不绝，为人类文明做出过巨大的贡献，是古代四大文明中唯一延续不断的文化。文化传统能够给国民带来归属感、安全感、自豪感。习近平总书记明确指出，"坚定中国特色社会主义道路自信、理论自信、制度自信，说到底就是要坚定文化自信"。当代有中国特色社会主义文化在继承民族文化传统的基础上，又深深地植根于有中国特色社会主义的实践，具有鲜明的时代特点，对提高全民族的素质，培养"四有"公民发挥着重要的作用。

第二，文化是国家的名片和综合国力的重要标志。所谓综合国力，就是国家所拥有的整体实力，是包括资源、经济、军事、政治、科技、教育、文化、国民素质、民族意志力、凝聚力等各种物质因素和精神因素相互作用的综合体。简单来说，就是两种力量：物质力量和精神力量。文化是精神力量的代表，它以精神财富这种特殊财富的身份显示综合国力，以其对别国的影响力、辐射力来显示综合国力。当今日趋激烈的综合国力的竞争，越来越突出地表现在知识力量和文化力量的竞争。值得一提的是，蓬勃发展、潜力巨大的文化产业是当代及未来综合国力的重要组成部分。现在世界一些发达国家都把目光转向了文化产业，如美国、日本、法国、加拿大。美国的影视音像业是仅次于航空航天工业的第二大出口产业。当然，需要再次强调的是，我们对文化作用的认识，是从有中国特色社会主义实践中得来的，是对于人类发展以及国内建设的经验、教训的科学总结。

第三，文化是经济和社会可持续发展的重要保证。文化反映经济和政治的基本特征，又对经济和政治的发展起能动的促进作用，它为经济发展和社会全面进步提供思想保证、精神动力和智力支持。我们必须坚定不移地以经济建设为中心，而缺乏文化含量的社会经济活动，必然是低质量和低效的。文化是创新的灵魂，只有不断创新，经济才能获得长足发展。文化能够引导劳动者的思想观念，激发劳动者的积极性，创造热情和献身精神，为经济发展和社会全面进步提供精神动力；能够通过提高劳动者的科学文化素质，挖掘人的潜力，为社会生产力发展提供智力支持。文化发展是维护社会稳定的重要前提。文化矛盾和文化冲突是社会不安定的重要因素，而先进文化对于调节社会矛盾，整合民族力量，协调社会运行，推动社会的全面进步，有着不可替代的作用。只有社会稳定，经济和社会的可持续发展才是可能的。

第四，文化是满足人民精神文化需求的重要途径。文化是人类文明的结晶，也是人类生存的一种形态。精神文化需求是人区别于动物的关键所在，是人的内在的、普遍的、基本的需求，是人生幸福快乐的重要标志。文化如水，润物无声，能够启迪心灵、娱悦身心、陶冶情操、增进知识，从而满足人们的精神文化需求，丰富人们的精神世界，提升人素养，最终实现人的全面发展。

> 【延伸阅读】

习近平总书记在文艺工作座谈会上的讲话

用手机扫一扫，了解更多信息

第二节 公共文化管理的含义及内容

一、公共文化管理的含义

公共文化管理，是政府与社会、市场经济在公共治理中的一种合作管理的新型关系状态，是权利回归于民，文化公共利益最大化的社会管理过程。该理论强调政府应该具有整体观念，要从宏观方向上把握公共文化服务建设的总体发展，同时需要及时了解公众的公共文化需求偏好，并以此为导向，引入竞争和合作机制，科学运用市场经济规律来重建公共文化供给和分配方式，使公共文化服务的社会化和市场化程度提升，进而提供高质量、多样化的公共文化产品和服务。

全球化时代，由于"文化"问题被纳入国家战略范畴，以它为核心所衍生出的新国家利益成为包括发达国家与发展中国家在内的各国政府均极力争夺和维护的目标。政府不断赋予文化新的使命，公共文化管理的性质也悄然发生着改变——从单纯的文化行政管理向文化战略管理演变。政府提供公共文化服务的内涵及其研究由于这种变化而显得不再单纯，"公共文化管理"也因此具有了更多政治含义而几近成为一个政治问题。[1]

二、公共文化管理的内容[2]

（一）构建公共文化服务体系

1. 公共文化服务体系的含义及地位

公共文化服务体系是指为确保群众基本文化权利的实现而进行的制度设计、产品供给和体系建设。它的目的在于丰富人民群众的精神生活，传播先进文化，不断满足人民群众的文化需求，保障人民群众的基本文化权益。具体包括为实现上述目的而存在的各种公益性文化机构、文化设施、文化队伍、文化网络及其服务内容的总和。

公共文化服务体系建设是现阶段国家为适应社会发展需要和满足人民群众日益增长的文化需求而提出来的一种新型的公共文化治理模式。党的十七届六中全会公报提出：加强公共文化服务是实现人民基本文化权益的主要途径。要以公共财政为支撑，以公益性文化单位为骨干，以全体人民为服务对象，以保障人民群众看电视、听广播、读书看报、进行公共文化鉴赏、参与公共文化活动等基本文化权益为主要内容，完善覆盖城乡、结构合理、功能健全、实用高效的公共文化服务体系。党的十八届三中全会将构建现代公共文化服务体系，促进基本公共文化服务标准化、均等化作为全面深化改革的重点任务之一。党的十九大报告指出：完善公共文化服务体系，深入实施文化惠民工程，丰富群众性文化活动，加强文物保护利用和文化遗产保护传承。党的二十大报告指出：实施国家文化数字化战略，健全现代公共文化服务体系，创新实施文化惠民工程。

2. 建设现代公共文化服务体系的原则

2021年6月，文化和旅游部印发《"十四五"公共文化服务体系建设规划》明确指出，公共文化服务体系建设的基本原则包括：

---

[1] 黎瑞奕.公共文化服务中的政府职能研究[D].上海：华东政法大学，2014.
[2] 李丹.公共文化管理[M].北京：高等教育出版社，2018.

（1）坚持正确导向。坚持党对公共文化工作的领导，牢牢把握社会主义先进文化前进方向，紧紧围绕举旗帜、聚民心、育新人、兴文化、展形象的使命任务，以社会主义核心价值观为引领，促进满足人民文化需求和增强人民精神力量相统一，让人民享有更加充实、更为丰富、更高质量的精神文化生活。

（2）坚持以人民为中心。坚持文化发展为了人民，更好顺应人民群众对美好生活的新期待，推动公共文化服务向高品质和多样化升级。坚持文化发展依靠人民，充分尊重人民群众主体地位和首创精神，着力提高文化参与度和创造力。坚持文化发展成果由人民共享，切实保障文化民生，促进社会公平。

（3）坚持改革创新。进一步加强文化治理体系和治理能力建设，持续增强发展动力和活力。坚持向改革要效益，进一步探索现代公共文化服务体系建设体制机制改革路径，着力解决制约公共文化服务高质量发展的突出矛盾和问题。坚持以创新谋发展，打破体制界限，整合社会资源，提高配置效率，形成开放多元的公共文化服务供给体系。

（4）坚持系统推进。加强前瞻性思考、全局性谋划、战略性布局、整体性推进，统筹发展与安全，统筹城乡、区域协调发展，既要坚持保障基本，普惠均等，稳固发展根基；又要尊重差异，鼓励地方善用优势，率先拓展提升，充分发挥引领、示范、带动作用，形成布局科学均衡，质量梯次提升的公共文化服务发展格局。

3. 建设现代公共文化服务体系的目标

"十四五"末，公共文化服务体系将力争达到以下目标：

——公共文化服务布局更加均衡。城乡公共文化服务体系一体建设取得重大突破，城乡协同发展机制逐步健全，城乡公共文化服务差距进一步缩小。公共文化服务在保障人民基本文化权益，促进城乡经济社会发展中的重要作用更加凸显。

——公共文化服务水平显著提高。城乡公共文化服务供给能力进一步增强，基本公共文化服务水平与经济社会发展水平同步提升。公共文化服务质量明显改善。公共文化服务知晓度、参与度、满意度不断提高。

——公共文化服务供给方式更加多元。政府主导、社会力量广泛参与的公共文化服务供给机制更加成熟，来自基层群众的文化创造更加活跃，政府、市场、社会共同参与公共文化服务体系建设的格局更加健全。

——公共文化数字化、网络化、智能化发展取得新突破。公共数字文化资源更加丰富，国家公共文化云等平台互联互通体系更加完善，智慧图书馆体系建设取得明显进展，公共文化数字服务更加便捷，应用场景更加丰富。

展望2035年，在基本实现社会主义现代化之际，建成与社会主义文化强国相适应的现代公共文化服务体系，人民基本文化权益保障制度更加健全，基本公共文化服务均等化水平持续提升，城乡间、区域间公共文化发展差距明显缩小，人人参与、全民共享的公共文化服务发展局面基本形成，人民群众对美好精神文化生活的新期待得到更好满足，公共文化服务在促进人的全面发展、凝聚人民精神力量、增强国家文化软实力方面发挥更大作用。

（二）完善文化法律体系

1. 我国文化立法现状

目前，我国已逐步建立起覆盖文化遗产保护、公共文化服务、文化市场管理、知识产权保护、文化产业发展等领域的法规体系。其中，与文化工作密切相关的文化法律有《中华人民共和国文物保护法》《中华人民共和国非物质文化遗产法》《中华人民共和国著作权法》《中华人民共和国公共文化服务保障法》《中华人民共和国电影产业促进法》等13部，行政法规有《传统工艺美术保护条例》《娱乐场所管理条例》《互联网上网服务营业场所管理条例》《中华人民共和国文物保护法实施条例》《公共文化体育设施条例》《营业性演出管理条例》《长城保护条例》《历史文化名城名镇名村保护条例》《博物馆条例》等20余部，国务院各部委共制定《乡镇综合文化站管理办法》《博物馆管理办法》等文化行政规章近300部。

2. 当前我国文化立法存在的不足

我国文化立法虽然取得了显著成就，但是从推进文化改革发展和完善法律体系的新形势、新要求来看，仍然存在很多不足。

首先，文化领域的立法数量总体偏少。据北大法宝数据统计，截至2023年12月，我国的法律法规共计3.9万余部，与文化相关的仅占总量的2.1%。我国立法数量偏少也表现在具体行业立法缺失上。以广播电视业为例，美国广播电视业出台了《联邦通信法》《公共电视法》《美国有线电视法》《儿童电视法》《广播电视反低俗内容强制法》等众多相关法律，我国目前尚无一部相关法律出台。

其次，文化立法层次仍然较低。文化领域法律很少，大部分为法规和规章。广播电视管理、演艺业管理等，本来应该通过立法提供依据的，现在只有管理条例，影响了管理的规范性、权威性和稳定性。以公共文化服务为例，2015年，中共中央办公厅、国务院办公厅印发了《关于构建公共文化服务体系的意见》（以下简称《意见》）。该《意见》对加快构建现代公共文化服务体系，推进基本公共文化服务标准化、均等化，保障人民群众基本文化权益做出了全面部署。其中在加大公共文化服务保障力度方面，提出的"建立健全公共文化服务法律体系"响应了党的十八届四中全会《中共中央关于全面深化改革若干重大问题的决定》中建立健全文化法律制度的相关要求。2016年，全国人大常委会通过了公共文化服务保障法，推进了文化立法工作的力度与速度。

最后，文化建设各领域立法不平衡，现行文化立法主要集中在文化遗产保护和文化市场管理方面，其他领域的立法较少，文化领域至今没有一部统领全局的基础性的法律。[①]

3. 未来文化立法的发展

第一，建立健全文化法律制度。2015年9月6日，文化部牵头在京召开文化产业促进法起草工作会，正式启动文化产业促进法起草工作。2016年，全国人大常委会通过了电影产业促进法、网络安全法、公共文化服务保障法，于2017年通过了公共图书馆法，并对档案法、著作权法等法律进行了修改。今后，我国将以加快出台首部"文化法"即文化产业促进法，修改或制定广播电视法、文物保护法等为重点，充分发挥立法的引领和推动作用，推进文化领域重点立法项目的立法进程，填补立法空白，建立健全文化法律制度体系。此外，加快文化领域法规条例、部门规章、行业标准和服务规范的制定，为推动重大文化法律出台奠定坚实的基础。加快修订《营业性演出管理条例》《互联网上网服务营业场所管理条例》《娱乐场所管理条例》等，贯彻《中华人民共和国非物质文化遗产法》，修订《国家级非物质文化遗产保护与管理暂行办法》《国家级非物质文化遗产项目代表性传承人认定与管理暂行办法》。

第二，加强文化立法的科学化、民主化和系统化。首先，要注重文化立法的实效性。立法过程中应充分考虑实际操作性，确保法律法规能够得到有效执行，避免出现立法与实践脱节的情况。其次，在文化立法过程中，要坚持科学立法、民主立法，通过座谈会、听证会、论证会、书面征求意见等多种形式和渠道，广泛征集意见，拓展社会公众参与立法的途径，健全专家咨询论证制度，充分发挥文化和旅游部、文化法制专家委员会的作用。此外，重视并发挥地方文化立法"先行先试"的重要作用，鼓励地方结合实际创造性地开展文化立法工作，突出地方特色，丰富立法形式，增强文化立法的针对性和有效性。

（三）制定文化发展战略与规划

1. 文化建设专门规划

我国在文化建设方面制定了多项专门规划，涵盖了多个层面和维度。2021年文化和旅游部发布的《"十四五"文化和旅游发展规划》旨在推进文化事业、文化产业和旅游业的繁荣发展，《"十四五"公共文化服务体系建设规划》致力于提升公共文化服务

[①] 脂武. 大力推动文化法治建设开创文化工作新局面［EB/OL］. Http://heury prgle.eom.n/2014/1225/<207270-26275917. Html.

水平。2022年由中共中央办公厅和国务院办公厅印发的《"十四五"文化发展规划》，是宣传思想文化领域唯一的综合性国家重点专项规划。这些规划共同构成了我国文化建设的总体框架，体现了国家对文化发展的高度重视和全面部署。

2. 国民经济和社会发展规划中对于文化建设的部署

文化建设作为"五位一体"建设中的关键一环，在国民经济和社会发展中占有重要地位。因此，国民经济和社会发展规划中均有对于文化建设的部署。《中华人民共和国国民经济和社会发展第十四个五年规划纲要》指出：坚持马克思主义在意识形态领域的指导地位，坚定文化自信，坚持以社会主义核心价值观引领文化建设，围绕举旗帜、聚民心、育新人、兴文化、展形象的使命任务，促进满足人民文化需求和增强人民精神力量相统一，推进社会主义文化强国建设。

（四）促进文化产业发展

1. 促进文化产业发展的必要性

第一，满足人民群众的精神文化需求。文化产业是知识经济时代迅速崛起的新兴产业，它以非物质文化资源为加工对象，为市场提供文化消费，对自然资源依赖程度低，需求弹性大，产品附加值高，价值链长，是典型的绿色经济。发展文化产业是在市场经济条件下满足人民群众多元化、多样化、多层次精神文化需求的基本途径。

第二，提升国家文化软实力。文化产业凭借其较强的传播力、渗透力和影响力，成为提升国家文化软实力的重要产业。当前，许多国家提出了文化产业立国的发展战略，促进文化产业发展也成为文化管理的重要内容之一。

第三，促进经济增长，提高就业机会。文化产业被视为现代经济中具有高增长潜力的领域之一。通过培育和推动文化产业的发展，可以拓展新的经济增长点，同时促进就业，为人们提供多样的职业机会。例如，创意设计、数字娱乐、文化旅游等领域，都能创造大量的就业机会。

第四，增强社会凝聚力。文化产业的发展有助于加强国民对本国文化的认同感，增强社会凝聚力。同时，通过对多元文化的挖掘和推广，可以增进不同文化之间的理解和尊重，促进文化多样性的发展。

2. 文化产业发展的目标

2021年，文化和旅游部发布《"十四五"文化产业发展规划》提出文化产业发展的目标：到2025年，文化产业体系和市场体系更加健全，文化产业结构布局不断优化，文化供给质量明显提升，文化消费更加活跃，文化产业规模持续壮大，文化及相关产业增加值占国内生产总值比重进一步提高，文化产业发展的综合效益显著提升，对国民经济增长的支撑和带动作用得到充分发挥。

(五) 监管文化市场

1. 文化市场的含义及特点

文化市场就是文化商品、文化服务和文化资源进行交易活动的场所和领域。概括地讲，商品包括物化商品和服务性商品，而文化商品中服务性商品比重较大，故常常把文化商品和文化服务分开来谈。文化市场除具有市场的一般特征外，还具有以下特点：

第一，文化商品和文化服务能满足人们的精神需求。人们在文化市场通过阅读书籍、欣赏演出等，使情感得到抚慰，性情得到陶冶。从需求层次论的观点来看，文化市场应该满足人民较高层次的精神需求。

第二，文化市场更突出人的主体性。无论是在文化商品生产（文学创作、剧目排练等）、文化商品经营（演出、服务等），还是在文化商品消费（观赏、阅读等）这些领域里，人都是最活跃、最积极的因素，起着主体支配作用。

第三，文化市场的发展目标是经济效益与社会效益相统一。社会主义文化建设的最终目的是有利于社会进步和人的全面发展，文化市场的建设不应偏离这个目的。

2. 文化市场综合行政执法

根据《文化市场综合行政执法管理办法》的规定，文化市场综合行政执法是指文化市场综合行政执法机构，依照国家有关法律、法规、规章的规定，对公民、法人或者其他组织的文化经营活动进行监督检查，并对违法行为进行处理的具体行政行为。

我国文化市场综合行政执法是一个系统化、规范化的管理体系，旨在规范文化市场管理，维护市场秩序，保护公民、法人和其他组织的合法权益，促进文化市场的健康发展。2021年6月，国务院办公厅印发的《文化市场综合行政执法事项指导目录》（以下简称《指导目录》），是落实统一实行文化市场综合行政执法要求、明确文化市场综合行政执法职能的重要文件。《指导目录》主要梳理规范文化市场综合行政执法领域依据法律、行政法规设定的行政处罚和行政强制事项，以及部门规章设定的警告、罚款的行政处罚事项，并将按程序进行动态调整，并指出各地区、各部门要高度重视深化文化市场综合行政执法改革，全面落实清权、减权、制权、晒权等改革要求，统筹推进机构改革、职能转变和作风建设。文化和旅游部根据《指导目录》要求，发布了《文化市场综合行政执法事项指导目录（2021版）》，该目录梳理了文化、文物、出版、广播电视、电影、旅游等领域的行政处罚和行政强制事项。

3. 完善文化市场监管的举措

随着社会主义市场经济体制的确立与逐渐完善，文化产品与服务的生产、交换、消费，以及文化资源的配置，都需要市场来实现。建设统一开放、有序竞争的现代文化市场体系，是促进社会主义文化大发展大繁荣的重要路径。我国完善文化市场监管的举措涉及多个方面，主要包括制度建设、执法改革、信息化建设等。

第一，完善相关政策。2021年，文化和旅游部出台《"十四五"公共文化服务体系建设规划》，鼓励以省为单位，加强基层公共文化服务的监督管理，探索建立健全基本公共文化服务绩效动态评价体系。持续推行第三方绩效评估，建立以公众参与为基础、群众需求为导向的公共文化服务机构绩效考核和反馈机制。完善公共图书馆、文化馆评估定级制度，动态调整评估定级指标体系。全面加强对重大文化项目资金使用和服务效能等方面的监测评估。探索利用大数据和数据挖掘技术补充完善公共文化服务统计监测。加强规划实施的组织、协调和督导，做好规划监测评估工作，强化规划实施的公众监督。

第二，加强综合执法。由中共中央办公厅、国务院办公厅印发的《关于进一步深化文化市场综合执法改革的意见》（以下简称《意见》）指出通过组建文化市场综合执法机构，整合文化（文物）、新闻出版广电（版权）等执法力量，提升执法效能。针对不同地区的经济文化差异，科学设置综合执法机构，明确工作任务和执法重点。

第三，加强技术监管。《意见》指出建立全国市场技术监管与服务平台，加强信息系统衔接共享，推进行政许可与行政执法在线办理。利用视频监控、在线监测等手段加强非现场监管，提升执法效能。

（六）引导文化消费

1. 引导文化消费的必要性

文化消费的兴起与发展是经济繁荣和社会进步带来的必然结果。文化消费是指用文化产品或服务来满足人们精神需求的一种消费，主要包括教育、文化娱乐、体育健身、旅游观光等方面。

目前，我国经济已进入新常态，发展动力正从传统增长点转向新的增长点，其中消费将成为重要引擎。有效满足居民多元化、多样化的文化消费需求，对于扩大消费需求、带动就业创业、推动产业结构优化调整、全面建设现代化国家有重要意义。

2. 我国文化消费现状

《中国文化产业和旅游业年度研究报告（2023）》指出，2023年文化产业加速回暖，供需潜能持续释放。2023年，在国内经济下行压力的冲击下，文旅消费需求仍被稀释。总的来看，根据国家统计局最新数据，2023年全国居民人均消费支出26796元，实际比上年增长9.0%；全国居民人均可支配收入为39218元，比上年增长6.1%。由此可以看出，收入水平是影响城镇居民消费的最主要因素。具体到文化消费领域，全国居民人均教育文化娱乐消费支出为2904元，比上年增长17.6%，占人均消费支出的比重为10.8%。从占比结构上看，与2022年的10.1%相比，文化消费方面有了较大的提升。然而，与2019年的11.7%相比，仍未恢复至疫情前水平。图1-1为2019—2023全国居民人均教育文化娱乐消费支出及占比。

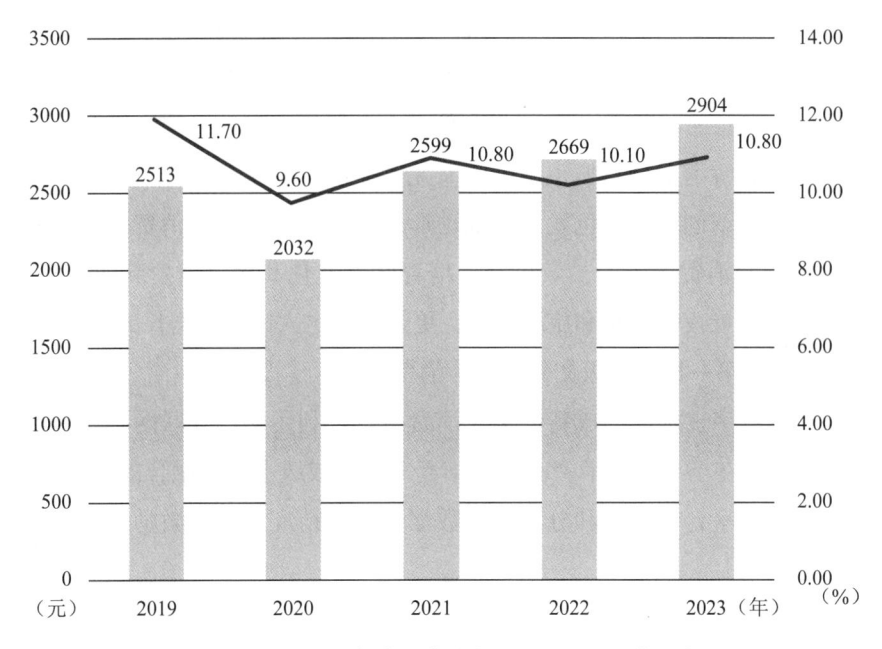

图1-1 2019—2023年全国人均教育文化娱乐消费支出及占比

数据来源：国家统计局

3. 引导文化消费的举措

引导文化消费是一项长期的工作。要提高引导的实效性，就应加强对大众文化消费的研究。认真了解分析各阶层、各群体、各种不同的消费心理和需求，研究当前和未来文化消费的发展态势和趋向，研究文化消费领域存在的问题和根源，从而制定有针对性、预见性的对策措施。我国引导文化消费的举措涵盖了多个方面，包括政策推动、体制改革、新技术应用等。这些措施旨在满足人民日益增长的文化需求，提升文化产品与服务供给质量，激发文化消费潜力，推动文化产业高质量发展。

第一，完善政策体系，推进消费改革。国家出台多项政策，为文化消费提供政策支持。2019年，国务院办公厅颁布《关于进一步激发文化和旅游消费潜力的意见》指出：为提升文化和旅游消费质量水平，增强居民消费意愿，顺应文化和旅游消费提质转型升级，深化文化和旅游领域供给侧结构性改革，从供需两侧发力，不断激发文化和旅游消费潜力。2021年，文化和旅游部发布的《"十四五"文化产业发展规划》指出："十四五"期间，促进供需两端结构化优化升级，创造需求牵引供给、供给创造需求的更高水平动态平衡,扩大优质文化产品供给、畅通文化产品传播流通、释放文化消费潜力、改善文化消费环境。此外,深化文化领域"放管服"改革,建立健全新型文化消费相关领域的体制机制,加快完善促进新型文化消费的政策支持体系。

第二,实施文化惠民措施、试点项目拉动消费。多地实施文化惠民措施,如天津的文化惠民卡、南京的优秀演出剧目票价补贴、北京的惠民文化消费季等,有效激发了居民的文化消费意愿。2020年,文化和旅游部、国家发展改革委、财政部开启了第一批国家文化和旅游消费试点城市、国家文化和旅游消费示范城市,支持试点、示范城市因地制宜、改革创新、特色发展,推动形成促进文化和旅游消费的经验模式,探索激发文化和旅游消费潜力的长效机制,培育壮大文化和旅游消费新业态、新模式。2021年,为大力发展夜间文化和旅游经济,更好地满足人民日益增长的美好生活需要,文化和旅游部开启第一批国家级文化和旅游消费集聚区建设工作。

第三,利用数字技术,形成新型文化消费模式。利用移动互联网、云计算、物联网等信息技术,将在场与在线消费有机联结起来,形成线上线下融合的新型消费模式。依托文化消费信息平台,采集和分析消费数据,更加精准地采取激励措施,实现供需对接。

(七)维护国家文化安全

1. 维护国家文化安全的必要性

第二次世界大战后,尤其是20世纪90年代以来,随着全球化进程的加快,文化交流交融逐步向纵深发展,文化的交锋冲突也愈演愈烈,国家文化安全问题日益凸显。所谓国家文化安全,主要是指国家的文化主权不受侵犯,核心价值不受威胁,文化发展不受阻碍,文化特性不被同质,文化自觉不被压抑。国家文化安全是主权国家安全体系的重要而特殊的组成部分,与国家政治安全、国家经济安全、国家能源安全、国家金融安全、国家信息安全等一样,对于国家安全与社会发展具有重要的现实意义。

第一,确保国家安全。国家文化安全是国家安全的重要组成部分,维护国家文化安全是文化建设中不可忽略的一环。只有维护好国家文化安全,才能为建设文化强国提供有力保障。在全球化时代,文化安全不仅关乎民族文化的生存和发展,更直接影响国家的政治稳定和社会和谐。历史和现实均表明,文化的消亡往往是国家分裂和民族矛盾的前兆。因此,维护国家文化安全,就是从根本上保障国家的长治久安。

第二,保障民族自主性。文化越开放,越需要筑牢文化安全屏障。在经济全球化复杂变化的今天,保护本土文化和维护人类文化多样性成为重要挑战。若缺乏安全屏障,文化的开放可能导致民族自主性的丧失,甚至沦为异质文化的附庸。维护文化安全意味着要保留文化特性,在现代化和全球化的挑战面前保护民族文化根基不受威胁和伤害，这有助于抵御西方文化霸权。

第三，维护社会稳定发展。文化安全事关社会和谐稳定。一个民族的文化自信缺失在一定程度上是最大的文化安全问题。近代中国民族文化安全受到严重危害，当前仍须正确处理民族文化与世界文化的关系，在文化自信中交流互鉴、互融互促。文化是一个国家的灵魂，维护文化安全能够凝聚军心民心，保持社会和谐稳定。

第四，增强国家软实力。文化作为国家软实力的重要组成部分，在展现国家形象、构建文明形态、争夺国际话语权等方面具有不可替代的作用。维护文化安全，就是在增强国家文化软实力的同时，塑造国家安全态势。在国际文化交锋中，掌握文化交流主动权，扩大中华文化的国际影响力，有助于提升国家在国际舞台上的地位。

2. 维护国家文化安全的主要举措

在对外文化交流中，切实维护国家文化安全，关键要在国内文化建设和国外文化拓展两方面下足功夫，围绕增强中华文化竞争力这一目标，建设中华民族共有精神家园，扩大中华文化影响力，推动中华文化走向世界，统筹好国内和国外两个大局。党的二十大报告提出维护国家文化安全的最新要求：到二〇三五年，我国的发展总体目标是要基本建成社会主义文化强国，国家文化软实力显著增强。建设社会主义文化强国是全面建设社会主义现代化国家、实现中华民族伟大复兴的重要基础和前提。

一是坚定文化自信。党的二十大报告中对推进文化自信自强、铸就社会主义文化新辉煌作出了重大部署。对一个民族、一个国家来说，文化自信是文化安全的重要组成部分。维护国家文化安全，必须正确处理民族文化与世界文化、社会主义文化与资本主义文化的关系，在文化自信中，推动文明交流互鉴，推动中华文化走向世界。

二是保持中华文化的先进性。文化安全要建立在文化先进的基础上，文化越先进，越占领道德制高点，就越安全。一方面，立足中华优秀传统文化，坚守中华文化立场，提炼展示中华文明的精神标识和文化精髓，加快构建中国话语和中国叙事体系，讲好中国故事，传播好中国声音，展现可信、可爱、可敬的中国形象。实现传统文化的创造性转化和创新性发展，融传统精华与时代特征于一体，始终保持先进性，只有使更多的人逐渐认同中华文化，才能使其在应对多元文化的冲击中立于不败之地，从根本上维护国家文化安全。另一方面，立足文化开放，充分吸收国外优秀文化精华，在兼收并蓄的基础上维护国家文化安全。

三是加强中华文化在互联网时代的话语权。增强中华文明传播力、影响力，加强国家传播能力建设，全面提升国际传播效能，形成同我国综合国力和国际地位相匹配的国际话语权。当前，互联网已成为文化信息与资源传播的重要载体。因此，我国一方面要不断提升互联网应用开发能力，抢占新一代互联网科技的制高点；另一方面，要不断提升互联网文化产品的生产能力，扩大中文信息覆盖传播区域，为中华文化在世界的传播提供广阔的空间。此外，还要不断提升互联网文化产品的质量，增强中华文化的国际辐射力、影响力，在国际文化交流中谋求认同，牢牢把握在互联网领域的话语权。唯有如此，才能在增强国家文化软实力的同时，切实维护国家文化安全。①

> **【延伸阅读】**
>
> 文化和旅游部明确提出"十四五"时期公共文化服务的七大服务
>
> 用手机扫一扫，了解更多信息

第三节 公共文化管理的基本原则及方法

一、公共文化管理的基本原则

（一）以保障文化产品供给的公共利益和社会利益为原则

从国际经验来看，发展中国家的现代化进程，既是一个工业化、信息化、城市化的过程，也是与此相适应的社会服务领域"公共化"的过程。因此，包括公共文化服务事业在内的整个社会公共服务事业的发展水平，在一定程度上可以看作一个国家的文明演进和社会进步的标志之一。公共文化主要是公益性文化，加强公共文化服务是各级党委、政府的重要责任。随着社会经济的发展，国家的财力除投资于国民经济发展所必需的基础设施、能源、交通及高科技产业之外，还应更多地用于提供公共产品和公共服务。因此，要及时完善政府公共服务职能，加强公共文化设施建设，把公共文化建设纳入重要议事日程，纳入经济和社会发展规划，纳入财政支出预算以及扶贫攻坚计划，在人财物方面给予政策扶持倾斜。同时，文化事业和文化产业并不是截然分开的，而是具有复杂的联系性、相容性。公益性文化并不是绝对排斥经营，而经营性文化也不是绝对排斥公益。公益性文化在以政府为主导的前提下，对有经营性质的内容也要注重其经济效益。如文化活动中心，其首要功能是为满足群众文化需求提供

---

① 方晴.维护国家文化安全的路径［N］.光明日报，2016-06-12.

服务，但并不排斥在一定的条件下搞好经营管理，取得良好的经济效益。二者相辅相成，互相促进。由于公共文化服务体系在系统内表现出的复杂性，政府不可能全部包揽，必须鼓励、支持社会力量加入公共文化服务体系的构建，使相关的服务部门把社会效益放在首位，在追求社会效益最大化的同时，力争取得良好的经济效益，实现社会效益与经济效益的统一。

（二）以构建多层次、多样化的公共文化管理体系为原则

在公共文化管理体系构建和完善过程中，公共文化产品和服务的供给按照一定关系构建一个有机整体，它们相互作用、相互依赖，在满足人民文化需求的同时，促进文化自身的发展。事实上，公共文化管理体系是一个庞大的系统，在它下面又分为若干子系统。

一方面，从工作上分，它主要涵盖先进文化理论研究服务系统、文艺精品创作服务系统、文化知识传授服务系统、文化传播服务系统、文化娱乐服务系统、文化传承服务系统、农村文化服务系统七个方面的服务子系统，涉及广播电视、电影、出版、报刊、互联网、演出、文物、社会图书和哲学社会科学研究等诸多文化领域。[1]

另一方面，从构成上讲，它又包含政策法规的出台、阵地设施的建设、服务手段的创新、文化活动的开展、人才队伍的培养、文化经费的保障等方面的子系统。公共文化服务体系是一个有机系统，注重系统化建设，对公共文化服务机制、设施、机构、内容、队伍，对公益性文化单位的种类数量、功能结构、体系布局进行统筹规划，充分研究社会主义市场经济条件下公共文化的市场需求，在构建和完善公共文化服务体系的过程中，不是单纯搞阵地，而是要通过构建公共文化服务体系，形成多层次、多样化、网络化的公共文化产品和服务供给系统，使文化产品、文化服务能够惠及广大群众、惠及老百姓。这就是说，公共文化服务体系构建的是一个体系、一个系统、一个网络，而不是一项工作、一场活动、一项工程。

（三）以尊重和满足人的基本文化需求为原则

坚持公共文化管理体系构建的人文性，就是要关注人、关心人。

首先，要尊重和满足人的基本文化需求。要树立以人为本的核心价值观，充分认识公共文化管理体系是国家公共服务体系的有机组成部分，构建公共文化管理体系是全面建设小康社会和和谐社会的需要，是保障人民群众基本文化权益，最终促进人的全面发展的需要。要针对全面建成小康社会阶段人口集聚程度高，异质性、层次性强，素质高等特点，推出多姿多彩、不拘一格的活动形式，特别是具有创造性、动态性、

---

[1] 陈坚良. 论公共文化服务体系构建的特征 [J]. 世纪桥，2007（11）.

社交性、时代性的活动形式如社区文化、广场文化等，既有健康向上、使人精神振奋的内涵，又有极大的覆盖面、极强的吸引力、浓厚的文化特色。在开展活动时还要关注弱势群体，如农民工、下岗工人、老少边贫地区群众，维护他们的基本文化权益，体现公共文化的人文关怀。[1]

其次，公共文化管理体系的构建要满足人的个性化的要求。马克思主义历来重视人的个性的独特和自由发展，马克思指出，人性的充分发展就是"一切天赋得到充分发展"。因此，在公共文化管理体系构建和完善过程中，要不断满足人的个性化要求。正如毛泽东在《文艺工作者要同工农兵相结合》中指出："艺术性高的我们要，低的我们也要。像墙报、娃娃画娃娃，我们也要，那是萌芽，有发展的可能性，有根在那里。老百姓唱的歌，民间故事，机关里的墙报，战士吹牛拉故事，里面都有艺术。"人民群众对公共文化服务的需求是不一样的，有喜欢看书、看报的，有喜欢看戏、看画的，有喜欢唱歌、听音乐的，有喜欢上网的，就听音乐来说，有喜欢听流行音乐的，有喜欢听古典音乐的，有喜欢听外国音乐的，既有"阳春白雪"，又有"下里巴人"，等等。要按照"三贴近"的原则，及时把握群众的精神文化需求，研究大众审美变化趋势，加强对包括传统文化习俗等在内的优秀本土文化资源的开发与利用，不断提高公共文化活动的水平，提高活动的吸引力，用先进文化引导人，不断满足群众的精神文化需求。

（四）以创造性地构建公共文化管理体系为原则

创新是一个民族的灵魂，也是任何事业发展的前提。在公共文化管理体系里，创新尤其重要，它是一个社会的公民是否能够得到高质量的公共文化服务，激发社会整体创造能力，形成整个社会创新意识的基础组成部分。

一要进行理念创新。管理就是服务应该被确立为各级文化部门的根本理念。公共文化服务的内涵，应该是提供公共文化产品和服务，加强城乡公共文化设施建设，发展文化生产力，发布公共文化信息，为方便城乡居民文化生活和参与文化活动创造条件。

二要进行体制创新。这是公共文化管理体系构建的重要保证。要按照中央关于文化体制改革的总体部署，区别对待，分类指导，试点先行，逐步推开，深化县级图书馆、文化馆劳动、人事、分配等方面的内部改革，建立健全竞争、激励、约束机制和岗位目标责任制，全面实行聘用制和劳动合同制。作为文化行政主管部门，要在新的体制框架下履行好政府宏观管理与服务职能，真正成为政策的研究者、制定者，公共

---

[1] 郝新凤.关于公共文化服务体系建设的思考[J].学习论坛，2006（8）.

事务的管理与公共服务的提供者、推动者，更好地保护人民群众的文化权益。

三要进行内容创新。这是文化可持续发展的关键。要随着社会的发展和时代的进步，不断丰富公共文化产品和服务的数量和种类，不断提高公共文化产品和服务的档次，不断提供符合时代特征、为广大人民群众所喜闻乐见的公共文化产品和服务。

四要进行方式创新。要认真研究文化得以渗透、传承的载体和方式，用大众欢迎的形式传播优秀文化；运用信息技术和高科技手段，创新文化传播样式，使公共文化更好地担当起"以文化人"的社会职能。通过不断创新，完善公共文化服务体系，使公共文化建设焕发出新的光彩。

二、公共文化管理的方法

（一）公共文化管理的法律方法

国家以法律手段调控文化，是指国家通过法律手段，处理和调节社会文化活动中的各种关系，通过立法和司法，特别是通过行政立法、行政执法和行政裁量实施管理的方式。法律手段显著的特点是强调以宪法、法律、法规为准则，规范性极强，具有普遍的约束力。

文化立法，或称文化法的制定，是指国家制定发布一切关于国家文化管理和文化活动的法律、行政法规和规章的活动。这一活动的主体可以是国家立法机关和国家行政机关，故文化立法有立法性立法和行政性立法两种类别。

我国的文化执法也有两大类别：行政执法与司法执法。前者出自国家行政机关及其行政人员，或其授权组织及人员，后者出自国家司法机关。文化立法、执法各有的大系列，主要是行政权力扩张到司法领域所致。政府行政对社会生活干预力的增强是19世纪末到20世纪初以来逐步发展形成的一种国家法律现象和行政现象。

现代法制行政不仅包括行政立法和行政司法，还包括行政裁量。它主要指政府职权机关在处理相关法律空缺或规定不完备的事务的时候，可以自由裁处衡量。由于现代社会十分复杂，构成多元，变化迅速，所以裁量权对政府的有效作为是必不可少的，它甚至被认为是现代政府行政权的核心。现代法制行政强调，即使是行政裁量也必须遵从宪法，在法制的基础上进行。但与此同时，在不背离法制原理的条件下，法制行政也主张充分发挥行政裁量的作用。文化管理同样涉及行政裁量的问题。

法规的作用是多方面的，单就对人们的行为产生的影响来看，它主要对人们的活动规定了三种基本行为模式：可以这样行为，必须这样行为和不能这样行为，从而对人们的活动产生了指引作用。这三种行为模式在法律上称为授权性规范、命令性规范和禁止性规范。其中，授权性规范允许人们做出某些行为或不做某些行为，如法律规定公民享有著作权之类。这一类规范属于授权性规范，它进行一种有选择的指引，旨在鼓励人们从事法律规范所容许的行为。而命令性规范规定人们积极的作为义务，禁止性规范则规定人们消极的不作为义务，这两种规范又统称为义务性规范。义务性规范，如禁止淫秽文化，进行的是一种确定的指引，目的是防止人们做出违法行为。

总之，法律规范为人们提供了行为准则，依靠法律规范，人们可以预先估计到各种行为可能产生的法律后果，从而估计到在一般情况下人们相互间将如何行为。法律规范的预测作用使文化生活和文化活动成为一个有序、可知的领域，促使人们面临各种情况都能做出理性、自律的反应。

（二）公共文化管理的经济方法

经济手段指行政主体运用经济杠杆，按照经济规律来开展管理活动。其关键在于贯彻经济原则，将行政管理活动的任务目标与物质利益相联系，以调节物质利益来影响管理对象，即间接地规范人们的行为，从而调动各方面的积极性，求得最佳的行政效益。在市场经济条件下，经济手段乃是最基本、最有效的一种文化管理调控方法，该手段常要与法律方法相配合，用于宏观经济活动的调节控制。[1]

努力完善文化经济政策。以经济手段调控文化的基本原则，主要是不断完善文化经济政策，以促进文化发展。价格、税收、金融等各种基本经济手段，内容、性质和特点都不尽相同，因而要注意发挥各自特定的调节作用。但为了更好地服务于发展文化的共同目标，各种文化经济手段更应注意联络配合，形成系统的文化经济政策。新的文化经济政策对从前的文化经济政策，既要注意继承其合理成分，又要注意发展，争取具有更高层次、更完善的调节功能。

完善文化经济政策的目的是优化文化资源的配置。要实行倾斜性的经济政策，以增加对文化的投入。随着经济发展要不断增加国家的文化投入，并鼓励其他各种形式的文化投入。其他各种形式的文化投入往往在投资目的和投资方向上都有各自的考虑，难以保证文化按国家的文化发展战略规划的目标，循序渐进地发展，国家财政投入才是文化有序发展和繁荣的最强后盾。例如，新形势下我国的文化经济政策主要依靠综合运用各种经济杠杆，并进一步制定文化产业政策，用以提高调控手段的层次。我国以往的文化经济政策大都从优惠、减免等扶持手段入手，然而，这类扶持性的调控手段对于文化单位而言是"输血"而非"造血"，也给国家造成太重负担，从长远来看，往往难以为继。更进一步的调控、更富于活力的文化经济政策，是文化产业政策。文化产业政策具有调整文化产业结构、产业组织形式和产业布局，引导投资方向，建立

---

[1] 刘德忠.许冬梅.论公共文化服务体系构建的特征公共管理学［M］.黑龙江人民出版社，2006（12）.

正常的文化市场竞争秩序等重要功能。

（三）公共文化管理的行政方法

国家调控文化的行政手段，是指凭借行政系统上下级之间的主从关系，采取自上而下地下达命令、指示、指令、决议、决定、规定、计划，又自下而上地报告、请示的管理方式，即由上级机关或领导直接、明确地指挥下属机关或人员进行工作的管理方法。其显著的特点是建立在隶属关系和行政权力划分基础上的权威性和强制性。

文化管理中的行政方法有很多具体表现形式。首先可以表现为行政规划、决策，如通过制定文化事业发展计划与规划，确定各类文化项目的发展目标和实现这些目标的保证措施，引导文化资源合理流动、合理配置，以体现政府在文化工作中提倡什么、允许什么、反对什么的意志，以达到国家调控文化发展总量、结构、布局和效益等目的。这是行政的决策、规划功能。文化管理中的行政方法在规划、决策之后的组织、实施还有更多方面的表现。

（四）公共文化管理的教育、舆论方法

教育、舆论手段是指依靠宣传、鼓动、教育、说服等途径实施行政管理的方式。其显著的特点是贯穿平等、民主、疏导的原则，形式灵活多变。

1. 教育手段

教育手段是管理的基本方法之一，文化管理同样不可缺少。教育的特征在于比较精神化，注重正面引导，以全面提高人的素质为宗旨。它具有激励人员，提高工作效率等作用。教育的方式具体有：

一是政策和法规教育。即通过政策法规的宣传，使广大文化生产、服务、经营者了解国家提倡什么、反对什么、允许什么、不允许什么，以便自觉遵守、执行。政策具有规范人们行为，引导人们的活动趋向国家政策目标所规定的方向的作用。政策应该公开，政策精神要是仅仅为行政机关所掌握，不但不能很好地起到上述调控作用，反而会为有关行政机关和行政人员随意乃至不正当行使权力提供方便。政策教育，就是让政策透明化，让文化生产、服务、经营者熟悉政策，并主动据以调整自己的行为、观念。

此外，也要提高法律的普及率，改变法律仅为少数法律工作者掌握的局面。公民的守法精神、社会的法治环境不可能自然而然地形成，必须经过人为的长期培养、造就。我国"人治"的历史悠久，缺乏法治传统，人们尤其需要法制教育。经过足够法治教育的人们才能自觉在法定权利范围内开展文化活动，明确自己应当承担的法定义务，也懂得运用法律的武器捍卫自己的合法权益。

二是道德教育。文化对人的精神世界产生的影响是难以估量的。从道德的意义上

说，文化生产经营者应向人们提供健康有益的产品和服务，但实际上许多人做不到。当前文化市场负面现象的严重，很大程度上就是道德约束机制的匮乏所致。在市场经济条件下，社会分化日益加剧，社会整合主要依靠法律手段，但法律也并不能解决所有问题。像当前文化市场充斥的低俗无聊的文化产品，它们不违法，无法取缔。对此，法律、行政、道德、经济等调控的手段应多管齐下，实施综合治理。

2. 舆论手段

舆论手段也是政府调控文化的重要手段，要充分发挥舆论的作用。舆论包括社会舆论和媒体舆论，社会舆论是媒体舆论的基础，媒体舆论是社会舆论的反映。各种大众传媒可以宣传政策法规，表彰先进，正面引导，也可以揭露不合理的、丑恶的现象，这对于文化生产经营者的教育、激励、监督作用显著，有力地推动了文化管理工作。

【延伸阅读】

公共文化管理的意义

用手机扫一扫，了解更多信息

【本章小结】

本章在界定文化含义的基础上，明确了文化的五大特点，即民族性、普遍性、多样性、时代性、继承性，分析了文化的一般功能和文化的经济功能、超经济功能。此外还对公共文化管理的含义做出定义，介绍了公共文化管理的主要内容，具体包括：构建公共文化服务体系，完善文化法律体系，制定文化发展战略与规划，促进文化产业发展，监管文化市场，引导文化消费，维护国家文化安全。在本章的最后还介绍了公共文化管理的四大基本原则，以保障文化产品供给的公共利益和社会利益为原则，以构建多层次、多样化的公共文化管理体系为原则，以尊重和满足人民的基本文化需求为原则，以创造性地构建公共文化管理体系为原则。以及公共管理的四大方法：法律方法，经济方法，行政方法，教育、舆论方法。

【复习思考题】

1. 什么是文化？

2. 文化的特点和功能有哪些?
3. 什么是公共文化管理?
4. 公共文化管理的内容有哪些?
5. 公共文化管理的基本原则是什么?
6. 公共文化管理的方法有哪些?

→【附录1】

《中华人民共和国公共文化服务保障法》

用手机扫一扫,了解更多信息

→【附录2】

《关于加快构建现代公共文化服务体系的意见》

用手机扫一扫,了解更多信息

第二章 文化政策

➡【学习要点】

1. 文化政策的定义、特点。
2. 文化政策主体、文化政策客体。
3. 文化政策过程：政策制定、政策执行和政策终止。
4. 中国文化政策的发展历程。
5. 中国文化政策的发展：文化总政策、文化具体政策。

➡【引例】

文化与旅游深度融合：从政策引导到实践探索

在过去较长一段时期，文化与旅游融合发展存在合作领域狭窄、协同机制不畅、政策扶持不到位等问题。2009年8月31日，为落实党中央扩大内需的战略部署，推进文化与旅游协同发展，满足人民群众日益增长的文化消费需求，文化部、国家旅游局制定发布了《关于促进文化与旅游结合发展的指导意见》，文件指出："文化是旅游的灵魂，旅游是文化的重要载体。加强文化和旅游的深度结合，有助于推进文化体制改革，加快文化产业发展，促进旅游产业转型升级，满足人民群众的消费需求；有助于推动中华文化遗产的传承保护，扩大中华文化的影响，提升国家软实力，促进社会和谐发展。各地要从构建社会主义和谐社会的高度，以'树形象、提品质、增效益'为目标，采取积极措施加强文化与旅游结合，切实推动社会主义文化大发展大繁荣。"

2018年3月，为增强和彰显文化自信，统筹文化事业、文化产业发展和旅游资源开发，提高国家文化软实力和中华文化影响力，推动文化事业、文化产业和旅游业融合发展，根据第十三届全国人民代表大会第一次会议批准的《国务院机构改革方案》，设立中华人民共和国文化和旅游部，作为国务院组成部门。

2019年3月，文化和旅游部印发《关于促进旅游演艺发展的指导意见》，着力将旅游演艺培育成更好的文旅融合载体。

2019年3月，文化和旅游部制定的《国家级文化生态保护区管理办法》正式实施，其中明确鼓励保护区开展文化观光游等多种形式的旅游活动。

2019年7月，文化和旅游部印发的《曲艺传承发展计划》提出，鼓励和引导曲艺项目进入城市和乡村旅游演艺市场，与当地旅游发展相结合，拓展更大发展空间。

2019年8月，国办印发的《关于进一步激发文化和旅游消费潜力的意见》提出，到2022年建设30个国家文化产业和旅游产业融合发展示范区。

2019年10月31日，党的十九届四中全会审议通过的《中共中央关于坚持和完善中国特色社会主义制度 推进国家治理体系和治理能力现代化若干重大问题的决定》更是明确提出，完善文化和旅游融合发展体制机制。

2019年11月，中共中央、国务院印发的《新时代爱国主义教育实施纲要》明确提出，寓爱国主义教育于游览观光之中。

2019年12月，中办、国办印发的《长城、大运河、长征国家文化公园建设方案》，对国家文化公园中的"文旅融合区"建设进行了专门部署。

2019年12月，文化和旅游部发布《关于进一步加强演出市场管理的通知（征求意见稿）》提出，推动文化和旅游融合发展，促进文化和旅游消费。

2019年12月，文化和旅游部起草的《中华人民共和国文化产业促进法（草案送审稿）》开始公开征求意见，其中对促进文旅融合作出了明确规定。

资料来源：根据网络资料整理。

【引例启示】

近年来，对于党中央推动文旅融合的指示，国务院以及文化和旅游部出台了系列政策文件，举国上下积极地贯彻落实。

文旅融合是新时代中国特色社会主义建设过程中，国家对文化和旅游改革发展的制度性安排。在习近平总书记关于文化和旅游融合发展重要论述精神的指导下，全国文化和旅游系统坚持"宜融则融、能融尽融"的基本原则，坚持"以文塑旅、以旅彰文"的发展方向。在理念融合、职能融合、产业融合、市场融合、服务融合、交流融合等各个方面都取得了显著成就，为文化和旅游的深度融合奠定了较好的基础。在中国特色社会主义新时代，文旅融合是一场文化旅游供给侧结构性改革，要以文旅深度融合为主线，整合文旅公共服务，培育壮大文旅融合市场主体，加强科技手段运用，以改革创新为动力，不断完善文化和旅游现代治理体系和治理机制建设，提升治理能力，努力推动文化和旅游改革发展再上新台阶。

第一节 文化政策概述

一、文化政策的定义

政策是国家机关、政党及其他政治团体在特定时期内，为实现或服务于一定社会政治、经济、文化目标所采取的政治行为或规定的行为准则。它是一系列谋略、措施、法律、办法、方法、条例等的总称。政策的制定是为解决一定时期内的政治、经济、文化问题，其服务于一定的政治、经济、文化目标。文化政策是涉及文化领域的公共政策，是国家公共政策的重要组成部分。

对于文化政策内涵的理解，国内外学者有着不同的阐释。

托比·米勒与乔治·尤迪思认为："文化政策是指用以沟通美学创造与集体生活方式的制度性支持——美学和人类学两个领域之间的桥梁。文化政策体现为系统化和规范化的行动指南，为各种组织所采纳以达成组织目标。"[1]

胡慧林在《文化政策学》一书中的定义，文化政策是一国对于文化艺术、新闻出版、广播影视、文物博物等领域进行行政管理所采取的一整套制度性规定、规范、原则和要求的总称，是有别于科技政策、教育政策等其他领域政策的一种政策形态。[2]

高永贵在《文化管理学》中认为，文化政策是国家的文化部门为达到一定的目标，在文化艺术、新闻出版、广播影视、文物博物等领域实行意识形态管理、行政管理和经济管理所采取的一整套制度性规定、规范、原则和要求体系的总称，是有别于教育政策、科技政策的一种政策形态。文化政策是政府公共政策在文化事业方面的具体体现，文化政策作为政策的一部分，直接关系到国家文化目标的实现，并且影响政治和经济政策的实施。[3]

---

[1] [澳]托比·米勒，[美]乔治·尤迪思.文化政策[M].刘永孜，付德根，译，南京：南京大学出版社，2017.01.
[2] 胡惠林.文化政策学[M].上海：上海文艺出版社，2003.
[3] 高永贵.文化管理学[M].北京：北京大学出版社，2012.

李丹在《公共文化管理》中认为，文化政策是一国政府对于文化艺术、新闻出版、广播影视、文物博物等领域进行行政管理所采取的一整套制度性规定、规范、原则和要求的总称，是公共政策体系的重要组成部分。如我国的《关于促进文化和科技深度融合的指导意见》《文化市场综合行政执法管理办法》《关于深入推进文化金融合作的意见》《关于做好政府向社会力量购买公共文化服务工作的意见》等，这些都是文化政策。[①]

还有观点认为：文化政策是指一定时代、一定的社会条件下，行政机构对文化领域的问题所颁布的有关规定和对策原则，包括民族政策、文艺政策、宗教政策、语言文字政策等。

简单地说，文化政策是指一定时代和社会条件下，国家执政党、行政机构对文化领域问题所颁布的相关规定和对策原则。文化政策既关系国家的物质文明建设，又关系精神文明建设，在一国的公共政策体系中居于非常重要的地位。

二、文化政策的特点

具体而言，文化政策具有以下几方面特点。

（一）文化政策是文化自我约束的反映

文化行为不仅是人类物质行为的升华与解放，更是对物质行为关系的系统规范与重构。法国著名社会学家埃米尔·杜尔凯姆在谈到文化的这种限制作用时曾强调指出："我们并不总是感到文化强制的力量，这是因为我们通常总是与文化所要求的行为和思维模式保持着一致。然而，当我们真的试图反抗强制时，它的力量就会明显地体现出来。"文化政策的产生和起源，不是基于某种外在文化的力量，而是文化自身为寻求生存和发展而产生的一种需要的结果，一种文化的自我规范和约束，一种历史的约定俗成，是整个人类文明走向规范和有序的文化关系的反映。

（二）文化政策是国家文化意志的集中体现

文化政策反映的是一定阶级的文化利益、愿望、要求和目的，体现的是国家的文化意志。法国著名国际事务专家路易·多洛在描述现代国际文化关系的演变过程时曾经表述过这样一种见解：从20世纪以来，文化领域已发生了三次革命。第一次革命是文化发展由自发状态转而要求国家参与，国家不仅要对国民的文化生活作出一定的安排，给予必要的指导，还要建立起相应的机构，制定相应的文化政策。第二次革命是随着再现手段与传播技术的发展，人民大众真正获得享受文化财富的权利，人与人之

---

① 李丹.公共文化管理.[M].北京：高等教育出版社，2018.

间的智力联系和精神联系得到了空前的增强。第三次革命是国际文化合作，文化的给予与接受的会合形成了文化互惠，这将成为主导潮流。这一观点从政策科学的角度，阐述了文化政策的产生与国家行为的关系。国家意志的保障使自发状态下的文化规范上升为自觉的、有目的的文化政治行为。

三、文化政策主体

主体一般是指有意识、有实践能力、能够对客观事物进行主动认识和实践的人或群体。文化政策的主体是指以一定的社会文化为对象，根据一定时期的国家文化利益进行决策和制定文化政策，以实现国家文化目标的人以及由这类人的群体组成的组织形态和机构形态系统。

文化政策主体主要包括执政党、国家立法机关、政府以及文化政策研究人员。文化政策主体具体体现为中国共产党、人民代表大会、人民政府以及文化政策研究人员。

（一）执政党

执政党是政策主体中的核心力量。公共政策在很大程度上可以视为执政党的政策。执政党通过掌握国家政权和管理国家事务，是现代民主和法治国家的主要政权形式。现代国家的政党制度形式多样，但无论是在一党执政体制下还是在多党联合执政体制下，一国的执政党具有制定包括文化在内的一切国家政策的权力，从而也获得了规范整个国家文化行为的文化政策决策和制定的主体资格。在行使对文化的统治和管理的权力时，不管以哪种方式制定文化政策，是由执政党直接制定文化政策，还是在执政党的纲领原则指导下由政府或国会（议会）来制定文化政策，文化政策都是一个政党所代表阶级的文化利益和文化意志的反映。因此，执政党在整个文化政策决策体系中居于主导地位。

具体到我国，中国实行共产党领导下的多党合作制度，中国共产党的执政党地位决定了其在宪法和法律规定的范围内享有在国家所有文化政策中的政策主体地位和决定性作用。党对国家事务实行政治领导的主要方式，就是使党的主张通过法律程序变成国家意志，通过党组织的活动和党员的模范带头作用带动广大人民群众，实现党的路线、方针和政策。从这个意义上说，党的文化政策就是国家的文化政策。由于文化的意识形态性和在我国社会主义建设中的重要意义，对涉及国家社会主义文化事业建设和发展的宏观文化政策、重大方针政策，中国共产党作为核心决策主体，对文化政策的制定发挥着决定性作用。因此，在中国的文化政策主体中，中国共产党居于中心地位，规范和制约着其他文化政策主体。

不忘初心，方得始终。回顾近百年文化建设的历程，在东西文明的强烈碰撞中，中国共产党人始终坚持以马克思主义为指导,以人的发展和社会进步为己任,不忘本来、吸收外来、面向未来,开启了中华文化发展的新篇章。文化兴则国运兴,文化强则民族强。在中国特色社会主义进入新时代这一新的历史方位和历史起点上,面对新的发展机遇和挑战,以习近平文化思想为指引,中国共产党人肩负着更为艰巨的文化使命。

党的十九大报告指出:中国共产党从成立之日起,既是中国先进文化的积极引领者和践行者,又是中华优秀传统文化的忠实传承者和弘扬者。当代中国共产党人和中国人民应该而且一定能够担负起新的文化使命,在实践创造中实现文化创新,在历史进程中推动文化进步!

(二)国家立法机关

国家立法机关是有权制定、修改、补充、废止及解释法律的国家政权机关,是政策主体的一个最重要的构成部分,主要任务是立法,其核心职责是在政治系统中承担法律与政策的制定职能。在文化政策主体体系中,它是使文化政策合法化的权力机关。任何关于文化政策的建议和主张,只有经过法律程序才能成为国家行为和国家意志,文化政策也才能在规范社会文化行为中具有合法性。现代国家的立法机关主要包括议会、国会、人民代表大会等。

在我国,人民代表大会是权力机关和立法机关,它是我国的政策制定与立法的主要机关。全国人大及其常委会的主要职能是制定法律,其中包括制定或审查通过国家文化管理事务中许多重大或重要的文化法,如《中华人民共和国文物保护法》《中华人民共和国著作权法》等,这些都是全国人大及其常委会通过实施的具有普遍约束效力的法律。这些法律对于促进我国文化事业规范、健康、有序发展发挥了重要作用。此外,全国人大及其常委会还拥有对国家行政、司法机关的监督、检查权,以确保行政、司法机关贯彻执行它所制定的文化法律和文化政策,把行政、司法机关的文化权力活动严格限制在国家的最高法律和政策范围之内。从法律的角度看,国家立法机关制定的有关文化的法规和政策都不得与之相抵触,一旦抵触,国家立法机关有权纠正、撤销。

依照法律的规定,执政党所制定的文化政策要上升为国家主体行为,就必须经由行政途径提请立法机关通过或批准,这样才能使执政党的文化政策变成国家文化政策,从而对全体公民和机构的文化行为具有约束力。载入我国宪法的文化发展的"二为"方向和"双百"方针,就是通过国家立法程序由党的文化政策上升为国家的文化总政策的。

(三)政府

政府即国家行政机关,是国家权力机关的执行机关,依法行使文化行政职能,从事国家文化事务管理，是国家文化意志的直接体现者，如我国的国务院及其文化行政部门——文化和旅游部、国家广播电视总局等。一般而言，政府及其文化行政部门根据国家权力机关制定的法律和政策及其赋予的立法权来制定文化管理法律、规章和政策，具体引导、规范全体公民和所有社会组织的文化行为，协调文化领域利益关系，化解文化发展中的矛盾纠纷，以确保国家文化意志在文化事业中的切实执行和国家文化事业的顺利发展，维护人民的合法文化权益和社会正常的文化秩序。

由于政府拥有对整个社会文化资源进行权威性分配的权力，国家文化行政机关在制定和执行具体的文化政策时，将直接影响各种文化利益的再分配、文化力量的均衡和一定的社会阶段文化发展的速度与走向。因此，政府文化政策制定得正确、科学与否，对国家和社会公众的文化利益、文化关系影响极大。例如，改革开放四十多年来，中国政府从以下几个方面正确地认识到中国文化的发展目标和特征：当代中国的文化是人民的文化，即全民共享文化资源、平等参与文化创造、自主选择发展道路、为人民服务的文化；中国的文化是民族的文化，即植根于5000年中华民族文化传统、保存和发展中国56个民族的文化个性、维护和巩固中华民族团结统一的文化；中国的文化是多样的文化，即人人享有合法创造自由且不同风格、不同流派、不同题材、不同形式百花齐放、百家争鸣的文化；中国的文化是开放的文化，即博采世界文化之长、吸纳人类文明一切优秀成果、积极与各国开展对话与交流的文化；中国的文化是协调发展的文化，即经济建设和文化建设均衡发展、物质文明与精神文明相互促进的文化。

在正确认识上述目标与特征的基础上，中国政府通过保障人民平等享有文化资源、鼓励人民群众自主地参与文化创造、扶持和发展少数民族文化、有效保护历史文化遗产、大力提高公众的艺术素养、加大文化基础设施建设、积极推进文化体制改革、努力营造良好的文化环境、扩大对外文化交流等方面的努力，使具有悠久传统的中国文化得以延续和更新，有效地促进了中国文化的发展。

（四）文化政策研究人员

文化政策研究人员是指以国家文化管理和文化发展战略设计为工作对象，专门从事文化政策研究和决策咨询，为党和政府制定文化政策提供理论模式和备选方案的人员。这些人包括专门从事政策研究的人员、专门从事文化理论与实践以及国家文化发展战略研究的人员。他们一般供职于党政机关的职能部门，如政策研究室、发展中心等，以及大中专院校或研究所，从事教学和科研。

一般来说，专业的文化政策研究人员对于文化领域的历史和现实有着较深的了解；就其专业性来说，他们与社会文化现实的联系要比政策制定者们密切得多；就局部而言，他们对国家文化现状的了解和分析也要比政策制定者深入得多。因此，专业的文化政策研究人员虽然并不一定充当直接决策和制定者的角色，但他们所提出的理论意见和学术观点对政策制定者的影响是非常大的。因此，文化政策主体应当包括文化政策研究人员。

四、文化政策客体

客体是相对于主体而言的，指主体认识或实践的对象。任何政策都有特定的受众和作用的对象范围。政策客体指的是政策所发生作用的对象，包括政策所要处理的社会问题和所要发生作用的社会成员。文化政策客体是文化政策作用的对象，即文化政策实施的目标群体，包括文化政策问题和文化政策目标群体。

（一）文化政策问题

文化领域里存在许多问题，但并非所有问题都是文化政策问题。文化问题是由社会的各种文化现象的矛盾运动所产生和形成的文化状况与文化的社会期望之间的差距。它是一种社会存在现象，也是一种学术研究的对象性范畴。根据文化的广义定义，文化问题包括一切社会问题；根据文化的狭义定义，文化问题专指涉及社会和人们精神文明领域的各种文化现象所产生的文化矛盾状况。文化政策问题是由文化问题的矛盾而引发、产生，并需要国家决策系统通过国家文化干预，即制定文化政策才能解决和处理的文化问题。它是社会文化矛盾运动的紧张状况，以及由此而引起的各种文化利益、文化价值和文化规范冲突的集中表现，若不及时解决，将直接影响国家和社会的文化进步和发展，妨碍社会公众正常的文化生活和国家正常的文化秩序、文化稳定。这类文化问题，往往是由社会文化结构本身的运动缺陷或社会转型、变革过程中文化结构内部出现的功能障碍、关系失调和文化整合错位、失范等原因造成的，不通过政府力量往往难以消除和解决。

（二）文化政策目标团体

文化政策问题是从"事"的角度对文化政策客体的界定。从人的角度来看，文化政策所发生作用的对象是文化领域的社会成员，这些受文化政策规范、制约的社会成员称为文化政策目标团体。

文化政策所要调整或规范的是文化领域内人们的行为以及人与人之间的关系，尤其是利益关系。国家通过文化政策鼓励人们去从事某些文化活动而禁止人们去从事另一些文化活动，引导人们朝向政府所期望的文化发展目标。在文化生产和文化活动中，人与人之间存在错综复杂的关系，其中最主要的是利益关系。由于社会成员及其形成的利益团体在文化生产和生活中所处的地位不同、分工不同，必定会产生各种不同的层次、不同性质的利益诉求。这些利益诉求相互影响、交流、撞击，形成各种利益关系。因此，国家的文化政策就是要指导人们处理好文化领域内全体社会成员的利益与各种利益团体利益之间的关系，解决人与人、人与团体、团体与团体之间的利益冲突，建立起一个有利于安定团结、促进文化发展的利益格局，有效地协调国家、集体和个人三者的利益关系。

→【延伸阅读】

铸就社会主义文化新辉煌

用手机扫一扫，了解更多信息

第二节 文化政策过程

文化政策过程与其他公共政策过程相同，主要包括政策制定、政策执行和政策终止三个阶段。在这一过程中，围绕文化政策问题，制定相应的文化政策，并在具体实践中付诸实施，当文化政策目标已经实现或已与时代发展不相适应时，及时终止文化政策。

一、文化政策制定

文化政策制定是文化政策过程的首要阶段，是指从文化政策问题的界定到文化政策议程的建立再到文化政策方案的确定以及合法化的过程。文化政策制定的机制和状况如何，不仅关系到文化政策本身的科学性，还直接影响文化政策客体对文化政策的接受和执行程度，关系到国家文化行政管理的成败，关系到国家文化意志和文化利益的实现程度。因此，文化政策制定在文化政策过程中具有基础性、决定性的核心地位。

（一）文化政策问题的界定

文化政策问题，是指当文化领域矛盾发展到需要国家介入的紧张阶段时，必须通过制定公共政策来应对和解决的关键议题。文化政策问题的界定是指文化政策主体根据一定社会历史阶段对于文化发展的需要，以一定的价值尺度为标准，为实现一定的文化发展目标，对文化政策问题进行分析、评估和判定的过程。文化政策问题的界定对于文化政策的制定有直接影响。美国学者利文斯顿在论述政策问题确认的重要性时曾说:"问题的挖掘和确认比问题的解决更为重要。对一个决策者来说,用一个完整而优雅的方案去解决一个错误的问题对其机构产生的不良影响比用较不完整的方案去解决一个正确的问题大得多。"

我国文化政策问题的发现,主要源于以下五种途径:第一,某些带有倾向性的文化问题因引起党和国家领导人的特别关注而被发现;第二,文化政策研究人员在研究过程中对于文化政策问题的发现;第三,某些重大的国内、国际文化事件,成为社会公众关注的焦点,从而引起政府决策部门的重视,成为必须解决的文化政策问题;第四,国家文化行政部门在执行公务、管理文化事务过程中发现的文化政策问题;第五,其他党派、社会团体根据自己的观察提出的应当解决的文化政策问题。这些渠道对于及时发现文化政策问题,并由国家及时采取相应措施,防患于未然,降低国家文化管理成本,发挥了重要的作用。发现文化政策问题以后,还要对这些问题进行界定,即对问题的严重性、复杂性等进行评估,为下一步文化政策议程的建立奠定基础。

(二)文化政策议程的建立

政策议程是指将政策问题提上政府议事日程,纳入决策领域的过程。文化政策问题的发现和界定,只是提出了需要制定文化政策的可能性,还未成为文化政策决策主体的政策行为。文化政策问题只有纳入政府的政策议程,才能通过制定和执行政策等一系列程序使问题得以解决和处理。

能够进入政府政策议程的文化政策问题应当具备以下四个方面的条件:

(1)文化政策问题的变化和文化政策的不足。文化政策问题及其决策,始终受特定历史条件的制约和影响。随着时代发展和社会条件变迁,原有的政策问题将出现新的变化,原有的政策也会显现出新的不足,导致新的文化政策问题产生,并引起社会的普遍关注和文化政策主体的高度重视。

(2)社会文化资源的分配重组。文化政策的核心目标之一,是实现社会文化资源的均衡配置。在社会发展过程中,文化内部的变化和文化环境的变化都会引发对现有文化资源进行分配重组的要求,导致社会文化资源分配的失衡。在这一条件下,为实现社会文化资源分配的平衡,文化政策决策主体就可能将这一问题纳入政策议程。

(3)新文化的发展需要政策指南。政治体制改革、经济转型、社会转型等深层变革给社会文化带来巨大影响,建立文化新秩序以及相应的社会文化运行机制和新文化制度,往往需要全方位的文化政策指导。如何推动新文化的发展会成为一个重要的文化政策问题而被纳入政府的政策议程。

(4)国际文化关系的变化需要新的文化政策。在现代国际社会中,任何一个国家的文化发展都不是孤立的,对外文化政策是一国文化政策体系中的重要部分。当国际文化格局发生变迁时，如何因应新形势调整文化政策，逐渐成为核心政策议题，最终被纳入政府决策议程。

文化政策议题要进入政策议程，需满足双重维度：既要有触发机制，也要通过特定通道和方式实现制度性转化。在我国，除了文化政策问题的明显暴露或爆发引起决策主体的高度重视而将此问题列入政策议程之外，比较多的是出于党和国家的领导人、文化领域的权威人士或著名专家学者的预测及提议。此外，另一条重要途径是通过民主政治过程将重要的文化政策问题纳入政策议程。

（三）文化政策方案的确定

文化政策方案的确定，是文化政策问题获得确认并进入政策议程后，由政府中枢决策系统为解决该问题而形成政策的行为。它是文化政策制定过程系统的核心。文化政策问题只有经由这个核心过程的工作，才能真正获得解决。

文化政策方案的制定是富有创造性的决策活动，它要求政府决策中枢系统立足实际问题，整合政策资源与管理经验，在理论指导和原则框架下，设计出最优解决方案。作为一个综合性的研究、设计、规范和决策过程，文化政策方案的确定包括确立文化政策目标、方案设计和方案抉择三个阶段。

1. 确立文化政策目标

文化政策目标是政策制定者通过政策实施预期达成的效果。文化政策目标作为文化政策行为的出发点，规定了文化政策方案的方向，为判断政策方案优劣提供了依据，同时也为将来检验政策执行结果提供了标准。因此，文化政策目标的确立是解决文化政策问题的决定性因素，是整个政策制定阶段的核心。

在确立文化政策目标时，必须注意以下几点。第一，文化政策目标的针对性。确立政策目标必须针对实际问题，能够准确地选中解决问题的突破口，有的放矢。第二，文化政策目标的可行性。制定目标时，不仅要从解决文化政策问题的要求出发，还要从主体解决问题的能力和客观条件出发，必须充分考虑实现目标的客观条件，包括国内外政治环境、一定时期社会价值观、公众心理状况和公众文化程度等。第三，文化政策目标的系统性。文化政策所要解决的文化问题并不是孤立的，往往是涉及面广、比较复杂的问题，因而政策目标并不是单一的，而是一个由总目标构成的多层次的目标体系。在这样的情况下，制定目标时要着眼于整体，全面系统地考虑。第四，文化政策目标的规范性。文化政策目标必须满足一定的规范，要体现政策制定者所代表的阶级利益，要符合宪法和法律的相关规定，要符合社会的道德规范和行为准则，各地方、各部门所制定的政策目标要符合国家的总路线的总目标。第五，文化政策目标的具体性。文化政策目标必须是具体明确的，表达准确，含义清楚，定性与定量相结合。

2. 方案设计

方案设计是确定文化政策方案的中心环节，其目的在于提供各种可供选择以实现文化政策目标的可能性方案或备选方案，方案的可行、科学与否直接影响政策的执行及其后果。

文化政策方案设计主要包括以下两个步骤：

（1）设计政策框架。设计政策框架就是从总体上对文化政策的决策依据、行动指导原则、基本措施、政策的发展阶段等进行构想，提供政策的基础框架。设计政策框架时要坚持两条原则。一是多样性原则。要尽量把所有可能的备选方案都构想出来，确保备选方案在整体上的完备性。二是创造性原则。在设计文化政策框架时，要在运用基础知识和科学方法的同时大胆创新、勇于开拓，根据新情况和新问题提出新观点、新设想。

（2）设计政策细节。设计政策细节是按照政策框架构想转化文化政策的具体途径、措施、方法和手段，包括政策界限的规定、主体的责权范围、相关机构的设置、人员配备、物资经费的保证等。文化政策细节设计是对政策框架的具体化，在注重前瞻性、创造性的同时，更要注重可行性，尤其要结合从不同的政策层次出发，掌握好具体的尺度，既不能过于抽象和概括，使政策执行者无所适从；也不能过度细化，限制了执行者的主观能动性和创造性。

3. 方案选择

方案选择就是文化政策决策主体根据一定的标准，在分析、比较的基础上从若干方案中选择某个或某些文化政策方案，以在实践中具体执行的过程。方案抉择的正确与否，将直接影响一定时期社会政治、经济等方面的结构和方向、繁荣和衰落，甚至会严重影响一定时期社会政治、经济等方面的运行状况。因此，文化政策决策主体对于文化政策方案的抉择都持有严肃而慎重的态度，没有一定的把握和对政策方案充分而周密的论证是不会轻易决定采纳某项文化政策的。一般来说，政策方案抉择应当有一定的标准，这些标准与国家的元政策密切相关，主要包括五个方面：（1）有利于元政策的实现。政策方案本身体现基本国策精神，符合国家总体发展战略目标；（2）能最大限度地实现政策目标；（3）消耗的政策资源尽可能少；（4）实现政策目标的风险尽可能低；（5）政策方案实施中产生的副作用尽可能小。当然，这些条件是相对的，由于政策问题的复杂性，很多政策方案不能够兼顾这些标准，这就要根据实际需要进行抉择，在不能实现帕累托最优的情况下尽量追求帕累托次优。

（四）文化政策的合法化

文化政策的合法化是指文化政策决策主体为使政策方案获得合法地位而依照法定

权限和程序所实施的一系列审查、通过、批准、签署和颁布政策的过程。文化政策的出台必须经过相应的程序取得合法的地位。文化政策合法化的途径因各国国情的不同而有所差异。在我国，通常有以下四种情况。

第一，由中共中央或中央全会决定或决议的文化政策。在我国，中国共产党是执政党，享有宪法和法律赋予治理和管理国家的一切权力。党拥有制定包括文化政策在内的各项政策的权力和地位。因此，由党的中央委员会作出的决定和决议也就法定地在我国人民的文化生活中和国家文化事业的发展中起到规范和指导作用。例如《中共中央关于加强社会主义精神文明建设若干问题的决议》（1996年10月10日）、《中共中央关于进一步做好文艺工作的若干意见》（1997年1月11日）、《全国人民代表大会常务委员会关于加强〈世界知识产权组织表演和录音制品条约〉的决定》（2006年12月29日）、中共中央办公厅、国务院办公厅印发的《关于进一步加强非物质文化遗产保护工作的意见》（2021年8月12日）、中共中央办公厅、国务院办公厅印发的《关于推进实施国家文化数字化战略的意见》（2022年5月23日）、中共中央办公厅、国务院办公厅印发的《"十四五"文化发展规划》（2022年8月17日）等。

第二，由全国人大及其常务委员会以决定或决议的形式所制定的政策。根据我国的政治制度，全国人民代表大会是我国的最高权力机构，在休会期间由常务委员会代行其职权。因此，作为立法机关，全国人大及其常委会依法作出的一切决策也就合法化了。这类文化政策常常是以"法"等法律的形式出现。例如《中华人民共和国文物保护法》（2002年10月28日）、《中华人民共和国著作权法》（1990年9月7日通过，2001年10月27日修正）。

第三，由国务院及其相关文化行政部门和地方人民政府及其文化行政部门，在宪法和有关行政机关组织法规定的职权范围内制定的文化政策。例如《娱乐场所管理条例》（2006年1月18日通过，自2006年3月1日起施行）、《长城保护条例》（2006年9月20日通过，自2006年12月1日施行）、《文化和旅游部关于废止〈旅游规划设计单位资质等级认定管理办法〉的决定》（2021年11月30日通过，自公布之日起生效）、《文化和旅游部关于修改〈营业性演出管理条例实施细则〉的决定》（2022年4月27日通过，自公布之日起施行）等。这类文化政策的合法化，有的由国务院常务会议通过"国务院令"的形式发出（如《营业性演出管理条例》），同时具有法规性质，有的则以行政公文发出。地方各级国家机关所制定的地方性文化政策，凡法律规定不必报上级机关批准和备案的，从有关机关通过决定的时候起即合法化；否则，必须履行报上级机关批准和备案的程序之后，才能合法化。

第四，党和国家领导人所发表的关于文化问题的重要意见或所作的重要报告。这类重要报告和意见，只有经过合法化程序，才能成为真正意义上的文化政策，并对文化工作发挥指导和规范作用；否则，根据党和国家政治生活原则的有关规定，凡未经过集体讨论而发表的个人意见，原则上不具有约束力。

二、文化政策执行

文化政策经过法定程序并公布之后，便进入执行阶段。文化政策执行就是通过建立相应的组织机构，运用各种政策资源，采取解释、宣传、实验、实施、协调与监控等各种行动，在实践中将文化政策由观念形态变为现实形态的过程。文化政策执行是文化政策运行全过程的重要阶段，它影响着文化政策决策主体预设的政策目标能否实现，以及实现的程度和范围，并检验文化政策本身的科学性、可行性。

文化政策执行主要分为以下三个阶段。

（一）准备阶段

1. 进行思想和舆论准备

一方面，对于文化政策执行主体来说，要统一对文化政策执行的认识，深刻学习和领会政策的精神实质，正确处理自己的局部利益与国家整体利益的关系，把自己的思想认识与国家关于文化建设和文化发展的长远目标统一起来。这样才能在执行过程中自觉遵守国家的规章制度并充分发挥积极性和创造性。另一方面，对文化政策客体来说，思想准备就是社会舆论准备，这往往需要政策执行主体来实施。具体而言，就是通过教育和传媒等手段进行多渠道、多角度、完整、准确的宣传，使社会公众深刻理解这些政策的根本精神，从而取得社会公众的政策认同，树立文化政策意识，为文化政策执行营造良好的社会舆论环境。

2. 进行组织准备

要建立科学、完整、系统的行政机构和各相应的职能部门，形成有机的组织系统，为贯彻执行文化政策奠定组织基础。这一组织系统并不是一成不变的，当社会条件发生变化时，就要根据文化政策执行所要达到的新目标，科学地规划和设置新的职能部门，配备专业人员。

3. 进行实施准备

文化政策是一种宏观、普遍的规定，要使文化政策在本地区、本部门得到切实有效的贯彻落实，使局部领域的文化管理、文化建设与文化发展与国家的整体目标保持一致，就必须把文化政策普遍性规定与本地区、本部门的具体实际进行有机结合，实现宏观文化政策的具体化和本土化。因此，为确保文化政策执行活动的有序开展，就必须拟订一个切合本地实际的政策实施方案，制订明确可行的执行计划。

（二）实施阶段

文化政策的实施是文化政策执行过程中的实质性阶段，也是文化政策执行过程中操作性、程序性最强，涉及面最具体、最广泛的阶段。在这一阶段，文化政策执行主体要根据健全高效的工作制度和严格的执行原则，运用法律手段、经济手段和行政手段，全面实施政策，实现政策目标。在这一过程中，文化政策主体还要时刻注意掌握工作进度，把握政策方向，做好阶段衔接和均衡协调，加强检查监督，及时反馈各种信息，确保执行机制正常运转，提高执行工作的整体效率。

文化政策执行是一项复杂的系统工程，在具体实施阶段，常常会出现许多不确定因素和未知因素，如何处理出现的新问题、新情况，对于文化政策执行者来说是一项挑战。对文化政策执行过程中的复杂情况的处理，某些条件下可以依靠执行者的经验和能力，更多的时候需要的是执行者运用适当技巧和方法的能力、良好的心理素质以及处理突发事件的决断能力。因此，文化政策执行者必须注意提高应对复杂情况的能力，全面提高政策执行质量，从而把在政策执行中可能遇到的风险和阻力降到最低程度，使文化政策得以顺利实施。

（三）调整改进阶段

根据文化政策运动内外部条件的变化适时调整政策或者调整政策执行手段，是文化政策运动和发展的客观规律。导致文化政策调整的因素有很多，涉及文化政策运动的广大领域，主要有文化政策制定主体工作侧重点的转移、文化政策目标的改变、文化政策载体的变化以及社会变迁，包括政治的、经济的等各方面。

文化政策调整涵盖了政策目标调整、政策原则调整、政策方向调整、执行方案调整、具体措施和手段调整等。在文化政策调整过程中，要注意把握调整的最佳时机，掌握调整的力度，安排调整的步骤，做好政策调整所需要的协调工作，优化文化政策调整的艺术。要避免由于调整不当造成的文化动荡，要处理好文化政策调整与文化稳定发展的关系，努力提高政策执行效果，实现政策目标。

三、文化政策终止

（一）文化政策终止的含义及作用

文化政策具有自己固有的产生、发展和消亡的运动过程和内在规律。文化政策终止是文化政策运动的终结，是政策决策者通过对政策进行慎重的评估而采取必要的措施，以终止那些过时的、不必要的或无效的文化政策的执行过程。在社会转型和政治体制改革、经济体制改革、文化政策目标改变以及文化政策局限性日益突出等情况下，对不合时宜的文化政策实行终止是非常必要的。正确地认识和理解文化政策终止是文化政策生命运动的正常形态，对于文化政策制定和执行具有积极的作用。尤其是能够通过对文化政策周期和衰变规律的把握，主动、及时、适宜地终止已经不适应文化发展实际的文化政策，对于完善文化政策运行机制，降低政策成本，节省政策资源，提高政策效益，防止政策风险，规范政策管理，推动文化政策科学化、民主化和文化发展具有重要意义。

（二）文化政策终止的内容

文化政策终止的主要内容包括文化政策功能的终止、文化政策机构的终止、文化政策的终止三方面。

首先，文化政策功能的终止是指文化政策自身所具有的和在运行过程中所产生、发挥和使用的作用、效力及职能的局部或全部的终止和结束。文化政策功能是文化政策价值的重要表现形式，是政策主体实现政策目标的重要依据。因此，文化政策功能在实际政策运行过程中实现的程度就决定了文化政策功能终止的程度，未达预期的政策功能就面临着终止的选择。文化政策功能的终止，既可以是全部的，也可以是局部的，但任何一方面功能的终止，都会引起文化政策结构的变化和内容的调整。

其次，文化政策机构的终止是指由于某项政策功能的终止而导致的相关组织机构的撤销或职能的转变。有些机构是专门为某项文化政策而设立的，这类机构具有临时性，往往随着该项政策的终止而撤销；有些机构同时承担着多项功能，某些单项政策的终止并不能导致机构的撤销，而是通过缩小规模、减少经费等措施对机构进行缩减。

最后，文化政策的终止是指停止执行某项文化政策。这种终止通常是某个单项文化政策目标已经实现，已失去继续存在的价值和必要。这类文化政策的终止与前两种相比，阻力最小，成本最低，在具体操作中比较容易实现。

（三）文化政策终止的主要形式

文化政策终止主要有文化政策废止、文化政策替代、文化政策合并、文化政策分解和文化政策缩减五种形式。

1. 文化政策废止

即取消和停止执行某项文化政策，这是文化政策终止的最直接的形式。

2. 文化政策替代

即用新的文化政策来取代旧的文化政策，但所要解决的文化政策问题、所要实现的文化政策目标基本不变，只是对原有政策的内容或功能进行补充、修订和调整，以便更有效地解决旧政策无法解决的问题，实现原定的文化政策目标。

3. 文化政策合并

即指原有的文化政策虽然终止了，但政策要实现的功能并没有取消，而是将其合并到其他的政策中。文化政策合并通常有两种情况：一种是将被终止的政策内容合并到已有的政策之中；另一种是将两项或多项被终止的政策进行合并，形成一项新的政策。后一种往往在文化体制改革的过渡时期表现和运用得比较多。

4. 文化政策分解

即将旧的文化政策的内容按照一定的原则分解成几部分，每一部分各自形成一项新政策。当原有政策由于内容繁杂、目标众多而影响政策运行绩效时，运用分解的方法往往会收到良好的效果。

5. 文化政策缩减

即采取渐进的方式，通过逐步减少政策投入、缩小政策作用范围、放松对政策执行的控制等手段来终止政策。这一方式对于减少文化政策终止导致的社会动荡、缓冲文化矛盾、协调文化关系具有积极的意义。

▶【延伸阅读】

我国文化产业发展的历史进程及未来趋向

用手机扫一扫，了解更多信息

第三节 中国文化政策的发展

文化是一个国家、一个民族的灵魂。文化的繁荣兴盛离不开制度的创新和完善。党的十九大以来，文化领域一系列政策制度相继建立健全。从颁布《中国共产党宣传工作条例》，到印发《新时代公民道德建设实施纲要》《新时代爱国主义教育实施纲要》，再到党的十九届四中全会对文化制度作出新的部署，构建起"四梁八柱"的制度体系，为推动社会主义先进文化守正创新、建设社会主义文化强国奠定了更加坚实的制度基础。再到党的二十届三中全会印发的《中共中央关于进一步全面深化改革 推进中国式现代化的决定》聚焦建设社会主义文化强国，坚持马克思主义在意识形态领域指导地位的根本制度，健全文化事业、文化产业发展体制机制，推动文化繁荣，丰富人民精神文化生活，提升国家文化软实力和中华文化影响力。

一、中国文化政策的发展历程

（一）中华人民共和国成立前的文化政策

中国的文化政策是在中国共产党领导中国革命和社会主义建设的历史过程中逐步形成和发展的，与中国的文化现代化进程紧密相关。在新民主主义革命年代，中国共产党的文化政策理念在延安时期得以确立，其历史性标志是1942年毛泽东发表的《在延安文艺座谈会上的讲话》，确立了我党的文化政策原则：文艺为工农兵服务和文艺为政治服务。

（二）中华人民共和国成立后至改革开放前的文化政策

中华人民共和国成立后，我国文化政策依然沿袭文化为政治服务的路径。20世纪50年代中期至70年代末，在计划经济制度和统分统揽的计划经济管理体制内，文化建设主要根据自上而下的国家指令性计划展开，文化机构的运作和文化生产、流通与消费均由国家权力控制。

（三）改革开放后的文化政策

1978年，党和国家的工作重心转向经济建设，文化政策也实现了中华人民共和国成立以来第一次重大转型，即从"革命的理念"转向市场经济理性，文化政策开始关注文化生产如何与社会生产力发展匹配，如何推动文化政策从计划经济模式走向市场化模式。

首先，文化领域出现了"双轨制"。1978年，财政部批准人民出版社等新闻单位实行"事业单位企业化管理"，国有文化事业单位被允许放开经营活动。"双轨制"在一定程度上释放了文化活力。

其次，文化政策的价值导向也从阶级斗争转向了经济建设。1979年，中国文学艺术工作者第四次代表大会明确提出，不再继续提文艺从属于政治的口号，在理论上明确了文化政策转向的本质。

最后，发展社会主义先进文化、广泛凝聚人民精神力量，是国家治理体系和治理能力现代化的深厚支撑。必须坚定文化自信，牢牢把握社会主义先进文化前进方向，围绕举旗帜、聚民心、育新人、兴文化、展形象的使命任务，坚持为人民服务、为社会主义服务，坚持百花齐放、百家争鸣，坚持创造性转化、创新性发展，激发全民族文化创造活力，更好构筑中国精神、中国价值、中国力量。近年来，国家颁布了诸多的文化政策，主要分为以下几类。

1. 坚持马克思主义在意识形态领域指导地位的根本制度

2021年6月9日，文化和旅游部发布《"十四五"非物质文化遗产保护规划》（以下简称《规划》)①。《规划》明确了"十四五"非物质文化遗产（以下简称"非遗"）保护的总体要求、主要任务和保障措施，系统部署"十四五"时期非遗保护工作。《规划》以习近平新时代中国特色社会主义思想为指导，把牢牢把握正确方向、坚持以人民为中心、坚持系统性保护、坚持依法科学保护、坚持守正创新作为基本原则，贯彻"保护为主、抢救第一，合理利用、传承发展"工作方针，提出了到 2025 年的发展目标和 2035 年的远景目标。明确了加强非遗调查、记录和研究，加强非遗项目保护，加强非遗传承人认定和管理，加强非遗区域性整体保护，加大非遗传播普及力度和服务社会经济发展 6 个方面主要任务，并通过 8 个专栏对传统工艺高质量发展、文化生态保护区建设等重点工作进行了部署。②

2021 年 6 月 11 日，文化和旅游部发布《"十四五"文化和旅游科技创新规划》（以下简称《规划》）③。《规划》明确了"十四五"时期文化和旅游科技创新发展的总体要求、重点领域、主要任务、保障措施，系统部署指导文化和旅游科技创新工作，描绘了文化和旅游科技创新工作蓝图。

《规划》确立四大基本原则："以人民为中心""贯彻新发展理念""强化系统思维""筑牢底线意识"。在此基础上，提出以科技赋能文旅发展：强化科技为民导向，构建全链条创新体系，通过需求牵引机制，持续满足群众对文旅消费的新期待，切实提升获得感和满意度。将科技创新定位为文旅创新的核心引擎，推动文化事业、文化产业与旅游业实现"五维升级"——质量跃升、效率突破、公平普惠、绿色可持续、安全保障。构建"市场+政府"双轮驱动机制：一方面激发市场主体创新活力，加速技术迭代；另一方面强化政府引导监管职能，优化创新生态，形成政策与市场协同发力的新格局。在安全领域实施科技赋能战略，构建"内容生产—服务过程"全链条安全管理体系，既守护意识形态阵地，又保障人民生命健康，为文旅可持续发展筑牢安全根基。④

2. 坚持以社会主义核心价值观引领文化建设制度

2020 年 6 月 30 日，中央全面深化改革委员会第 14 次会议成功召开，会议审议通过了《关于深化国有文艺院团改革的实施意见》。会议强调，国有文艺院团是繁荣发展社会主义文艺的中坚力量，要以社会主义核心价值观为引领，围绕举旗帜、聚民心、育新人、兴文化、展形象的使命任务，突出问题导向，坚持分类指导，以演出为中心环节，激发国有文艺院团生机活力，创作生产思想精深、艺术精湛、制作精良的舞台

---

① 2021 年 6 月，文化和旅游部发布的《"十四五"非物质文化遗产保护规划》.
② "学习强国"学习平台 2021-06-09.
③ 2021 年 6 月，文化和旅游部发布的《"十四五"文化和旅游科技创新规划》.
④ 文化和旅游部政府门户网站，2021-07-14.

艺术佳作，满足人民向往美好生活的精神文化需求。

2021年7月14日，《"十四五"艺术创作规划》（以下简称《规划》）正式发布。作为落实《中华人民共和国国民经济和社会发展第十四个五年规划和2035年远景目标纲要》《"十四五"文化和旅游发展规划》及文化强国战略的重要举措，《规划》为未来五年艺术创作发展谋篇布局。《规划》紧扣十个核心维度：坚持党的领导、文化强国建设、文化自信培育、新发展阶段使命、人民中心导向、艺术规律遵循、"高峰"作品打造、院团机制创新、集体创作模式、专业评论体系建设。围绕这些关键词，系统部署了目标任务、工程项目及实施路径，阐明艺术创作发展的总体框架。具体提出，到2025年实现：（1）完善创作资助体系，提升原创剧本质量；（2）激活全艺术门类创作，实现从"高原"到"高峰"的跨越；（3）增强国有院团创新活力，提升民营团体发展水平；（4）构建梯队式人才培养体系；（5）推动艺术与科技深度融合，提升传播力与国际化水平；（6）完善文艺评价体系，提升评奖科学性及评论权威性。

2021年9月2日，文化和旅游部发布《网络表演经纪机构管理办法》（以下简称《办法》）[①]。该《办法》的出台，旨在强化对经纪机构的管理，约束表演者行为，坚持正确的价值导向。无论是网络主播，还是开设直播账号的演艺明星，其背后的经纪公司都将被纳入该办法的管理范围。

《办法》所称的网络表演经纪机构，行业内俗称"MCN机构""主播公会"，是指依法从事网络表演经纪活动的经营单位。网络表演经纪活动包括：网络表演内容的组织、制作、营销等经营活动；网络表演者的签约、推广、代理等经纪活动。遵照线上线下统一管理原则，《办法》进一步明确网络表演平台、经纪机构、主播三方关系，形成"平台管经纪机构""经纪机构管主播"的层层责任传导机制。

当前网络表演直播领域存在两大突出问题：一是部分主播为博眼球、赚流量，制作发布违背核心价值观的内容，错误引导粉丝群体；二是个别经纪机构受利益驱使，为诱导打赏、虚假消费、炒作宣传等黑灰产业提供滋生温床。针对这些乱象，《办法》为经纪机构划出两道"红线"：禁止通过虚假消费、带头打赏等手段诱导用户消费；严禁借助打赏排名、虚假宣传等方式炒作表演者收入。同时要求经纪机构强化签约主播管理，明确禁止通过语言刺激、差别对待、返利承诺等手法诱导消费。[②]

3. 健全人民文化权益保障制度

2021年6月，文化和旅游部正式发布《"十四五"公共文化服务体系建设规划》

---

① 2021年9月，文化和旅游部发布的《网络表演经纪机构管理办法》.
② "学习强国"学习平台，2021-09-02.

（以下简称《规划》）。《规划》为"十四五"期间现代公共文化服务体系建设绘制了发展蓝图，系统部署了总体要求、核心任务及保障机制，明确了未来五年乃至更长时期的建设路径。《规划》确立四大基本原则：坚持正确导向、人民主体地位、改革创新、系统推进。提出七大重点任务：1）构建城乡一体化服务体系；2）打造"以人文本"的新型图书馆；3）激发群众文艺创作活力；4）提升服务实效性；5）推进社会化发展；6）实施数字化智能化升级；7）促进区域均衡发展。设定两大阶段性目标：到2025年基本实现服务布局均衡化、供给方式多元化、技术融合创新突破；到2035年建成与文化强国相匹配的现代服务体系。通过设立8大专栏、22项重点工程，《规划》清晰界定了建设工作的核心着力点和实施路径。为保障规划落地实施，配套构建了"四维支撑体系"：强化组织领导、优化经费保障、提升队伍素养、完善监督机制，形成闭环管理确保目标达成。[①]

2021年7月9日，文化和旅游部发布《"十四五"文化和旅游市场发展规划》（以下简称《规划》）[②]。《规划》明确了文化和旅游市场发展的总体要求、主要任务、保障措施，系统部署文化和旅游市场建设工作，为文化和旅游市场发展擘画蓝图。

《规划》确立五大基本原则：繁荣发展、改革创新、依法行政、包容审慎、安全底线。提出到2025年实现三大核心目标：1）构建完善的监管机制与市场体系；2）激发市场主体活力，提升服务质量与治理能力；3）深化执法改革，打造高效能执法队伍。同步展望2035年远景规划，描绘高质量发展蓝图。为保障目标实现，《规划》构建三大支撑体系：加强跨部门协同联动，形成工作合力；强化执法队伍建设，打造政治过硬、业务精湛的专业队伍；建立闭环落实机制，确保政策精准落地，为文旅市场持续健康发展提供坚实保障。[③]

4. 完善坚持正确导向的舆论引导工作机制

2020年，抗疫文化作品大量涌现，疫情期间文化产业"云端自救"。

2020年4月13日，文化和旅游部、国家卫生健康委4月13日联合印发《关于做好旅游景区疫情防控和安全有序开放工作的通知》。

2021年7月20日，文化和旅游部《"十四五""一带一路"文化和旅游发展行动计划》（以下简称《行动计划》）正式印发[④]。《行动计划》对"十四五""一带一路"文化和旅游交流与合作工作进行总体设计和任务谋划，部署了三大任务、十二个专栏，成

---

① 文化和旅游部门户网站，2021-06-24.
② 2021年7月，文化和旅游部发布的《"十四五"文化和旅游市场发展规划》.
③ 文旅中国，2021-07-09.
④ 2021年7月，文化和旅游部发布的《"十四五""一带一路"文化和旅游发展行动计划》.

为"十四五"时期推进"一带一路"文化和旅游工作高质量发展的纲要指南。《行动计划》提出,"十四五"要坚持统筹协调、全局谋划,开放包容、互学互鉴,融合创新、质量引领,优势互补、合作共赢等原则,聚焦"健全合作机制和交流平台,全面提升品牌建设水平""推动'一带一路'文化和旅游发展,构建全方位发展新格局""推动区域协同发展,实现对外交流上台阶"等三大任务,推动到2025年国内政策支撑体系和国际协调机制建设水平不断提高,讲好中国故事的品牌活动影响力不断攀升,与共建"一带一路"国家合作的广度和深度不断拓展,共建"一带一路"文化和旅游高质量发展取得成效。[①]

2021年8月5日,文化和旅游部召开全国文化和旅游行业疫情防控工作电视电话会议,进一步部署文化和旅游行业疫情防控工作。

5. 建立健全把社会效益放在首位、社会效益和经济效益相统一的文化创作生产体制机制

2020年11月27日,文化和旅游部发布《关于推动数字文化产业高质量发展的意见》,指出要促进文化产业与数字经济、实体经济深度融合,扩大优质数字文化产品供给,促进消费升级,积极融入"双循环"新发展格局。

2021年6月2日,《"十四五"文化和旅游发展规划》(以下简称《规划》)正式发布。《规划》为未来五年文旅发展擘画蓝图,既是落实国家"十四五"规划纲要的战略举措,也是推进文化强国建设的重要抓手,系统部署了总体要求与发展路径。《规划》确立五大发展原则:坚持正确方向、人民主体地位、创新驱动、改革开放、融合发展战略。部署八大重点工程:1)社会文明促进工程;2)新时代艺术创作体系;3)文化遗产保护体系;4)现代公共文化服务体系;5)现代文化产业体系;6)现代旅游业体系;7)现代文旅市场体系;8)对外文旅推广体系。同步推进科技赋能和布局优化两大支撑战略。设定到2025年四大发展目标:1)文化强国建设取得显著进展;2)文旅高质量发展体制机制基本形成;3)人民精神文化生活更加丰富;4)中华文化国际影响力显著提升。明确文旅产业作为国家战略支撑的定位,要求成为经济社会发展和综合国力竞争的核心动力。[②]

2021年6月8日,文化和旅游部发布《"十四五"文化产业发展规划》(以下简称《规划》)[③]。《规划》明确了"十四五"文化产业发展的总体要求、重点任务、保障措施,系统部署指导文化和旅游系统文化产业工作,描绘文化产业发展蓝图。《规划》把坚持

[①] 中国旅游报,2021-07-20.
[②] 中国旅游报,2021-06-02.
[③] 2021年6月,文化和旅游部发布的《"十四五"文化产业发展规划》.

正确导向、坚持以人民为中心、坚持创新驱动、坚持融合发展、坚持系统观念作为基本原则，提出到2025年，文化产业体系和市场体系更加健全，文化产业结构布局不断优化，文化供给质量明显提升，文化消费更加活跃，文化产业规模持续壮大，文化及相关产业增加值占国内生产总值比重进一步提高，文化产业发展的综合效益显著提升，对国民经济增长的支撑和带动作用得到充分发挥，并对2035年远景目标作出展望。[①]

2021年9月1日，文化和旅游部、中央宣传部、国家发展和改革委员会、财政部、人力资源和社会保障部、国家市场监督管理总局、国家文物局、国家知识产权局联合印发《关于进一步推动文化文物单位文化创意产品开发的若干措施》（以下简称《措施》），其中提出，要增强文化创意产品开发主体活力，推动旅游商品提质升级。[②]

《措施》立足文旅融合发展需求，提出实施"旅游商品创意提升行动"，强调以文化赋能产业升级，通过品质提升激发消费潜力。构建文旅融合评价体系，将旅游商品质量保障、文化特色等核心指标纳入：1）高等级景区评定标准；2）度假区考核体系；3）乡村旅游重点村镇遴选条件，形成全链条质量管控机制。实施品牌战略升级计划，重点培育"三品一标"旅游商品体系：品质过硬、设计精良、市场认可、文化特色鲜明。配套建立金融扶持、人才培养、营销推广三维政策支持矩阵，形成"创意—生产—销售"的全周期赋能体系。构建"三端联动"推广机制：前端开展全国创意产品推介展，集中展示创新成果；中端建立品牌孵化平台，对接市场需求；后端实施消费促进计划，推动产业升级。形成"展示—孵化—转化"的完整生态链，促进旅游消费提质升级。[③]

【知识链接一】

坚定文化自信，推动社会主义文化繁荣兴盛

用手机扫一扫，了解更多信息

[①] 文旅之声，2021-06-08.

[②] 2021年9月，文化和旅游部、中央宣传部、国家发展和改革委员会、财政部、人力资源和社会保障部、国家市场监督管理总局、国家文物局、国家知识产权局联合印发《关于进一步推动文化文物单位文化创意产品开发的若干措施》.

[③] 中国旅游报，2021-09-01.

→【知识链接二】

改革开放后的文化政策

用手机扫一扫，了解更多信息

二、中国主要文化政策

中国目前的文化政策是在中国共产党领导中国革命和社会主义建设的历史过程中逐步形成和发展的，与中国新文化运动和民族文化复兴进程紧密相关。目前，我国的文化政策体系主要包括文化总政策和文化领域各行业的具体政策。

（一）文化总政策

总政策是政策体系中处于统帅地位，对国家的革命和建设产生决定性作用的政策。有时称为总路线、基本路线或根本路线，也常称为战略决策。我国文化总政策，是我国在较长的社会主义历史发展阶段确立的根本文化目标和文化任务，规定了我国在社会主义发展过程中文化发展的根本方向。具体来说，我国文化总政策包括"文艺为人民服务，为社会主义服务""百花齐放，百家争鸣"、坚持"二为"方向和"双百"方针的统一、习近平新时代中国特色社会主义文化思想等内容。在中国当代文化政策体系中，这是具有战略指导性和根本原则性的文化政策，是制定其他各种文化政策的依据。

1."文艺为人民服务，为社会主义服务"

"文艺为人民服务，为社会主义服务"是社会主义文艺事业发展的正确方向，简称"二为"方向。

为人民服务，就是要满足广大人民群众日益增长的精神文化需要。文艺工作者要表现人民的现实生活，反映人民的意愿和要求，在艺术上精益求精，力求把最好的精神食粮贡献给人民。文艺为人民服务包括两重含义。其一，文艺应当反映和表现人民群众火热的生活。文艺工作者只有深入生活、深入群众，从人民的生活中汲取艺术养分，与人民群众同呼吸共命运，才能创造出具有永恒魅力的传世之作。其二，文艺应当注重民族风格、民族气派，为人民所喜闻乐见，能够起到教育人民、鼓舞人民、愉悦人民的作用。

为社会主义服务，就是要求文艺反映社会主义的本质特征和时代精神，表现社会主义伟大实践中的人物和事件，歌颂真、善、美，揭露假、恶、丑，净化人的灵魂，陶冶人的情操，激励人民群众为社会主义现代化建设而努力奋斗。

坚持"二为"方向，决定了文化艺术事业的发展始终要把社会效益放在首位。提倡什么，反对什么，都必须从人民的利益出发，从有利于社会主义事业发展的要求出发。对于那些违背"二为"方向的低俗内容，坚决反对和抵制；对于宣传封建迷信，传播黄色、淫秽信息的文化垃圾，必须取缔。

"文艺为人民服务，为社会主义服务"，不仅是对文艺工作者思想、道德水平的要求，也是对文艺工作者艺术水平的要求。它要求文艺工作者把对人民群众的思想感情和对社会主义本质与规律的认识，融入自己的世界观、价值观、审美观和艺术感觉之中，创作出思想性和艺术性高度统一的作品。

"二为"方向不但明确了文艺的性质、方向和文艺工作者的历史责任，而且保障了服务对象是最广大的人民群众，为文艺的繁荣发展提供了广阔的天地。

2."百花齐放、百家争鸣"

"百花齐放、百家争鸣"是繁荣文化事业的基本方针，简称"双百"方针。[①] 具体而言就是，在文艺创作上，允许不同风格、不同流派、不同题材、不同手法的作品同时存在，自由发展；在学术理论上，提倡不同学派、不同观点互相争鸣，自由讨论。"双百"方针是毛泽东同志提出的，"百花齐放"是一个形象的比喻，"百家争鸣"借用了历史典故。1951年，毛泽东为中国戏曲研究院题词"百花齐放，推陈出新"；1953年，他就中国历史研究问题提出了"百家争鸣"的主张；1956年，他正式提出"百花齐放、百家争鸣"的方针。中国社会主义文化艺术事业发展的历史充分证明，"双百"方针对文化艺术事业的繁荣发展具有巨大的推动作用。

"双百"方针是充分发扬民主的方针。我国宪法保障公民享有充分的创作自由和学术自由。宪法规定：公民有言论、出版自由，有进行科学研究、艺术创作和其他文化活动的自由。"双百"方针充分体现了宪法的这一精神。

"双百"方针是促进团结的方针。文艺具有团结人民、教育人民的作用。文艺队伍自身也需要团结。只有百花齐放、百家争鸣，文艺工作者心情舒畅，直抒胸臆，自由选择适合个人风格、适合内容需要的表现手法，才能做到真正的团结。在不同的门类和流派的文艺工作者之间，在文艺家与广大读者、观众、听众和评论家之间，都要提倡平等、友好地讨论，提倡摆事实、讲道理，坚持真理，修正错误。

"双百"方针是符合文艺发展内在规律的方针。文艺创作是作家、艺术家丰富精神

---

① 朱继东.毛泽东"双百"方针的深刻内涵及时代意义［J］.中华魂，2020（5）.

世界的外在表现，是充满创造性的复杂的精神劳动，是创作者的社会生活体验的升华，凝结着创作者的知识积累和艺术功力，渗透着创作者的人格力量。有了自由的外部环境，才能使创作者的潜能得到充分发挥。邓小平指出：文艺这种复杂的精神劳动非常需要文艺家发挥个人的创造精神。写什么和怎么写，只能由文艺家在艺术实践中去探索和逐步求得解决，这方面不要横加干涉。创作自由是文艺工作的基本规律，"双百"方针是实现创作自由的根本保证。坚持"双百"方针，就是要求政府在履行管理职责时避免官僚主义，废止文艺创作领域里的行政命令，要与文艺工作者交朋友，平等地交换意见，从各个方面为他们提供条件，使他们全身心地投入文艺创作，充分发挥他们的聪明才智。

改革开放后，"双百"方针作为社会主义科学文化建设的重要方针继续得到执行，并被赋予了时代特色的解读。特别是中国特色社会主义进入新时代后，习近平总书记更多次强调必须长期坚持"双百"方针，使得"双百"方针继续成为社会主义科学文化建设的重要遵循。2014年10月15日，习近平总书记主持召开文艺工作座谈会并发表讲话指出："要坚持百花齐放、百家争鸣的方针，发扬学术民主、艺术民主，营造积极健康、宽松和谐的氛围，提倡不同观点和学派充分讨论，提倡体裁、题材、形式、手段充分发展，推动观念、内容、风格、流派切磋互鉴。"2016年5月17日，习近平总书记在哲学社会科学工作座谈会上的讲话中进一步指出："百花齐放、百家争鸣，是繁荣发展我国哲学社会科学的重要方针。要倡导理论创新和知识创新，鼓励大胆探索，开展平等、健康、活泼和充分说理的学术争鸣，活跃学术空气。要坚持和发扬学术民主，尊重差异，包容多样，提倡不同学术观点、不同风格学派相互切磋、平等讨论。"正是在习近平总书记再三强调和带头坚持下，"双百"方针的旗帜在新时代高高举起，推动着新时代的科学文化建设发生历史性巨变。

3. 坚持"双百"方针和"二为"方向的统一

"双百"方针的贯彻执行并不是一帆风顺的，当一些令人深思的问题出现时，如何保证"双百"方针的正确前进方向成为毛泽东同志深入思考的重要问题。因为"双百"方针不但合乎科学文化发展规律，而且符合中国特色社会主义的国情，是真正能够实现我国科学文化事业进步、繁荣的正确方针，深受广大科学文化界人士的欢迎，也在全社会得到广泛认同。但是，在"双百"方针贯彻执行的过程中，有些人却把其理解成是不受任何约束、没有任何底线的自由，并暴露出一些问题，毛泽东也注意到了这些问题。1957年1月27日，毛泽东在主持省、市、自治区党委书记会议最后一次会议的讲话中就强调："无论在党内，还是在思想界、文艺界，主要的和占统治地位的，必须力争是香花，是马克思主义。毒草，非马克思主义和反马克思主义的东西，只能处在被统治的地位。从这样的观点看来，百花齐放，百家争鸣，就是有益无害的了。"1957年3月8日，毛泽东在党的全国宣传工作会议期间同文艺界代表的谈话中指出："我们采取有领导的百花齐放、百家争鸣。"1957年3月12日，在中国共产党全国宣传工作会议上的讲话中，毛泽东进一步深入阐释、科学完善了"双百"方针："我们提倡百家争鸣，在各个学术部门可以有许多派、许多家，可是就世界观来说，在现代，基本上只有两家，就是无产阶级一家，资产阶级一家。或者是无产阶级的世界观，或者是资产阶级的世界观。共产主义世界观就是无产阶级的世界观，它不是任何别的阶级的世界观。"强调了坚持"双百"方针必须坚持无产阶级的世界观，必须是马克思主义的东西占统治地位，这是我们应该始终坚持、永不动摇的重要原则。

　　人民立场是中国共产党的根本政治立场，全心全意为人民服务是中国共产党人的根本宗旨。为了更好地坚持、贯彻"双百"方针，虽然没有明确提出"二为"方向这一概念，但毛泽东一再强调新中国的文化建设要坚持"为人民服务、为社会主义服务"的宗旨，并坚持和真正做到了"双百"方针和"二为"方向的统一。早在革命战争年代，他就多次强调文化要为人民大众服务，并以此作为文化建设的出发点、落脚点。中华人民共和国成立后，他更是把"人民"两个大字写在了社会主义文化的旗帜上，在坚持文艺为人民服务的同时，进一步要求文艺为社会主义服务，加强对知识分子的思想改造，进一步确立了科学文化建设要坚持为人民服务的前进方向，并同时强调科学文化建设要为社会主义服务。在坚持、贯彻"双百"方针过程中，他从来没有一放了之，更没有对其放任自流，而是重视开展批评和自我批评，鼓励大家敢于进行思想斗争，强调批评和斗争是"双百"方针的题中应有之义。1957年1月18日，他在省、市、自治区党委书记会议上的讲话中指出："百花齐放、百家争鸣一来，不敢去改造知识分子了。我们敢于改造资本家，为什么对知识分子和民主人士不敢改造呢？"1963年12月12日，他在关于文学艺术的批示中一针见血地指出："社会经济基础已经改变了，为这个基础服务的上层建筑之一的艺术部门，至今还是大问题。"并批评："许多共产党人热心提倡封建主义和资本主义的艺术，却不热心提倡社会主义的艺术，岂非咄咄怪事。"这也让更多人深刻认识到，只要我们真正坚持贯彻"双百"方针，不仅不会削弱马克思主义在思想文化领域的指导地位，反而能够不断加强和巩固其地位。

　　改革开放初期，为进一步加强党对文艺工作的领导，邓小平不但继续坚持"双百"方针，而且提出了"文艺为人民服务，为社会主义服务"的"二为"方向，对当时一度有些迷茫甚至错乱的文艺界起到了指引方向、凝聚力量的作用。1980年1月16日，他在中央召集的干部会议上的讲话中针对当时思想文化领域出现的一些问题，不但强调了文艺的意识形态属性、政治属性，而且特别谈到了如何科学全面正确地理解"双百"方针。但是，这不是说百花齐放、百家争鸣不利于社会的安定团结。如果说百花齐放、百家争鸣可以不顾安定团结，那就是对于这个方针的误解和滥用。我们实行的是社会主义民主，不是资本主义民主。所以，我们坚持安定团结，坚持四项基本原则，同坚持'双百'方针，是完全一致的"。纠正了当时不少人的模糊甚至错误认识，在告诫全党要沿着正确道路坚持、贯彻"双百"方针的同时，进一步强化了文艺要为社会主义服务，决不能搞资本主义那一套。1980年7月26日，《人民日报》发表题为《文艺为人民服务，为社会主义服务》的社论，正式提出，我们的文艺工作总的口号应当是"文艺为人民服务，为社会主义服务"。从此，"二为"作为社会主义科学文化建设的正确前进方向被正式确定下来，并在全党、全军和全国范围内得到广泛认同。

在新时代，习近平总书记旗帜鲜明地坚持"双百"方针和"二为"方向的统一，推动着科学文化建设发生历史性巨变。2014年10月15日，习近平总书记主持召开文艺工作座谈会并发表讲话，在强调要继续坚持"双百"方针的同时，进一步强调指出："社会主义文艺，从本质上讲，就是人民的文艺。""文艺要反映好人民心声，就要坚持为人民服务、为社会主义服务这个根本方向。这是党对文艺战线提出的一项基本要求，也是决定我国文艺事业前途命运的关键。只有牢固树立马克思主义文艺观，真正做到了以人民为中心，文艺才能发挥最大正能量。以人民为中心，就是要把满足人民精神文化需求作为文艺和文艺工作的出发点和落脚点，把人民作为文艺表现的主体，把人民作为文艺审美的鉴赏家和评判者，把为人民服务作为文艺工作者的天职。"这篇在新中国文化建设史上、中国共产党文化建设史上具有划时代意义的讲话，不但强调了要坚持"双百"方针，而且强调了要坚持"二为"方向，并强调这是决定我国文艺事业前途命运的根本方向。在此基础上，提出文艺工作要真正做到以人民为中心，并阐明了怎样做到以人民为中心。在中国文联十大、中国作协九大开幕式上的讲话中，他再次强调："广大文艺工作者要坚持以人民为中心的创作导向，坚持为人民服务、为社会主义服务，坚持百花齐放、百家争鸣。为我们的人民昭示更加美好的前景，为我们的民族描绘更加光明的未来。"在党的十九大报告中，习近平总书记进一步强调："要坚持为人民服务、为社会主义服务，坚持百花齐放、百家争鸣，坚持创造性转化、创新性发展，不断铸就中华文化新辉煌。""社会主义文艺是人民的文艺，必须坚持以人民为中心的创作导向，在深入生活、扎根人民中进行无愧于时代的文艺创造。"2019年3月4日，习近平总书记在参加全国政协十三届二次会议文化艺术界、社会科学界委员联组会时的讲话又指出："文学艺术创造、哲学社会科学研究首先要搞清楚为谁创作、为谁立言的问题，这是一个根本问题。""新时代的文化文艺工作者、哲学社会科学工作者明大德、立大德，就要有信仰、有情怀、有担当，树立高远的理想追求和深沉的家国情怀,把个人的艺术追求、学术理想同国家前途、民族命运紧紧结合在一起,同人民福祉紧紧结合在一起,努力做对国家、对民族、对人民有贡献的艺术家和学问家。他多次强调要坚持"二为"方向、"双百"方针,坚持以人民为中心的创作导向,并且大多数时候是把三者联在一起、"二为"方向放在前面加以强调,就是告诫我们,不仅"二为"方向、"双百"方针二者是紧密结合在一起的,这三者也是紧密结合在一起的,是紧密联系的统一整体,必须把三者都坚持好、贯彻好。

4. 习近平新时代中国特色社会主义文化思想

(1) 坚定文化自信,推动社会主义文化繁荣兴盛。

习近平新时代中国特色社会主义文化思想,是新时代坚定文化自信、推动社会主义文化繁荣兴盛、建设社会主义文化强国的理论武器和科学指南。

习近平新时代中国特色社会主义文化思想,是党的十八大以来党的理论创新的重要成果,是习近平新时代中国特色社会主义思想的重要内容和有机组成部分。这一重要思想以马克思主义为指导,以全新的时代视野,深化对社会主义文化发展规律的认识,从理论和实践结合上系统回答了在坚持和发展中国特色社会主义新时代,什么是中国特色社会主义文化、为什么要发展中国特色社会主义文化、怎样发展中国特色社会主义文化的问题。是新时代坚定文化自信、推动社会主义文化繁荣兴盛、建设社会主义文化强国的理论武器和科学指南。应当认真学习、深刻领会,弄懂学通、学以致用。

习近平新时代中国特色社会主义文化思想,是一个系统完整、逻辑严密、相互贯通的科学理论体系。其基本精神和主要思想高度浓缩、集中体现在党的十九大报告中。结合学习习近平总书记党的十八大以来有关文化问题的一系列重要论述,深入研读党的十九大报告,可以从基本要义、理论架构、创新观点、政策取向等方面综合加以把握。

(2) 坚定文化自信与建设社会主义文化强国。

2017年,党的十九大报告提出"坚定文化自信,推动社会主义文化繁荣兴盛","要坚持中国特色社会主义文化发展道路,激发全民族文化创新创造活力,建设社会主义文化强国"。

习近平总书记在党的十九大报告中强调指出:"文化是一个国家、一个民族的灵魂。文化兴国运兴,文化强民族强。没有高度的文化自信,没有文化的繁荣兴盛,就没有中华民族伟大复兴。要坚持中国特色社会主义文化发展道路,激发全民族文化创新创造活力,建设社会主义文化强国";"坚守中华文化立场,立足当代中国现实,结合当今时代条件,发展面向现代化、面向世界、面向未来的,民族的科学的大众的社会主义文化"。这些重要论述集中反映了习近平新时代中国特色社会主义的文化观,其核心要义就是:坚定文化自信,坚守中华文化立场,坚持中国特色社会主义文化发展道路，推动社会主义文化繁荣兴盛，建设社会主义文化强国，实现中华民族伟大复兴。把握住了这个核心要义，就把握住了习近平新时代中国特色社会主义文化思想的本质和真谛。

习近平总书记在党的十九大报告中阐述了发展中国特色社会主义文化的"六大"核心理念和"五大"基本方略。"六大"核心理念，即"坚定文化自信"；"坚守中华文化立场"；"坚持中国特色社会主义文化道路"；"坚持为人民服务、为社会主义服务"；"坚持百花齐放、百家争鸣"；"坚持创造性转化、创新性发展"。"五大"基本方略，即"牢牢掌握意识形态工作领导权"；"培育和践行社会主义核心价值观"；"加强思想道德建设"；"推动社会公德、职业道德、家庭美德、个人品德建设"；"推动文化事业和文化产业发展"。"六大"核心理念和"五大"基本方略，是密切关联、相互贯通、相辅相成、有机统一的整体，共同形成了支撑习近平新时代中国特色社会主义文化思想的理论框架，不可分割，也不可或缺。

习近平总书记在党的十九大报告中还围绕发展中国特色社会主义文化提出了一系列创新性观点，归纳起来，主要有：关于"文化是一个国家、一个民族的灵魂"的观点；关于"文化兴国运兴、文化强民族强，没有高度的文化自信，就没有文化的繁荣兴盛，就没有中华民族伟大复兴"的观点；关于发展中国特色社会主义文化，就是"发展面向现代化、面向世界、面向未来的，科学的、民族的、大众的社会主义文化"的观点；关于"意识形态决定文化前进方向和发展道路"的观点；关于"建设具有强大凝聚力和引领力的社会主义意识形态，使全体人民在理想信念、价值理念、道德观念上紧紧团结在一起"的观点；关于加强意识形态阵地建设和管理，要"注意区分政治原则问题、思想认识问题、学术观点问题"的观点；关于"把社会主义核心价值观融入社会发展各方面，转化为人们的情感认同和行为习惯"的观点；关于"要繁荣文艺创作，坚持思想精神，艺术精湛、制作精良相统一"的观点；关于要"发扬学术民主、艺术民主，提升文艺原创力"的观点；关于要"在实践创造中进行文化创造，在历史进步中实现文化进步"的观点。这些创新性观点丰富了中国特色社会主义理论体系，是习近平新时代中国特色社会主义文化思想的重要理论贡献和突出亮点。

习近平总书记在党的十九大报告中，高度重视政策对文化发展的指导和引领，围绕如何发展中国特色社会主义文化，提出了五项具有战略性、基础性的政策化举措，具有鲜明的针对性、指导性和示范性，务实可操作，是发展中国特色社会主义文化的重要保障。

2018年，习近平的《在庆祝改革开放40周年大会上的讲话》指出，"40年来，我们始终坚持发展社会主义先进文化"，"我们要加强文化领域制度建设，举旗帜、聚民心、育新人、兴文化、展形象"。

习近平新时代中国特色社会主义文化思想是马克思主义中国化时代化的产物和结晶，应时代之运而生，随历史进步而长，具有与时俱进的理论和实践品格。今后，伴随时代发展和实践创新，习近平新时代中国特色社会主义文化思想还会与时俱进，不断丰富和发展。这是马克思主义中国化的必然逻辑，也是马克思主义时代化的普遍规律。

（3）深化文化体制机制改革。

习近平总书记在党的二十大报告中提出，全面建设社会主义现代化国家，必须坚持中国特色社会主义文化发展道路，增强文化自信，围绕举旗帜、聚民心、育新人、兴文化、展形象建设社会主义文化强国，发展面向现代化、面向世界、面向未来的，民族的科学的大众的社会主义文化，激发全民族文化创新创造活力，增强实现中华民族伟大复兴的精神力量。

党的二十届三中全会通过的《中共中央关于进一步全面深化改革 推进中国式现代化的决定》提到，中国式现代化是物质文明和精神文明相协调的现代化。必须增强文化自信，发展社会主义先进文化，弘扬革命文化，传承中华优秀传统文化，加快适应信息技术迅猛发展新形势，培育形成规模宏大的优秀文化人才队伍，激发全民族文化创新创造活力。

一是完善意识形态工作责任制。健全用党的创新理论武装全党、教育人民、指导实践工作体系，完善党委（党组）理论学习中心组学习制度，完善思想政治工作体系。创新马克思主义理论研究和建设工程，实施哲学社会科学创新工程，构建中国哲学社会科学自主知识体系。完善新闻发言人制度。构建适应全媒体生产传播工作机制和评价体系，推进主流媒体系统性变革。完善舆论引导机制和舆情应对协同机制。推动理想信念教育常态化、制度化。完善培育和践行社会主义核心价值观制度机制。改进创新文明培育、文明实践、文明创建工作机制。实施文明乡风建设工程。优化英模人物宣传学习机制，创新爱国主义教育和各类群众性主题活动组织机制，推动全社会崇尚英雄、缅怀先烈、争做先锋。构建中华传统美德传承体系，健全社会公德、职业道德、家庭美德、个人品德建设体制机制，健全诚信建设长效机制，教育引导全社会自觉遵守法律、遵循公序良俗，坚决反对拜金主义、享乐主义、极端个人主义和历史虚无主义。形成网上思想道德教育分众化、精准化实施机制。建立健全道德领域突出问题协同治理机制，完善"扫黄打非"长效机制。

二是优化文化服务和文化产品供给机制。完善公共文化服务体系，建立优质文化资源直达基层机制，健全社会力量参与公共文化服务机制，推进公共文化设施所有权和使用权分置改革。深化文化领域国资国企改革，分类推进文化事业单位深化内部改革，完善文艺院团建设发展机制。坚持以人民为中心的创作导向，坚持出成果和出人才相结合、抓作品和抓环境相贯通，改进文艺创作生产服务、引导、组织工作机制。健全文化产业体系和市场体系，完善文化经济政策。探索文化和科技融合的有效机制，加快发展新型文化业态。深化文化领域行政审批备案制度改革，加强事中事后监管。深化文娱领域综合治理。建立文化遗产保护传承工作协调机构，建立文化遗产保护督察制度，推动文化遗产系统性保护和统一监管。构建中华文明标识体系。健全文化和旅游深度融合发展体制机制。完善全民健身公共服务体系，改革完善竞技体育管理体制和运行机制。

三是健全网络综合治理体系。深化网络管理体制改革，整合网络内容建设和管理职能，推进新闻宣传和网络舆论一体化管理。完善生成式人工智能发展和管理机制。加强网络空间法治建设，健全网络生态治理长效机制，健全未成年人网络保护工作体系。

四是构建更有效力的国际传播体系。推进国际传播格局重构，深化主流媒体国际传播机制改革创新，加快构建多渠道、立体式对外传播格局。加快构建中国话语和中国叙事体系，全面提升国际传播效能。建设全球文明倡议践行机制。推动走出去、请进来管理便利化，扩大国际人文交流合作。

（二）文化具体政策

1. 公共文化服务政策

2015年1月14日，中共中央办公厅、国务院办公厅印发了《关于加快构建现代公共文化服务体系的意见》（以下简称《意见》），并发出通知，要求各地区各部门结合实际认真贯彻执行。这是我国公共文化服务的主要政策。

《意见》提出了我国公共文化服务体系建设的指导思想：以邓小平理论、"三个代表"重要思想、科学发展观为指导，贯彻落实党的十八大和十八届三中、四中全会精神，贯彻落实习近平总书记重要讲话精神，按照全面建成小康社会的总体要求，牢固树立以人民为中心的工作导向，以改革创新为动力，以基层为重点，构建体现时代发展趋势、适应社会主义初级阶段基本国情和市场经济要求、符合文化发展规律、具有中国特色的现代公共文化服务体系，促进基本公共文化服务标准化、均等化，推动社会主义文化大发展大繁荣，提高全民族文化素质，增强民族凝聚力，为实现中华民族伟大复兴中国梦提供强大的精神动力和文化支撑。

《意见》提出了我国公共文化服务体系建设的主要目标：到2020年，基本建成覆盖城乡、便捷高效、保基本、促公平的现代公共文化服务体系。公共文化设施网络全面覆盖、互联互通，公共文化服务的内容和手段更加丰富，服务质量显著提升，公共文化管理、运行和保障机制进一步完善，政府、市场、社会共同参与公共文化服务体系建设的格局逐步形成，人民群众基本文化权益得到更好保障，基本公共文化服务均等化水平稳步提高。

在具体建设措施上，一是通过促进城乡基本公共文化服务均等化，推动革命老区、民族地区、边疆地区、贫困地区公共文化建设实现跨越式发展，保障特殊群体基本文化权益，建立基本公共文化服务标准体系以及提升公共文化设施建设、管理和服务水平等措施统筹推进公共文化服务均衡发展。二是通过培育和促进文化消费、鼓励和引导社会力量参与、培育和规范文化类社会组织、大力推进文化志愿服务等措施增强公共文化服务发展动力。三是通过提升公共文化服务效能、丰富优秀公共文化产品供给、活跃群众文化生活等措施加强公共文化产品和服务供给。四是通过加大文化科技创新力度、加快推进公共文化服务数字化建设、提升公共文化服务现代传播能力等措施推进公共文化服务与科技融合发展。五是通过建立公共文化服务体系建设协调机制、加大公益性文化事业单位改革力度、创新基层公共文化管理机制、完善公共文化服务评价工作机制等举措创新公共文化管理体制和运行机制。六是通过加强组织领导、加大财税支持力度、加强基层文化队伍建设、建立健全公共文化服务法律体系等举措加大公共文化服务保障力度。

2. 文化产业政策

（1）文化产业振兴规划。

2009年7月22日，我国第一部文化产业专项规划——《文化产业振兴规划》（以下简称《规划》）由国务院常务会议审议通过。这是继钢铁、汽车、纺织等十大产业振兴规划后出台的又一个重要的产业振兴规划，标志着文化产业已经上升为国家的战略性产业。

《规划》指出，要通过大力培育市场主体，加快转变文化产业发展方式，进一步解放和发展文化生产力，切实维护我国文化安全，推动文化产业又好又快发展，将文化产业培育成国民经济新的增长点。我国文化产业振兴的主要目标是完成经营性文化单位转企改制，文化市场主体进一步完善，活力进一步增强，文化产业规模不断扩大，推动经济社会发展的功能和作用得到较好发挥。

我国文化产业振兴的主要任务包括：发展文化创意、影视制作、出版发行、印刷复制、广告、演艺娱乐、文化会展、数字内容和动漫等重点文化产业。通过推动国产动漫振兴工程、国家数字电影制作基地建设工程、多媒体数据库和经济信息平台、"中华字库"工程、国家"知识资源数据库"出版工程等重大文化建设项目，实施重大项目带动战略；培养骨干文化企业；加快文化产业园区和基地建设；扩大文化消费；建设现代化文化市场体系；发展新兴文化业态；扩大对外文化贸易；等等。我国文化产业振兴的主要政策措施包括：降低准入门槛、加大政府投入、落实税收政策、加大金融支持和设立中国文化产业投资基金等。

（2）推动特色文化产业发展。

2000年10月，在党的十五届五中全会《中共中央关于制定国民经济和社会发展第十个五年计划的建议》中第一次提出"文化产业"一词。特色文化产业是指依托各地独特的文化资源，通过创意转化、科技提升和市场运作，提供具有鲜明区域特点和民族特色的文化产品和服务的产业形态。近年来，我国特色文化产业发展势头良好，但还存在产业基础薄弱、市场化程度不高、知名品牌较少、高端创意和管理人才不足等问题。

为贯彻落实党的十七届六中全会关于发展特色文化产业、国务院关于推进文化创意和设计服务与相关产业融合发展的精神，加快实施《国家"十二五"时期文化改革发展规划纲要》，推动特色文化产业健康快速发展，2014年8月8日，文化部、财政部联合印发了《关于推动特色文化产业发展的指导意见》（以下简称《指导意见》）。

《指导意见》提出以"传承文化，科学发展；因地制宜，突出特色；创意引领，跨界融合；市场运作，政府扶持"为基本原则推动特色文化产业发展，在产业发展尤其是特色街区、特色村镇、园区基地建设中，注重保护乡村原始风貌、文化特色和自然生态，突出传统特点，不搞大拆大建，不拆真建假，不毁坏古迹和历史记忆。《指导意见》确定了发展重点领域、发展区域特色文化产业带、建设特色文化产业示范区、打造特色文化城镇和乡村等主要任务。提出要实现基本建立特色鲜明、重点突出、布局合理、链条完整、效益显著的特色文化产业发展格局，形成若干在全国有重要影响力的特色文化产业带等一系列目标。

为推动特色文化产业的发展，《指导意见》明确了加大财税金融扶持、强化人才支撑、建立重点项目库、支持拓展境外市场等6项保障措施。同时要求各级文化行政部门、财政部门对本地文化资源进行充分的摸底调查，根据本地区实际情况，因地制宜，科学研究制定特色文化产业发展规划，研究制定鼓励本地特色文化产业发展的财政、金融、土地等多方面扶持政策。加强跨地区、跨部门协作，确保各项任务措施落到实处。加强宣传，积极营造全社会支持特色文化产业发展的良好氛围。

国家行政学院文化政策研究中心与管理研究中心主任祁述裕说，这个意见是传承文化，实现中华优秀传统文化的创造性转化、创新性发展的重要途径。通过发展特色文化产品和服务，将特色文化资源的传承和保护与当代人民的生活结合起来，通过将文化价值转化为经济价值、社会价值，才能更有效地实现传统文化的保护和传承。[1]

---

[1] 祁述裕. 中国文化产业十家论集［M］. 昆明：云南大学出版社，2015.

2019年6月，文化和旅游部《文化产业促进法（草案征求意见稿）》指出："文化产业，是指以文化为核心内容而进行的创作、生产、传播、展示文化产品和提供文化服务的经营性活动，以及为实现上述经营性活动所需的文化辅助生产和中介服务、文化装备生产和文化消费终端生产等活动的集合。"文化产业的发展方针是："国家坚持以人民为中心，坚定文化自信，坚持中国特色社会主义文化发展道路，坚持为人民服务、为社会主义服务，坚持百花齐放、百家争鸣，坚持创造性转化、创新性发展，坚持弘扬社会主义核心价值观，坚持社会效益优先、社会效益与经济效益相统一，推动文化产业高质量发展。"

3. 文化与科技融合政策

（1）推进文化创新，增强文化发展活力。

2007年，党的十七大报告指出：要推进文化创新，增强文化发展活力。要运用现代科技手段开发利用民族文化丰厚资源；运用高新技术创新文化生产方式，培育新的文化业态，加快构建传输快捷、覆盖广泛的文化传播体系。

2012年6月，由科技部会同中宣部、财政部、文化部、广电总局、新闻出版总署等12个部门联合制定的《国家文化科技创新工程纲要》（以下简称《纲要》）发布，提出围绕促进社会主义文化大发展大繁荣的重大科技需求，深入实施科技带动战略。此举标志着中国的文化科技创新工程正式启动，《纲要》也成为中国文化与科技融合的主要政策。

《纲要》指出，我国文化与科技融合的总体目标是：

围绕促进社会主义文化大发展大繁荣的重大科技需求，深入实施科技带动战略。突破一批共性关键技术，增强自主创新能力，以先进技术支撑文化装备、软件、系统研制和自主发展，提高重点文化领域的技术装备水平；加强文化领域技术集成创新与模式创新，推进文化和科技相互融合，促进传统文化产业的调整和优化，推动新兴文化产业的培育和发展，提高文化事业服务能力，加强科技对文化市场管理的支撑作用；开展文化科技创新发展环境建设，建设一批特色鲜明的国家级文化和科技融合示范基地，培育一批创新能力强的文化和科技融合型领军企业，加强文化领域战略性前沿技术前瞻布局，培养一大批文化科技复合型人才，培育发展以企业技术创新中心、技术创新战略联盟、专业孵化器、大学科技园、工程（技术）研究中心为核心，以科研院所和高校为重要支撑的文化科技创新体系。

到2015年，文化科技共性支撑技术取得重要突破，科技对文化产业的带动作用明显提高，以文化和科技融合示范基地为主体的产业化载体建设全面推进，文化事业科技服务能力和文化行政管理科技手段显著增强，文化科技创新体系初步建立，重点文化领域科技支撑水平显著提升，推动文化产业逐步成长为国民经济支柱性产业。

到2020年，文化和科技深度融合，科技创新成为文化发展的核心支撑和重要引擎。文化科技发展环境不断完善，文化科技创新充满活力，高素质文化科技人才队伍发展壮大，文化科技创新体系得到完善，文化和科技融合示范基地成为文化产业的重要载体，基本形成带动文化产业发展、推动文化事业进步、规范文化市场秩序的文化科技支撑体系。文化产业成为国民经济支柱性产业。

我国文化与科技融合的主要任务包括：加强文化领域共性关键技术研究、促进传统文化产业的优化和升级、推动新兴文化产业的培育和发展、提升文化事业服务能力、加强文化科技创新发展环境建设等。

促进文化与科技融合的保障措施包括：建立跨部门、跨地方协调工作机制；完善国家文化科技创新扶持政策；建立健全文化科技投融资体系；加强文化科技学科建设与人才培养；积极开展文化科技领域的国际交流与合作。

（2）促进文化与科技融合，发展新型文化业态。

党的十八大报告提出，促进文化与科技融合，发展新型文化业态，提高文化产业规模化、集约化、专业化水平。

中央和各地有关部门相继出台了一系列政策措施，制定和完善了税收、金融、土地、工商等方面的优惠政策，建立了配套的政策支撑体系，研究出台了一批更有针对性、更具含金量的扶持政策，形成了有利于文化与科技融合的良好政策环境。

2017年4月14日，科技部印发的《"十三五"现代服务业科技创新专项规划》指出：建设社会主义文化强国和增强文化软实力要求现代服务业必须加速文化与科技融合，着力驱动文化创新。"十三五"期间，科技将为文化发展植入更多的创新基因，将加速文化生产方式及发展模式的变革，将带来文化传播传承方式的新革命和文化消费方式的新变革。以科技为核心竞争力的一大批新兴文化业态必将应运而生，将全面助推文化服务运营和文化产业链整合的大繁荣。必须在文化管理、文化创意、文化生产、文化展示、文化传播、文化交流、文化遗产保护等领域加快文化与科技的深度融合，不断解放文化生产力、促进文化产业发展。

2019年6月，文化和旅游部《文化产业促进法（草案征求意见稿）》指出："国家鼓励发挥科技在文化产业领域创新发展中的作用，推动文化和科技深度融合，提升文化产业科技支撑水平。国务院科技主管部门支持文化产业支撑技术的研究与开发，鼓励文化企业应用高新技术。国家建立以企业为主体、市场为导向、产学研深度融合的文化科技创新体系，支持产学研战略联盟和公共服务平台建设，促进文化产业领域科技成果转化。"

2019年8月13日,为促进文化和科技深度融合,全面提升文化科技创新能力,转变文化发展方式,推动文化事业和文化产业更好更快发展,更好满足人民精神文化生活新期待,增强人民群众的获得感和幸福感,科技部、中央宣传部、中央网信办、财政部、文化和旅游部、广播电视总局共同研究制定了《关于促进文化和科技深度融合的指导意见》。

(3)实施国家文化数字化战略,健全现代公共文化服务体系。

2022年10月16日,党的二十大报告指出,加强全媒体传播体系建设,塑造主流舆论新格局。健全网络综合治理体系,推动形成良好网络生态;繁荣发展文化事业和文化产业,实施国家文化数字化战略,健全现代公共文化服务体系,创新实施文化惠民工程,加强国际传播能力建设,全面提升国际传播效能,形成同我国综合国力和国际地位相匹配的国际话语权。

2024年7月18日,党的二十届三中全会提出要健全网络综合治理体系。深化网络管理体制改革,整合网络内容建设和管理职能,推进新闻宣传和网络舆论一体化管理。完善生成式人工智能发展和管理机制。加强网络空间法治建设,健全网络生态治理长效机制,健全未成年人网络保护工作体系。

【延伸阅读一】

习近平总书记在中国作协九大、中国文联十大开幕式上的讲话

用手机扫一扫,了解更多信息

【延伸阅读二】

《中华人民共和国国民经济和社会发展第十四个五年规划和2035年远景目标纲要》

用手机扫一扫,了解更多信息

【本章小结】

文化政策是一国对于文化艺术、新闻出版、广播影视、文物博物等领域进行行政管理所采取的一整套制度性规定、规范、原则和要求的总称,是公共政策体系的重要组成部分。文化政策既是文化政策和文化自我约束的反映,也是国家文化意志的集中体现。文化政策在促进文化事业发展、满足人民群众精神文化需要方面发挥着不可替代的作用。文化政策过程主要包括政策制定、政策执行和政策终止三个阶段。我国文化事业的总方针是坚持"二为"方向与"双百"方针,实现"双百"方针和"二为"方向的统一。我国文化事业的各个具体领域,都有相应的较为完善的政策体系。

【重要术语】

文化政策　文化政策主体　文化政策过程　"二为"与"双百"方针
公共文化服务体系　文化产业振兴规划　文化与科技融合

【复习思考题】

1. 文化政策的含义及其特点是什么?
2. 文化政策主体包括哪些?
3. 当前我国文化事业的总政策是什么?如何理解?
4. 当前我国文化事业的具体政策有哪些?反映了哪些文化领域的客观规律?
5. 发展社会主义先进文化,提升国家文化软实力,主要从哪些方面进行?

【电子资料】

习近平对宣传思想文化工作作出重要指示强调

用手机扫一扫,了解更多信息

第三章 文化组织

➡【学习要点】

1. 中国共产党文化管理组织的发展、运行方式和管理内容。

2. 文化行政组织的含义、设计原则和结构，我国中央文化行政组织的机构设置及职能转变。

3. 文化产业组织的含义、特征，文化中介机构的定义、特征和功能，发展文化中介机构的思路。

4. 文化事业组织的概念、特征，我国文化事业组织发展面临的困境，我国文化事业组织深化改革的基本思路。

5. 我国群众文化组织的构成和功能，加强我国群众文化组织建设的对策。

➡【引例】

为深入贯彻落实中央关于深化文化体制改革和创新社会治理体制的有关部署要求，推动文化领域行业组织健康有序发展，2017年5月，中共中央办公厅、国务院办公厅印发《关于加强文化领域行业组织建设的指导意见》（以下简称《意见》）。

《意见》指出：改革开放以来特别是近年来，随着文化体制改革全面推进和社会体制改革不断深化，文化艺术、新闻出版、广播影视、网络文化等领域涌现出一大批行业组织，在提供决策咨询、服务行业发展、规范市场秩序、扩大对外交往等方面发挥了积极作用。同时也要看到，文化领域行业组织总体发展不够、活力不足，还不能适应文化事业、文化产业迅速发展的要求；部分行业组织党的建设缺失，党的领导弱化,有的职能定位不清晰、内部治理不规范,没有很好地发挥应有作用;一些"山寨社团"、"离岸社团"四处敛财、屡禁不绝,侵害了社会公众权益,亟待加以解决。

当前,我国文化改革发展进入新阶段,文化领域行业组织建设面临着新的形势和任务要求。落实全面深化改革的总目标,推进国家治理体系和治理能力现代化,需要加强和改进党对文化领域行业组织的领导,创新行业组织管理体制和运行机制,提高文化管理效能。协同推进文化建设与社会建设,激发全社会文化创造活力,需要在行业组织建设大框架下,把握文化建设特点和规律,引导文化领域行业组织更好地发挥自身功能和独特优势。把文化领域各方面企事业单位和广大文化工作者联系起来,汇聚起繁荣发展社会主义先进文化的合力,需要补齐行业组织发展的短板,推动行业组织全面加强自身能力建设。各地区各部门必须从全局和战略高度,充分认识加强文化领域行业组织建设的重要意义,增强做好工作的责任感和使命感。

《意见》在总体要求的基础上,明确了文化领域行业组织职能定位:

(1)当好桥梁纽带,畅通党委、政府与市场、社会之间的联系。文化领域行业组织要牢固树立政治意识、大局意识、核心意识、看齐意识,认真学习贯彻党中央精神,落实党中央、国务院关于文化改革发展的决策部署,及时向全行业传递党和政府声音。适应深化行政体制改革要求,做好政府有关职能转变的承接工作,参与制定政策法规、行业规划、行业标准和技术规范,根据相关管理规定和授权开展资质认证、人才评价、等级评定等工作。做好参谋助手,向党委和政府反映行业组织的重大事项、行业发展情况和行业诉求,为科学决策提供咨询服务。

(2)强化社会责任,体现价值引领和文化担当。把社会主义核心价值观要求贯穿行业组织运行管理的各方面和全过程,推进企业文化建设,引导会员单位和从业人员自觉践行社会主义核心价值观。坚持以人民为中心的发展思想和工作导向,团结广大文化工作者,推进文化创新,推出更多精品力作,唱响主旋律、传播正能量。发挥文化领域资源优势,组织开展公益性文化活动和文化志愿服务,丰富群众文化生活,坚定文化自信,增强文化自觉。

(3)服务会员单位和广大文化工作者,促进文化事业全面繁荣、文化产业快速发展、优秀传统文化传承弘扬。支持大众创业、万众创新,推动文化产业发展方式转变。搭建综合服务平台,回应会员关切,维护会员合法权益。根据授权发布行业信息和发展报告。加强理论和实践研究,组织培训、交流、研讨、咨询等活动。参与行业新技术新产品鉴定及推广,受政府委托或根据市场和行业发展需要举办、承办以及参与国内外文化展会。组织开展对外文化交流和文化贸易促进活动,推动中华文化走出去。全国性行业组织在对外行业性谈判和交涉中要发挥积极作用,主动参与相关国际规则和技术标准制定。

4.推进行业自律与诚信建设，规范行业发展秩序。制定有文化特色的行规行约，把牢方向导向，规范会员单位和从业人员行为。把诚信自律建设内容纳入行业组织章程，制定诚信守则，建立失信惩戒机制。建立健全行业道德规范和职业道德准则，强化道德调节，激励向上向善。推动文化产品和服务合理定价，抵制侵权盗版、假冒欺诈、价格虚高，维护公平竞争秩序。新闻出版传媒领域的行业组织，可探索建立道德委员会。网络文化领域的行业组织，应积极参与网络空间治理，推动净化网络环境。

【引例启示】

党的十八大以来，以习近平同志为核心的党中央高度重视文化建设，着力健全文化领域制度体系，取得了一系列基础性、引领性、标志性制度创新成果。加强文化领域行业组织建设是全面深化文化体制改革的重要任务，是完善文化体制改革顶层设计的重要环节。《意见》肯定了文化领域行业组织在深化文化体制改革和创新社会治理体制中的重要作用，明确了职能定位，指明了发展方向，提出了管理要求，对做好当前和今后一个时期我国文化领域行业组织建设工作具有重要指导作用。

第一节 中国共产党的文化管理组织

一、组织的含义

"组织（organization）"一词在英语中来源于"器官"，是指自成系统的具有特定功能的细胞结构，后逐渐演变为指人的群体和集合体，在社会管理中广泛应用。在我国古代，组织原指用丝麻织成布帛。对组织的现代研究是从20世纪初开始的，由于研究的角度和方法不同，形成了对组织含义的不同认识。

管理学认为，组织即由若干个人或群体组成的、有共同目标和一定边界的社会实体。组织的存在有三个必要条件：①组织必须是以人为中心，把人、财、物合理配合为一体，并保持相对稳定而形成的一个社会实体；②组织必须具有为本组织全体成员所认可并为之奋斗的共同目标；③组织必须保持一个明确的边界，以区别于其他组织和外部环境。

通常"组织"一词有广义和狭义之分。

从广义上说，组织是指由诸多要素按照一定方式相互联系起来的系统。系统论、控制论、信息论、耗散结构论、突变论和协同论等，都是从不同的侧面研究，有组织的，也有系统的。从这个角度来看，组织和系统是同等程度的概念。

从狭义上说，组织是指人们为着实现一定的目标，互相协作结合而成的集体或团体，如党团组织、工会组织、企业、军事组织等。在现代社会生活中，人们已普遍认识到组织是人们按照一定的目的、任务和形式编制起来的社会集团，组织不仅是社会的细胞、社会的基本单元，还可以说是社会的基础。本书所研究的"文化组织"主要是指狭义的组织。

组织的定义有很多，人们对组织的认识仍还会进一步演变和深化，但这并不妨碍人们对组织的理解。

古典组织理论是从静态结构角度研究组织的。这一理论认为组织是由许多不同的部分共同构成的完整统一体。组织的意义主要体现在层级结构、权责系统、统一目标、合理的人员配置等方面。古典组织理论的代表人物有泰勒、古立克、威罗比、韦伯、法约尔、厄威克等。其中，韦伯科层制官僚组织理论最具影响力。

行为科学组织理论是从动态行为，即组织成员心理及交互行为的角度来研究组织的。这一理论重视组织中人的因素，重视人力资源的开发和利用，重视组织成员的心理满足、交往行为和意见沟通等对组织的影响，认为组织是为达到一定目标而行动的人的活动体。

行为科学组织理论的代表人物有梅奥、罗特利斯伯格、赫茨伯格、麦格雷戈、巴纳德、西蒙等。

系统权变组织理论是从整体角度研究组织的。该理论认为，静态结构只重视"效率""技术""组织结构与层次"；动态行为角度只重视"行为与心理""人际关系""非正式组织"。这两种角度都简化了对组织的分析，实际上是把组织看作一个封闭系统。系统学派的组织理论强调应该用系统论的范畴、原理和方法，全面分析和研究组织的管理活动、内部结构、成员的相互作用以及情感与外部环境的关系，建立起系统模型，更精确地对组织进行分析。权变学派认为，组织不仅有静态的结构、动态的过程，而且还是一个有机的生长体。组织不是一成不变的，随着组织内外环境的变化，组织要不断进行修正、变革与发展，从而采取相应的组织结构和领导方式。重视这方面研究的有卢桑斯、伍德沃德、劳伦斯、菲德勒、豪斯等。

综合以上各学派学者对组织的阐释，我们可以看出，组织实际上是一个或多个群体为了达到共同的目的，通过权责分配，使得相关资源有机组合，并以特定方式运行，随环境变化而不断进行自我适应与调整的完整的有机体。

在文化领域，文化组织主要是指各相关群体为了实现全社会文化的繁荣与发展，通过权责分配和层次结构所构成的一个随环境变化而不断进行自我适应与调整的完整的有机体。文化组织以实现公共利益及全社会文化的繁荣和发展为目标，以提供公共文化服务、供给文化产品、管理文化事务为基本职能。主要包括党的文化管理组织、文化行政组织、文化产业组织、文化事业组织和群众文化组织五大类。

我国2013—2022年文化单位机构数发展情况如表3-1所示。

表3-1 2013—2022年中国文化单位机构数发展情况

（单位：个）

年份	公共图书馆数	群众文化机构数	文化馆数	博物馆数	艺术表演场馆数	艺术表演团体数
2013	3112	44260	1671	3473	1344	8180
2014	3117	44423	1666	3658	1338	8769
2015	3139	44291	2037	3852	2143	10787
2016	3153	44497	1630	4109	2285	12301
2017	3166	44521	1615	4721	2455	15742
2018	3176	44464	—	4918	2478	17123
2019	3196	44073	1649	5132	2716	17795
2020	3212	43687	2578	5535	2770	17581
2021	3215	43531	3317	6183	3093	18370
2022	3303	45623	3503	6565	3199	19739

注：2018年，为进一步贯彻落实《中华人民共和国公共文化服务保障法》《中华人民共和国公共图书馆法》，开展公共文化服务保障法贯彻落实情况督察，切实推动法律和各项改革举措落地生根。推动各地在有条件的地区因地制宜开展县级文化馆、图书馆总分馆制建设和公共图书馆、文化馆法人治理结构改革试点。因此，无2018年文化馆统计数字。2019年1649个县（市、区）建成文化馆总分馆制；2020年2578个县（市、区）建成文化馆总分馆制。

资料来源：国家统计局编《中国统计年鉴2018》，中国统计出版社，2018；文化和旅游部编《2018文化发展统计分析报告》，中国统计出版社，2018；文化和旅游部《2018年文化和旅游发展统计公报》《2019年文化和旅游发展统计公报》《2020年文化和旅游发展统计公报》《2021年文化和旅游发展统计公报》《2022年文化和旅游发展统计公报》，国家文物局。

二、中国共产党的文化管理组织的发展

习近平总书记指出："中国共产党是马克思主义者，坚持马克思主义的科学学说，坚持和发展中国特色社会主义，但中国共产党人不是历史虚无主义者，也不是文化虚无主义者。我们一直认为，马克思主义基本原理必须同中国具体实际紧密结合起来，应该科学对待民族传统文化，科学对待世界各国文化，用人类创造的一切优秀思想文化成果武装自己。在带领中国人民进行革命、建设、改革的长期历史实践中，中国共

产党人始终是中国优秀传统文化的忠实继承者和弘扬者。"

中华民族是具有五千年文明历史的伟大民族。博大精深的中华优秀传统文化，是中华民族最深层的精神追求，是代表中华民族独特品格的精神标识。作为引领中华民族历经艰难斗争走向伟大复兴的核心政治力量，中国共产党从诞生起，就与中华优秀传统文化有着不可割裂的联系。

中国共产党对文化工作的领导，是在社会主义文化长期发展的过程中自然形成的。自中国共产党成立以来，革命文化一直是在党的领导下发展壮大的。在早期革命斗争中，中国共产党从一开始就注意建立健全党的宣传机构，并确立党对文化的领导地位。1921年，在党的一大上通过的我党第一个决议规定，宣传方面的杂志、书籍和小册子须由中央执行委员会或临时中央执行委员会经办。1923年10月15日，中共中央正式颁发了《教育宣传委员会组织法》，规定教育宣传委员会由中国共产党及中国社会主义青年团两中央协定委派委员组织。其政治上的指导直隶于中国共产党中央，并对之负责，教育宣传委员会暂时分为编辑部、函授部、通讯部、印行部、图书馆等。1929年6月，土地革命战争时期，中共六届二中全会通过的《宣传工作决议》规定，中宣部本身必须有健全的组织，其中设置与文化管理有关的是审查科和文化工作委员会。

（1）中国共产党在新民主主义革命时期文化管理的经验与实践。中国共产党在领导整个新民主主义革命时期的文化斗争和文化事业建设的实践中，创造、摸索、积累了丰富的文化管理经验。这些经验主要体现在以下几个方面：

一是党对文化管理的绝对领导地位。中国共产党始终把文化事业的发展、建设以及管理置于自己的领导监督之下，并根据人民群众的文化要求和不同时期的政治、经济、军事斗争的客观需要，适时确定方针、政策，适时予以组织、指导。这体现了中国新民主主义革命时期和社会主义时期文化管理的一个重要特征，即始终坚持马克思主义及其政党——中国共产党领导下的文化管理。

二是建立严密的组织管理机构。无论是在解放区还是在革命根据地，党都把组织管理社会文化事业纳入人民政权机关的职能范围之内，设置职能齐全的职能部门，配备得力的专职文化管理人员，在管理体制上形成严密的组织机构。抗日战争时期和解放战争时期随着革命根据地、解放区的不断扩大，各级专门的文化事业管理职能机构和专业的文化艺术团体、组织、院校更臻于完善。

三是鲜明的意识形态特征。在中华人民共和国成立后的很长时期内，文化管理基本上沿用、继承和完善战争年代发展起来的对文化进行意识形态控制的管理方式、管理方法和管理手段。选择了"中央集权型"的管理体制对文化事业进行高度集中和统一管理，强调把文化事业作为政治宣传工作的一部分，强调文化为政治服务、为某一时期的政治中心任务服务的功能。通过搞政治宣传推进文化事业的发展，开展文化领域的斗争，甚至用党内指示或行政命令的方式组织动员、实施文化管理工作。在新民主主义漫长的革命文化斗争中，党形成了一套旨在抵制腐朽反动文化、弘扬优秀传统文化和革命文化的独特的文化审查制度，这一审查制度的特点不是建立在少数人的监督审查之上，而是建立在充分发挥文化审查机关、文化团体和文化生产经营单位以及广大人民群众和文化工作者三者的积极性基础之上的。

党在社会主义时期的文化领导系统是指无产阶级政党为保证社会主义文化的根本性质和发展方向而对文化事业进行宏观领导的组织体系。中国共产党借鉴了俄共（布）在党内系统对文化领导机构的设置，它通常由党的各级组织中的有关部门和各级政府文化管理部门中的党组以及一些大型文化社团、传播机构中的党组所组成，其中党内组织为主，党外组织为辅。如 1920 年俄共（布）在党内系统中设立的宣传鼓动部，政府系统中设置的政治教育委员会，1930 年俄共（布）党内设置的宣传部，1962 年俄共（布）党内设置的意识形态委员会等。苏联的许多大型文化团体中也有党组。

（2）中国共产党在文化管理中的领导作用与经验教训。中华人民共和国成立至今，党内主管文化最高领导机构是中共中央宣传部，中央以下各级党委均设有相应机构。同时在政府系统的各级文化管理部门和一些大型文化团体中，均设有党组，如文化和旅游部党组、文联党组，文化团体、文化企业单位均设有党总支或党支部等，形成党的多层次的严密的网络体系。

在文化机构的设置上，从理论上讲，党内机构和政府文化管理机构二者职能分明。党内机构应该体现党的领导特点，避免领导机构与管理机构重复设置和职责不清，尤其不应该在党内机构中过多过细地设置具体的业务职能部门，以免造成党内机构臃肿、低效，避免外行领导，甚至干扰、削弱政府文化管理部门应有职能的发挥。在这方面，苏联"中央集权型"的文化管理体制提供了重要的历史经验。20 世纪 30 年代，苏联党内设置的文化业务机构越来越多，人员编制越来越大，大包大揽了几乎本来属于政府职权范围的业务部门的领导权力。党内机关的这种无限权力和对专业部门的直接插手，给文化事业的发展带来了消极的后果。一是权力高度集中，导致一些党的领导人专横武断，对文化事业各方面的具体业务进行粗暴的干涉。二是对文化事业的具体业务领导需要具有专门知识的干部和专家，而党的机关干部是专门从事思想政治工作的，造成过多的外行领导内行的局面，使文化事业遭受损失。三是党的机关庞大，运转不灵，造成党的机关滋生官僚主义。同时，党内机关集中设置大量的业务部门，也严重影响了党自身职能作用的发挥。

（3）中国共产党历史地位的转变与执政理念的更新。党的十六大对中国共产党历史地位的变化有一个非常明确的概括:"党已经从领导全国人民为夺取全国政权而奋斗的党,成为领导人民掌握全国政权并长期执政的党;已经从受到外部封锁和实行计划经济条件下领导国家建设的党,成为对外开放和发展社会主义市场经济条件下领导国家建设的党"。前一个概括表明了党的历史角色转变,后一个概括集中表明了在不同的历史条件下党所肩负的不同的历史任务及执政内容的转变。而正是执政内容的变化,深刻揭示了党的历史地位变化的具体性,这种具体形式是由新时代的发展要求所决定的,包含着深刻的历史必然性,因此,也就必然提出执政党必须按照执政规律转变执政理念和执政方式的问题。转变党管意识形态的执政方式,只是党的这种历史地位变化所提出来的整体性历史要求在意识形态领域里的合乎规律的一种反映,是中国共产党内在的执政规律的要求,并不是某种强加于党的外在力量。

1)中国共产党是执政党:在中国,中国共产党是唯一的执政党,拥有领导权。

2)政府是合法的执政机构:政府是中国共产党执政的合法机构和制度体现。

3)党通过政府实现文化领导:中国共产党通过政府行为来实现对文化的绝对领导。

4)文化制度反映党的理念:国家的文化制度和政府的文化体制都体现了中国共产党对文化的理解、要求和理想。

5)政府文化职能体现党的执政方式:无论是政府办文化还是管文化,都是中国共产党文化执政方式的具体化。

6)文化体制改革的目的:文化体制改革的目的是转变政府职能,本质上是中国共产党根据国内外形势变化调整其管意识形态的执政方式。

7)重建党管意识形态的制度:在新时代中国特色社会主义思想的基础上,重建党管意识形态的制度形态和系统。

(4)现阶段的文化体制改革。党的二十届三中全会《决定》全文公布。其中明确,中国式现代化是物质文明和精神文明相协调的现代化。必须增强文化自信,发展社会主义先进文化,弘扬革命文化,传承中华优秀传统文化,加快适应信息技术迅猛发展新形势,培育形成规模宏大的优秀文化人才队伍,激发全民族文化创新创造活力。

《决定》明确,完善公共文化服务体系,建立优质文化资源直达基层机制,健全社会力量参与公共文化服务机制,推进公共文化设施所有权和使用权分置改革。深化文化领域国资国企改革,分类推进文化事业单位深化内部改革,完善文艺院团建设发展机制。

坚持以人民为中心的创作导向;坚持出成果和出人才相结合、抓作品和抓环境相贯通,改进文艺创作生产服务、引导、组织工作机制;健全文化产业体系和市场体系,完善文化经济政策；探索文化和科技融合的有效机制，加快发展新型文化业态；深化文化领域行政审批备案制度改革，加强事中事后监管；深化文娱领域综合治理。

建立文化遗产保护传承工作协调机构，建立文化遗产保护督察制度，推动文化遗产系统性保护和统一监管。构建中华文明标识体系。健全文化和旅游深度融合发展体制机制。完善全民健身公共服务体系，改革完善竞技体育管理体制和运行机制。

中国共产党一贯重视文化创新和文化建设，在中国革命、建设和改革的不同历史时期，中国共产党人坚持以马克思主义为指导，以中华优秀传统文化为根基，以实践为基础，以创新为突破，积极培育和催生了革命文化和社会主义先进文化。当前，中国正沿着"两个一百年"奋斗目标奋进，中国共产党肩负时代赋予的文化创新使命和任务。"举旗帜、聚民心、育新人、兴文化、展形象"，只有以创新者的姿态创造无愧于时代的新文化，中国共产党人才能在全面建设社会主义现代化强国和中华民族伟大复兴征程中砥砺前行，实现光荣梦想。

中国共产党从成立之日起，既是中国先进文化的积极引领者和践行者，又是中华优秀传统文化的忠实传承者和弘扬者。当代中国共产党人和中国人民应该而且一定能够担负起新的文化使命，在实践创造中进行文化创造，在历史进步中实现文化进步。

三、中国共产党的文化管理组织的运行方式

党对文化事业的领导主要是通过制定文化方针政策来实现的。党的文化方针政策是党对文化事业的根本态度、基本要求和基本领导方式的集中概括和原则规定，它主要阐明社会主义文化事业的性质、地位、作用以及党如何领导文化事业等问题。它是党领导文化事业的根本纲领，也是文化行政管理部门制定具体的文化管理法规、实施文化管理的一项根本依据。

在社会主义文化发展的过程中，无产阶级政党一贯重视文化方针政策的制定。列宁一贯坚持党必须领导文化的原则，早在十月革命前的1905年，列宁就发表了《党的组织和党的文学》，正确阐述了无产阶级文学的地位、作用、发展规律以及党对文化的基本态度和领导方式，为社会主义文化方针政策确定了基本框架及其基本内容。

在中国，以毛泽东为代表的中国共产党人继承并丰富发展了列宁的文化政策，在毛泽东《在延安文艺座谈会上的讲话》的精神指引下，解放区文化发生了革命性转变，无论是文学、戏剧，还是美术、音乐，都涌现出一大批表现新时代、新人物、新主题的文化作品，形成了解放区文化事业的大繁荣。中华人民共和国成立之初，党提出了"百花齐放，百家争鸣"的方针，极大地激发了新老文化艺术活动家的艺术热情和创造力，社会主义文化事业呈现出一派生机，群众性文化活动空前活跃，产生了一批优秀

作品，成为社会主义文化走向大繁荣的成功序曲。然而上述正确方针在贯彻过程中出现了许多曲折和反复，并且往往以一套"左"的政策取代了正确的政策，社会主义文化本来蕴藏的巨大发展潜力在很大程度上被压抑甚至扼杀了。无数经验和教训证明，党的文化方针政策正确与否，直接关系到社会主义文化事业的兴衰存亡。正确的方针政策是社会主义文化事业健康发展、繁荣昌盛的必要条件和保证，错误的方针政策必然给文化事业带来祸患。同时，党的文化方针政策也是调节文化与社会之间关系的杠杆，因而在很大程度上也是决定整个社会能否获得稳定和谐、健康发展的重要条件。因此，党的文化领导组织必须高度重视、慎重从事。

在深刻理解文化方针政策对社会主义文化事业的深远影响后，我们进一步探讨中国共产党如何通过明确和实施一系列基本方针，引领和推动文化事业的繁荣发展。中国共产党的文化政策的总体结构包括三大类：

第一，文化的基本方针。中华人民共和国成立以来，我们党先后提出的文化方针中，有三项基本方针。一是"百花齐放，百家争鸣"方针，二是"古为今用，洋为中用，推陈出新"方针，三是"弘扬主旋律，提倡多样化"方针。这三大方针既是文化工作在总体上坚持社会主义性质的基本保证，也是促进社会主义文化发展繁荣的基本保证，它们既反映了文化发展的客观规律，也反映了党和国家与时俱进不断创新的精神。

第二，体现三大方针的各种具体方针。各种具体的方针，都是从各种不同的角度和层面，为"二为"方向和"双百"方针的实施提供具体的保证。这些具体的方针分别产生于各个不同的历史时期，都是中国共产党领导文化的实践经验的结晶。

第三，党对文化工作的领导和为了实现领导体制与管理手段科学化所采取的必要政策。这方面主要是指党领导文化的宗旨、原则和方法，以及与此相关的文化体制改革、文化经济政策和文化法规等，这些政策在新时代还有待进一步健全和完善。

四、中国共产党的文化管理组织的管理内容

中国共产党对文化事业的领导主要体现在三个方面：

（一）党对文化事业的领导是一种宏观、间接的领导

党对文化事业的领导是政治原则、政治方向的领导。党要制定正确的文化方针、政策，做好思想政治工作，保证文化沿着正确的方向发展；要通过党对组织的保障监督作用和党员先锋模范作用去开展工作；要按照德才兼备的标准向文化部门推荐干部人选，加强领导班子建设。但是，党不能取代行政机关管理文化的职能，也不能直接干预群众文化团体的活动。党的领导机关如果背离上述原则，对文化事业中的其他方

面管得太多太具体,就会限制文化团体和文化工作者创造性的发挥,也会使自己陷入具体事务之中,影响政治领导,不利于在文化领域发挥宏观调节和引导作用。

(二)党的领导机关要充分尊重文化活动的特点和规律

对具体的作品和学术观点,只要不违反宪法、法律和国家有关规定,不违反四项基本原则,都应该允许它存在。党的领导机关要充分尊重文化活动的特点和规律:

一是要对具体的作品和学术问题,少干预、少介入。二是文化作品的优劣,应该由广大读者、观众和文化界自己去评判,并要经受历史的检验。三是有些文化问题的是非一时难以分清,应允许讨论,不要急于下结论。四是除了违反宪法和法律而必须禁止的以外,一般学术和艺术问题,不能用行政命令的方式来解决,而只能进行民主的、平等的讨论。

要通过积极的、健康的评论来提倡正确的、好的东西,推动学术和文化艺术的发展。在文化和学术讨论中,要对争辩、竞赛的各方实行机会均等的原则,作为评论阵地的报纸、刊物,不能只发表自己欣赏的一种观点,而拒绝发表另一种观点,特别是要防止不健康的思潮和情绪垄断评论阵地。对文化工作者和文化作品,要坚持具体问题具体分析,不要以偏概全,肯定一切或否定一切。要防止因个别作品、个别人的错误而对整个文化界或某个文化部门采取普遍的行政措施。

(三)党的领导者要正确执行党的路线、方针和政策,努力探索和研究在新的历史条件下领导文化工作的方式和方法

要尊重、理解和关心文化工作者,充分调动他们的积极性,团结一致,促进文化事业长期稳定发展。领导者作为读者或观众对文化作品发表的个人意见,文化工作者可以视为不需要贯彻执行的指令。为了使我国的文化事业得到长期稳定的发展,要维护宪法和法律赋予文化工作者和文化团体的合法权益,并进一步建立和完善文化领域的各项法规。文化体制改革首先要理顺党和群众文化团体之间的关系,明确它们各自的职能。党要实行政治领导,加强对文化的宏观指导。政府主要是通过法律、行政、经济等多种手段,对文化事业进行指导、规划、协调、服务、监督和管理。文联的主要职能是负责联络、协调和服务各团体会员,协会除了上述职能外,还负有搞好评论、办好刊物、保障人员正当权益的职责。文联和协会应当密切联系群众,改善机制,成为党、政府、社会各界同文化界以及文化工作者之间协商对话的渠道和桥梁。

要实现在社会主义市场经济条件下多种力量共同办文化的预期目标,自然对党的文化执政能力提出了全新的历史性战略要求。"三个代表"重要思想是对党的先进性的创造性概括,集中体现了中国共产党的政党性质。因此,当先进生产力的发展要求、先进文化的前进方向都集中反映在最广大人民的根本利益这一巨大的历史必然要求上

的时候，把党的执政为民全面落实到切实保障公民的文化权益和文化权利上来，也就成为全面提高党的文化执政能力的核心。

2019年10月31日，党的十九届四中全会审议通过的《中共中央关于坚持和完善中国特色社会主义制度 推进国家治理体系和治理能力现代化若干重大问题的决定》更是明确提出：健全人民文化权益保障制度。坚持以人民为中心的工作导向，完善文化产品创作生产传播的引导激励机制，推出更多群众喜爱的文化精品。完善城乡公共文化服务体系，优化城乡文化资源配置，推动基层文化惠民工程扩大覆盖面、增强实效性，健全支持开展群众性文化活动机制，鼓励社会力量参与公共文化服务体系建设。

→【延伸阅读】

中国共产党党内统计公报（中共中央组织部）

用手机扫一扫，了解更多信息

第二节　文化行政组织

一、文化行政组织的含义

行政组织通常指为行使国家权力，管理公共事务，通过权责分配、层次结构、人员安排所构成的国家行政机关，也就是通常所说的政府机关。

行政组织的含义表现为两个方面：一是行政组织的结构与体制，即它的静态层面，包括组织的结构设置、权责划分、人员配置等；二是行政组织的运行机制，即它的动态层面，包括组织中非正式组织的运作、组织的冲突行为以及组织发展等。因此，行政组织是静态结构与动态过程的统一体。它通常由四大要素组成：①物质要素，指行政组织的成员所需的经费、设备、房屋等；②精神（形式）要素，指行政组织成员行使权力的过程、领导方式、合作关系、职责划分及团体意识等；③环境要素，指行政组织形成的原因，包括时间、地点、人物等条件；④目的要素，指行政组织所要达到的任务和目标。

文化行政组织是行政组织的一部分，是行使文化管理职能的一类行政组织，在国务院的机构中，主要是指文化和旅游部、国家广播电视总局、中央广播电视总台和国家文物局。在地方，承担文化行政管理工作的行政组织则由各省文化和旅游厅（文物局）、广播电视局和广播电视台所组成。

二、文化行政组织的设计原则

组织设计对组织系统的整体设计，即按照组织目标，在对管理活动进行横向和纵向分工的基础上，通过部门化形成组织框架并进行整合。组织设计也是对组织活动和组织结构的设计过程。美国人R.E.吉尔摩曾经就组织设计的重要性做过这样的评价："根据40多年来在政府部门和工业界的实际经验和观察，我深信，人们在精神上和能力上的最大浪费是由于组织不良引起的……而组织中的绝大多数缺陷则是因没有遵守一些基本原则而产生的。"行政组织的设计原则历来就备受行政学者的关注。

古典组织理论学者多是从静态结构角度研究组织的。因此，他们提出的组织设计原则又称为组织结构设计原则。穆尼和雷利认为组织结构设计应遵循以下原则。①递阶原则，指组织应有层级制结构，同时各层级的事权和责任应该明确，使上下有序，命令得到贯彻。②功能原则，指同阶层之间应有明确分工，即依工作性质的不同划分为若干不同单位。③幕僚原则，指组织中的业务单位和协作部门应明确划分。④协调原则，指各部门和各单位通过良好的沟通促进组织的协调。古立克与厄威克还提出其他一些原则。如行政幅度原则、统一一致原则、权限原则、平衡原则等。

台湾学者张金鉴对行政组织结构的设计原则作了总结，归纳为以下五个方面：①完整统一原则，即组织结构应简单紧凑，事权集中；②协调一致原则，即组织内各部门间要通力合作与沟通；③指挥顺畅原则，即组织结构的安排应力求指挥顺畅而无障碍；④管理经济原则；⑤事权确实原则。

行为科学理论学者根据组织内部成员关系也提出了一些组织设计原则。巴纳德曾提出三点原则：第一，组织的权力应建立在下级同意的基础上，上级命令只有在下级服从的条件下才能生效；第二，组织与其职能必须保持平衡关系；第三，在正式组织中要注意发挥非正式组织的作用。西蒙强调组织机构的建立必须同决策过程联系起来考虑，不能只遵循部门化原则；组织设计要重视部门之间的横向交往与联系。梅奥也认为组织建立不能仅注重法定权力结构，还应注重人际关系群。行为学者的组织设计从结构硬件走向了对内部的人际关系、信息沟通等组织软件的思考，使组织设计原则更加丰富。

在行为科学理论的基础上，权变理论学者提出了组织的权变设计原则。所谓权变组织设计就是以系统、动态的观点来理解和设计组织。它是在传统组织理论和行为科学的理论基础上产生和发展起来的新的组织设计理论。权变的组织设计就是要适应当时的具体情况，如根据技术、战略、人员情况的不同而采取不同的组织设计，组合成不同的组织结构。权变组织设计者认为，过去的组织设计总是寻求和认定一种最好的结构模式，忽视环境自变量对组织设计的影响，忽视了任何组织实际上都处在动态变化环境中的客观情况。但权变论一般并不否认普遍性组织原则的存在，而只是不承认存在唯一的最佳的管理原则与管理方法。组织设计的权变学者 P. 劳伦斯和 J. 洛希认为："要使组织变得有效，就必须使其内部功能同组织的任务、技术特点或外部环境要求以及组织成员的需要相一致。"吉伯森提出了权变组织设计的六项因素：①有效地组织结构的设计，要以组织形态的有效性为准则，看官僚组织形态和弹性组织形态哪一种对整个组织更为有效；②充分了解公共行政学输入次级环境、输出次级环境、技术次级环境和知识次级环境的情况，注意他们对组织内各个部门产生的影响；③分析四个次级环境之间的关系，寻找最具有支配作用的次级环境；④分析四个次级环境各自的变动率、稳定性、反馈周期等具体特征，加以比较和判断；⑤依据环境情况，为组织内各部门选定与环境相适应的组织形态；⑥确立协调方式。协调方式要与各组织部门的具体情况相适应。

我国政府历来重视行政组织的设置，并在实践中初步形成了一些原则。①需要原则。行政组织的设计必须适应经济、社会和文化发展的需要。政府职能发展了，行政组织也要进行相应的设计与调整。②精简原则。我国宪法规定："一切国家机关实行精简的原则。"③统一原则。行政组织设计应完整，领导指挥要统一。我国宪法规定："中华人民共和国的国家机构实行民主集中制的原则。"设置国家机关必须"上下贯通""左右协调"。④服务原则。一切国家机构都应该为人民服务，这是由我国社会主义国家的性质决定的。⑤法治原则。国家行政机关的设置必须规范化和法治化。

综合国内外的研究情况，文化行政组织的设计原则应包括：

第一，命令统一原则。文化行政组织内部各级管理机构必须服从它的上级管理机构的命令；一个下级只能服从一个上级的指挥，避免多头领导与多头指挥；各级管理机构不应越级指挥。

第二，精简精干原则。文化行政组织的设置要适应社会发展的需要，领导层次要适度，尽量压缩编制；文化行政组织成员人数和组织管理层次保持在最小限度。

第三，效率原则。文化行政组织设置要将效率原则放在重要位置，各级文化行政组织必须切实提高文化行政组织运行效率。

第四，分工协作原则。文化行政组织内部机构与人员按专业化要求严格分工；各部门的任务、目标职责要明确，分工必须有协作，各部门要加强沟通与联系，做到自动协调。

第五，权责一致原则。文化行政组织内各部门、成员职责与权限必须协调一致，既要明确每一管理层的职责范围，又要赋予其完成职责所必须具有的管理权限。

第六，幅度适中原则。上级的控制幅度不能超过有效的控制幅度。一般而言，每一个领导人能够直接控制的下级人数是有一定限度的。

第七，权变原则。文化行政组织应根据组织任务、目标和组织外在环境的变化，自觉适应与调整；文化行政组织设计要因人、因事、因环境而异。

第八，法制原则。文化行政组织的设置必须有一定的法定程序，要依宪法和有关法律设置，防止随意设置机构。

三、文化行政组织的结构

文化行政组织的结构是指文化行政组织中各结构及其层次的排列组合方式。文化行政组织的结构包括纵向结构与横向结构。纵向结构是指文化行政组织的纵向分工，即文化行政组织上下级之间构成的领导与被领导关系。横向结构是指文化行政组织的横向分工，即同级行政组织之间互相协调与合作的平等关系。

（一）文化行政组织的横向结构

文化行政组织的横向结构，又称文化行政组织的部门化，是指文化行政组织的横向分工，是文化行政组织内同级行政机构之间和机构内部各同级部门之间平衡分工、相互合作与协调的关系模式。之所以形成横向分工，是由于文化行政工作日益复杂、文化行政组织日趋庞大，为提高行政组织运作效率，不得不分设单位，分工管理。

文化行政组织的横向结构，按不同角度和标准进行划分，主要有：

按地域划分。区域划分是根据政治、经济、文化、人口、环境、历史等不同因素划分行政区域，组成不同层次的文化行政组织。如我国各省（自治区、直辖市）均设有文化和旅游厅（局）。

按管理职能划分。职能划分是将政府在一定时期内承担的职责和功能进行组合分解，组成若干个职能部门承担各种专业职能。在国务院系统，文化行政组织按专业区分为文化和旅游部、国家广播电视总局、中央广播电视总台和国家文物局。又如在文化和旅游部内，按管理职能不同分为办公厅、政策法规司、人事司、财务司、艺术司、公共服务司、科技教育司、非物质文化遗产司、产业发展司、资源开发司、市场管理司、文化市场综合执法监督局、国际交流与合作局（港澳台办公室），机关党委（党组巡视工作领导小组办公室），离退休干部局。

按管理程序划分。程序划分是根据行政管理流程的需要，将管理的各个环节划分开来，交由各个部门掌握，如决策、执行、信息、监督、辅助等部门。程序划分使得各环节职责明确，分工清晰，科学性较高。如文化和旅游部中的市场管理司属于执行部门，离退休干部局则属于离退休干部服务部门。

（二）文化行政组织的纵向结构

纵向结构又称组织的层级化。文化行政组织纵向结构指的是文化行政组织的纵向分工，是文化行政组织内部各层级之间的纵向等级模式，即在文化行政组织各机构内按上下层级关系，设立若干层次，上下级之间构成领导与被领导的垂直关系。我国文化行政组织的纵向结构是指从中央到基层的各级文化行政组织。其中，新闻出版广电行政管理部门一般只在国务院及省一级设置，而文化行政管理部门则从中央到基层，层层设置。中央、省、市、县和乡各级文化行政部门之间表现出鲜明的层级性。

文化行政组织的纵向结构的基本问题是确立各层级之间的隶属关系。要解决这个问题，必须考虑行政层次与行政幅度的关系。行政层次指的是行政组织中的层级数目，按层级组建的行政组，被划分为若干层次，形成一个等级分明的金字塔结构。处在塔尖的行政高层通过一个等级垂直链控制着整个行政组织体系。层级化的主要问题是行政层次的数目必须适当。就提高行政组织的运作效率而言，要尽量减少行政层次的数目。层次过多，既造成人力、物力、财力的浪费，又影响整个行政管理的运营，从而降低行政效率，产生官僚主义弊端。应本着精简、效率的原则，以取得最佳的行政效能为尺度，合理设置行政层次。

行政幅度又称行政控制幅度，指的是一个层次的行政机构或一位行政领导所能直接、有效控制的下级机构或人员的数目。科学的行政幅度没有统一的标准。它的大小与以下四个因素有关。①行政层次。在一个特定的组织内，行政幅度与行政层次成反比关系，行政层次越多，每一行政机构的行政幅度就越小；反之，行政层次越少，每一行政机构的行政幅度就会越大。②组织内权责划分程度。权责明确，行政幅度可相应扩大；权责不清，则行政幅度相应会缩小。③组织成员的素质。如果成员受过良好训练，有良好的判断力和创造力，行政幅度可适当扩大。④组织机构的合理化程度以及物资设备和技术传送的先进程度也会影响行政幅度的大小。

四、我国中央文化行政组织的机构设置

早在1949年9月颁布实施的《中华人民共和国中央人民政府组织法》就规定了政务院设立文化教育委员会，设立了专司文化事业管理的中央文化行政职能部门文化部、新闻总署、出版总署、科学院、教育部。此后，各省、自治区、直辖市及地方县、市、

区各级人民政府成立了文化厅、局，教育厅、局或其他文化教育行政管理机构，形成了从中央到地方各级人民政府的行政文化管理网络。现在，我国文化行政管理部门主要包括文化和旅游部、国家广播电视总局、中央广播电视总台和国家文物局等。

目前，我国中央政府主管文化的部门是中华人民共和国文化和旅游部，过去是文化部。文化部于1970年被撤销，由国务院文化组代行职权。1974年，文化部恢复。1982年，国务院机构改革将文化部、对外文化联络委员会、国家出版发行事业局合并设立文化部。1986年，将电影系统由文化部调整到广播电视部。1998年，国务院机构改革保留文化部，但对其职能进行了一些调整，将管理文化事业的职能交给地方人民政府，取消指导、管理文化系统报刊和书籍出版工作的职能。同时，把音像制品进口管理的职能由国家新闻出版署划给文化部。

2018年3月，为增强和彰显文化自信，统筹文化事业、文化产业发展和旅游资源开发，提高国家文化软实力和中华文化影响力，推动文化事业、文化产业和旅游业融合发展，国务院机构改革方案提出，将文化部、国家旅游局的职责整合，组建文化和旅游部，作为国务院组成部门。不再保留文化部、国家旅游局。

文化和旅游部是国务院组成部门，为正部级，其主要职责是：

（1）贯彻落实党的文化工作方针政策，研究拟定文化和旅游政策措施，起草文化和旅游法律法规。

（2）统筹规划文化事业、文化产业和旅游业发展，拟定发展规划并组织实施，推进文化和旅游融合发展，推进文化和旅游体制机制改革。

（3）管理全国性重大文化活动，指导国家重点文化设施建设，组织国家旅游整体形象推广，促进文化产业和旅游产业对外合作和国际市场推广，制定旅游市场开发战略并组织实施，指导、推进全域旅游。

（4）指导、管理文艺事业，指导艺术创作生产，扶持体现社会主义核心价值观、具有导向性、代表性、示范性的文艺作品，推动各门类艺术、各艺术品种发展。

（5）负责公共文化事业发展，推进国家公共文化服务体系建设和旅游公共服务建设，深入实施文化惠民工程，统筹推进基本公共文化服务标准化、均等化。

（6）指导、推进文化和旅游科技创新发展，推进文化和旅游行业信息化、标准化建设。

（7）负责非物质文化遗产保护，推动非物质文化遗产的保护、传承、普及、弘扬和振兴。

（8）统筹规划文化产业和旅游产业，组织实施文化和旅游资源普查、挖掘、保护和利用工作，促进文化产业和旅游产业发展。

（9）指导文化和旅游市场发展，对文化和旅游市场经营进行行业监管，推进文化和旅游行业信用体系建设，依法规范文化和旅游市场。

（10）指导全国文化市场综合执法，组织查处全国性、跨区域文化、文物、出版、广播电视、电影、旅游等市场的违法行为，督查督办大案要案，维护市场秩序。

（11）指导、管理文化和旅游对外及对港澳台交流、合作和宣传、推广工作，指导驻外及驻港澳台文化和旅游机构工作，代表国家签订中外文化和旅游合作协定，组织大型文化和旅游对外及对港澳台交流活动，推动中华文化走出去。

（12）管理国家文物局。

（13）完成党中央、国务院交办的其他任务。

【延伸阅读】

文化和旅游部直属单位（38个）

用手机扫一扫，了解更多信息

五、新形势下文化行政组织的职能转变

（一）我国文化行政管理组织存在的弊端

1. 组织结构不合理

在文化建设和发展的行政管理结构上，中央和绝大多数省、自治区及直辖市行政管理机构存在分工过细、条款分割、政出多门、职责不清的弊端。文化、广播电视、新闻出版、版权等部门各自为政，管理分散，行政效率不高，政府调节整个文化行业发展的杠杆机制未充分发挥其应有的作用，并容易出现行政组织中人浮于事的"帕金森定律"现象，造成政府人力、物力、财力的严重浪费。以音像业管理为例，其进口产品的内容审查、发行和市场管理、出版和复制分属于文化、广电、新闻出版三个政府行政部门或直属机构管理。条块分割的行政管理结构与市场急需的统一法治环境之间的矛盾，计划经济下的管理理念、管理模式与市场经济运行的矛盾，构成了对文化市场资源配置的障碍，阻塞了文化发展总循环，影响了整体效益的提高，不利于提高政府宏观调控的有效性和增强综合协调文化发展的能力。可以说，文化行政管理组织结构的不合理是引发文化行业管理中许多问题和矛盾的主要原因。

2. 宏观调控措施不到位

在文化建设和发展的宏观调控和微观管理关系的处理上,各级政府相关行政部门用计划经济的手段管理文化行业的惯性仍存在,统包统揽,管办合一,宏观调控和微观管理混在一起,既使文化行政部门陷于办文化的具体事务之中,削弱了宏观管理和行业管理的职能,又影响了社会办文化的积极性和创造性。

在文化建设和发展的所有制结构上,表现为重公有制结构内部的局域调整,轻公有制结构与非公有制结构在内的整个所有制结构的调整。对于非公有制的单位参与文化经营活动所设的门槛较高,政策性扶持和措施上鼓励的力度不够。非公有制文化在整个文化领域所有制结构中所占的比重还很小,发展速度较慢,依靠社会力量发展文化的潜力未被充分挖掘出来。

3. 行政管理手段不规范

在文化建设和发展的行政基本手段上,存在重行政手段管理,轻法律手段、经济手段管理的现象,以内部文件形式为主,规制和管理文化行业行为的做法仍然比较盛行,文化行政管理中仍设置较多的行政许可和前置审批,文化市场主体参与文化经营活动的难度较大,成本较高。

(二)优化政府文化管理结构的思路

转变政府职能,深化行政体制改革,创新行政管理方式,增强政府公信力和执行力,建设法治政府和服务型政府,是发挥社会主义市场经济体制优势的内在要求。在文化事业的大系统中,政府是文化管理体制改革的重要推动力,因此,调整优化现行不合理的政府文化行政管理结构就成为深化文化管理体制改革的关键所在。

在我国,处于转型期的文化管理体制改革,既要根据中国国情充分考虑文化的意识形态属性,又要遵循社会主义市场经济规律和文化发展内在要求,因此,改革需要"摸着石头过河",在实践中既要不断探索和完善,还必须与社会保障体制改革、经济体制改革、政治体制改革相协调、相配套。各级党委和政府只有进一步解放思想,更新观念,鼓励创新,从始终代表先进文化前进方向的高度,从发展新的经济增长点的高度,从满足人民群众日益增长的精神文化需求的高度,切实加强创新文化管理体制改革,经常研究改革中遇到的重大问题,加强协调;从是否有利于先进生产力的发展、是否有利于先进文化的发展、是否有利于反映最广大人民群众的根本利益的标准来衡量,积极发挥各有关部门的职能作用,广泛调动全社会方方面面的力量,形成合力,积极探索建立新形势下党委统一领导、政府依法管理、调控适度、运行有序、促进发展的文化管理体制。

转型时期,我国创新文化管理体制改革的总体思路:一是以观念创新为先导,以调整优化政府行政管理结构为突破口，实现文化管理体制适度维持和适度创新的有机结合，带动其他各项文化管理体制改革；二是在文化管理组织结构方面，建立科学合理的政府文化行政管理机构，加强政府的综合协调功能，形成政府支持社会文化发展、构建公共文化服务体系的新格局；三是在文化管理手段方面，将以行政手段为主转向为以法律手段、经济手段为主；四是在所有制结构上，积极鼓励和引导多种经济成分进入文化领域，努力形成以公有制为主体、多种所有制经济共同发展、社会多方力量兴办文化的格局。

【延伸阅读】

习近平在教育文化卫生体育领域专家代表座谈会上的讲话（节选）

用手机扫一扫，了解更多信息

第三节 文化产业组织

一、文化产业组织的含义

2004年3月29日，国家向各级统计机构下发了《文化及相关产业分类》，其中明确规定："我国的文化产业是指为社会公众提供文化、娱乐产品和服务的活动，以及与这些活动有关联的活动的集合。"

文化产业组织，即为公众提供文化、娱乐产品与服务的组织。从提供产品的类别上可以分为演出业、影视业、音像业、文化娱乐业、文化旅游业、网络文化业、图书报刊业、文物和艺术品业以及艺术培训业等行业门类。

文化产业组织从业务流程上可以分为三类：第一类是文化产品与文化服务的创意组织，第二类是文化产品与文化服务的生产制作组织，第三类是文化产品与文化服务的流通、承销组织。这三个环节互相承接，形成了一个完整的产业链，并落实到文化消费市场接受价值检验，最终实现其效益目标。

处在文化产业链第一环节的文化需求创意设计，必须关注公众审美、娱乐、休闲、兴趣需求的不断变化，依据特定的文化消费指向，设计出相应的文化物品、文化象征物和文化体验，以满足公众的文化消费，适应公众的文化需求，表达公众的文化意志。

文化产业的生产运营过程建立在文化需求创意设计的基础上，有形性、可视性、可体验的各种文化产品是文化需求创意的载体。这些文化载体的生产过程可划分为文化物品制造、文化信息传播和文化服务提供三类。文化物品制造主要包括平面出版物、音像制品、工艺品等的印刷、刻录、制造。文化信息传播主要包括平面媒体信息、广播影视媒体信息、网络媒体信息的采集、编辑、制作、复制、传播。文化服务提供包括的种类很多，几乎涉及文化产业的所有领域。

文化产业链的第三个环节——文化产品营销，包括流通、承销两个环节。在流通环节，文化产品被文化产品发行人、代理商及经纪公司（人）进行营销传播和分销；在承销环节，文化产品被文化产品营销商购买，并运用各种销售渠道、营销模式和手段将其出售给文化消费者。

目前，在我国这三类组织并不是截然分开的。很多文化企业既进行文化创意设计，又进行文化物品制造、文化信息传播和文化服务提供。根据文化企业在文化产业链中的不同位置，将文化产业组织分为提供文化创意和文化产品的生产性的文化企业、文化中介机构及文化行业协会三类。

文化和旅游部《2022年文化和旅游发展统计公报》统计：2022年年末，全国通过统计直报系统报送的各类文化市场经营单位共计20.28万家，从业人员134.00万人，营业收入14106.44亿元，营业利润2349.97亿元。

二、现代国际文化产业组织的特征

文化产业的巨大影响集中表现在国际文化产业组织的发展上。目前，国际文化产业组织的发展表现出一些全新的特征。

第一，现代国际文化产业组织是建立在"数字化"技术基础之上的，可以实现低成本复制和传播、个性化与互动式服务、多媒体界面、虚拟现实、生活性渗入等。

第二，现代国际文化产业组织具有"规模经济"特征。大型国际化跨国文化传媒巨头，在文化产品的制作上实行大投入，并且通过国际化销售网络，实现高产出和高利润。

第三，现代国际文化产业组织具有"范围经济"特征。大型国际化跨国文化传媒巨头实行跨行业多方面经营，跨行业和超竞争的组合，以便获取范围经济利润。

第四，现代国际文化产业组织具有"网络经济"特征。大型国际化跨国文化传媒巨头借助网络经济和现代资本市场的金融杠杆，实现低成本的扩张与快速度的整合，对传统文化产业进行全面改造。时代华纳与美国在线的合并就是一个典型案例。

三、文化企业

文化企业就是生产、经营和销售文化产品与服务的企业。文化企业是以利润最大化为目标，以文化、创意和人力资本等无形资源为投入要素，提供文化产品和服务，以及运用这些精神内容获取商业利益的组织，它是文化产业资源配置的主体。

在社会主义市场经济体制下，市场在国民经济和社会各个领域的资源配置中发挥越来越大的作用，极大地提高了资源配置的质量、效益和速度，拓展了精神文化产品创作、生产、流通和消费的空间，也给现有的文化生产和管理体制带来巨大冲击。中国加入WTO后，对外开放进一步扩大，带来了许多思想意识、价值观念、行为方式的交流和碰撞；在学习和借鉴世界优秀文化成果的同时，我们也面临着严峻的挑战。世界高新技术的飞速发展，数字技术的应用和互联网的普及，带来文化创新和传播领域的重大革命，为我们扩大文化阵地、加快文化发展提供了新的手段，也为各种文化业态的变革创造了新的机遇。

从现状来看，丰富的文化资源基本还掌握在国有文化企事业单位手中，依靠文化产品经营而具有强大经济实力的文化企业几乎没有，即使国家赋予垄断权或专营权的国有文化企事业单位，与发达国家的文化企业相比，实力也相差很大。究其原因，国有文化企事业单位还没有跟上经济基础、体制环境、社会条件的变化，还没有从根本上改变计划经济体制下的文化发展模式，还没有将文化纳入产业化发展的范畴。所以，要加快文化产业的发展，关键在于加快文化企业的改革。

文化企业是文化产业的主体，企业强则产业兴，企业弱则产业衰。中国的文化企业既不能实施一些西方国家纯私有化的娱乐媒体企业模式，也不能重复计划经济体制下国有企业的老路，而是要从中国国情出发，建立现代企业制度，形成企业的核心产品和核心专长，全面提高中国文化产业的综合竞争力。

在经济全球化的大趋势下，文化市场主体需要有与社会化大生产和一体化大市场相适应的规模化水平。没有相应的规模化水平，就会缺乏竞争力；不具有强大的竞争实力，就会在残酷的市场竞争中淘汰。依托作坊式、店铺式的小文化企业很难推动文化产业的快速发展。仅仅依靠原有体制较为陈旧的国有文化单位也很难完成文化产业繁荣振兴的历史任务。总之，大市场、大需求呼唤大产业，大产业需要强大的、有竞争力的规模化市场主体，文化产业的集团化经营模式应运而生。

当前，要加快文化企业发展，就要以市场为基础，以政策为导向，打破条块分割和行业壁垒，加快文化产业的战略性结构调整和资产重组，增强我国文化产业的整体实力和竞争力。要提高产业集约化程度，以资产为纽带，按照专业分工和规模经营的要求，组建大型文化产业集团。要通过组建集团，培育若干个规模效益好、产业贡献率高的支柱产业，以及若干个具有核心竞争力的文化企业集团，逐步形成与各地特点结合、与国际市场接轨的文化产业体系和文化产业主体力量。根据我国文化产业发展的现状，建设大型文化产业集团一定要从我国国情出发，不能搞纯行政捏合或贪大求全。而应按照市场经济规则，借鉴其他行业组建集团的经验，在政府的引导下，立足调整产业结构，优化资源配置，突破地域行业分割，实现产业重组整合，逐步形成以优势传媒集团为龙头，以专、优、名、特中小文化单位相配套的跨媒体、跨行业、跨地区、跨国界综合经营的发展格局。在具体整合的方式上：一是按区域重组，利用原有文化资源与地区优势，先在传统媒体内整合，扩大规模，提高效率；二是以优势大企业为龙头，实现跨区域兼并重组，优化企业间的组织结构、资本结构，组建大集团；三是跨行业重组，即文化各行业间的整合或与成熟的业外大企业资本融合，优势互补，尽快做大做强。不管采取哪种方式，都必须有文化产业的深层次改革作保证，必须有相应的政策法律来规范，必须有与社会主义市场经济体制相适应的统一、开放的市场环境作支撑，引导产业集团及整个文化产业的健康发展。

必须指出的是，文化产业包括影视、出版、放映、演出、设计、软件、网络、制造等多个领域，不同领域的产业链有不同的形态，不同领域的生产力和生产关系有各自的特点，有的适合组建大型产业集团，以规模优势获得市场扩张；有的推崇"小的就是好的"，以精干灵活的专家工作室和创作室见长；有的可以打造成为"产业园"或者"文化街"，汇聚多种多样的文化服务企业；而有的则需要跨地区、跨国家的连锁经营网络，把优秀的商业品牌推向广阔的国际市场。所以，不同领域的文化产业也要"因物赋形"，绝不能照搬别人的模式。

四、文化中介机构

（一）文化中介机构的定义与特征

文化中介机构，指的是文化经纪企业。一般来讲，文化中介机构是指在文化经纪市场中，为交易的双方提供信息、促成交易而收取佣金等报酬的文化服务机构。涉及文化信息、文化产品、文化人才、文化生产传播的资料、设备和技术等文化市场要素，从事文化的策划、居间、行纪、代理、咨询、出租等经纪活动，由自然人、法人在取得必要的文化经纪资格证书、在工商行政管理部门注册登记并领取文化中介机构的营业执照而成为文化市场的经营性主体，其形态包括文化个人独资企业、文化经纪人事务所与文化经纪公司。虽然，作为经纪人机构，文化中介机构与一般经纪组织有许多相似之处，而作为服务性的经营机构，文化中介机构又与代理、行纪租赁等服务行业的机构之间形成了交叉错综的关联，但是就其特有的属性而言，文化中介机构至少具有以下特征：

1. 以文化中介为核心的市场经营主体

文化中介机构之所以能够成为现代市场经济领域中一种独特的经营主体，根本的原因就在于它所从事的中介对象是文化经济领域，包括有形的文化物态产品与无形的文化服务活动。因此，与一般经纪组织的中介对象不同，文化中介机构的经营范围只能是文化市场要素。文化生产要素生产的壮大、文化生产与传播两级市场的脱离为文化中介机构提供了更加广泛的经营范围。

2. 为交易的双方充当媒介

与一般的服务性行业不同，文化中介机构既不是文化产品的生产者，也不是文化商品的购买者。在整个文化经纪的交易过程中，文化中介机构充当着促成文化交易的媒介。文化中介机构却是文化经济市场中不可或缺的要素，它直接引发、撮合、促使某项文化交易活动的进行和完成，在文化市场中起到桥梁和纽带的作用。

3. 以经纪人的名义从事文化中介活动

在经纪人与委托人之间的法律关系上，国际法学界至今还存在争议，如海洋法系的国家主张"间接代理说"，大陆法系的国家则提出"准委托说"，而中国台湾地区的法学界又强调"特殊承揽说"。我国现有的法律对此并没有做出严格的界定。2004年8月28日国家工商行政管理局第14号令《经纪人管理办法》第二条规定："本办法所称经纪人，是指在经济活动中，以收取佣金为目的，为促成他人交易而从事居间、行纪或者代理等经纪业务的自然人、法人和其他经济组织。"2021年12月13日，文化和旅游部印发《演出经纪人员管理办法》的第二条规定："本办法所称演出经纪人员，包括个体演出经纪人和演出经纪机构中的专职演出经纪人员。"第三条规定："本办法所称演出经纪活动，包括演出组织、制作、营销，演出居间、代理、行纪，演员签约、推广、代理等活动。"可见，这一规定只是将居间、行纪或者代理都归为经纪业务项目，并没有明确这些经纪人经营行为的法律特征。作为经纪人机构形态之一，文化中介机构与其他经纪组织一样，其经纪的法律特征是以经纪人的名义从事中介活动，而居间、行纪与代理等只是作为经纪人的一些经纪方式，它们本身并不具有独立的行业经营意义。因此，文化中介机构尽管可以从事居间、行纪、代理等经营活动，但是，它与居间、行纪和代理等行业之间是有区别的。所以文化中介机构必须根据自己的意志、在文化经纪人的名义下参与各种文化交易的中介活动，具有独立的文化中介权利与义务，同时直接承担其文化经纪的法律责任。

4. 以佣金为主要经济收入的文化服务报酬

作为一种国际惯例，经纪人的主要经济报酬是佣金，它通常由中介交易双方承担，并在经纪合同中明确规定。文化中介机构也不例外。不过需要指出的是，随着当代文化中介范围的扩大，文化经纪活动的开支日趋上升，调查费、差旅费、交际费等各种文化经纪开支也与日俱增，用传统的单项佣金已无法准确地反映文化经纪人的实际支出，而这些经纪费用有时直接影响文化中介业务的成败，或者损害现有的佣金比率额度。所以，既要使文化中介机构合理的佣金收入获得法律的保护，也要为文化经纪活动的成本费用制定适当的行业规则，从而使文化中介机构在文化市场中切实地树立起独立的市场主体地位。

（二）文化中介机构的功能

文化中介机构是文化商品交易发展到一定阶段的必然产物，是现代市场经济条件下，已经发挥而且还将继续发挥十分重要的作用。

文化中介机构的主要功能有以下几个方面：

1. 扩大文化信息传播渠道，加速文化商品流通

在文化商品的交换活动中，文化中介机构通过经纪人的创造性智力劳动与服务，不仅为文化交易的双方提供了接触的机遇、成交的可能与现实，也为文化信息的传播拓展了交往、对话的渠道。其结果是既扩大了文化信息的传播，又加速了文化商品的流通。

2. 促进文化资源合理配置，拓展文化再生产规模

文化资源是现代文化生产的重要基础，由文化生产的文本要素、资本要素、设备要素、技术要素、人才要素等构成。合理配置文化资源是扩大文化再生产规模的基本课题。

3. 引导文化经济消费，培育文化消费群体

作为文化市场主体的经营性主体，文化中介机构直接面向广大文化消费大众。职业的文化经纪实践与专业的文化经纪知识使文化经纪人能够较为准确地了解文化市场的需求，及时地把握文化消费的动向。灵敏的市场嗅觉与创新的经纪理念使文化经纪人在顺应文化大众消费心态的同时，能够因势利导，兴起文化消费热潮，培育文化消费群体。可以说，在当今世界各国此起彼伏的文化消费热潮中，文化经纪人称得上是文化消费时尚的弄潮儿。例如艺术品买卖从收藏趣味到经济投资便是艺术经纪人对于艺术品消费观念的一种改造，其现实的结果就是培育了一大批美术品市场的消费者。

4. 开发文化专业市场，建构支柱文化产业格局

文化中介机构不但在存量文化市场从事文化商品经纪活动，而且在增量文化市场开辟文化产品的中介领域，这就使它在文化市场的结构性演变进程中形成某种重构力量，一方面完善文化专业市场的结构，另一方面构建支柱文化产业。文化策划市场、文化人才市场、文化节目市场、文化出租市场等各种跨行业文化专业市场的形成，是与文化经纪人的作用分不开的，而支柱文化型产业格局必然也要凭借文化中介机构的参与才能发展成熟。

5. 推动文化事业体制的改革，健全社会主义文化市场体制

由于文化中介机构活跃于文化市场的生产、流通与消费三大领域，文化中介机构的经纪活动涉及当前文化事业体制改革的各个层面，它不仅推动了现存文化系统的政企分离、企事分离等体制转型，也促使相当部分的文化生产服务单位从国有走入民营、非营利型变成营利型、事业型转为企业型。

（三）发展文化中介机构的思路

为了使文化中介机构适应我国社会主义市场经济发展的要求，在实现我国文化发展战略目标，推进我国文化产业建设的进程中发挥应有的作用，应该从以下几个方面考虑。

第一，建设社会主义文化经纪体制，逐步、有序、适时地开放文化经纪市场。文化中介机构是现代文化经济市场可持续发展的基本动力之一，也是社会主义文化市场体系中的经营主体。因此，建立健全文化经纪体制是社会主义文化市场由地区市场向全国与国际市场规模发展的必经之路。这大体上包括五个方面：文化经纪政策法规、文化经纪产权结构、文化经纪组织机构、文化经纪市场运作、文化经纪人才培养。为了建构社会主义的文化经纪体制，应在全面、准确地把握我国文化市场现状的基础上，不失时机地在一些较为成熟的市场领域培育和引入文化中介机构。

第二，发展专业教育，完善资格评审制度，造就一支现代文化经纪人队伍。文化经纪人从事的是一种以精神文化产品交易与服务为主要对象的经营活动，涉及文化艺术的各个层面，综合了市场营销、组织管理、公关交际、政策法律等方面的学科知识与操作实践。在我国，文化经纪人的学科建设与专业设置较为落后，因此，对于这种紧缺人才的培养应加以重视、规划与开发，逐步形成由专科培训、本科教育、研究生培养构成的阶梯式培养模式，造就一支基础扎实、专业性强、结构合理、复合型的文化经纪人队伍。除了在文化经纪人专业教育方面进行师资、教材、教育形式的建设与探索外，还要健全文化经纪人的资格评定系统。

第三，建立健全现代文化经纪企业制度，增强文化中介机构的市场竞争力度。应根据《中华人民共和国公司法》与《中华人民共和国个人独资企业法》的基本原则，结合我国文化中介机构的现状与发展态势，完成以公有制为主体向以公有制为主导的转型，积极培育民营文化中介机构。文化中介机构全面建立现代企业制度的一个基本任务，就是进一步规范文化中介机构的经纪方式。随着我国加入WTO，文化市场对外开放步伐随之加快，尤其是以电脑、网络通信与多媒体技术为代表的信息媒体，逐渐渗入文化经纪业。目前文化经纪业中已经出现了策划、咨询、出租等新兴的文化经纪方式，相信以后会有更多的经营方式被吸纳进文化经纪市场。为了推进文化中介机构在经纪方式上的现代化发展，既要允许各种市场性的经营方式进入文化经纪行业，也要规范文化中介机构的经营行为，使文化经纪人承担必要的义务与责任，尤其是文化经纪活动中所产生的法律权益与法律后果。为了维护文化中介机构稳定的市场地位与市场信誉，应该根据国际经纪人惯例，确立文化经纪人的保证金制度，即使是个人独资的文化中介机构，也要在指定的国有银行存入一定额度的资金，作为开业的基本条件之一。

第四，构建政府宏观调控与行业自律有机结合的管理网络体系。社会主义市场经济的一个基本特征是政府宏观调控与市场制约相统一，形成由国家、行业与企业构成的三级管理网络。随着文化事业体制改革与文化市场开放的进一步深入，政府应该在一些较为成熟的文化经纪市场领域，有计划地扶持专业经纪的行业协会，为建构文化中介机构的行业自律管理机制创造条件，最终形成政府、行业与企业的三级文化经纪市场管理网络。

第五，建立文化经纪的统计指标体系。现有文化经纪统计资料残缺不全，统计标准没有形成，在一定程度上影响了文化中介机构的量化研究，也使政府对于文化经纪业的科学决策缺乏必要的依据。建立文化经纪统计指标体系是当前一项重要的基础性工作。在文化经纪行业协会产生以前，建议政府有关部门着手研究，制定统一的统计口径与指标，为文化中介机构的研究、文化经纪法规政策的科学化提供必要的条件。

五、文化行业协会

行业协会是指介于政府、企业之间，商品生产业与经营者之间，并为其服务、咨询、沟通、监督、公正、自律、协调的社会中介组织。文化行业协会是指在文化领域，特别是文化产业中，促进各种生产性、经营性文化机构参与市场活动的行业间的组织。文化行业协会属于我国《民法》规定的社会团体法人，是一种民间社会团体，具有民间性、非营利性、社会性的特点，不属于政府的管理机构系列，而是政府与企业的桥梁和纽带。

文化行业协会的作用与政府管理的职能不同，它以维护行业权益为目标，履行行业代表、沟通协调、监督自律、公证审查、统计研究、行业服务六方面职能。一是行业代表职能,是本行业企业的代言人,代表本行业全体企业的共同利益。二是沟通协调职能,作为政府与企业之间的桥梁,向政府传达本行业企业的共同利益要求,同时协调政府制定和实施行业发展规划、产业政策和法规制度。制定并执行行规行约和各类行业标准,协调同行业之间的经营和竞争行为。三是监督自律职能,对本行业产品和服务的质量标准、竞争方式、经营作风等环节进行严格监督,维护同行业的荣誉和信誉,鼓励同行之间开展公平竞争,严厉打击违法、违规和不正当竞争行为。四是公证审查职能,受政府委托并在政府职能部门的指导下,对同行业企业生产产品和服务进行资格审查、签发证照等,确保同行业经营规范和秩序,如市场准入资格认证、发放产地证、质量检验证、生产许可证和进出口许可证等。五是统计研究职能,对本行业的生产、经营等基本情况进行统计、分析,并定期发布结果。同时,开展对本行业国内外发展情况的基础调研,研究本行业面临的问题,提出建议供本行业企业和政府有关部门参考。六是行业服务职能,如提供产品信息咨询服务、对本行业从业人员进行教育培训服务,举办大型展览,组织各种行业会议等。

➡【知识链接】

中国文化产业协会

用手机扫一扫,了解更多信息

第四节　文化事业组织

一、文化事业组织的概念与性质

(一)事业单位的基本内涵

"事业"是一个具有多种内涵的概念,"事业单位"中的"事业"仅是一种特定的含义,它是指受国家行政机关领导,所需经费由国库支出,不实行经济核算,提供非物质生产和劳动服务的社会组织。1998年国务院发布的《事业单位登记管理暂行条例》,首次从法律上将事业单位定义为"国家为了社会公益目的,由国家机关举办或者其他组织利用国有资产举办的,从事教育、科技、卫生等活动的社会服务组织"。可见,事业单位在法律上是指实体性的社会公益服务组织,具有区别于其他法人组织的服务性、公益性和实体性。

我国事业单位的规模很庞大,全国有约126万个事业单位,从业人员有3000万人,相当于国企职工人数的2/3,占公共部门就业人数的34%,国家用于事业单位的财务支出占财政支出的30%以上。事业单位的分布广泛,主要分布在教育、卫生、科技、文化、农技服务等领域,种类极其复杂,属于第二大法人。

(二)文化事业组织的概念及特征

所谓文化事业组织,是指国家为了发展社会主义先进文化,由国家举办或者其他组织利用国有资产举办的主要从事社会公益文化活动、为社会公众提供文化服务,独立于政府和企业之外的非营利组织。

文化事业组织的特征主要体现在以下几个方面:

1. **社会服务性**

文化事业组织为全社会提供文化服务,具有广泛的社会服务性,文化事业组织的社会服务性与政府组织的公共服务性相区别。把握文化事业组织的本质特征,必须严格区分文化行政组织的"公共性"与文化事业组织的"社会服务性",否则极易陷入政事不分的泥潭。

文化事业组织所从事的社会服务更多地体现为服务者与社会公众的"契约关系",不以公共权利为基础,也不具有强制性。文化事业组织提供给人们文艺作品、图书馆、博物馆等"准公共物品",人们可以接受服务,同时也有权拒绝或放弃这些"产品"。虽然部分文化事业组织在政府部门的授权下,可履行政府的一部分职能,但与政府的具体行政行为不允许进行有偿服务有所不同,文化事业组织所承担的具体行政行为允许进行有偿服务。

2. **非营利性**

首先,文化事业组织排斥组织"个人营利"行为。正如美国约翰·霍普金斯大学非营利组织比较研究中心主任萨拉蒙所说,它"有不以营利为目的的组织结构,有一个不致令任何个人利己营私的管理制度"。世界银行组织编写的《非政府组织法的立法原则》规定:"组织的净收入或利润不得以任何形式分配给任何个人;组织的员工可因实际工作获得合理薪酬,但董事通常不应支领薪酬;组织清算或终止存续时,不得将资产分配给任何董事、会员、员工、创立人或捐助者。"其次,文化事业组织也排斥团体营利。组织已经根据其所有者关系和投资情况进行了划分,即组织成员既无"剩余索取权",不得分配利润,又无财产分割权,对破产财产清算也不能拥有所有权。1993

年,联合国、世界银行、经合组织等共同编写的《国民经济核算体系(SNA)》中,明确规定非政府非营利性机构必须"受到社会和政府的严密审视,有相应的财务管理制度和监督制度",组织的"所有权不能是私有的,财产不能在市场上交易,不能强迫兼并"。最后,文化事业组织的"非营利性"主要体现为受"税法"约束。在具体运作规范上,它是一种免税组织,有严格的免税规定。

3. **非政府性**

概括地讲,文化事业组织在现代社会中主要包括三种基本职能:第一,提供市场无法提供的而政府又不便提供的"公共物品";第二,协助政府更好地提供"公共物品",提高公共事业的服务质量;第三,提供某些不适于由营利性企业提供的"私人物品",即商品或服务,为"团体利益"服务(但这需由法律严格规范其为"非营利"作为)。对于上述三种"产品",布坎南称之为"准公共物品"或"俱乐部产品"。文化事业组织具有"非政府性"的本质特征,一个最有力的实证是:随着文化事业组织本身的不断发展,私人对文化事业组织的影响越来越大。随着国民经济的迅速发展,文化事业组织经营规模作为国民经济的一股重要力量将得到极大扩张,政府财政拨款将会从公共事业支出中快速退出,取而代之的将是私人捐款,并且私人捐款增长的速度远高于GDP增长的速度。

二、我国文化事业组织发展面临的困境

文化事业单位的改革,从1979年"调整事业、改革体制"开始,先后进行了承包制、布局调整、双轨制、以文养文、结构调整、演出场次补贴等探索,对解放艺术生产力、激发文化工作者的积极性和创造性起到了重要作用。从总体上看,我国文化事业单位对中国经济和社会发展做出了重大贡献,尤其是在推动社会文化事业发展和扩大文化公益服务供给方面起到了十分重要的作用。但时至今日,在传统计划经济体制下形成的文化事业单位已是问题丛生、弊病重重,难以适应目前中国市场经济的需要,严重制约了经济和社会的协调发展,具体表现如下。

(一)文化事业组织系统的复杂性

(1)图书、音像出版市场化:图书和音像出版行业已经逐步转向市场化经营,在事业单位改革中,这些单位将完全转型为文化产业。

(2)文化产业的税收优惠政策:政府将通过税收优惠政策来鼓励文化产业的发展,但政府将不再为这些单位提供财政支持。

(3)表演院团的分类转型:表演院团可能分为三类转型。一是能够独立经营的院团,可能转为文化产业。二是需要国家保护但自身经营困难的院团,可能转为非营利

性文化事业单位，如京剧院团、昆曲院团等。三是既无法独立经营又非国家特别需要的院团，可能会被撤销。

（4）图书馆和博物馆的公益性服务：图书馆和博物馆将继续作为提供公益性服务的单位，国家将继续提供财政支持，但将改变目前政府全额负担的模式。

（5）地方文化事业单位改革的复杂性：与中央本级文化事业单位相比，地方文化事业单位改革更为复杂。中央政府制定中央本级改革策略，地方改革需根据实际情况由地方政府制定。

（6）改革成本的财政负担：中央财政负责中央本级文化事业单位改革的成本，地方文化事业单位改革的成本由地方财政负担。

（7）地方文化事业单位改革的差异性：县级等地方文化事业单位的实际作用和改革结果将呈现极大差异，经济发展水平和地方财力将影响改革的方向和效果。

（8）文化事业单位的潜在改革方向：在经济和文化发展较好的地区，文化事业单位可能经过结构调整后继续作为公益性单位保留；在财力不足且文化事业单位功能发挥不佳的地区，可能将其推向市场，实行自我发展。

（9）上级政府对地方改革的限制：上级政府无法为下级政府的文化事业经费提供支持。对地方文化事业单位的改革，上级政府即使有不同意见，实际上也难以干预，因为改革成本由地方财政承担。

（二）文化事业组织国有资产管理混乱

文化事业单位中的国有资产管理非常混乱，许多文化事业单位中，财务处监管国有资产，财务人员兼职负责这项工作。还有个别单位把国有资产片面理解为固定资产，还以人员紧缺为由让不懂业务的后勤人员分管这项工作，这种状况与国有资产管理的专业性要求相距甚远，使国有资产管理的许多工作无法真正落到实处，国有资产缺乏监管力度。一些单位还利用本单位暂时闲置的非经营性资产从事对外出租、出借、兴办投资项目等经营活动，其中有很多按规定应办理报批手续的，很多单位实际上却未办理。不少单位对国有资产只注重使用，不注重管理，没有完善的资产管理机制，国有资产管理异常混乱。

（三）文化事业组织运行机制僵化，效率低下

目前文化事业组织存在的问题主要有两点。一是人浮于事，机构庞大。由于事业行政一体化的管理方式，文化事业组织成为政府机构改革人员分流的主渠道，再加上事业单位本身尚未建立起能进能出的灵活的用人机制，致使其人员剧增，养人的"人头费"挤占了做事的"事业费"。这也是这些年一方面国家不断加大社会事业投入，另一方面文化事业活动经费仍然捉襟见肘的根本原因。二是垄断严重，缺乏竞争。作为政府机关的附属物，文化事业单位的业务活动往往通过主管部门的行政权力进行资源配置，既不必管文化事业产出，也不必问文化事业效果。许多文化事业组织社会化程度低，只是面向本部门提供封闭式自我服务，没有服务补偿观念和成本核算机制。这些都导致其对不断变化的市场反应迟钝，组织行为缺乏生机和活力，难以走向社会。更为严重的是，很多文化事业单位占用着国家资源，享受着财政扶持，却没能充分有效地提供相应的服务和积极公正地履行应尽的职责；既行使行政权力，又从事营利活动，还享有比企业更优惠的税收政策，无法交纳所得税。利用文化事业单位非政非企的模糊性质，最大限度地运用着政府部门的权力，享受企业拥有的利益，最大限度地游离于政府部门所受的行政约束和企业所承受的市场压力之外。这在客观上导致了国家税收的流失，极易成为滋生腐败的温床和国有资产流失的便利通道。

由于效率低下，现有文化事业组织占用了大量的国有资产，同时尚需国家财政通过巨额拨款加以养护。这在很大程度上造成政府财政负担过重，以致无力发展那些真正具有社会公益性的文化事业，间接影响了国民经济的可持续发展。

三、我国文化事业组织深化改革的基本思路

（一）政事分开

建立文化行政管理部门与事业单位的新型关系。各级文化部门作为主管部门，对文化事业组织进行政策指导和宏观管理，搞好协调服务，管好领导班子，监督国有资产。各级文化行政部门要转变职能，简政放权，充分尊重事业组织的独立法人地位，避免过多的行政干预。

（二）积极推进文化事业组织的社会化

文化事业组织要面向全社会提供文化产品服务，建立健全符合自身特点的良性运行机制。通过调整、合并、转制等方式，最大限度地发挥文化事业组织在区域经济和社会公益事业发展中的积极作用。深化事业单位改革的核心，是要坚持遵循文化艺术发展规律和社会主义市场经济规律，紧紧围绕文化艺术产品的生产、服务和社会需求，进行合理的资源配置。要高度重视市场、开拓市场，注重减员增效、成本核算和市场营销，形成文化艺术生产的良性循环。

（三）根据文化事业组织的不同情况，分类进行改革

所有文化事业组织都要坚持把社会效益放在首位。根据国家事业单位分类改革精神，事业单位不再分为全额拨款事业单位、差额拨款事业单位，而分为公益一类事业单位、公益二类事业单位。对公益一类，根据正常业务需要，财政给予经费保障；对公益二类，根据财务收支状况，财政给予经费补助，并通过政府购买服务等方式予以

支持。公益性文化事业组织，应加快内部管理体制和运行机制的改革。精减富余人员，使国家核拨的事业费更多地用于事业的发展。具有公益性的同时又可以实行经营运作的文化事业单位，应努力提高自给率，积极开拓市场，采取多种方式促进优秀文化产品多渠道、多形式、多层次的增值，努力实现文化艺术产品的社会效益和经济效益的最佳结合。经营型的文化事业单位，要积极借鉴、利用和探索一切有利于文化事业发展的组织形式、管理模式和经营方式，自主经营，自负盈亏，自我积累，自我发展，在市场竞争中不断壮大自己的实力。

四、文化事业组织改革的重点

（一）财务制度改革

根据中央有关决定，国家将逐步增加对文化事业的投入，各级文化部门根据各级财政核定的文化事业经费以及分类指导的原则，强化对各地文化事业组织的预算约束。文化事业组织预算一年一定，根据国家财政预算情况做相应调整。同时，文化事业组织要加强财务管理，开源节流，提高资金使用效率，根据国家有关财务、会计等法律法规，研究制定切实有效的内部财务管理制度。要增强积累意识，在演出、社会赞助以及经营等收入中，提取一定比例作为本单位事业发展的公共积累，防止坐收坐支，分光用光，要保证国有资产的保值增值。

（二）人事制度改革

按照分类管理、放权搞活的原则，对于文化事业组织的领导体制、内设机构、用人制度和分配制度进行改革。文化事业组织实行行政领导人负责制，要改革对事业单位领导人的考察、选拔、任用和监督方式，逐步实行任前公示制和试用期制。文化事业组织的行政领导人由各级文化部门任命和聘任，各级文化部门应适当下放任免权限，使行政领导人具有更多的用人自主权。

建立健全事业单位登记制度，文化事业组织要按照登记的宗旨和业务范围，自主开展生产、经营、服务等业务活动，独立承担民事责任。

要全面推广和完善聘用制度。所有文化事业组织应实行聘用制，将对各类人员的身份管理转变为岗位管理。对管理人员实行职员制度；对专业技术人员实行专业职务聘任制；对工人实行劳动合同制。大力推行人事代理制。通过人事代理和人才托管方式，打破单位界限，推进人才社会化进程。

积极推进与社会保障制度的接轨，文化事业组织人员的失业、养老、医疗等社会保险，一律实行属地管理，随着各项社会保障制度的陆续出台，文化事业组织必须参加社会保险的登记，按照足额缴纳所有员工的保险费。

(三)内部管理体制改革

通过分类改革,在对现有文化事业组织压缩规模、调整结构、规范职能、恢复性质的基础上,必须适应社会主义市场经济的要求,着力推进文化事业组织内部管理体制的改革,形成富有活力和效率的管理运营机制。一是建立新型的法人治理结构。原则上,对于财政全额拨款的文化事业组织,实行理事会领导下的执行人负责制度。考虑到财政全额拨款事业单位资产关系的特殊性,其理事会应通过竞争方式选出,包括出资者、业内专家等在内的若干有代表性的人士组成。日常运营由执行人负责。执行人由理事会向社会公开招聘选出,并向理事会负责。二是建立科学的绩效评估制度。由文化事业组织监管机构依据对全额拨款事业单位的具体评估状况,会商有关部门,决定是否对其持续进行财政拨款和是否增加财政拨款数额,以及决定理事会成员的更换和奖惩。通过上述措施,形成文化事业组织监管机构、理事会和执行人之间的有效制衡机制。

第五节 群众文化组织

一、我国群众文化组织的构成

群众文化组织是指为开展群众文化活动,由广大人民群众参加的文化社会团体。在我国,群众文化组织主要由三大体系构成。第一类是指由全国各级文联、作家协会等人民团体组成的网络体系;第二类由基层文化馆、群众艺术馆、文化站等构成;第三类是村级组织或社区举办的文化组织,如社区群众基于共同兴趣爱好自发形成的以健身、娱乐、休闲、公益服务等为主要活动内容的松散的社区群众组织,村文化活动中心,以及群众自发组织的各类业余民间社团组织,如曲艺演出团队、书画社等。

(一)人民团体

受"五四"新文化运动和文学革命影响,文艺家自由结社,陆续产生了众多的早期文艺团体。国统区有以建设新文学为宗旨的文艺团体,如文学研究会、创造社、南国社;以倡导无产阶级革命文学为宗旨的左翼文艺团体,如左联、剧联;以抗日救亡为宗旨的爱国文艺团体,如中华全国戏剧界抗敌协会、中华全国文艺界抗敌协会、国民政府军事委员会政治部第三厅。解放区有工农剧社总社、中国文艺协会、鲁迅研究会、陕甘宁边区文化救亡协会(以下简称"边区文协")、鲁迅文学艺术学院(以下简称"鲁艺")、华北文艺界协会(以下简称"华北文协")。

人民解放战争即将取得全面胜利前夕，文艺工作作为革命组成力量需继续参与、配合政治、军事斗争；文艺需要进一步的发展，需要确立新的发展方向，文艺界必须创建新的领导机构和工作制度；国统区和解放区的文艺大军会师，文艺队伍面临加强团结、扩大团结的问题；统一战线工作需要一个全国性的文艺团体来领导文艺界全面参与革命斗争；创建新的全国性文艺领导组织成为迫切需要。

1949年3月22日，华北人民政府文化艺术工作委员会与"华北文协"举行茶话会，郭沫若提议召开全国文学艺术工作者代表大会，成立新的全国性文学艺术界组织。随后"全国文协"和"华北文协"举行联席会议，组建了文代会筹备委员会，负责第一次全国文学艺术工作者大会的准备工作。

1949年6月30日，第一次中华全国文学艺术工作者代表大会举行预备会议。7月2—19日，全国第一次文代会开幕，会期18天，出席代表800多名，代表7万多名新文艺工作者，7月14日，大会通过了《中华全国文学艺术界联合会章程》，全国文艺界组织定名为"中华全国文学艺术界联合会"，简称"全国文联"。

此后相继成立了中华全国美术工作者协会，中华全国舞蹈工作者协会，中华全国音乐工作者协会，中华全国戏剧工作者协会，中华全国电影艺术工作者协会，中华全国文学工作者协会。到1949年年底，全国各省市成立了40个地方文联和文联的筹备机构。1953年9月23日至10月6日，中国文学艺术工作者第二次代表大会召开，大会通过新的章程，决定将"中华全国文学艺术界联合会"更名为"中国文学艺术界联合会"，简称"中国文联"。

2002年，根据国家规定，明确了文联与工会、妇联、共青团一样属于人民团体性质，不再是原来所提的"群众团体"。中国文联由全国性文学艺术家协会，各省、自治区、直辖市文学艺术界联合会和全国性的产业行业文学艺术工作者联合会组成。其主要任务是在中国共产党的领导下，遵循中国共产党的基本路线，坚持文化"为人民服务，为社会主义服务"的方向和"百花齐放，百家争鸣"的方针，遵循宪法和法律，坚定文化自信，继承弘扬中华优秀传统文化，自觉培育和践行社会主义核心价值观，致力于繁荣中国特色社会主义文学艺术事业，发展面向现代化、面向世界、面向未来的，民族的、科学的、大众的社会主义文化，广泛开展并积极组织推动团体会员开展国际文化交流活动，增进中外文化界的友谊和合作。中国文联依法维护团体会员和文化工作者的合法权益，改善文化工作者的工作、生活条件，密切联系作家、艺术家，倾听他们的意见和呼声，协助解决他们的困难和问题，竭诚为文化工作服务。积极促进全国各民族文化工作者的团结与合作，加强同台湾同胞、港澳同胞及海外侨胞中的文化艺术团体和文化界人士的交往，为建设社会主义文化强国、弘扬中华民族优秀文化和实现祖国统一大业贡献力量。

目前，中国文联有中国作家协会，中国电影家协会，中国戏剧家协会，中国美术家协会，中国音乐家协会，中国曲艺家协会，中国舞蹈家协会，中国摄影家协会，中国书法家协会，中国民间文艺家协会，中国杂技家协会，中国电视艺术家协会，中国文艺评论家协会，中国文艺志愿者协会等团体会员。各大协会的任务是组织开展各种活动，组织作家、艺术家进行学习和探讨；组织各类文化演出的观摩；举办各类学术研究会、座谈会；举办旨在培养文艺新人的讲座、讲习班；开展纪念文化名人活动；鼓励和组织作家、艺术家深入工矿、农村、部队、边疆进行参观访问和调查研究，并提供必要的协助；举办文艺评奖活动。

中国文联设有全国性、专家性的文艺奖项13个，涵盖各个艺术门类。在从事文化活动等所有社会团体中，文联和各大艺术家协会担负着重要的管理职能。虽然他们是社会团体和人民组织，但是他们实际上具有半国家机构的性质，这主要是由于他们与党和国家权力机关的关系远远超过了一般的群众组织。社会团体是否仍然保持社会团体的属性，或者是否已经"长入"了国家机关的机体，要看它在多大程度上失去了社会团体固有的社会群体组织的特征，又在何种程度上滋长了国家权力和行政管理职能。前些年，一些人民团体和群众团体出现衙门化、领导不力、作风散漫、机构庞大、效率不高、分工不明等问题。实质上就是没有正确把握自身的角色定位，这些问题不解决，将严重影响其社会管理效能，难以适应文化管理新形势的要求。

中国文联以及各大文化艺术社团在整个中国文化体制中的职能和地位表明，它们确实是我国各个革命历史时期文化体制中民主成分的载体。由于社会团体的特点及其承担的社会职能，他们的活动在特定方面弥补了国家权力高度集中所带来的种种缺陷。第一，各种文艺社团的活动，调动了各阶层、各职业群众从事文化艺术创作的积极性和创造性。第二，各主要文艺社会团体代表被吸收进党和国家机构参与决策，使国家的决策能够在更大程度上反映各群体人民的愿望和要求，使之在一定程度上带有民主决策机制，因此有助于避免决策过程中出现片面性。第三，各团体所从事的文化艺术创作活动，在不少方面填补了国家机关无暇顾及或力不能及的空白领域，使文化艺术在特殊年代最大限度地避免可能遭到的损失。

（二）基层文化馆、文化站和群艺馆

文化馆、文化站、群众艺术馆、科技馆以及工人文化宫、俱乐部、青少年宫等（以下简称文化馆、文化站），是政府、群众团体、各部门设立的以群众文化业务工作为服务手段的群众文化事业机构。它们对城乡群众文化工作网络的形成，对基层群众文化活动的繁荣，有着至关重要的作用。

根据《中华人民共和国文化和旅游部 2022 年文化和旅游发展统计公报》显示：2022 年年末，全国共有群众文化机构 45623 个，比上年年末增加 2092 个。其中乡镇综合文化站 33932 个，增加 1408 个。年末全国群众文化机构从业人员 195826 人，比上年年末增加 5819 人。其中具有高级职称的人员 7868 人，占 4.0%；具有中级职称人员 18262 人，占 9.3%。

全年全国群众文化机构共组织开展各类文化活动 270.73 万场次，比上年增长 7.4%；服务人数 95922 万人次，增长 15.2%。全年全国群众文化机构组织开展线上群众文化活动 280.96 万次。

2022 年年末，全国群众文化机构共有馆办文艺团体 9322 个，演出 10.32 万场，观众 5442 万人次。由文化馆（站）指导的群众业余文艺团体 46.36 万个。

2022 年全国群众文化机构开展活动情况如表 3-2 所示。

表 3-2　2022 年全国群众文化机构开展活动情况

项目	总量 活动次数（次）	总量 服务人数（万人次）	比上年增长（%）活动次数	比上年增长（%）服务人数
各项活动总计	2707286	95922	7.4	15.2
其中：文艺活动	1607329	68474	15.5	10.2
训练班	879961	6811	-4.4	11.3
展览	177506	19872	6.0	39.4
公益性讲座	42490	762	1.3	-0.8

（三）群众自发组织的文化组织

群众自发组织的文化组织包括村级组织和社区举办的文化组织和民间社团组织。村级组织或社区举办的文化组织是一种最为普遍的文化组织形式，一般称为文化室、文化大院、俱乐部和文化教育活动中心等。有的地方还建立了社区文化管委会，这种组织是基层组织下设的文化机构，直接对基层组织负责，接受上级文化部门的指导。它们有自己的文化设施和活动器材，有自己的骨干队伍，接受基层组织指令，经费由基层组织列支，整体被纳入基层社会发展规划。这种文化组织，以宣传社会主义思想、服务经济建设等党的中心工作为宗旨，以活跃基层文化生活为基点，活动保持经常性和广泛性，能调动和凝聚其他文化组织承办较大型的文化活动项目，成为现阶段我国农村和社区文化组织中的主干力量。

群众文化工作的开展，必须依靠一支热爱文化事业的文艺演出队。各地党委和政府在培养骨干队伍的同时，要积极发动群众，使群众文化工作逐步形成一支以专业人员为骨干、广大群众为主体的文化队伍,为推动群众文化工作提供人力支持。如大连市昆明街华昌社区现有话剧团等五支演出队,青岛市四方街的四方群星艺术团拥有近百支团队、上千人。这些组织和人员常年活动在社区,进行群众文化辅导、组织宣传、演出等工作。这些民间社团组织有自己固定的活动场地、人员、活动方式、内容及时间。虽大多属自发性组织,但聚合力很强,是基层文化中不可忽视的一支组织力量。

二、我国群众文化组织的功能

党的十九大报告指出:"满足人民过上美好生活的新期待,必须提供丰富的精神食粮。要深化文化体制改革,完善文化管理体制,加快构建把社会效益放在首位、社会效益和经济效益相统一的体制机制。完善公共文化服务体系,深入实施文化惠民工程,丰富群众性文化活动。"群众文化组织具有以下功能。

(一)群众文化组织建设,是满足人民群众精神需求的重要保障

《国家"十三五"时期文化发展改革规划纲要》指出:文化发展要"坚持共享发展。面向基层,贴近群众、依靠群众、服务群众,保障人民基本文化权益,满足人民群众日益增长的精神文化需求,提高群众文化参与度和获得感"。

满足人民群众日益增长的精神文化需要,是社会主义制度优越性的重要表现。是社会主义现代化建设的根本目的。也是达到小康目标的重要内容。

随着物质生活的改善和文化素养的提高,广大群众对于精神生活的需求也相应提高和不断拓展。人们的审美情趣在发生变化,不满足于被动接受和欣赏,在需要更多高质量的文化艺术产品的同时,主动参与文化活动的要求日益强烈,参与文化活动的范围不断拓宽,参与文化活动的品位也在逐步提高。他们渴望社会能够提供更多的舞台和机会,使他们能够抒发情怀,展示自己的艺术才华和创造力。而且,这种参与、选择还因年龄、职业、文化素养、兴趣爱好的不同而表现出多层次、多形式的特点。

面对群众不断增长的精神文化需求,尤其是文化参与的需要,我们应当采取什么样的措施呢?在抓好专业文化等各项文化事业的同时,必须进一步加强群众文化组织建设。因为,群众文化活动是以广大群众自娱自乐、自我参与、自我开发为主要形式进行的,活动内容丰富,活动形式多样,活动方式灵活,具有很大的综合性;群众文化活动联系着千家万户,伸展到社会的各个角落,覆盖面广,社会性强,而且投入少,见效快,影响大。满足人民群众多层次、多样化的文化需要,尤其是日益高涨的自我选择、主动参与的需要,加强群众文化组织建设无疑是一条重要渠道。

我们还要看到,我国幅员辽阔,地区文化发展很不平衡,农村人口多,能够经常欣赏到专业文艺演出的人数相当有限,满足县以下尤其是"老、少、边、山、穷"地

区广大群众的文化需求，最直接的办法，就是广泛开展群众性文化活动，让群众用他们的智慧和创造来活跃和丰富自己的业余文化生活。根据我国处于社会主义初级阶段的基本国情，文化事业的发展应重基层、多样化，不断提高质量。所以，不大力发展群众文化，群众文化在整个文化事业中没有相当的比例和规模，将难以适应人民群众的需求。

（二）群众文化组织建设，是加强社会主义精神文明建设的有效方式

文化组织建设工作，是社会主义精神文明建设的一条重要战线。发展文化事业，开展群众性文化活动，建设社区文化、村镇文化、企业文化、校园文化，是加强精神文明建设、繁荣社会主义先进文化的重要方面。

群众文化是新形势下社会主义精神文明建设中具有吸引力、渗透力的传播形式和载体，对于把精神文明建设的任务落实到城乡基层，有着独特的优势。群众文化活动具有民族特色、大众化、通俗化的特点和强烈的自娱性，能够吸引广大群众特别是青少年的热情参与；群众文化网络规模大，网点多，直接扎根于城乡基层，面向广大群众，如文化馆、文化站、群众艺术馆、图书室、文化室、文化中心、俱乐部以及各种兴趣小组、文艺社团等，是广大群众最亲密的文化伙伴。寓教于乐的群众文化活动，也是情感教育的一种独特形式。广大群众自娱自乐、满足文化需要的过程，实际上也是认识社会、升华情感、自我充实、自我教育的过程。每一位参与者，既是受教育者，同时也是自身的艺术创造和人生启悟，自觉和不自觉地感染别人。健康向上、丰富多彩的群众性文化活动，对于进行爱国主义、集体主义和社会主义教育，进行社会公德、职业道德、家庭美德教育，提高群众的思想道德和科学文化素质，培养"四有"新人，营造良好的文化环境，深入持久地开展群众性精神文明创建活动，反对封建迷信活动，抵制"黄赌毒"等社会丑恶现象，具有越来越大的不可替代的作用。如上海的群众文化活动已经成为当地精神文明建设活动的三大系列之一，此起彼伏的振兴中华读书活动、家庭文化节、上海之春艺术节、十月歌会、各区（县）的群众艺术节以及近几年出现的广场艺术等，以其群众性、创造性，有效地促进了市民素质的提高和精神文明建设的加强。

加强群众文化组织建设，也是社会主义市场经济发展的内在要求。市场经济是高文化经济，加上知识经济时代的到来，对于劳动者素质的要求越来越高。如企业文化作为群众文化与经济建设的一个有机结合点，在提高企业职工素质、塑造企业形象，增强企业的经济实力等方面，发挥着越来越明显的效应。向纵深发展的市场经济，很大程度上取决于文化优势的积累和发挥，取决于文化所提供的精神动力与智力支持。同时，市场经济是开放型经济，需要中介资源的牵动。近年来，在加强文化和旅游深

度融合，不断深化文化和旅游领域供给侧结构性改革背景下，不少地方出现的各具特色的艺术节，多是借助当地民间艺术、乡土艺术的独特吸引力而形成的文化经贸盛会。市场经济的发展，需要更多地借助文化的牵动效应，以提高知名度，优化投资环境、吸引客商。应该看到，民间艺术本身也是亟待进一步开发的经济资源。

（三）群众文化组织建设，是多出优秀作品的必由之路

群众文化与专业文化是相互依存、相互促进、辩证统一的关系。群众文化是专业文化的基础，对专业文化的发展具有重大的推动作用。尖端文艺人才和文化产品常常出现在专业文化系统，但他们不是凭空产生的，必须有扎实的基础，这个基础不是别的，就是群众文化。在群众文化活动中涌现出来的优秀人才和优秀作品，有的直接达到了文艺尖端的水准，有的补充进专业文化艺术的行列中，为专业文化艺术水准的提高奠定人才和创造能力的基础。根深才能叶茂，只有群众文化这个基础牢固了、厚实了，专业文化才有可能更好地发展。还要看到群众文化与专业文化虽然分工不同，侧重点不同，但都服务于提高国民素质、培养"四有"新人的同一目标，在文化事业这个系统工程中，都是不可替代的有机组成部分。坚持群众文化与专业文化二者并举，协调发展，是建设中国特色社会主义文化的内在要求。

多出优秀作品，是繁荣文艺的首要任务。促使更多思想性和艺术性统一的优秀作品涌现出来，不仅要靠专业文化工作者的辛勤劳动，也必须努力发挥业余文艺队伍的积极性和创造性。目前，我国有业余创作组织2万多个，业余文艺工作者40余万人，业余演出团队近3万个，这是繁荣文艺创作的一支浩大的队伍。群众业余文艺创作，大多写身边事、身边人，生活气息浓郁，地方色彩鲜明，为群众所喜闻乐见，在十分活跃的业余文艺创作中，一批思想性和艺术性统一，具有强烈吸引力、感染力的精品力作，在社会和群众中产生了广泛的影响。加强群众文化工作，在普及的基础上注重提高，是繁荣文艺创作、多出优秀作品和优秀人才的一个重要渠道。

（四）群众文化组织建设，是我国文化事业的重要发展趋势

随着市场经济的发展和社会的进步，文艺家的非职业化现象将日益明显，群众文化与专业文化的交融现象也越发突出，二者在艺术水准上也逐步接近。专业文化趋于少而精，群众文化会大量发展，并最终逐步成为文化事业的主体部分。从发展趋势上看，群众文化必将在我国建设中国特色社会主义文化全局中发挥更加重要的作用。社会主义文化事业是亿万人民自己的事业，人民群众不仅是文化的欣赏者，而且是文化的参与者、传承者、创造者。群众性是中国特色社会主义文化的一个显著特征。加强群众文化组织建设，丰富群众文化生活，是建设中国特色社会主义文化的一项战略性举措。

三、加强我国群众文化组织建设的对策

（一）完善布局，健全设施网络

要采取有效措施，加快填补文化馆、文化站的空白点的步伐。各地要把文化馆、文化站设施建设列入当地城乡建设的总体规划之中，并提供资金保证。有条件的市、县、乡要抓紧建设一批能够展示本地群众文化形象，适应当地经济、社会发展和群众文化需求的文化馆、文化站的标志性工程。要加快中央群众艺术馆的筹建进展。对于现有的文化馆、文化站设施，要充分利用；被挤占、挪用的文化场所要限期收回。要健全群众文化系统，实现全国有中央群众艺术馆，省（自治区、直辖市）、地（州、市）有群众艺术馆，县及大、中城市的区有文化馆，农村乡镇及城市街道有文化站的布局；要完善设施先进、功能齐全的群众文化工作网络。

（二）全面提高工作质量，充分发挥职能作用

文化馆、文化站要结合新形势带来的新特点，进一步充实活动内容，调整项目设置，发展特色活动，注重参与性和知识性强的项目。要根据不同层次群众的不同需求，实行多方位服务，以丰富多彩、寓教于乐的文化活动，吸引群众广泛参与。要在抓好普及的基础上，注重培育群众文艺精品和优秀业余文艺创作人才。要改革辅导、指导方式，不断拓展服务领域。要面向基层、面向农村、面向社会，进一步开门办馆（站），力求辅导方式多样化。在人口居住分散的农、牧、渔区，采用文化车、船的形式进行流动服务。要抓好基层文化室、俱乐部等工作指导的同时，进一步向社区文化、村镇文化、企业文化、校园文化、家庭文化等方面发展延伸，扩大指导、辅导的覆盖面，提高辅导、指导的质量和水平，更好地发挥国家办文化的主渠道作用。要运用多种文艺手段和形式，生动活泼地进行爱国主义、集体主义和社会主义的教育，宣传文明、健康、科学的生活方式。要搞好科学文化知识普及、人才培训、信息传递等活动。充分发挥文化馆、文化站的社会教育职能。

（三）稳定基层文化工作队伍，不断提高其整体素质

城乡群众文化工作队，长期扎根基层，默默奉献，担负着把精神文明的任务落实到千家万户的重任，要尽最大努力关心他们、支持他们。要采取有效措施解决在群众文化工作中存在的定编定岗难、工作待遇低等实际问题，解决他们的后顾之忧，稳定这支队伍。要通过轮训、岗位培训等多种方式不断提高他们的政治素质、业务水平和专业技能。要在大中专院校开办群众文化的专业、系和班，加强后备力量的培养。要大力表彰这支队伍，充分肯定他们的辛勤劳动和开拓精神，扩大他们的社会影响。

特别需要指出的是，文化馆、文化站是公益性文化事业单位，地方财政投入是其

经费来源的主渠道。有些地方把文化馆、文化站混同于一般的经营性文化实体，对其减少投入，甚至简单地采取"断奶"的做法，是一种短视行为。这样做，与文化馆、文化站的性质和任务相悖，严重影响了文化馆、文化站的发展和当地群众文化的繁荣。在发展社会主义市场经济的条件下，文化馆、文化站的性质不能变，任务也会越来越繁重。

群众团体及各部门办的工人文化宫、科技站、俱乐部、青少年宫等，与政府部门办的文化馆、文化站一样，同属公益性文化事业，都承担着繁荣群众文化的重要任务。与文化馆、文化站不同的是，这些机构的服务对象具有定向性的特点，一般服务于特定的社会人员。工人文化宫、俱乐部是广大职工的学校和乐园；青少年宫是广大青少年的教育阵地和学文化、学科技、开展文体活动的场所；文化馆、文化站，则是面向全体社会成员的。在办好文化馆、文化站的同时，要大力办好上述各类群众文化事业机构，充分发挥他们在群众文化活动中的职能作用。

（四）进一步拓宽群众文化社会办的路子

实行群众文化社会办，是新时期我国群众文化事业的一项重要改革。它打破了政府包揽办文化的旧框框，开辟了群众文化经费来源、设施建设、文化活动的新渠道，有力地推动了群众文化事业的发展。群众文化社会办虽然有了较大的发展，但是，其领域还不够广阔，发展尚处于起步阶段。在社会主义市场经济条件下，要实现群众文化更大的繁荣，必须进一步拓宽群众文化社会办的路子。

➡【延伸阅读】

中国作家协会

用手机扫一扫，了解更多信息

➡【本章小结】

文化组织主要是指各相关群体为了实现全社会文化的繁荣与发展，通过权责分配和层次结构所构成的一个随环境变化而不断进行自我适应与调整的完整的有机体。文化组织以实现公共利益及全社会文化的繁荣和发展为目标，以提供公共文化服务、供给文化产品、管理文化事务为基本职能。主要包括党的文化管理组织、文化行政组织、文化产业组织、文化事业组织和群众文化组织五大类。

中国共产党人始终是中华优秀传统文化的忠实继承者和弘扬者。党对文化的管理要实现新时代中国特色社会主义市场经济条件下多种力量共同办文化的要求，党的文化执政能力要从过去单一的文化执政能力，向多元的文化执政能力转变，并且通过这种能力的战略性转变全面提高党的文化执政能力，以适应和匹配先进的政党性质。

文化行政组织是行政组织的一部分，是行使文化管理职能的行政组织，在国务院的机构中，我国文化行政管理部门主要包括文化和旅游部、国家广播电视总局、中央广播电视总台和国家文物局等。

文化企业是文化产业的主体，中国的文化企业要从中国国情出发，结合建立现代企业制度，提升企业的核心产品和核心专长，全面提高中国文化产业的综合竞争力。同时大力发展文化中介组织和文化行业协会，推进文化产业全面发展。

文化事业组织是指国家为了发展社会主义先进文化，由国家举办或者其他组织利用国有资产举办的主要从事社会公益文化活动、为社会公众提供文化服务，独立于政府和企业之外的非营利组织。

加强群众文化组织建设是我国文化事业发展和繁荣的基础。当前应加大投入，建立完善的群众文化组织网络。为此，应稳定基层文化工作者队伍，进一步拓宽群众文化社会办的路子，提高群众文化组织的工作质量，不断满足人民群众美好生活的需求，增强人民群众的满意度和获得感。

【关键术语】

文化组织　文化行政组织　群众文化组织　文化产业组织
文化事业组织　文化行业协会　文化中介组织

【复习思考题】

1. 中国共产党如何对文化事业进行管理？
2. 文化行政组织的设计要遵循什么原则？
3. 现代国际文化产业组织的特征对我国文化产业组织建设有何借鉴意义？
4. 如何理解文化中介组织的作用？
5. 文化事业组织人事制度改革面临何种困境？
6. 我国群众文化组织由哪几大体系构成？群众文化组织具有哪些功能？

第四章 文化市场

➜【学习要点】

1. 文化市场的定义及特点。
2. 文化市场的功能。
3. 文化市场的分类。
4. 文化市场经营主体管理规范、从业人员管理规范、经营客体管理规范及经营内容规范。
5. 文化市场管理手段及内容。

➜【引例】

尊重民间首创，绽放"村BA"的光芒

2022年7月至8月，台江县台盘乡台盘村"村BA"篮球系列赛事"村"味十足，火爆全网，现场万人，座无虚席，气氛热烈，网络传播量超过15亿人次，成了乡村振兴最美画卷之一，被誉为"观察中国式现代化的一个窗口"和群众文化新亮点。2023年，贵州省首届"美丽乡村"篮球联赛总决赛、全国和美乡村篮球大赛（村BA）揭幕式、贵州·台江台盘2023"六月六"篮球赛、全国和美乡村篮球大赛（村BA）西南赛区等赛事接连不断地在台江县台盘村上演，持续燃爆全网。"村BA"一年之间成长为"村—区域—全省—全国"赛事的经典案例，得到《人民日报》、新华社、央视等主流媒体的密集报道，微信、抖音、快手等各类新媒体平台的热捧加持，获得各路名人

点赞推介，全面展现民族非遗风、乡村烟火气、盛世新景象，赢得国内国外的普遍赞誉，引发线上线下的广泛共鸣，形成炙手可热的现象级传播，颠覆业界认知，铸就辉煌传奇。截至目前，"村BA"累计传播超100亿人次，不仅点燃了"村BA"举办地台江县台盘村，也让全国观众再次感受到乡村体育的激情与魅力。

"村BA"火爆出圈，不仅让全国观众感受到乡村篮球赛的热烈以及民族文化的魅力，还推出了一批"村宝宝""66篮球服"等文创产品和"鲤吻香米"等农特产品，跳火了一段以苗族芦笙舞和反排木鼓舞等民族传统元素为基础的"苗迪"，唱火了一首苗语版的《一生所爱》，带火了如施洞苗文化旅游景区、五彩阳芳景区、锦绣长滩景区等一众景区。"村BA"铸就文体旅融合发展新形态，受到各方广泛关注。

【引例启示】

1. 文体旅深度融合，球场变市场

"村BA"将篮球比赛与民族文化相融合，在增强比赛观赏性的同时，构筑起民族文化、乡土文化与现代文化之间的沟通桥梁，带动了多彩黔货"出山"，成为乡村振兴的最佳催化剂。台江县文化底蕴深厚，刺绣、银饰声名远扬，远销国内外，苗族飞歌、多声部情歌、反排木鼓舞广受欢迎。长期以来，台江着重开发民族文化旅游产品，开展苗族文化宣传，却不曾大火。"村BA"犹如一条导火索，瞬间引爆了台江民族文化，大众体育与旅游产业被全面关注。

2. 新媒体塑造品牌，流量变"留量"

"村BA"先后被《人民日报》《新华每日电讯》、新华社等主流媒体宣传报道评论，央视《东方时空》、中央人民广播电台、央视五频道等纷纷关注报道，全国范围超100家新媒体平台转播、超100家传统纸媒报道评论、超100家新闻网站刊发刊载，并获外交部新闻发言人点赞。在多媒体平台的大力宣传推广之下，"村BA"网络传播量超100亿，巨大的网络流量转化为现实的"留量"，全国各地的球员、球迷、游客蜂拥而至。一年以来，台江县共接待游客200余万人次，实现旅游收入23亿多元，远超过去各年份。

3. 打造生活化文旅场景，网红变长红

赛季结束，台江县依托区位条件、自然资源和人文景观，深耕"村BA"的文化旅游IP，以台盘"村BA"故乡为中心，辐射台盘集镇区域，联动阳芳苗寨的民俗文化，建设"以体富农、以文带农"的乡村文体旅融合发展新格局。从风景到场景，建设主客共享的美好生活新空间才是旅游场景的新风向。正是苗族人民的娱乐精神、苗族同胞的生活方式被广大群众认同、追随，才吸引源源不断的游客来到台江，停留在台江，实现网红变长红。

4.尊重民间力量，政府从首位到守位

随着台盘"村BA"与"美丽乡村"系列篮球赛影响力持续升温，台江县政府充分利用各村（社区）成立的青协、妇联、团委等基层群团组织对篮球等乡村体育项目进一步推广与普及，宣传、网信、融媒、文旅等线上线下发力，公安、交警、武警、民兵等常态巡逻值守，电力、通信、医疗、环卫等服务应急保障，县、乡、村三级志愿者现场引导维护秩序，形成现代基层治理下的良好比赛秩序。充分利用宣传标语、活动画册、乡村大喇叭、篮球院坝会等多种形式开展宣传，鼓励群众人人成为"村BA"的宣传者、志愿者、践行者，打造了乡村治理新样板。政府还进一步完善基础设施建设，对"村BA"场地进行改造，规划建设深山集市、深山音乐会、篮球训练馆、乡村民宿、康养基地等项目。在需要政府牵头的领域，政府主动作为，积极引导，塑造上下联动、左右协调的社会治理新格局。

同时，在村民自发形成、自主参与的领域，政府充分尊重当地群众的意见，比如群众不同意收取门票、不同意商业化运营赛事、拒绝外来资本介入球赛，都得到了当地政府的支持。政府在正能量的引导方面，永远处于首位；但在涉及群众利益与呼声的领域，只是做好守卫，不过多干涉赛事，充分尊重民意，只做活动的推动者而不是包办人，让这个群众自发的体育运动守住了原本的简单纯粹的快乐。

资料来源：刘孝蓉，潘年景，冯桂菊.尊重民间首创，绽放"村BA"的光芒［EB/OL］.中国旅游评论. https://mp.weixin.qq.com/s/ob_Dv15WNhGPG3keCdfY5Q

第一节　文化市场概述

一、市场的概念及构成要素

市场起源于古代人类对于固定时间段或地点进行交易的场所，是社会分工和商品经济发展到一定程度的产物。随着社会分工的细化，生产力的发展和商品交换日益丰富，交换方式日益复杂，人们对市场的认识也就逐渐深入。

（一）市场的概念

狭义的市场是指买卖双方进行商品交换的场所，如商店、商场、集贸市场、批发市场、交易所、劳动力市场等。在这里，所有商品都可以流进流出，实现了商品或者服务产品由卖方向买方的交换。

广义的市场由那些具有特定需求和欲望，愿意并且能够通过交换来满足这种需求和欲望的全部顾客所组成。这种市场范围，既可以按区域划分，如本地市场、区域市场、国内市场、国际市场等，也可以按商品类型划分，如食品市场、花卉市场、服装市场、家电市场、劳动力市场等，还可以按照经营类型划分，如批发市场、百货市场、超级市场、专业市场等。[1]

（二）市场的构成要素

（1）从消费者角度看，市场的大小并不取决于商品交换场所的大小，而是取决于有某种需求并且拥有使别人感兴趣的资源，以及愿意用这种资源来换取其需求的主体数量。因此，市场由购买者、购买力和购买愿望三个要素构成。

（2）从经营者角度来看，往往把卖方称为行业，把买方称为市场，它们之间的关系如图4-1所示。行业把商品和服务送到市场并与买方进行沟通，市场把金钱和信息送至行业来换取卖方所提供的商品和服务，以满足买方的需求。这种关系包含了商品交换（包括充当一般等价物的特殊商品——货币）和信息的交换。市场是所有交换关系和活动的载体。这种载体既可以是有形的，如商品市场、生产要素市场、金融市场等，也可以是无形的，如信息市场、服务市场等。

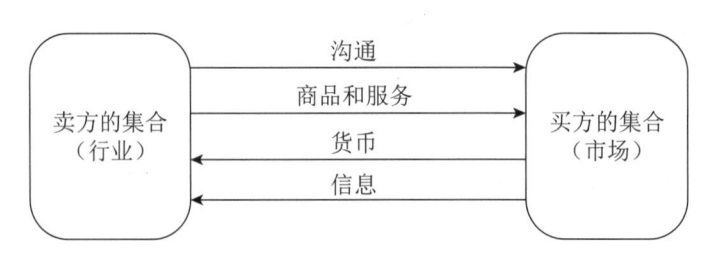

图4-1 行业与市场的关系

（3）从主客双方来看，市场的构成要素主要有市场主体、市场客体、市场的硬件设施与软件条件。市场主体指的是卖方和买方（既可以是个人，也可以是组织），包括商品生产者、消费者或经营者；市场客体指的是能够在市场上进行交易的商品或服务，既包括有形的货币、物品，也包括无形的信息、技术、劳务等；市场的硬件设施是为使商品交易便利而提供的物质基础，包括网络、通信、房屋或场地等；软件条件则指市场规则和市场运行机制，是为了保证市场规范和正常运行而制定的法律法规，既包括法律法规的执行和监督机构，也包括各种法律规范体系。运行机制是在市场体系中不以人的意志为转移的经济规律，就像我们说的"无形的手"，包括供求规律、竞争规律、价值规律等。[2]

---

[1] 周显曙，闫莹娜，丁霞. 酒店营销实务［M］. 北京：清华大学出版社，2016：3.
[2] 孙萍. 文化管理学［M］. 北京：中国人民大学出版社，2015：114.

二、文化市场的定义及特点

文化市场是整个市场体系的有机组成部分，是一个既属于文化学范畴的概念，又属于经济学范畴的概念。

（一）广义定义

广义的文化市场指的是文化运行环境和文化发展状况的总和，它涵盖了文化商品交换活动的各个方面。作为整个商品市场的一个特殊领域，广义的文化市场既要按一般市场的价值规律运作，又要遵循国家有关的文化政策和法规。

（二）狭义定义

狭义的文化市场是指为实现文化商品流通、提供文化消费服务而设立的场所，如书店、书市、剧场、影院、歌厅、舞厅、录像放映厅等。这些场所是文化艺术产品交换和提供有偿文化服务活动的具体地点。

（三）文化市场定义

文化市场，是一个遵循市场规律，集文化艺术产品交换与有偿文化服务活动于一体的综合性场所与广泛领域。它不仅涵盖了实体空间中的文化商品交易场所，如书店、剧院、美术馆等，还延伸到虚拟平台上的数字内容交易与文化服务提供。在这个市场中，供求双方通过市场机制进行文化艺术产品的买卖，同时，各类文化服务也得以有偿提供，满足社会多元化的精神文化需求。基于此，本书对文化市场的界定为：按照市场规律进行文化艺术产品交换和有偿提供文化服务活动的场所和领域。

（四）文化市场的特点

作为整体市场的一个分支，文化市场除了具备市场的一般特征外，还具备以下三个特点：

第一，文化市场的基本功能是满足广大民众的精神需求。人们从文化市场上购买图书，通过阅读获得知识和信息；去电影院观看电影，通过娱乐消遣放松心情、调整情绪。这些与文化有关的消费都是为了满足消费者的精神需求。

第二，文化市场更加突出人的主体性。无论是在文化艺术产品的生产领域（文学、剧本创作等），还是文化产品经营领域（文艺演出、文化服务等），或是在文化产品消费领域（阅读、欣赏等），人都是最积极、活跃的因素，起到了主体的作用。

第三，文化市场的发展以经济效益和市场效益的统一为目标。社会主义文化建设的目标是要有利于社会的进步和实现人的全面发展，文化市场的发展也应与此目标相一致。因此，政府需要把握文化市场发展的大方向，当文化市场出现不顾社会效益而一味追求经济效益的情况时，政府就应该对其干预，进行整顿。

三、文化市场的功能

（一）实现供求平衡

文化市场的供给指的是文化产品的生产者、经营者所提供的文化产品的总量，文化市场的需求指的是对文化产品有需求和欲望的消费者们所需要购买的文化产品总量。影响这种供求关系的因素有许多，包括文化产品生产者的生产规模和经营结构，生产成本的投入和市场平均价格水平，消费者的消费偏好、消费习惯和收入水平等。而市场机制对于文化产品的供求关系起到了动态调节的作用，通过竞争性的市场价格使产品的供求关系实现动态均衡，当某种文化产品出现供不应求时，生产者便会扩大生产规模、增加市场供给量，同时此类产品价格上涨也会抑制此类产品的需求；当某种文化产品供过于求时，生产者便会缩小生产规模、减少市场供给量，而此类产品价格的下降也会刺激消费需求。在市场调节机制以及政府的宏观调控作用下，文化市场平衡商品供求关系的功能才得以实现。

（二）合理配置资源

任何一个市场的发展，都与资源的开发和利用息息相关。文化市场的发展同样也离不开对文化资源的合理开发和利用。文化资源与其他资源一样，在一定时期和一定条件下，相对于人类的需求来说，总是有限的，甚至是稀缺的，这就带来了一个如何使有限的文化资源得到合理配置的问题。我国在社会主义市场经济体制下，通过市场机制与宏观调控相结合的方式，不仅可以通过政府调动人、财、物等资源进行重点项目的建设，还能充分调动文化领域投资和相关人员的积极性，使市场机制和国家宏观调控的优势得到充分发挥，各自的局限性得到相互弥补，从而实现文化资源充分、有效且合理的使用。[①]

（三）为社会提供服务

文化市场为社会提供服务的功能，主要体现在文化产品具有使用价值，尤其是作为精神性商品的使用价值，其具有能够满足消费者某种需求的属性。这种价值是来源于各种文化产品中内化的文化价值，人们之所以购买文化产品是由于文化产品所具有的使用价值能够满足人们对于文化价值的追求。消费者在文化市场通过阅读书刊、浏览信息、观赏影视作品、欣赏演出可以获得传播价值（获取信息，降低决策的不确定性）、认知价值（获得客观世界的知识）、传承价值（保护文化）、审美价值（陶冶情操、获得愉悦感）、教化价值（净化心灵）等，这个过程也是帮助社会大众提高文化素

---

① 冯潮华. 文化产业若干重要关系问题研究[D]. 福建师范大学，2005.

质的过程。文化市场对于人们生活的影响主要是通过文化价值的传播，潜移默化地影响人们的思想观念、行为举止、道德情操，提升人们的文化水平，进而影响人们的生活。文化市场对社会的影响通常不像物质产品那样"立竿见影"，但通过文化产品所蕴含的认知、审美、传承、教化等在内的文化价值，可以跨越地区、跨越国界的传播，进而形成一种无形而深远的力量，形成社会的共识和意愿，代代相传。

→ 【延伸阅读】

2022年全国文化及相关产业发展报告

用手机扫一扫，了解更多信息

第二节 文化市场分类

要对文化市场进行系统的探讨，首先需要对各类文化市场进行科学分类，这也是研究和完善文化市场体系的基础。根据国家统计局最新颁布的《文化及相关产业分类（2018）》，针对文化市场的构成，首先要明确的是：公益文化事业不应当归属于文化市场的范畴。文化市场指的是那些进入市场，并且以商品交换方式运作的文化要素和文化活动，而那些不以商品交换方式运作的文化要素和文化活动，就不应当包含在文化市场的范畴之内。在国家统计局颁布的《文化及相关产业分类（2018）》标准中所罗列的：文化遗产保护服务（纪念馆、博物馆、烈士陵园）、图书馆及档案服务、群众文化活动等，都属于公益文化事业的范畴，因此，不在本章所研究的范围之内。

文化市场按照不同的分类依据可以划分为不同的类型，通常按照市场交换对象的属性不同，可以划分为文化产品市场、文化服务市场和文化资源市场。文化产品市场通常是有着实物形态的商品市场，如图书市场、报刊市场、文物市场、软件市场、音像市场、娱乐品市场、邮币卡市场等；文化服务市场主要是指提供无形文化服务的场所、关系和过程的集合，如网络、影视、演出、娱乐、展览、咨询等；文化资源市场指的是为文化产品及文化服务的生产和经营活动提供所需的各种基本资源市场，包括人文资源、文化资本、知识产权、文化物质等。在这里，本章将重点介绍图书市场、期刊市场和电影市场。

一、图书市场

（一）图书的定义

根据联合国教科文组织对图书的定义，图书是指凡是出版商（社）出版的不包括封面和封底在内的 49 页以上的非期刊性质的印刷品，具有特定的书名和著者名，编有国际标准书号，有定价且获得版权保护的出版物。图书是用文字或者其他信息符号记录于一定材料上的著作，是人类思想的产物，以传播文化为目的，是一种不断发展的知识传播工具。

（二）图书市场的含义和分类

图书市场指的是涉及图书产品的各项商品交换活动，以及由此所产生的各种经济关系的总和，涉及图书的出版、发行、买卖整个流通过程中的经济活动。图书市场是文化市场的重要组成部分，健康繁荣的图书市场对推动社会发展、促进国家精神文明建设具有十分重要的作用。本章主要介绍纸质图书市场。图书市场按照不同的划分标准可以分为不同的类型，比如，按照营销内容可以分为综合图书市场和专业图书市场，按照营销方式可以分为图书零售市场、图书批发市场、图书出租市场，按照消费对象可以分为儿童图书市场、青少年图书市场、中年图书市场、老年图书市场等。

（三）图书的分类和书号

目前，我国在对图书的出版、发行、宣传、陈列以及信息管理时，主要还是按照《中国图书馆分类法》来对图书进行分类。《中国图书馆分类法》（原称《中国图书馆图书分类法》），简称《中图法》，是中华人民共和国成立以后编著出版的一部非常重要的大型图书综合性分类方法，也是如今中国的图书馆使用最广泛的分类法体系。《中图法》第一版出版于 1975 年，1999 年出版第四版。其中，《中图法》第四版增加了类分资料的类目，并与类分图书的类目以"+"的符号进行区分，且全面补充了新的主题，扩充了许多类目体系，使图书分类法能够跟上科学技术发展的步伐。同时调整类目体系，更加完善了参照系统和注释系统，新增修复分表，提高了分类的准确度和类目的扩容性。[①]

2010 年 9 月，国家图书馆出版社出版《中图法》第五版，此次修订的幅度较大，新增 1631 个类目，停用或者删除 2500 个类目，修改类目 5200 多个，针对与社会生活息息相关的经济、生产和服务行业（包括金融、社会福利、公共设施、房地产、娱乐

---

① 中国图书馆分类法：http://www.ztflh.com.

业等），以及发展日新月异的计算机技术、通信业、交通运输业等方面的类目进行了修订，使分类法更符合社会发展的趋势，明显提高了类表的实用性。2012年12月国家图书馆出版社又推出《中国图书馆分类法（第五版）使用手册》，该手册在保持与《中国图书馆分类法（第四版）使用手册》的内容一致性与连续性的基础上，阐述了一般分类法和各类文献分类法，重点增加对《中图法》第五版类目体系变化较大部分的说明，同时也对第四版使用手册中过于简略的地方以及错误进行了补充说明。[①]

《中图法》把学科分为五大部类，22个基本类目，分别以英文字母作为每一基本类目的代号。包括"马列主义、毛泽东思想，哲学，社会科学，自然科学，综合性图书"五大部类和22个基本类目，具体如表4-1所示。

表4-1 出版物学科分类的基本类目

基本部类	标记符号	类目名称	基本部类	标记符号	类目名称
马列主义、毛泽东思想	A	马克思主义、列宁主义、毛泽东思想、邓小平理论		N	自然科学总论
哲学	B	哲学、宗教		O	数理科学和化学
社会科学	C	社会科学总论		P	天文学、地球科学
	D	政治、法律		Q	生物科学
	E	军事	自然科学	R	医药、卫生
	F	经济		S	农业科学
	G	文化、科学、教育、体育		T	工业技术
	H	语言、文字		U	交通运输
	I	文学		V	航空、航天
	J	艺术		X	环境科学、安全科学
	K	历史、地理	综合性图书	Z	综合性图书

《中图法》是以"致用性"为原则，以科学分类为基础，结合图书资料的特点和内容所编制的分类表，自1975年出版以来，对我国图书市场的分类管理产生了深远的影响，为更好地适应图书资料信息检索的需要，《中图法》也在不断修订中。

通常，国内公开出版的图书会设有版权页，版权页中有记载书名、作者、出版发行社、印装者、经销商、开本、印张、字数、印次、版次、印数、定价、国际标准书号和图书在版编目数据（CIP）等内容。其中，国际标准书号（International Standard Book

---

① 中国图书馆分类法（第五版使用手册）：https://www.clcindex.com.

Number，ISBN），是国际通用的图书或独立出版物的代码，是专门为识别图书等文献而设计的国际编号。采用 ISBN 编码系统的出版物有图书、微缩出版物、小册子、盲文印刷品等。在 2007 年 1 月 1 日之前，ISBN 由四个部分组成，分别是组号（国家、地区、语言的代号）、出版者号、书序号和检验码，共 10 位数字。2007 年 1 月 1 日开始实行新版的 ISBN，由 5 组数字组成，共 13 位数字，即在原来的 10 位数字前加上 3 位欧洲商品编号 EAN（图书产品的代码为"978"）。国际标准书号已经在全世界 160 多个国家使用，是一个简短、清晰、可机读的标识，是图书数据储存系统中的一个重要工具。在联机书目中 ISBN 也可作为一种检索的代码，从而为用户增加了一种检索途径。

（四）图书市场的经营主体和分销渠道

图书市场的经营主体主要包括出版社、发行商和零售商。出版社有专业性和综合性的出版社、出版公司或者出版集团；发行商指的是新华书店总店、地方新华书店、图书进出口贸易公司、书刊发行公司和连锁书店总店等；零售商指新华书店、外文书店、网上书店、连锁书店分店和个体书店等。

随着发行体制的改革，我国图书的分销渠道逐渐由新华书店独家包销的局面向多渠道方向发展。现如今，实体图书市场的分销渠道主要有三种：一是新华书店销售的主渠道，总店和地方的集团公司作为总发行商和总经销，其他书店和门店则负责批发和零售；二是出版社直销，由出版社自行成立的门市部、邮购部或者在书店设置摊位来进行直接销售；三是批发和零售综合的渠道，通常由连锁书店、个体书店从出版社手中批量订购图书，再由分店或者书店中的摊点进行零售。

由于图书本身的特性以及消费者的购书习惯，实体书店一直是图书市场最重要的销售渠道，不仅具有商品展示的作用，也有传播和体验的功能。近年来，随着互联网的普及和电子商务的发展，网上销售也成为图书销售的一个重要渠道，很多实体书店纷纷开设了网店，许多专业的图书销售网站也发展迅速，网上购书以其快捷、便利、价格实惠、不受时间限制等特点受到广大消费者的青睐。

（五）我国图书市场的发展现状与趋势

1. 发展现状

改革开放以来，尤其是随着知识经济时代的到来，我国图书市场快速发展，这主要表现在以下几个方面：

首先，从图书市场供给方面来看，出版社的数量大幅度增加，图书的种类也越来越丰富，市场的供给能力迅速提升。

其次，从图书市场的流通渠道来看，渠道进一步拓宽，从过去单一的新华书店逐渐发展为如今的新华书店、个体书店和民营书店等多元化的经营主体类型，经营载体也从过去的单一纸质图书变为如今的纸质图书、多媒体图书以及电子图书等多样化的经营载体。

再次,从经营形式来看,由原来封闭式的售书方式发展成为现在的连锁店、代售点、网络售书等灵活的方式;从图书市场的消费方面看,现如今人们购买图书的数量与过去相比呈显著上升的趋势。

最后,从图书的市场效益来看,市场上大批优秀的、高质量的图书作品相继问世,有效地提升了人们的文化素养,图书带来的社会效益和经济效益都有较大幅度的提高。①

2. 发展趋势

根据中国音像与数字出版协会发布的《2022年度中国数字阅读报告》和在中国出版协会、中国书刊发行业协会指导下,由北京开卷信息技术有限公司基于图书零售市场观测系统数据分析完成的《2022年图书零售市场年度报告》《2023年图书零售市场年度报告》,可以对我国近两年的图书市场的基本情况和发展趋势有一个更加全面的认识。

(1)我国图书零售市场的整体情况及趋势。《2023年图书零售市场年度报告》显示,2023年中国图书零售市场码洋规模同比增长率由2022年的负增长转为正向增长,同比上升了4.72%,码洋规模为912亿元,恢复增长态势。

回顾近几年整体零售市场的发展,自2020年疫情之后,图书零售市场一直处于波动发展状态,2023年作为疫情全面放开后的第一年,恢复和发展成为主旋律(见图4-2)。从图书销售渠道来看,2023年短视频渠道仅次于平台电商,成为第二大图书销售渠道,据统计,2023年实体店渠道依然呈现负增长,同比下降18.24%。短视频电商依然呈现高速增长态势,同比增长70.1%(见图4-3),成为带动整体零售市场增长的主要动力。从出版行业来看,2023年前三季度整体零售市场仍呈现负增长,但同比降幅相比半年度进一步收窄,主要是受网店渠道的带动,网店渠道从第二季度之后即转为正向增长,在大促背景下,第四季度网店渠道正向增幅进一步扩大,由此带动整个图书零售市场实现正向增长。2023年整体零售市场总动销品种达237万种,同比上升1.55%,动销新书品种达18万种,同比上升7.3%。②这些数据反映了图书行业市场规模仍呈现良好的发展态势,也反映出图书销售渠道已经不再局限于传统的书店、小卖部以及超市等实体销售渠道,通过各大电商平台、社交媒体、自媒体等渠道的推广,可以有效扩大图书销售范围,并提高销售效率。而图书品牌化、高端化、特色化和艺术化的趋势意味着用户多元化读书需求进一步释放。

---

① 田奇达.关于图书市场现状及对策的思考[J].张家口师专学报,2002(5):86-87.
② 开卷2023年图书零售市场年度报告发布!新华出版社官方网站:http://www.news.cn/publish/2024-01/08/c_1212325309.htm.

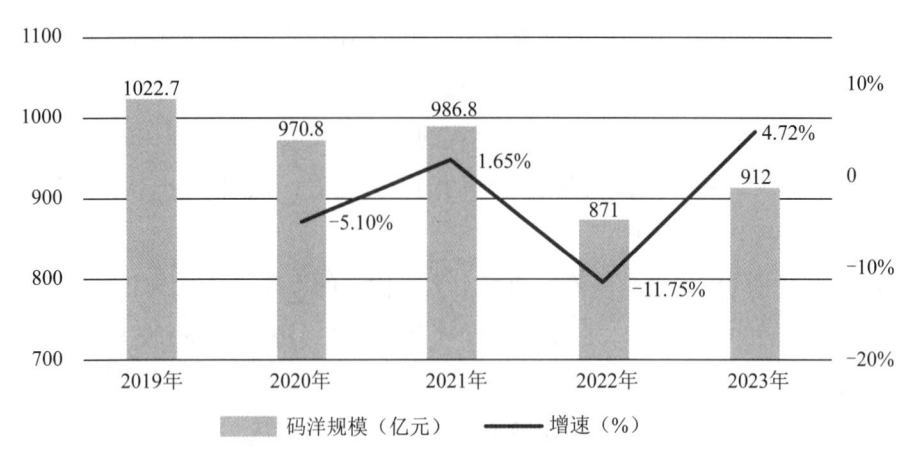

图 4-2　2019—2023 年中国图书零售市场码洋规模及增速

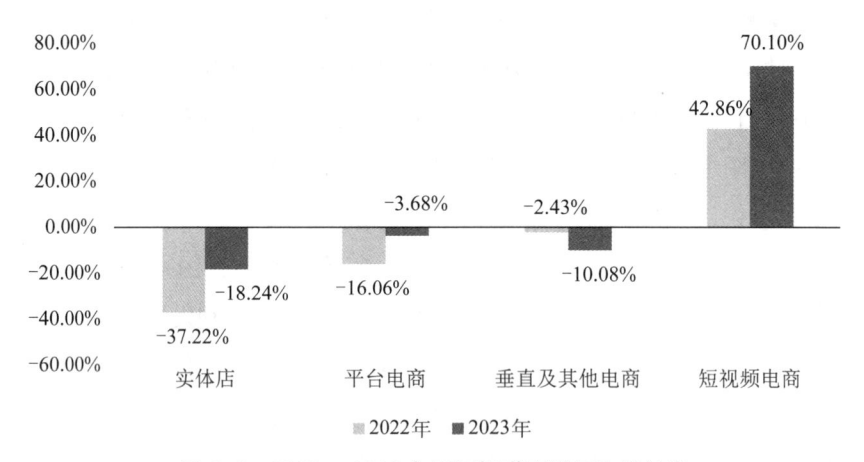

图 4-3　2022—2023 年不同渠道码洋同比增长率

（2）原创新书品种规模占比升高，文学类新书中原创占比最高。根据《2022 年图书零售市场年度报告》显示，在近两年的新书中，原创图书的占比在提升，原创新书品种占比从 23.9% 上升至 24.5%，原创新书码洋占比从 23.7% 上升到 30.1%。从原创图书的品类分布来看，2022 年文学、少儿、学术文化和经济与管理类原创新书品种较多，均在 6000 种以上。从不同细分类新书中原创占比来看，文学类新书中原创图书占比最高，品种占比和码洋占比均超过 50%。[①] 因此，出版行业作为以内容为核心的创意产业，要实现出版繁荣不仅需要大量品种，还需要增强原创能力。

（3）数字阅读正在逐步撑起全民阅读"半边天"。从市场规模来看，根据《2022 年度中国数字阅读报告》显示，2022 年我国数字阅读市场总体营收规模为 463.52 亿元，

---

① 关注|2022 年图书零售市场码洋规模为 871 亿！书业春天正在走来. 新华书店协会：https://www.xinhuabookstores.cn/hangye/shownews.php?id=215.

同比增长 11.5%；从数字阅读用户来看，数字阅读用户规模达 5.30 亿，较上年增加 2400 万，其中 19~25 岁用户占比为 67.15%，活跃度和参与度都保持着较高水平；60 岁以上人群占比相较上年增长超过一倍，成为亮点；在校学生占比最高，达 53.41%，年轻人成为数字阅读主力军；从全球的发展趋势来看，数字阅读出海作品总量快速增长。2022 年，我国数字阅读出海作品总量为 61.81 万部（种），相比 2021 年增长超过 50%，北美、日韩以及东南亚地区依旧是"出海"作品投放量最大区域。[①]因此，数字阅读市场产业规模稳步增长、阅读需求快速释放、海外布局逐年推进，数字阅读，具有较大的发展潜力。

（4）图书行业走高质量发展道路，融合催生新业态。随着国家文化数字化战略的深入实施，以数字化、网络化、智能化为主要特征的文化新业态快速发展，已成为推动我国文化产业高质量发展的重要支撑[②]。另外，用户需求日益多元化，图书出版也将呈现出创新化、特色化的发展趋势。电商平台已成为图书消费的主要渠道之一，而社交媒体、自媒体也成为推广图书的重要平台。因此，跨媒体传播已成为未来图书行业的一个趋势，同一主题的图书与电影、电视剧、游戏等多种形式相互融合，将成为新的消费模式。

二、期刊市场

（一）期刊的定义和分类

1. 定义

期刊，即定期出版的刊物，比如周刊、半月刊、月刊、季刊、旬刊、半年刊、年刊等。期刊须由依法设立的期刊出版单位进行出版。期刊出版单位要出版期刊，必须经由新闻出版总署批准，并持有国内统一连续的出版物号，才能领取《期刊出版许可证》。

2. 分类

（1）广义的期刊分类，分为非正式期刊和正式期刊两种。非正式期刊一般只限行业内交流不公开发行，是通过行政部门审核领取"内部报刊准印证"作为行业内部交流的期刊，但也是合法的期刊，通常正式期刊都会经历非正式期刊的过程。正式期刊是由国家新闻出版署与国家科学技术委员会在商定数额内进行审批，并编入"国内统一刊号"的期刊。正式期刊的办刊申请比较严格，需要具备一定的办刊实力，有独立

---

① 数字阅读撑起全民阅读"半边天".新华出版社官方网站：http://www.news.cn/tech/20230427/2b5983d507b74e73bf2ff354afb8855c/c.html.

② 2022 年全国文化及相关产业发展情况报告.国家统计局：https://www.stats.gov.cn/sj/zxfb/202306/t20230629_1940907.html.

的办刊方针。①

（2）按学科进行分类，期刊可以分为社会科学期刊和自然科学期刊两个大类。按照《中国图书馆图书分类法——期刊分类表》，则将期刊分为马列主义、毛泽东思想，哲学，社会科学，自然科学和综合性刊物五个基本部类。

（3）按照内容进行分类，期刊可以分为一般期刊、学术期刊、行业期刊和检索期刊。一般期刊强调知识性与趣味性，读者面较广，如我国的《大众电影》《时尚》，美国的《读者文摘》《时代》等；学术期刊包括学术论文、研究报告和评论等，以专业工作者为主要对象；行业期刊主要刊登各行各业的市场行情、产品、行业动态、经营管理进展等，比如美国的 Hotels；检索期刊，比如我国的《全国新书目》《全国报刊索引》等。

（4）按照学术地位分类，期刊可以分为核心期刊和非核心期刊（普刊）两大类。核心期刊指的是在某一学科领域（或若干领域），最能反映该学科学术水平的，最具权威性的，信息量大且利用率高，受到学界普遍重视的期刊。国内对于核心期刊的测定，主要通过专家咨询和运用文献计量学等方法进行。了解核心期刊具有十分重要的意义，对读者而言，可以提高阅读档次和质量，明确价值取向；对编者来说，可以从中汲取经验；对科研机构和个人来说，在核心期刊上发表论文是衡量其学术水平的一项重要指标。当然，核心期刊与非核心期刊不是固定不变的，非核心期刊经过不断发展和努力，也可能跻身核心期刊之列，而核心期刊若固步自封、停滞不前，也将会被淘汰。

（5）期刊市场指的是涉及期刊产品的各项商品交换活动，以及由此所产生的各种经济关系的总和，涉及期刊的出版、发行、买卖整个流通过程中的经济活动。按营销环节来划分，期刊市场可以分为期刊批发市场和期刊零售市场；按照销售方式来划分，期刊市场可以分为期刊订阅市场和期刊零售市场；按照消费对象来划分，期刊市场可以分为期刊团体消费市场和期刊个人消费市场。

（二）期刊的国内统一刊号与国际统一刊号

期刊号是杂志类书籍使用的编号，出书需要有书号，出期刊则需要有刊号。期刊的刊号包括国内统一刊号（CN）和国际统一刊号（ISSN），在选择期刊投稿的时候要提前了解清楚期刊的刊号，因为论文只有在正规的期刊上投稿才有效。

2001年11月14日，中华人民共和国国家质量监督检验检疫局发布了《中国标准连续出版物号》，该标准于2002年6月1日起实施。《中国标准连续出版物号》（GB/T 9999—2001）替代了原先的《中国标准刊号》（GB 9999—88）。"中国标准

---

① 学术期刊分类. 丰润期刊导航：https://baike.baidu.com/item/ 期刊 /4429223?fr=aladdin.

连续出版物号"由"国内统一连续出版物号"和"国际标准连续出版物号"两部分组成。①

"国内统一刊号"是"国内统一连续出版物号"的简称，即"CN"号，它是新闻出版行政部门分配给连续出版物的代号。"国际统一刊号"是"国际标准连续出版物号"的简称，英文为"International Standard Serial Number"，缩写为ISSN，适用于连续出版发行的印刷或非印刷出版物，包括期刊、报纸、年报以及各种学会会志、记事、会报、汇刊和丛刊等。ISSN以《美国国家标准识别号：连续出版物》为基础，1975年由国际标准化组织制订为国际标准。ISSN一般印在出版物的封面、封底、题名页或版权页上，期刊的ISSN号一般印在封面右上角。② 我国大部分正规期刊都配有ISSN号。

中国标准连续出版物号的结构为：ISSN XXXX-XXXX；CN XX-XXXX/XX。"ISSN号"由前缀ISSN和8位数字组成，ISSN与8位数字之间有半个汉字空，8位数字分成两段，每段4位数字，中间用半字线"-"隔开。"CN"号由以CN（中国的国名代码）为前缀的两部分组成。第一部分共有6位数字，分为2段，段间加连接号"-"，前段2位数字为地区号，后段4位数字为该地区的连续出版物序号；第二部分为分类号，按中国图书馆分类法确定，并以斜线"/"与第一部分相隔。③

（三）期刊市场的经营主体和期刊发行

期刊的经营主体主要包括出版者、发行商和零售商。出版者包括杂志社、期刊编辑部、出版公司和出版集团等。发行商包括各省、市、自治区的邮政报刊公司，以及各县、乡邮政局的报刊发行机构，区域性报刊或者书刊发行公司（集团）等。零售商包括地方邮政报刊门市部、书店、售报亭和个体流动报贩等。

期刊发行，包含期刊的征订和投递两项工作。征订即由发行单位将期刊预订给有阅读期刊需求的读者；投递即期刊经编辑、印刷完成之后由发行员传递到读者手中的流通过程。传统的期刊发行主要有三种模式：

（1）"邮发合一"的运行机制，指的是杂志社将期刊发行业务全部交给邮局办理的委托发行体制。这种运行机制较为简单，也行之有效，被大多数期刊所认可，是我国传统的期刊发行模式。"邮发合一"的发行方式依赖于稳定的读者群体，在发行过程中，期刊本身是处于被动的地位，只能由读者自行选择，如果读者不订阅，杂志社找不到有效的目标市场，期刊就无法传递到读者的手中。因此，"邮发合一"的一个较大

---

① 国内统一刊号发展史：https://baike.sogou.com/v7664294.htm?fromTitle=%E5%9B%BD%E5%86%85%E7%BB%9F%E4%B8%80%E5%88%8A%E5%8F%B7.
② 国际标准连续出版号：https://baike.sogou.com/v331062.htm；jsessionid=6599D6E7E0C50FF286B517CEEE86F37E.
③ 国内统一连续出版物号：https://baike.sogou.com/v174783599.htm.

的弊端是在发行过程中无法识别和了解目标市场,也无法获取读者的信息和反馈。

(2)自办发行的运营机制,即杂志社通过在各地设立的分支机构,进行与当地书店、报刊亭等的发行。近年来,自办发行的杂志社越来越多,杂志社先成立发行部,然后在各省、市和地区征集代理商,利用第二渠道发行。第二渠道包括批发商和零售商两种类型,但是目前第二渠道的发行还存在环节较为复杂、不规范和缺乏专业人才等问题。自办发行的运营机制的优势在于可以使期刊和读者直接见面,提高了期刊的知名度和读者对期刊的认知度,但也很难通过此方式获得读者的反馈信息。

(3)多渠道发行,就目前的期刊发行市场来看,单纯依靠邮发或者自办发行的杂志社并不多,大部分杂志社的做法是以上方式的综合发行。比如,国内著名的时尚杂志《时尚》建立的多元化的发行模式,不仅通过邮局来发行,还在北京、上海、广州等大城市成立了自己的发行公司,或者通过省级代理制度,每一个省设立一个总发行商。同时,还建立了读者订阅中心,直接面对读者进行订阅,将期刊发行与市场推广结合起来。这种多元化的发行模式,大大提高了《时尚》杂志的知名度和销售量。

随着互联网的普及和电子商务的高速发展,出现了期刊网上发行的新模式。电子商务公司与杂志社联合搭建期刊发行的网上平台,借助先进的网络技术,大大拓宽了销售路径,提升了物流传输速度和发行的效率,也能更好地获得读者的信息反馈。目前,有很多国内的期刊发行网都在做这样的尝试,也获得了很好的效果,更好地使杂志社实现了"零距离发行"。

另外,随着电子刊物的普及,电子刊物突破了传统纸质媒体的传播局限,以丰富的内容、生动的表现形式、快速的传播特点备受人们的青睐。电子期刊通常有以下两种发行方式:一种是由印刷版期刊发行商自行发行,通常是较大的期刊发行商直接通过互联网发行其期刊的电子版,不需要任何中介,发行商对电子期刊从内容到版面都具有完全的控制权。另一种是通过中介服务机构(或称代理商)发行,更多的发行商选择这种省心省力的发行方式。通常代理商将许多来自不同发行商的刊物整合到统一的界面和检索系统中,代理商们在电子版面的设计和程序的应用及更新方面有着强大的技术优势,用户通常也可以直接从代理商处获得电子期刊的使用权。[1]

(四)我国期刊市场的发展现状

改革开放以来,从总体来看,我国的期刊品种日益丰富,结构日趋合理;期刊产业的规模不断扩大,供给能力不断增强;出版方式不断创新,传播路径日趋多元;政

---

[1] 电子期刊的优势与发行方式.期刊理论信息:https://www.zhazhi.com/lunwen/qikanzhishi/qikanlilunxinxi/144985.html.

策红利不断释放，市场监管机制逐步完善；期刊国际交流日益活跃，服务国家社会、经济、文化和科技的能力不断提升。

首先，期刊品种日益丰富，产业规模不断扩大。1978年，全国只有期刊930种，2017年达到10130种，增长了近10倍。期刊门类涵盖了自然科学、社会科学、哲学、文学、艺术、少儿等各个门类。近年来，期刊品种数量依然保持着持续增长的趋势，中国已经跨入世界期刊大国的行列。期刊品种不断丰富的同时，我国期刊业的产业规模也在不断扩大，1978年，全国的期刊总印数有7.62亿册、总印张有22.74亿，2021年总印数达到20.1亿册、总印张119.0亿，总印数增长了1.6倍，总印张增长了4.2倍。但近年来，由于受到数字化阅读的冲击和纸价大幅上涨等因素的影响，期刊印数逐渐呈下滑趋势。据《2021年新闻出版产业分析报告》，2021年，全国共出版期刊10185种，较2020年降低0.1%；总印数20.1亿册，降低1.3%。面对严峻的期刊经营环境，各类期刊平台积极开拓相关业务和收入来源，控制成本，依托自身平台优势，寻求各界支持，在收入和利润方面取得了一定的成效。2021年全国期刊出版实现营业收入224.6亿元，增长15.7%；利润总额36.9亿元，增长21.5%。近年来全国期刊总体实现了营业收入与利润总额的正增长。[①]

其次，期刊质量不断提高，品牌影响力日益提升。随着国家新闻出版行政部门出台的一系列政策，鼓励和支持提高期刊出版质量，实施精品出版工程，并组织评审了一批中国出版奖——期刊奖，推出了以《纳米研究》《细胞研究》《中国社会科学》《科学通报》《求是》为代表的60多种获奖期刊。我国期刊的舆论引导力、品牌影响力、内容传播力和市场竞争力得到了显著提升。此外，全国以"百强社科期刊"和"百强科技期刊"为代表形成了一批具有国际影响力的品牌期刊，确立了中国期刊在国际上的地位和形象。据《中国学术期刊国际引证年报》（2023版）统计，2022年中国学术期刊总被引频次2167841次，同比增长27.1%，连续12年实现正增长。其中，科技类期刊的国际他引总被引频次首次突破200万次，较2021年增长了25.9%，是2013年的4.5倍。总体来看，近10年我国科技期刊的被引频次呈显著上升趋势。特别是2019—2022年，国际他引总被引频次年均增长率达到26.7%，说明近几年我国科技期刊国际影响力增长速度较快，达到了新的高度；2022年我国人文社科期刊国际他引总被引频次首次突破10万次，较2021年增长了47.0%，是2013年的4.1倍，达到了历史新高。我国人文社科期刊2022年刊均他引总被引频次为57次，同比增长了42.5%，是2013

---

① 2021年新闻出版产业分析报告.国家新闻出版：https://www.nppa.gov.cn/xxgk/fdzdgknr/tjxx/202305/P020230530667517704140.pdf.

年的3.6倍。总体来看，近10年我国人文社科期刊的国际他引总被引频次有一定波动，近3年呈现比较快速的上升趋势。人文社科类国际影响力TOP期刊所占总体比重越来越大，期刊品牌效应愈加显著。我国学术期刊的国际他引总被引频次连续12年均呈现增长态势，表明我国学术期刊的国际影响力正在逐步提升。[①]

再次，期刊出版方式不断创新，期刊产业转型升级提速。目前全国95%以上的期刊开展了数字网络出版业务，像是大众类生活期刊的网络阅读、学术期刊的全文数据库、手机杂志、iPad杂志、App移动客户端应用程序的开发，许多期刊还在微博、微信上开展网络营销和电子商务活动，全媒体生产和传播的形态逐渐形成。在知识和信息服务方面，很多期刊单位也在不断探索适合自身条件的融合发展盈利模式，比如《三联生活周刊》打造的知识付费产品《中读》，使读者能够利用碎片化的时间进行深度阅读，实现了较高的互联网增值收入，获得了良好的市场效益；数字期刊出版企业也在积极推进期刊的融合创新，比如武汉理工大学数字传播工程有限公司，研发了具有自主知识产权的媒体云平台RAYS系统，为知识服务提供线上线下的解决方案，也获得了良好的市场反响。一批期刊出版单位和数字期刊出版企业依托内容生产优势，创新多元化的经营方式，升级服务体系，打造以期刊发行、宣传为主干，新媒体、信息服务、培训等多种经营方式互补的"期刊+"新业态。

最后，期刊传播能力增强，走出去取得重要进展。外宣文化类期刊是讲好中国故事、传播中国声音，使海外读者了解当代中国的重要渠道，同时也是促进对外文化交流与合作的重要桥梁和窗口。中国外文出版事业局主管的《北京周报》《人民画报》《人民中国》《今日中国》《中国报道》等国家级外宣期刊出版了包括中、英、法、日、西、俄、阿等共9个语种、14个文种的版本，面向全世界180多个国家和地区发行；《中国国家地理》《中国人民大学学报》等多个期刊被海外机构订阅；孔子学院出版的多语种期刊面向全球140多个国家和地区发行。此外，中国科学技术协会、国家新闻出版署等六部委实施的"中国科技期刊国际影响力提升计划"，在引导了一批学术贡献突出的中英文科技期刊SCI影响因子进入同学科Q1区和Q2区的同时，创办了一批具有国际前沿优势或者能填补国内英文科技期刊空白的高质量英文科技期刊。2017年我国英文期刊出版了431种，被SCI和SSCI收录的期刊达177种，位于学科Q1的期刊达40种。与此同时，我国期刊出版社加强了对外传播平台的建设，像是中国知网推出的"全英文出版与双语出版全文集成平台"和科学出版社研发的中国科技期刊国际传播平台，推动中国期刊走向国际。在国内相继举办的世界期刊大会和亚太期刊大会等，也

---

① 中国学术期刊国际引证年报（人文社会科学）.西安科技大学图书馆：https://lib.xust.edu.cn/2023qkgjyz-zk.pdf.

成为中外期刊交流与合作的重要平台。

三、电影市场

（一）电影和电影市场的含义

电影是将"活动照相术"和"幻灯放映术"相结合制作的一种连续的影像画面，是一门视觉和听觉相融合的现代艺术，也是一门可以容纳摄影、绘画、文字、音乐、舞蹈、戏剧、建筑、雕塑等多种艺术和现代科技的综合体。

电影是一门关于视觉的艺术，用于模拟通过录制或者编程的运动图像以及其他感官刺激来交流故事、思想、感知、感觉、美好或特殊氛围的体验。"电影"一词是"电影摄影术"的缩写，通常指电影制作和电影业，以及由此产生的艺术形式。[1]

电影是由特定文化所创造出来的文化文物，被认为是一种重要的艺术形式，是大众娱乐的来源，也是一种教育公民的有力媒介。电影的视觉基础赋予了它传播的普遍力量。[2]

电影具有独自的特征，在艺术表现力上不但具有其他各种艺术的特征，又因为可以运用"蒙太奇"这种艺术性突跃的电影组接技巧，具有了超越其他一切艺术的表现手段。电影可以被大量复制放映，从而最大限度地满足群体欣赏电影的需求。随着现代社会的发展，电影已经深入人们生活的方方面面，成为人们日常生活不可缺少的一部分。

电影市场指的是从事影片版权交易活动，以及提供电影放映活动的领域和场所。电影活动包括制片、发行和放映三个经营环节。电影活动按营销环节可以划分为电影发行活动和放映活动。电影发行活动，即电影版权贸易活动，指的是将电影在约定地区和期限的电影发行权、放映权和电视播映权卖断、买断或许可他人使用的活动。电影放映活动指的是在电影院、剧场或者露天放映场所等营业性放映影片的活动。电影放映是电影消费的实现，因此，它是电影经营过程的终点。电影放映活动按照营销方式可以分为售票放映和包场放映，按经营地点可以分为固定放映和流动放映。

（二）电影的分类

电影是一种视觉及听觉艺术，以现代科技成果作为工具和材料，运用创造视觉形象和镜头组接等表现手段，在银幕的时空里，塑造出运动和音画相结合的逼真、具体的现代艺术。电影能够准确还原现实世界，也可以展现虚拟世界，给人以亲切、逼真和身临

---

[1] 刘宏球.电影学[M].杭州：浙江大学出版社，2006.
[2] 王志敏.电影学：基本理论与宏观叙述[M].北京：中国电影出版社，2002.

其境的体验感。[①] 电影的这种特性，可以满足人们更真实、更广阔地感受生活的愿望。

电影作为一种综合性的现代艺术，正如艺术本身，有着复杂而繁多的科系，因此，电影有着各种各样的类型和分类方法。电影按照其发行、上映方式分类，可以划分为院线电影（在电影院上映的电影）、网络电影（仅在网络视频平台上映的电影）、电视电影（仅在电视荧幕上映的电影）和录像电影（仅以录像带、DVD、VCD等方式发行的电影）；电影按照其题材、剧情的类型，可以划分为喜剧电影、动作电影、恐怖电影、悬疑电影、惊悚电影、爱情电影、奇幻电影、科幻电影、战争电影、灾难电影、警匪电影、动画电影、家庭电影、音乐电影、纪录电影、黑帮电影、西部电影、人物电影、超级英雄电影、微电影、微动画电影等。

（三）电影市场的经营主体和分销渠道

电影市场的经营主体主要包括制片者、发行商和放映商。制片者包括电影制片厂、影视音像制片公司和独立电影制片人等；发行商包括中国电影集团公司、区域院线联盟、各地方电影发行公司和影视节目发行公司等；放映商包括电影院、影剧场、流动放映场所和网络视频平台等。

电影市场的分销渠道主要有三种：一是制片者自营或者院线直销渠道；二是制片者向城市、乡镇影院或者院线供片的一层渠道；三是通过中国电影集团公司、区域院线联盟、地方电影发行公司和影视节目发行公司向电影院、影剧场和流动放映场所等供片的多层渠道。影片交易市场的形式也有许多，如欧洲的三大国际电影节（法国戛纳国际电影节、德国柏林电影节、意大利威尼斯国际电影节）、美国圣丹斯电影节、中国上海国际电影节、北京国际电影节、金鸡百花电影节、亚太影展等。

（四）我国电影市场发展现状与趋势

中国电影诞生于1905年，历经了我国半封建、半殖民地时期，革命战争时期，新中国建设时期，"文革"时期，改革开放和全面建设小康社会新时期等各个历史阶段；经历了从传统到现代技术的发展进程，从无声到有声再到立体声，从黑白到彩色再到3D，从模拟到数字化的变革；也经历了由生产单位转企改制、组合院线、民资入影、融资上市到"互联网+"融合等重大的产业变革。在不同的时期，中国电影都留下了许多优秀的作品。

1. 发展现状

经过一百多年的发展，中国电影市场在乘风破浪，在挑战中进取，在改革中发展，总体上呈现出繁荣发展的态势，构建起充满活力的产业格局。

---

① 刘宏球.电影学［M］.杭州：浙江大学出版社，2006.

（1）电影的种类越来越多样，在越来越贴近人民群众生活的同时，也在影响着人们的生活。

近年来，国产电影票房常年占据本土市场份额的50%以上，甚至在2020年和2021年全球因疫情影响，产出普遍乏力的情况下，国产电影表现突出，市场占有率达到了84%。国产电影单片频频出现"爆款"，不断刷新票房纪录。其中，2023年被誉为电影票房强势复苏之年，从年初的爆款科幻电影《流浪地球2》、悬疑电影《满江红》以及暑期档关注现实题材的《孤注一掷》《消失的她》，传统文化题材电影《长安三万里》《封神第一部潮歌风云》等对票房起到了拉动作用[①]。爆款电影的成功，显示了中国电影行业向多个影片类型探索的成功，满足了观众多层次观影需求，切中社会话题、提供情绪价值的影片不断破圈，表明艺术精神与现实力量的结合更有效地唤起了观众的共情。

（2）电影制作、发行和放映等环节也越来越专业化，分工也日益精细化。

近年来，中国电影业不断引进先进技术和提升制作团队的专业化水平，取得了显著进步。视效技术的应用使得中国电影在视觉呈现上更具竞争力，同时中国电影制作团队的提升使得中国电影制作更加精细。中国电影还借鉴了国际先进的拍摄技术和艺术手法，通过学习和吸收国际经验，不断提高自身的创作水平。在此基础上，越来越多的国产电影呈现震撼人心的"大片感"，例如，《长津湖》在前期拍摄阶段，陈凯歌、徐克、林超贤率领的三大摄制组人数达到7000多人，加上后期80多家特效公司参与，影片项目的工作人员总数有1.2万人之多；《刺杀小说家》在文学原作基础上完善故事线，增加了富有想象力和技术含量的视觉特效，将"小说家笔下的虚构世界"和现实生活场景相交融；《封神第一部：朝歌风云》运用精湛的特效技术，刻画了雷震子、九尾狐等生动的角色形象，片中千军万马冲锋陷阵的宏阔场面，传递出激动人心的力量。电影工业化为我国电影产业蓬勃发展提供动力，让影视行业制作、发行和放映等环节也越来越专业化，分工也日益精细化。

（3）电影集团的实力不断增强，电影产业的发展日益规模化，相关的衍生开发规模效益显现。

近年来，国家相继出台《关于促进电影产业繁荣发展的指导意见》和《中华人民共和国电影产业促进法》等法律、法规，将竞争机制充分引入电影市场，新老电影公司百花齐放、奋勇前进，各类数字影视制作基地纷纷建立，技术水平不断提升，数字影院普及到县。如今中国已成为全球第二大电影市场，是世界上拥有银幕数最多的国

---

① 艾媒咨询 | 2023—2024年中国电影市场运行状况及发展趋势研究报告. 艾媒网. https://www.iimedia.cn/c400/96334.html.

家，观影人次位居世界第一。

据国家电影局公布的 2023 年中国电影市场数据统计，2023 年中国电影票房最终达到 549.15 亿元，其中国产影片票房为 460.05 亿元，占比高达 83.77%；城市院线观影人次为 12.99 亿。全年共有 73 部电影票房破亿元，其中，国产电影占据 50 席，票房排名前 10 均为国产影片。全年城市院线净增银幕数 2312 块，银幕总数达到 86310 块[①]。2023 年电影票房排名前十的城市均超过了 10 亿元，其中有 2 个城市票房超过 20 亿元。上海依然是年度票房排名第一的城市，年度票房总额为 28.60 亿元；其次是北京市，年度票房总额 27.66 亿元；第三位是深圳，年度票房总额 17.89 亿元。排名前十的城市票房总额占全国年度票房总额的近四成。数据显示，上海、北京、深圳、广州等一线城市仍然是电影票房的主力军，[②] 但是涨幅已经在收窄，而排名靠后的三、四线城市票房增幅却有着不同程度的提升。

2. 发展趋势

（1）三、四线城市的票房产出正逐年攀升。

近年来，一、二线城市的票房产出已经接近饱和状态，有逐年下降的趋势，而三、四线城市的票房产出正逐年攀升。可以看出，未来三、四线城市将拉动整体票房的提升，这也说明中国的电影票房产出分布格局将更为合理。另外，由于居民收入的提升和城市化的推进，在疫情结束之后，2023 年，中国电影市场快速回暖，高质量发展步伐稳健、成效显著，较 2020 年的 204.17 亿元、2021 年的 472.58 亿元、2022 年的 300.67 亿元实现大幅上涨。但我国的年平均观影人次较发达国家要低，主要由于我国国民的收入水平与发达国家还存在着差距，所以我国电影市场还有着较大的市场发展空间。下沉的票房增量和较大的市场发展空间推动着行业去不断思考如何更多地创造出贴近人民群众、贴近生活的电影作品，从而能够吸引更多的观众，满足不同层次观众的精神文化需求，带动全民观影习惯的养成，推动中国电影市场的内生性增长。

虽然相较 2019 年，2023 年度国产电影的总产量略有下降，但是影片的整体品质有大幅度的提升，市场供给结构也更加合理、成熟，讲好故事、演好角色、赢得口碑、打动人心已成为中国电影市场的创作主导。

（2）国产电影逐渐受到青睐。

随着一大批国产精品电影不断涌现，取得了经济效益与社会效益的双丰收。观众

---

① 2023 年全年电影票房超 549 亿！元旦档票房超 15 亿元破影史纪录「附电影产业发展现状分析」. 前瞻网. https://baijiahao.baidu.com/s?id=1786945276478065214&wfr=spider&for=pc.

② 2023 年电影票房前 30 强城市盘点，前四仍是上北深广，成都紧贴广州. 网易新闻. https://c.m.163.com/news/a/INGEPTQP05388U6J.html.

越来越青睐国产电影，首先从影片供给来看，2023年总产量为971部。共有11部影片票房突破10亿元，均为国产影片；票房在5亿元以上的影片30部，国产影片占24部；票房过亿元的影片共73部，国产影片占50部。从消费端来看，2023年度全国电影总票房549.15亿元，电影观众12.99亿人次；其中，国产影片年度票房460.05亿元，占总票房的83.77%，创历史新高。总体来看，2023年的国产影片取得压倒性胜利，体现出我国电影的高质量发展，以及中国观众越来越引以为傲的文化自信，我国电影市场仍不断扩容，呈现出繁荣的增长态势。[①]

其中，春节档放映的《满江红》《流浪地球2》分别以45.44亿元、40.29亿元的票房成绩牢牢占据2023年中国电影票房第一和第二名的位置，直接带动了整个春节档的火热，也标志着国产电影吹响了全面复苏的号角。影片以高水准的制作展现了中国电影文化实力。暑期档上映的《孤注一掷》《消失的她》两部依据现实事件改编的电影，凭借紧张刺激的故事情节和视听刺激积极调动观众情绪，成为暑期档两部"35亿元+"的爆款作品，此外，乌尔善执导的大型神话史诗类电影《封神第一部：朝歌风云》，以极强的奇幻元素和东方美学特质吸引了大批观众的持续关注，尤其是后期凭借"质子团""商务殷语"等爆梗火遍短视频平台，最终斩获24.81亿元的票房成绩，位列暑期档第三名。国庆档共上新12部电影，涵盖动作、爱情、运动、战争、动画等多种类型，带给观众多样化的观影选择和丰富的观影体验。总体而言，2023年中国电影在强力的复苏中谱写多元的新篇章，不但题材丰富、类型多样，而且更多具有想象力和创造力的新锐导演陆续进入电影市场，赋予中国电影更多的活力，证明了我国电影市场正处在高速发展的黄金时期。

（3）电影行业的高质量发展越来越重要。

在政策方面，2021年，《"十四五"中国电影发展规划》（以下简称《规划》）正式发布，这是继《中国电影2011—2020年发展规划纲要》发布以来，国家针对电影发展领域重要的政策性规划指导文件。此次《规划》的发布是对党的十九届五中全会"2035年建成文化强国"远景目标的回应，也是针对《"十四五"文化产业发展规划》在电影发展领域的进一步深化和细化，对中国电影发展进行了战略性、前瞻性、针对性的工作部署，明确了当前"中国电影高质量发展"的前进方向，指向了"2035年建成文化强国"的目标。《规划》以"推动中国电影高质量发展"为主题，围绕"建设电影强国"目标，共设置7个专栏25个工程项目，提出了"十四五"时期中国电影发展的指导思

---

① 2023年我国电影总产量971部，影评家专业评说"十佳国产影片"。https://baijiahao.baidu.com/s?id=1787587911857235903&wfr=spider&for=pc.

想、基本原则、发展目标,从提升电影创作质量,健全电影产业体系,增强电影科技实力,提高电影公共服务水平,扩大电影国际影响力等方面,制定了国家电影发展战略的顶层设计。《规划》明确了"十四五"时期中国电影的发展目标,甚至首次制定了具体的量化指标,是《规划》的一大亮点。同时《规划》也指出,"十四五"时期,我国电影发展仍然处于重要的战略机遇期,中国电影要坚定不移地走高质量发展道路。[①]

在市场方面,近年来,我国电影市场重点档期影片口碑提升、票房数据亮眼、类型日益丰富,电影科技创新取得新突破,电影国际影响力逐步扩大。2023年,中国电影市场呈现强势复苏态势,优质内容供给与极大释放的观影需求共同推动大盘上涨,我国电影票房榜前十均为国产影片。其中,《满江红》票房成绩领跑,《流浪地球2》《孤注一掷》《消失的她》《封神第一部:朝歌风云》《八角笼中》《长安三万里》《熊出没·伴我"熊芯"》《坚如磐石》《人生路不熟》位列二至十,这些国产电影弘扬传统文化、关照百姓生活,影片质量提升明显,是我国电影市场高质量发展的缩影。[②]

(4)互联网影视公司在整个行业中发挥着越来越重要的作用。

2023年天津猫眼微影文化传媒公司全年出品影片30部,包括《满江红》《人生路不熟》等;阿里巴巴影业集团有限公司参与出品了包括《热辣滚烫》《飞驰人生2》等电影;抖音影视参与出品了《消失的她》《长安三万里》等电影。可以看出,互联网影视公司参与的影片题材样式多元,也善于在多种内容和类型上做垂直深耕。

总体而言,近几年中国的电影产业由于受到经济下行、疫情等大环境的负面影响,电影制片受到了多重挑战,但是,目前国内资本投资电影积极,更多的影视公司采取了互联网技术与电影产业的深度结合的方式,协同合作,共赢商机。同时,我国电影行业越来越注重电影的社会效益,良好的口碑将会带来更加可观的经济效益,也将带动整个产业的良性循环。

(5)互联网技术与电影产业的结合逐渐深化。

伴随着互联网技术与电影产业的深度结合,电影的发行和营销更加凸显出互联网化的特点。网络点播规模不断扩大,带动了网络电影的发展。截至2022年12月,我国网络视听用户规模达10.40亿,超过即时通信(10.38亿),成为第一大互联网应用。网络视听网民使用率为97.4%,同比增长1.4个百分点,保持了在高位的稳定增长[③],像

[①] 国家电影局关于印发《"十四五"中国电影发展规划》的通知.国家电影局. https://www.chinafilm.gov.cn/xxgk/gztz/202111/t20211109_1453.html.

[②] 国产电影崛起彰显文化自信——中国高质量发展亮点透视之四.中国政府网. https://www.gov.cn/yaowen/liebiao/202308/content_6899386.htm.

[③] 《2023中国网络视听发展研究报告》发布:我国超10亿用户在刷短视频.腾讯新闻. https://new.qq.com/rain/a/20230329A09P8200.

是腾讯视频、爱奇艺等网络视频平台的付费会员规模均已破亿。庞大的用户基础和持续增长的线上观影需求，以及人们越来越成熟的付费意识，为电影的互联网发行和营销创造了更广阔的发展空间。2023年的《满江红》《孤注一掷》《消失的她》等年度高票房电影的短视频播放量都相当可观，尤其是影片《孤注一掷》，播放量达到213.5亿次，高居2023年电影短视频年度播放量第一位。视频的在线点播不仅扩大了电影市场的消费半径，也延长了院线电影的艺术生命。

在网红经济的时代，短视频和直播的兴起也为中国电影的营销带来了新的契机，不仅是抖音平台与电影合作，淘宝直播也曾策划过一些路演全程直播，通过主创专访等内容形式，精准触达了电影与明星的潜在粉丝。《2023年（上）中国直播电商市场数据报告》显示，上半年直播电商交易规模约为19916亿元，预计全年交易规模达到45657亿元，同比增长30.44%，这就决定了直播电商已成为电影宣发新平台，许多电影都采用了网红直播营销的方式进行售票[1]。网络直播具有接地气、流量大和互动性强等特点，因此能在短时间内达到更好的营销宣传效果，成为电影发行和宣传的新阵地。"互联网+"与电影产业的深度融合，通过各种网络票务平台、直播平台和社交平台为电影的发行和宣传赋能，极大地丰富了我国电影业态。

（6）基于"制作—放映"的衍生环节的发展将逐步增强。

电影产业作为综合性的产业，目前我国还是偏重于电影的制作、影院放映等有关市场硬件基础方面，而基于"制作—放映"的衍生环节的发展还相对薄弱。以美国的电影产业为例，电影票房仅仅占到电影产业效益的30%，而70%的产业效益来源于电影的版权授权、相关主题公园等衍生产品的开发和运营。中国目前电影衍生产业的收入还不到电影产业收益的10%。电影票房市场自身的体量始终是有限的，所以，中国必须进行衍生产业的开发。

➡ 【延伸阅读】

连城连史纸：绘制乡村振兴精彩画卷

用手机扫一扫，了解更多信息

---

[1] 网经社&中商联直播电商委：《2023年（上）中国直播电商市场数据报告》发布.网经社. https://www.100ec.cn/detail--6631387.html.

第三节　文化市场规范

文化市场是市场经济重要的组成部分，对经济、政治和社会发展具有巨大的推动作用。文化市场是文化产品和服务活动以商品的形式进行交易、交换的场所，以及各种交换关系的总和。文化市场规范指的就是为保证文化产品和服务活动以商品的形式进行交易、交换过程的健康有序而建立的法律法规体系。按照立法的目的和对象，文化市场规范可以分为经营主体规范、从业人员规范、经营客体规范、经营内容规范。

一、文化市场经营主体管理规范

文化市场的经营主体指的是以营利为目的，在文化市场上从事商品生产经营和服务活动的经济实体。所有文化市场的经营主体都需要依法确立，具备相关法律规定的基本条件，并履行相关的程序之后才能成为合法组织。读者可以从相关法律条款进一步了解文化市场主体的一般性规范。

市场经营主体的分类标准有很多，可以按经济性质、企业组织形式、企业规模来分类。以下是按照经济性质对经营主体的分类，并对这些经营主体的一般性规范进行简要介绍。

（一）国有企业（全民所有制企业）

国有企业是指企业全部资产归国家所有，并按《中华人民共和国企业法人登记管理条例》规定登记注册的非公司制的经济组织，不包括有限责任公司中的国有独资公司。国有企业是在社会化大生产条件下，为弥补市场失灵，在制度、目标和管理各方面具有特性的现代契约组织。它的内涵是资产属于全民所有，由政府占有终极所有权的企业。

（二）集体企业（集体所有制企业）

集体所有制企业（以下简称集体企业）是指以生产资料的劳动群众集体所有制为基础，实行共同劳动，在分配形式上以按劳分配为主（部分企业实行按劳分配和按资分配相结合）的集体经济组织。集体所有制和全民所有制一样，是我国公有制经济的重要组成部分。集体所有制企业是以营利为目的，从事生产经营活动的经济组织。

我国的集体所有制企业一般可以分为城镇集体所有制企业和乡村集体所有制企业。城镇集体所有制企业的设立必须经省人民政府规定的部门审批；乡村集体所有制企业由乡政府同意报乡镇企业局审批。具体情况请参阅《中华人民共和国城镇集体所有制

企业条例》和《中华人民共和国乡村集体所有制企业条例》

（三）私营企业

根据国家统计局、国家工商行政管理局《关于划分企业登记注册类型的规定》（1998年8月28日，国统字〔1998〕200号）第九条规定："私营企业是指由自然人投资设立或由自然人控股，以雇佣劳动为基础的营利性经济组织。包括按照《中华人民共和国公司法》（以下简称《公司法》）、《中华人民共和国合伙企业法》（以下简称《合伙企业法》）、《私营企业暂行条例》规定登记注册的私营有限责任公司、私营股份有限公司、私营合伙企业和私营独资企业。"

私营独资企业是指按《私营企业暂行条例》（1988年6月25日，国务院第4号令发布）第七条第一款规定"独资企业是指一人投资经营的企业"，由一名自然人投资经营，以雇佣劳动为基础，投资者对企业债务承担无限责任的企业。

私营合伙企业是指按《合伙企业法》或《私营企业暂行条例》的规定，由两个以上自然人按照协议共同投资、共同经营、共负盈亏，以雇佣劳动为基础，对债务承担无限责任的企业。

私营有限责任公司是指按《公司法》《私营企业暂行条例》的规定，由两个以上自然人投资或由单个自然人控股的有限责任公司。另外，国家工商行政管理局《关于自然人出资设立有限责任公司登记注册和监督管理问题的通知》（1994年11月18日，工商个字〔1994〕第325号）第六条规定："凡由自然人为主申请，自然人出资额占注册资本51%以上的有限责任公司，其登记注册和监督管理适用上述规定（按照私营企业管理）。"私营股份有限公司是指按《公司法》的规定，由五个以上自然人投资，或由单个自然人控股的股份有限公司。

从以上分类可以看出，在私营企业的三种类型中，只有有限责任公司可以依法取得法人资格，而私营独资企业和私营合伙企业都不符合企业法人条件，不能取得法人资格。

（四）外商投资企业

外商投资企业是指依照中国法律在中国境内设立的，由中国投资者与外国投资者共同投资，或者由外国投资者单独投资的企业。

依照外商在企业注册资本和资产中所占股份和份额的比例不同，以及其他法律特征的不同，可将外商投资企业分为四种类型：

（1）合资经营。由中外合营各方共同投资、共同经营，并按照投资比例共担风险、共负盈亏的企业。其主要法律特征是：外商在企业注册资本中的比例有法定要求；企业采取有限责任公司的组织形式。故此种合营称为股权式合营。

（2）合作经营。中外合作各方通过合作企业合同约定各自的权利和义务的企业。其主要法律特征是：外商在企业注册资本中的份额无强制性要求；企业采取灵活的组织管理、利润分配、风险负担方式。故此种合营称为契约式合营。

（3）外资企业。其主要法律特征是：企业全部资本均为外商出资和拥有。不包括外国公司、企业和其他经济组织在中国境内设立的分支机构。

（4）外商投资合伙。其主要的法律特征是：外国企业或者个人与中国的自然人、法人和其他组织在中国境内设立的合伙企业。

（五）个体工商户

个体工商户是指公民个人或家庭依法经核准登记，以个体财产或家庭财产为经营资本，在法定范围内从事工商业经营的一种特殊民事主体。在我国，个体工商户是作为公民的一种特殊形式存在的，其实际上享受权利、承担义务的仍然是公民（自然人），但此时的公民作为民事主体是以户的特殊形式出现的，法律地位比较特殊。个体工商户有个人经营、家庭经营与个人合伙经营三种组织形式。个体工商户要经过政府有关部门的批准或许可，在取得营业执照后，才能从事相关业务。比如某个公民要开个体音像书店，就必须先经文化行政部门审核颁发《音像制品经营许可证》，然后再办理营业执照。

二、文化市场从业人员管理规范

文化市场的从业人员应当符合相关的法定条件。我国实行职业资格、执业注册和持证上岗制度，以进一步规范文化市场经营主体，增强企业竞争实力，加快提高劳动者素质，保护消费者的利益，使整个市场进入良性发展的轨道。

（一）职业资格制度

职业资格是对从事某一职业所必备的学识、技术和能力的基本要求。职业资格包括从业资格和执业资格。国家职业资格证书制度是劳动就业制度的一项重要内容，也是一种特殊形式的国家考试制度。它是指按照国家制定的职业技能标准或任职资格条件，通过政府认定的考核鉴定机构，对劳动者的技能水平或职业资格进行客观公正、科学规范的鉴定，对合格者授予相应的国家职业资格证书。

（1）从业资格。从业资格是指从事某一专业（工种）学识、技术和能力的起点标准。具体又分为专业技术和职业技术两大类：专业技术在文化领域包括新闻、广播、出版、艺术、文物等系列，职业技术在文化领域包括印刷、绘图、放映、校对、计算机操作等系列。

（2）执业资格。执业资格是政府对某些责任较大、社会通用性强、关系公共利益的专业技术工作实行的准入控制,是专业技术人员依法独立开业或独立从事某种专业技术工作学识、技术和能力的必备标准。它通过考试方法取得。考试由国家定期举行,实行全国统一大纲、统一命题、统一组织、统一时间。执业资格实行注册登记制度。执业范围包括法律、税务、会计、审计、拍卖、导游、资产评估、工程造价、工程监理、价格鉴定等,执业人员须持国家颁发的资格证书。比如,要从事律师职业的人员,须通过国家统一组织的司法考试,才能取得国家司法行政机关颁发的律师职业资格证书。

(二)执业注册和持证上岗制度

(1)执业注册。执业注册是在国家实行准入控制的行业内,从业人员取得法定职业资格证书后,还须办理执业注册登记手续才能开业。执业注册应按照法定程序向执业注册登记机关或有关行业组织申请办理。比如,导游人员,要先通过国家统一组织的考试取得导游资格证和等级证,然后到旅游行政部门申请导游注册登记,取得导游证之后才能做导游。

(2)持证上岗。持证上岗是指在国家实行准入控制的行业内,上岗人员除了具备法定的从业资格外,还需要通过岗位培训和考试,取得相应的上岗证书才能在相应的岗位上工作。我国在旅游、电视、广告、广播、新闻、出版等文化服务部门实行持证上岗制度。比如,广播、电视行业持证上岗的主要岗位有:广播电视出品人,主持人、播音员,制片人等。旅游行业持证上岗的主要岗位有旅行社经理、出境旅游领队等。

三、文化市场经营客体管理规范

文化市场的经营客体是有形财产(文化商品)、无形财产(文化服务)和文化资源的总和。文化市场经营客体管理规范主要涉及物权法、知识产权法、产品质量法等法律规定和相关行业规章。

(一)物权规范

物权是指权利人依法对特定的物享有直接支配和排他的权利,包括所有权和他物权(用益物权和担保物权)。或者说,指自然人、法人直接支配不动产或者动产的权利,包括所有权、用益物权和担保物权。不动产指土地以及建筑物等土地附着物;动产指不动产以外的物。其中所有权是指权利人依法按照自己的意志通过对其所有物进行占有、使用、收益和处分等方式,实现独占性支配,并排斥他人非法干涉的永久性物权。用益物权是在他人所有物上设定的物权,是非所有人根据法律的规定或者当事人的约定,对他人所有物享有的使用、收益的权利。担保物权是指债权人所享有的为确保债权实现,在债务人或者第三人所有的物或者权利之上设定的,就债务人不履行到期债务或者发生当事人约定的实现担保物权的情形,优先受偿的他物权。制定物权法，对明确物的归属，充分发挥物的效用，维护经济秩序，促进社会主义现代化建设，具有重要意义。

（二）知识产权规范

知识产权，也称为"知识所属权"，指"权利人对其智力劳动所创作的成果和经营活动中的标记、信誉所依法享有的专有权利"，一般只在有限时间内有效。各种智力创造比如发明、外观设计、文学和艺术作品，以及在商业中使用的标志、名称、图像，都可被认为是某一个人或组织所拥有的知识产权。知识产权主要有著作权、商标权和专利权。其中，著作权就是版权，它是文学、艺术和科学作品的创作者依法实施对其作品的权利。商标权是民事主体享有的在特定的商品或服务上以区分来源为目的排他性使用特定标志的权利。专利权是指国家根据发明人或设计人的申请，以向社会公开发明创造的内容，以及发明创造对社会具有符合法律规定的利益为前提，根据法定程序在一定期限内授予发明人或设计人的一种排他性权利。知识产权的制定，可以为权利所有人带来经济效益和保障，在商业竞争中具有重要作用。

（三）产品质量规范

文化产品质量规范包括形式质量规范和内容质量规范。形式质量规范又包括技术质量规范和服务质量规范，涉及各个门类，如图书纸张质量、电影放映质量、广播信号质量等。内容质量规范如图书知识品位、电视节目的价值取向、电影教化功能等。

四、文化市场经营内容规范

在文化市场广义层面上，文化市场的经营内容主要涉及文化商品和文化服务的生产、流通、消费等各个环节。具体来说，它包括了文化艺术产品的创作、生产、复制、发行、展示、销售等各个环节，以及与之相关的文化服务活动，如演出、展览、培训、咨询等，这些活动都是按照价值规律进行的。在文化市场狭义层面上，文化市场的经营内容主要是指在这些特定场所内所进行的文化商品和服务的交易活动。这些场所为文化产品的消费者和提供者搭建了一个交易平台，使得文化产品能够顺利地流通到消费者手中，旨在满足人民群众日益增长的精神文化需求。

（一）演出内容规范

演出内容规范主要包括内容合法性、主题与思想性、节目形式与编排、演员与表演、舞台技术与效果、时间控制以及其他相关规定等多个方面。这些规范旨在确保演出的质量、安全、合法性以及艺术性和观赏性，提升观众的观看体验，促进演出市场的健康发展。

（二）娱乐内容规范

娱乐内容规范的核心目的在于加强文化娱乐活动内容的管理，指导文化娱乐行业开展内容自审，确保娱乐活动的合法性、健康性和安全性。其制定依据包括《娱乐场所管理条例》《娱乐场所管理办法》《歌舞娱乐场所卡拉OK音乐内容管理暂行规定》《游戏游艺设备管理办法》以及相关部门关于加强剧本娱乐经营场所管理的通知等法律法规和政策规定。

娱乐内容规范适用于在歌舞娱乐场所、游艺娱乐场所、剧本娱乐经营场所等开展的以文化为核心的娱乐活动，包括但不限于卡拉OK音乐中的曲目和屏幕画面、游戏游艺设备中的游戏内容、剧本娱乐活动中的剧本脚本以及表演、场景、道具、服饰等。此外，迷你歌咏亭、分布式经营游艺游戏设备及多业态融合中的文化娱乐活动也需参照执行，文化娱乐活动产业链上相关服务机构同样受到规范约束。

在内容方面，主要要求：娱乐内容必须严格遵守国家法律法规，不得含有任何违法违规的内容；鼓励创作和传播弘扬正能量、积极向上的娱乐内容，同时应确保参与者和观众的人身安全，不得存在安全隐患。此外，还需维护社会稳定，避免娱乐内容引发社会不稳定因素。

（三）旅游项目规范

旅游项目规范是确保旅游业健康、有序、可持续发展的重要保障。旅游项目在启动前需进行详细的规划与论证，明确项目的定位、目标、建设内容等，并严格按照相关法律法规进行立项审批，确保项目符合国家及地方的发展规划和政策要求。旅游项目在开发过程中，需注重生态环境保护，合理利用自然资源，避免对生态环境造成破坏。同时，项目应兼顾经济效益、社会效益和生态效益，实现可持续发展。旅游项目需建立健全的安全管理制度和应急预案，加强安全设施的建设和维护，确保游客的人身安全。定期对安全设施进行检查和维修，确保设施处于良好状态。

（四）广告内容规范

广告内容规范是广告活动必须遵循的基本原则和准则。它旨在保护消费者的合法权益，维护广告市场的健康有序发展。其主要内容包括：广告内容必须真实可靠，不得含有虚假或引人误解的信息；要求必须遵守国家法律法规，不得违反宪法、广告法等相关法律的规定，并不得使用违禁词汇、不得侵犯他人合法权益等。在内容方面，广告内容应当积极健康，符合社会主义精神文明和道德风尚的要求，禁止发布含有淫秽、色情、暴力、迷信等不良内容的广告。在表达方面，广告信息应当清晰、准确、易于理解。避免使用模糊、含混不清的表述方式，确保消费者能够准确理解广告内容。在市场竞争方面，广告活动应当遵循公平竞争的原则，不得贬低或损害其他经营者的商品或服务。同时，要求广告主和广告经营者应当承担起相应的社会责任，确保广告活动不对社会造成负面影响。广告内容应当尊重消费者的权益和利益，不得损害消费者的合法权益。

（五）商标内容规范

商标内容规范是确保商标具有显著特征、便于识别并保护商标注册人权益的重要准则。旨在保护商标注册人的权益并维护市场秩序。商标内容规范涵盖了商标的显著性、合法性、注册原则、专用性与排他性、时效性以及规范使用等多个方面，要求商标要有一定的名称，构成商标的文字和图形应当简单明显，便于识别。商标不得使用外国文字，但是出口商品的商标可以附注外国文字。申请注册的商标，同其他企业已经注册的同一种商品或者类似的商品的商标，不得混同。两个或者两个以上的企业申请商标注册的时候，如果商标相同或者近似，准许最先申请的注册。

【延伸阅读】

强化市场监管　优化发展环境

用手机扫一扫，了解更多信息

第四节　文化市场管理手段及内容

一、文化市场管理手段

文化市场管理属于国家层面的行政管理，是一种社会性的公共管理。文化市场管理是指国家文化行政部门，在相关行政主管部门和司法机关支持配合下，运用行政、法律和经济等手段，对文化产品的生产、经营、销售以及劳务服务等活动，进行引导、规划、组织、调控、激励、监督的行为，以期使文化市场经营活动正常有序地运行。下面具体阐述关于行政、法律和经济三种管理手段。

（一）行政手段

文化市场管理的行政手段是政府针对某些具体的对象、为达到一定的目的而采取的强制性手段，具有权威性、明确性、直接性的特征。随着市场机制的形成，以及政府宏观调控引导性、间接性手段的完善，行政手段直接指挥上的运用会逐渐减少，但是作为一种必要的管理手段，在一些影响全局的重要事件或紧急情况时，仍然发挥着不可替代的作用。行政手段在处理一些特殊事件上，往往比法律手段更为灵活，比经济手段更为及时有效。但行政手段的权威性，会使得被管理者长期处于被禁锢和牵制的境地。因此，过度依赖行政手段的管理不利于文化市场主体积极性和创造性的发挥。行政手段通常以政策、指令、规划、文件、制度、决议、决定等形式表现出来，具体包括组织、规划、协调和监控。①

1. 组织手段

组织手段是国家文化行政部门对文化单位从业人员和文化资源进行组织、管理的手段。即通过一系列的政策文件规划和配置文化资源，政府有关部门负责审批进入文化市场经营主体、经营范围、行业许可证和从业人员资质，审批各类文化、商贸交流活动，进行注册登记和税务登记等。

2. 规划手段

规划手段是对文化市场整体发展方向、思路的战略性或策略性的安排和部署。包括文化事业、文化产业发展的中长期规划，文化项目发展目标和为实现目标的保障措施，地区发展重点、区域结构和发展规模以及与其他相关部门的战略合作方针等。

3. 协调手段

协调手段是政府有关部门为保证市场经营活动正常有序地进行，针对文化市场发展和文化市场管理过程中出现的利益冲突和矛盾进行的纠偏和调适手段。比如针对文化产品和文化服务的物价而组织的，由经营者、消费者代表参加的物价听证会，针对文化产业发展与当地居民利益冲突的政策调节机制等。

4. 监控手段

监控手段是对文化市场运行情况的监督机制，强调对文化市场发展的过程监督和结果监督，既包括政府相关部门对文化市场经营活动和交易行为的合法化监督，也包括对文化单位财务运作状况、分配机制的监督与管理，以及文化发展和管理效果的考量。

（二）法律手段

文化市场管理的法律手段是指国家运用文化立法、文化执法和文化司法等环节，协调文化经营管理活动中的各种关系，建立文化市场秩序，保护合法、取缔非法经营

---

① 刘吉发，金栋昌，陈怀平．文化管理学导论［M］．北京：中国人民大学出版社，2013：105.

活动，惩治犯罪，使文化市场管理各个方面都纳入法治化的轨道。法律手段具有权威性、平等性、普遍性和强制性的特点。

1. 立法手段

国家权力机关通过立法履行治理国家政治、经济和文化事务的职能。目前，我国文化立法形成了以宪法为核心，以《中华人民共和国著作权法》《中华人民共和国专利法》《中华人民共和国文物保护法》等为重点，涉及刑法、行政法、民法、经济法、商法、诉讼法等多部门、多层次的文化立法体系。相应的行政法规、地方性法规以及部门规章等不断完善，为政府实行文化管理职能提供了法律依据。

2. 执法手段

执法手段是国家行政机关为维护文化市场秩序、打击文化领域的违法活动、保护公民基本文化权利，而采取的适时贯彻落实文化立法内容的活动。目前我国从中央到基层形成了庞大的文化执法队伍，随着文化执法素质的不断提高，对于促进文化市场管理的不断完善起着至关重要的作用。

3. 司法手段

司法手段是为解决文化执法过程中产生的争议或分歧而实施的法律救济渠道，是国家机关履行文化管理职能的必要措施。我国的司法机关包括各级人民法院、人民检察院、司法局、公安局和仲裁委员会，负责解决行政纠纷、民事纠纷和惩治违法犯罪行为，对维护公民正当的文化利益和对文化执法活动起到了强有力的监督和促进作用。

（三）经济手段

经济手段是政府宏观调控的基本手段，文化市场管理的经济手段主要指政府职能部门通过价格、税收、利率、资助与补贴等措施调控文化市场的供求关系，推动文化市场经营活动的良性运行。

1. 价格手段

政府对于与国计民生密切相关的文化产品采取价格补偿、实行政府指导价或政府定价，鼓励和引导资本投入，拓宽文化产品的融资渠道等。如2008年1月，中宣部、财政部、文化部、国家文物局联合下发《关于全国博物馆、纪念馆免费开放的通知》。根据通知，全国各级文化文物部门归口管理的公共博物馆、纪念馆，全国爱国主义教育示范基地全部实行免费开放。而对于一些文化活动中心、俱乐部等公共文化设施，则鼓励和引导民间资本的进入，在保障人民群众基本文化权利的前提下平衡市场的供求关系。

2. 税收

政府税务部门通过调整税收的方式，对文化产业项目支持或抑制。对优先发展和重点扶持的文化产业项目实行降低税率的扶持政策，对限制发展和前景不好的文化产业项目采取提高税率的限制政策。

3. **利率**

金融部门根据国民经济发展状况，在某个时期实行提高或降低银行存款利率和贷款利率的政策，以达到刺激消费、投资，抑制通货膨胀等目的。

4. **资助与补贴**

政府有关部门对优先发展和重点扶持的文化产业项目制定有倾斜性的经济政策，给予政府资助或财政补贴。

二、文化市场管理的主要内容

（一）文化经营许可制度

文化经营许可制度是我国文化市场管理的重要内容之一，是规定文化经营许可证的申请、核发、监督管理等一系列规则的总称。包括规定许可机关，许可范围，申请、审查、颁发文化经营许可证的具体程序以及监督检查、撤销、中止、更换、修改、废止该证的方式、条件和期限，许可费用等内容。我国在出版物、音像制品、演出、电影和广播电视、互联网、电子游戏等领域都实行该制度。

以出版物经营许可制度为例，出版物经营许可制度是国家对出版物发行依法实行许可制度，未经许可，任何单位和个人不得从事出版物发行活动。其具体规定如下：

为规范出版物发行活动及其监督管理，建立全国统一、开放、竞争、有序的出版物市场体系，发展社会主义出版产业，根据《出版管理条例》和有关法律、行政法规，制定本规定。本规定所称出版物，是指图书、报纸、期刊、音像制品、电子出版物等。本规定所称发行，包括总发行、批发、零售以及出租、展销等活动。

（二）文化产品审查制度

文化产品审查制度，是指文化行政部门对进入文化市场领域的文化产品内容实施审查管制的制度。是国家控制社会意识形态的具体表现，旨在维护国家宪法确立的社会基本制度和社会公共利益。根据我国现行的文化行业管理法规及规章制度的规定，目前主要对国产和进口的影片、电视剧和文艺类音像制品内容实行前置审查的制度，对图书、报纸、期刊、非文艺影像制品以及广播、电视、网络、演出、展览、娱乐等内容实行市场督查制度。[①]

[①] 赵玉忠.文化市场概论[M].北京：中国时代经济出版社，2004：147.

（三）文化市场稽查制度

文化市场稽查机构对文化经营活动进行监督、检查的各种规章制度的总称。包括稽查机构及其职责、稽查人员及其职责、稽查工作制度、执法监督制度等。文化市场稽查的范围，包括图书、报纸、期刊、音像制品、软件制品、美术品、文物品、邮币卡制品等文化商品经营活动和演出、娱乐、展览、旅游、电影、广播、电视、网络、教育、培训、咨询、广告等文化服务经营活动。

【延伸阅读】

以普查推动戏曲剧种保护传承

用手机扫一扫，了解更多信息

【本章小结】

所谓文化市场，是指按照市场规律进行文化艺术产品交换和有偿提供文化服务活动的场所和领域。文化市场除了具备市场的一般特征之外，还具备以下三个特点：第一，文化市场的基本功能是满足广大民众的精神需求；第二，文化市场更加突出人的主体性；第三，文化市场的发展以经济效益和市场效益的统一为目标。文化市场的功能主要有以下几个方面：实现供求平衡、合理配置资源和为社会提供服务。

文化市场按照不同的分类依据可以划分为不同的类型，通常按照市场交换对象的属性的不同，可以划分为文化产品市场、文化服务市场和文化资源市场。

图书市场指的是涉及图书产品的各项商品交换活动，以及由此产生的各种经济关系的总和，涉及图书的出版、发行、买卖整个流通过程中的经济活动；期刊市场指的是涉及期刊产品的各项商品交换活动，以及由此产生的各种经济关系的总和，涉及期刊的出版、发行、买卖整个流通过程中的经济活动；电影市场指的是从事影片版权交易活动，以及提供电影放映活动的领域和场所。

文化市场是市场经济重要的组成部分，对经济、政治和社会发展具有巨大的推动作用。文化市场规范指的就是为保证文化产品和服务活动以商品的形式进行交易、交换的过程健康有序而建立的法律法规体系。按照立法的目的和对象，文化市场规范可以分为经营主体规范、从业人员规范、经营客体规范、经营内容规范。

文化市场管理，是指国家文化行政部门，在相关行政主管部门和司法机关支持配合下，运用行政、法律和经济等手段，对文化产品的生产、经营、销售以及劳务服务等活动，进行引导、规划、组织、调控、激励、监督的行为，以期使文化市场经营活动正常有序地运行，主要包括行政手段、法律手段和经济手段。

文化市场管理的主要内容有文化经营许可制度、文化产品审查制度以及文化市场稽查制度。

【复习思考题】

1. 文化市场的含义是什么？它有哪些特点？
2. 文化市场的功能有哪些？
3. 请概括我国图书市场的发展现状与趋势。
4. 文化市场规范包括哪些内容？
5. 什么是文化市场管理的行政手段？
6. 文化市场管理的主要内容有哪些？

第五章

公益性文化事业

▶【学习要点】

1. 了解公益性文化事业的概念、范围和特点。
2. 明确公益性文化事业与经营性文化产业的联系与区别。
3. 了解公益性文化事业管理的内容和原则。
4. 了解我国公益性文化事业发展的现状和问题。

▶【引例】

艺术文化品位：巴黎公益文化的主旋律

享有"文化艺术之都"美誉的巴黎，集中了世界文化艺术的精华，彰显着世界文化艺术的魅力，巴黎的公益文化自然流露出独特的艺术旋律。早在半个世纪前，中国现代文学大师朱自清先生就在《欧游杂记》中感慨：整个巴黎是个艺术城，巴黎人身上大概都长着一两根雅骨吧，他们几乎像呼吸空气一样呼吸着艺术气息……的确，典雅优美的建筑，别具匠心的广场，绰约多姿的桥梁，堪称宝藏的艺术殿堂在巴黎随处可见，无不散发着浓郁的文化艺术气息。

在巴黎，艺术并非一件遥不可及的事情，巴黎的公益文化让艺术融入了人们的日常生活，艺术被展示在公共场所，成为市民司空见惯的场景，普通百姓也共同分享着艺术文化所带来的快乐。遍布巴黎市区的名人雕塑、叙事雕塑不仅是艺术与爱国主义教育完美结合的体现，更让人们在享受艺术的同时，深刻感受历史与现代的融合。艺术融于生活,生活本身即艺术,也许这正体现了法国艺术文化的真谛。据统计,巴黎市内有206座博物馆,其中带有"法国博物馆"标志即法国国家级博物馆16座,市级博物馆14座,其余皆为行业、协会、非营利性机构、企业基金会、私人收藏家或爱好者设立。① 此外,画廊、剧场剧院、电影院、艺术厅、娱乐基地、图书馆遍布巴黎。这些公开展示艺术的方式大大提升了城市的魅力、活力和艺术文化氛围,提高了整个社会公众的艺术文化素养。

一个城市乃至一个国家的悠久灿烂历史,首先体现在其深厚的文化底蕴上,而艺术是其文化桂冠上的一颗明珠。一个城市拥有多少美术馆和博物馆是其实力的体现,更是直接见证其文化艺术丰富性与高度性的重要标志,因为艺术、文化和历史在这里积累与聚集而形成博大精深的人文内涵。在巴黎,18岁以下青少年进入美术馆是免费的,而且美术馆还别出心裁地为孩子们准备了免费的笔和纸,以供孩子们临习和笔记。从小的素质培养,造就了巴黎人的艺术气质,提高了整体的国民素质,更造就了法国历史上众多大师级的哲学家、艺术家、文学家。无论你参观哪一家美术馆或者博物馆,你都会看到成群的少年儿童,在名画面前一堆一堆地,少则10人左右,多则30多人,席地而坐,虔诚面对,在老师的指点下欣赏大师的真迹,同时也不断提出他们纯真的想法,仔细欣赏、品味、对话完一幅,再挪到另一幅……这一幅幅画就像开启孩子们想象力的天窗,透过这个天窗,孩子们可以看到生命的永恒、自然的美丽,进而跟随大师们思考人间的疾苦、和平的可贵。从小就这样近距离地接触大师,接受艺术的熏陶,难怪巴黎人的身上总是洋溢着艺术的气息。

巴黎作为国际艺术的中心城市,不但拥有凡尔赛宫、卢浮宫博物馆、蓬皮杜国家艺术中心、奥赛博物馆等综合型艺术收藏展览机构,还有毕加索、罗丹、莫奈、德拉克洛瓦等艺术家的个人专馆,以及当代艺术博物馆、人类博物馆、国立工艺美术博物馆、古梅东方艺术博物馆、海洋博物馆等艺术交流的机构。围绕在美丽的塞纳河畔的琳琅满目的艺术画廊,每天都有国内外的画家来这里作画,更是时隐时现地传达了当代艺术的动向与发展脉络。

在大大小小、数不胜数的综合艺术博物馆中,最具有代表性的三座分别是由古代王宫改建的,以收集了许多世界各地文化艺术珍品著称的卢浮宫;竭力展示现代艺术的魅力,包容各种流派,建筑奇特,有"化工厂"和"铁屋"之称的蓬皮杜国家艺术文化中心;还有一座在破旧的火车站基础上,经过建筑艺术家精心"包装"后,重新焕发青春的奥赛博物馆,俗称"火车站博物馆"。卢浮宫堪称世界上最大的艺术宝库,

---

① 博物馆,让巴黎始终是座有温度的城市,http://www.news.cn/globe/2022-11/17/c_1310677463.htm.

藏有中世纪到1850年期间的西方艺术品，以及此前对这类艺术产生过影响的古文明器物，荟萃了绘画、雕塑及古文物等珍品达48万余件，分别放在6个展馆中，供游客观赏。其中大理石雕塑《断臂维纳斯》《胜利女神像》和达·芬奇的绘画《蒙娜丽莎》是三大镇馆之宝。几乎每一位到巴黎的观光者，都要到卢浮宫去接受美的洗礼，享受美的愉悦，感受美的震撼。蓬皮杜国家艺术文化中心陈列了从1905年至今全球顶级的现当代艺术藏品，包括著名艺术大师米罗、贾珂梅悌、杜布菲、毕加索、马蒂斯、莱热、夏卡尔、康定斯基等人的作品。而奥赛博物馆则通过油画、装饰艺术、雕塑和摄影等藏品，展示了欧洲1848年到1914年的艺术和艺术创造力。有人把这三座博物馆称为巴黎文化艺术发展史的三部曲，确实非常贴切。以时间来划分，卢浮宫主要展出的是古代艺术品；蓬皮杜国家艺术文化中心则以现代和前卫的展品为主；奥赛博物馆就好比一根链子，把它们有机地串联起来，让人们可以从古至今，毫无遗漏地对巴黎文化艺术的发展进行全面了解。

巴黎到处都是文化艺术景观，漫步巴黎，拐过任何一个街角，你都会发现一个（组）让你眼前一亮的雕塑作品。巴黎大大小小1500多座雕塑，其中近千座是1900年以前的作品，在取材神话传说或具有政治寓意的众多著名雕塑中，随便哪一座都能反映法国的历史渊源和文化取向，每一件作品都讲述着一个浪漫的故事，都营造着一处美丽的空间。由于历史的积累，任何一寸土地，任何一个建筑物，都能与艺术联系在一起。且不说那随处可见的尖顶的、圆顶的大教堂和大小不一但绝对有艺术品位的街心广场，就是高速公路上一组组延展于数十公里路边的耀眼的现代艺术品，也承担着把艺术种子传播到城市每一个角落的使命。设计者把艺术品以刺激的色彩放在司机最容易疲劳的地段，用它来调整驾驶者的情形，解除乏味与困倦。在这艺术的背后又潜藏着多少对生命的思考啊。

巴黎的公益文化不仅体现在藏品、藏书、建筑、雕塑上，更体现在丰富的文化艺术节日中。在众多传统的文化艺术节日中，不可不提的是被誉为世界十大知名艺术节之一的"巴黎秋日艺术节"。法国巴黎秋日艺术节，又叫"金秋艺术节"，创立于1972年，每年九、十月份举行。"巴黎秋日艺术节"一开始就将艺术节的主题设定在"当代艺术"，内容聚焦于歌剧、舞蹈、戏剧、音乐、视觉艺术和电影等不同艺术门类。1972年以来，巴黎秋季艺术节就一直与巴厘岛、中国、朝鲜、埃及、印度、蒙古等非西方国家和地区的艺术家合作，为他们开设大型专场，以忠诚、开放和探索的精神进行创作并进行作品展示，致力于包容并融合不同形式的艺术。

在巴黎，除了传统的文化艺术节日，政府还策划了许多新奇的节日来实现"让全体人能享受巴黎"的愿望。自2002年起，每年7月，市政府都会在塞纳河畔举办为期一个月的"巴黎沙滩节"。活动主要集中在巴黎市中心的塞纳河畔公园和巴黎十九区的拉维耶特湖，政府在活动期间举办的展览、太极课、健身课等活动以及设立的游戏室、图书馆等场所对所有公众免费开放，此外公众还可以享受丰富的水上运动。每年10月第一个星期六举行的"不眠之夜"文化活动，更是得到了法国公众和媒体的普遍好评，如今正在逐渐向法国其他地区推广，甚至意大利罗马、比利时布鲁塞尔、加拿大蒙特利尔和多伦多、韩国首尔、波兰华沙、西班牙巴塞罗那等也纷纷效仿。在"不眠之夜"，巴黎各公共设施内举行的展览、音乐会、演出、声光表演、导游带领的参观等数百场活动，均免费或几乎免费向公众开放。一些公立的服务性、娱乐性机构，如图书馆、游泳馆、各类博物馆等，也向游客和巴黎居民彻夜敞开大门，众多私人机构、团体也积极参与，公共交通也通宵运行。"不眠之夜"文化活动的最初目的是增加巴黎市民和游客对这个城市的了解和热爱，随着该活动的名气越来越大，策划者也开始利用这一活动来推广那些具有实验性、探索性、创新性的现代艺术作品。这些文化艺术节日不仅让巴黎人享受了节日的气氛，感受了艺术的熏陶，产生了轰动的效应，更体现了巴黎公益文化的全民性。

今天，美国的纽约和意大利的佛罗伦萨也是著名的艺术中心，但是世界上最重要的艺术活动依然在巴黎举行，巴黎仍是世界艺术中心的先行者，它的艺术文化品位是不可替代的。正因为如此，巴黎的公益文化建设必将始终围绕"艺术"的主旋律继续前行。[①]

【引例启示】

巴黎作为欧洲乃至世界的文化、时尚、艺术的重要中心，其文化底蕴深厚、经济活力迸发，展现着非凡的城市软实力，也为我国提升城市软实力、建设城市文化、讲好中国故事提供了有益参考。

(一) 坚持"文化民主化"理念

巴黎市政府一方面扩大公益性文化机构向大众尤其是青少年免费或优惠开放的程度，另一方面不断加强公共文化资金用途监管，保证享受国家资助的文化机构和艺术团体真正承担为大众服务的使命。由此可见，要保证公共文化服务的"公共性"，政府的文化投入、文化政策和法规的制定、文化设施和文化活动的供给都必须以实现人民群众的公共文化权利为第一目标。

(二) 注重历史文化传统的传承

为了增强人们对法国文化传统的了解，加深巴黎市民对文化古都的认识，巴黎不仅重视传统文化艺术节日的举办，还增加了国家传媒中宣传法国传统民族文化的节目数

---

① 贺善侃. 国际大都市公益性文化比较研究 [M]. 上海：学林出版社，2010.100-105.

量，保证其在黄金时段播出。共同的传统和共同的审美价值、道德价值、精神价值构成了人们对世界的共同看法和共同的表达方式，从而增强人们对民族、对城市的认同感。①

（三）平衡文化供需，根据文化需求的变化不断提升文化供给

"大巴黎计划"中新文化场馆的落成、逾千家"艺术作坊"的出现以及"巴黎秋季艺术节""沙滩节""不眠之夜"等活动的炙手可热，都表明了文化供给的提升不仅要根据需求建造更多的文化场馆和设施，开展更多的文化活动，还要通过调整提升旧文化场馆和设施的功能，创新文化活动的内容和形式来满足公众不断变化和增加的文化需求。①

（四）注重文化的多元性与包容性，培养自由开放的文化氛围

巴黎在保存古都风貌的同时，继续推进现代文化的建设，这使得传统文化与现代文化在巴黎得以和谐共处。②巴黎的民间艺术多种多样，来自世界各地的街头画家、歌手、杂技演员吸引着人们驻足观看。博物馆、图书馆、艺术馆中来自世界各地的藏品、藏书以及巴黎市区内的建筑、雕塑展示出的不同文化在巴黎多元共存。

第一节 公益性文化事业概述

一、公益性文化事业的概念

"文化事业"是一个具有中国特色的词汇，它包括两个方面：第一，从内容上看，是具有一定目标、规模的一系列对社会发展产生影响的文化娱乐活动；第二，从形式上看，是指具体的文化事业组织。

狭义的文化事业是指公益性的文化事业，主要包括学术性研究、图书馆、博物馆、文化科技艺术等；广义的文化事业包括科技业、教育业、文化业、卫生业等，既具有公益性的特征也具有非公益性的特征。

公益性文化事业是一个相对于非公益性文化事业而言的概念。如果大众需要通过支付一定的费用才能享受文化产业所提供的文化产品和服务，那么这种文化产业就是有偿的，就是所谓的非公益性文化事业。相反，公益性文化事业的宗旨是实现社会利益，面向广大人民群众无偿提供公共文化产品和服务。

公益性文化事业是指无偿向社会群众提供能够满足人们精神、文化方面的需求，

---

① 任一鸣.巴黎公共文化发展及其启示［J］.文化艺术研究，2012，5（4）：17-24.
② 刘娟娟.国外建设国家文化中心的经验与启示——以巴黎、伦敦、东京为例［C］//北京文化发展报告（2017）.2018：29.

推动社会健康发展，提升公民思想觉悟和文化素质的文化产品和服务。[1]也曾有专项调研报告这样定义公益性文化事业：国家从社会公益目的出发，由国家机关或社会兴办的非营利性的文化事业组织及其所开展的一切活动。[2]学者艾斐认为："一般说来，公益性文化事业是以承担和弘扬社会主义文化和优秀传统文化，吸收和同化优秀外域文化，丰富和提高人们的审美水平、思想觉悟、道德素养和才智能力，纯化和优化社会风气、生产秩序、行为规范与价值取向，并能给人的全面发展和社会的全面进步提供精神动力与智力支持为目的的文化建设。"[3]学者贺善侃提出："公益性文化事业是指与经营文化产业相对应，主要着眼于社会公益，以非营利性为目的，为全社会提供非竞争性、非排他性的公共文化产品和服务的文化领域。它涵盖了广播电视、电影、出版、报刊、互联网、演出、文物、社图和哲学社会科学研究等诸多文化领域。公益性文化事业既是国家文化建设的有机组成部分，同时也是国家整个社会公共服务事业（包括教育、医疗卫生、社会保障、环境等）的一个重要方面。"[4]

综上所述，公益性文化事业的定义可以概括为：国家为了社会公益目的，由国家机关或社会兴办的面向全体公民的非营利性的文化事业组织及其场所，以及开展的各项活动。

二、公益性文化事业的范围

公益性文化事业不以营利为根本目标，其根本目标在于为社会大众提供无偿的精神产品和服务，以社会效益为导向，面向的是全体公民，这就决定了公益性文化事业的服务所涵盖的范围相当广泛。就我国文化产业的发展情况来看，公益性文化事业主要包括以下四个方面：

一是同国际社会基本一致的福利性文化事业，如公共图书馆、博物馆、文化馆、艺术馆、科技馆等提供的文化产品与服务；

二是传播与弘扬社会主义意识形态和价值观念所需要的文化产品与服务，如纪念馆、陈列室、爱国主义教育基地等；

三是为丰富广大人民群众业余生活所需要的各种基层文化、群众文化活动等，这类活动极大地丰富了人民群众的文化活动，满足了人民群众的基本文化需求；

四是具有优秀文化传统和艺术造诣的各种文化作品、表演艺术和非物质文化遗产，

---

[1] 王斐.推进国家治理现代化视阈下公益性文化事业发展研究［D］.中共中央党校，2015.
[2] 刘春静，高艳萍.提高居民文化素质大力培育我省新兴文化消费市场的调研［J］.理论探讨，2010（1）：119.
[3] 艾斐.文化事业与文化产业的关系［N］.人民日报，2005-11-02.
[4] 贺善侃.国际大都市公益性文化比较研究［M］.上海：学林出版社，2010.

如川剧变脸等。这些传统的文化对于提升公众文化素养和国家精神文明建设，弘扬中华文化具有十分重要的作用，因此需要国家对其进行扶持和推广。

三、公益性文化事业的特点

公益性文化事业是社会主义公共服务事业的一个重要分支。它不仅弘扬了我国优秀的民族传统文化，为公民提供知识、教育、审美熏陶和高雅娱乐，还引导人们在思想道德水平和科学文化素质方面的塑造和提升。公益性文化事业有着以下四个方面特征：

第一，非营利性。公益性文化事业以"公"为第一属性，它不以营利为目的，而是以服务社会大众为宗旨，为社会各阶层提供种类丰富的文化产品和服务，追求的是社会效益最优，而不是经济效益的最优。这就意味着公益性文化事业建设具有超越功利性质的奉献性，其从业人员应具有高度的社会责任感和奉献精神。因此，公益性文化事业建设一定不能脱离公益性、服务性的宗旨，否则将偏离正确的方位。需要说明的是，非营利性并不一定是免费的，而是在一定的财政支持基础上，提供远低于市场价格的产品和服务。

第二，广泛性。公益文化事业的广泛性具体表现在两个方面：一方面是服务对象的广泛性，每一个体都可以享有公益性文化事业所提供的产品和服务，即全社会各类人群都是公益性文化事业的服务对象，不能仅仅服务一小部分人群；另一方面以满足普通大众审美需求提供产品和服务，公益性文化事业提供的产品"应以百姓喜闻乐见的内容呈现，提供的公益性文化服务应该是以亲民的形式，融入百姓的生活当中"。[1]

第三，均等性。基本公共服务均等化是近年来国家需要完成的一项社会建设领域的重要任务。而公益性文化事业作为其重要组成部分，必然要始终把均等性贯穿在提供公共文化服务和产品的全过程中，打破城乡二元结构下的不均等问题，推动区域间、城乡间的协调均衡发展，力争实现个体机会均等，享受产品和服务均等。[2]

第四，教育性。在文化建设中，公益性文化事业占有主导地位，作为文化建设的先锋力量，它一开始便担负着传播和弘扬社会主义核心价值观，促使公民形成科学的价值观念，推动完善社会文化环境的重任，同时激发人民大众献身社会主义现代化建设的热情。从内容上看，公益性文化事业建设直接着眼于健康的、积极向上的、内涵丰富的文化形式，它与整个社会国民素养的培育是息息相关、密不可分的，是国家对国民进行教育的一个直接渠道，是营造健康文化氛围的中坚力量。[3] 公益性文化事业通

---

[1] 赵艺卓. 大连市公益性文化事业发展对策研究［D］. 大连理工大学，2019.
[2] 赵艺卓. 大连市公益性文化事业发展对策研究［D］. 大连理工大学，2019.
[3] 肖肖. 公益性文化事业建设研究［D］. 大连理工大学，2005.

过对人民大众进行爱国主义、集体主义教育,能帮助其树立正确的世界观、人生观和价值观,发挥文化活动在公民道德教育中的重要作用。[①]

四、公益性文化事业的任务

中共中央《关于深化文化体制改革推动社会主义文化大发展大繁荣的决定》在"大力发展公益性文化事业,保障人民基本文化权益"部分提出:满足人民基本文化需求是社会主义文化建设的基本任务。必须坚持政府主导,按照公益性、基本性、均等性、便利性的要求,加强文化基础设施建设,完善公共文化服务网络,让群众广泛享有免费或优惠的基本公共文化服务。

(一)构建公共文化服务体系

加强公共文化服务是实现人民基本文化权益的主要途径。要以公共财政为支撑,以公益性文化单位为骨干,以全体人民为服务对象,以保障人民群众看电视、听广播、读书看报、进行公共文化鉴赏、参与公共文化活动等基本文化权益为主要内容,完善覆盖城乡、结构合理、功能健全、实用高效的公共文化服务体系。把主要公共文化产品和服务项目、公益性文化活动纳入公共财政经常性支出预算。采取政府采购、项目补贴、定向资助、贷款贴息、税收减免等政策措施鼓励各类文化企业参与公共文化服务。鼓励国家投资、资助或拥有版权的文化产品无偿用于公共文化服务。加强文化馆、博物馆、图书馆、美术馆、科技馆、纪念馆、工人文化宫、青少年宫等公共文化服务设施和爱国主义教育示范基地建设,向社会免费开放服务,鼓励其他国有文化单位、教育机构等开展公益性文化活动,各类公共场所要为群众性文化活动提供便利。统筹规划和建设基层公共文化服务设施,坚持项目建设和运行管理并重,实现资源整合、共建共享。加强社区公共文化设施建设,把社区文化中心建设纳入城乡规划和设计,拓展投资渠道。完善面向妇女、未成年人、老年人、残疾人的公共文化服务设施。引导和鼓励社会力量通过兴办实体、资助项目、赞助活动、提供设施等形式参与公共文化服务。推进国家公共文化服务体系示范区创建。制定公共文化服务指标体系和绩效考核办法。

(二)发展现代传播体系

提高社会主义先进文化辐射力和影响力,必须加快构建技术先进、传输快捷、覆盖广泛的现代传播体系。要加强党报党刊、通讯社、电台、电视台和重要出版社建设,进一步完善采编、发行、播发系统,加快数字化转型,扩大有效覆盖面。加强国际传播能力建设,打造国际一流媒体,提高新闻信息原创率、首发率、落地率。建立统一

---

① 李晓玲.公益性文化事业共享发展的路径分析[J].边疆经济与文化,2017(9).

联动、安全可靠的国家应急广播体系。完善国家数字图书馆建设。整合有线电视网络，组建国家级广播电视网络公司。推进电信网、广电网、互联网三网融合，建设国家新媒体集成播控平台，创新业务形态，发挥各类信息网络设施的文化传播作用，实现互联互通、有序运行。

（三）建设优秀传统文化传承体系

优秀传统文化凝聚着中华民族自强不息的精神追求和历久弥新的精神财富，是发展社会主义先进文化的深厚基础，是建设中华民族共有精神家园的重要支撑。第一，要全面认识祖国传统文化，认真汲取中华优秀传统文化的思想精华和道德精髓，加强对优秀传统文化思想价值的挖掘和阐发，使中华优秀传统文化成为涵养社会主义核心价值观的重要源泉。第二，加强文化典籍整理和出版工作，推进文化典籍资源数字化。第三，加强国家重大文化和自然遗产地、重点文物保护单位、历史文化名城名镇名村保护建设，抓好非物质文化遗产保护传承。第四，深入挖掘民族传统节日文化内涵，广泛开展优秀传统文化教育普及活动。第五，发挥国民教育在文化传承创新中的基础性作用，增加优秀传统文化课程内容，加强优秀传统文化教学研究基地建设。第六，大力推广和规范使用国家通用语言文字，科学保护各民族语言文字。第七，繁荣发展少数民族文化事业，开展少数民族特色文化保护工作，加强少数民族语言文字党报党刊、广播影视节目、出版物等译制播出出版。第八，加强内地同香港、澳门的文化交流合作，加强大陆同台湾各种形式的文化交流，推动两岸共同弘扬中华文化，促进两岸同胞心灵契合。

（四）加快城乡文化一体化发展

增加农村文化服务总量，缩小城乡文化发展差距，对推进社会主义新农村建设，形成城乡经济社会发展一体化新格局具有重大意义。要以农村和中西部地区为重点，加强县级文化馆和图书馆、乡镇综合文化站、村文化室建设，深入实施广播电视村村通、文化信息资源共享、农村电影放映、农家书屋等文化惠民工程，扩大覆盖、消除盲点、提高标准、完善服务、改进管理。加大对革命老区、民族地区、边疆地区、贫困地区文化服务网络建设支持和帮扶力度。深入开展全民阅读、全民健身活动，推动文化科技卫生"三下乡"、科教文体法律卫生"四进社区"、"送欢乐下基层"等活动常态化。引导企业、社区积极开展面向农民工的公益性文化活动，尽快把农民工纳入城市公共文化服务体系。建立以城带乡联动机制，合理配置城乡文化资源，鼓励城市对农村进行文化帮扶，把支持农村文化建设作为创建文明城市的基本指标。鼓励文化单位面向农村提供流动服务、网点服务，推动媒体办好农村版和农村频率频道，做好主要党报党刊在农村基层的发行和赠阅工作。扶持文化企业以连锁方式加强基层和农村文化网点建设，推动电影院线、演出院线向市县延伸，支持演艺团体深入基层和农村演出。中央、省、市三级设立农村文化建设专项资金，保证一定数量的中央转移支付资金用于乡镇和村文化建设。

五、公益性文化事业与经营性文化产业

2002年党的十六大第一次在文件上明确把文化事业与文化产业区分开来，提出发展文化产业，增强我国文化产业的整体实力和竞争力。此后，文化产业在探索中快速发展，文化市场体系不断完善，文化市场规模逐步扩大。党的二十大高度重视文化建设，进一步提出"繁荣发展文化产业"，实施重大文化产业项目带动战略，推动文化产业高质量发展。

通常来说，公益性文化事业是由国家机关或其他组织利用国有资产举办的、在文化领域从事研究创作精神产品和公共文化服务的公益性组织机构。其目的是为公众提供无偿的文化产品和服务，可以进行经营活动并获得一定的经济收益，但其收入不能达到其从事文化创造或艺术生产所付出的劳动价值，且其经营性收入只用于组织的基本建设，而不是由个人进行分配。而文化产业是指从事文化产品生产销售和提供文化服务的经营性行业，是文化中可以用产业方式运作的那一部分。可以说，文化产业是一个经济学概念，其经营活动必须遵循市场经济规律。文化产业的产业性，使其具备经营性质、市场运作方式和产业管理等一系列特征。文化产业的投资者或经营者的根本目的是谋取利润的最大化。[①]

（一）公益性文化事业和经营性文化产业的主要区别

1. 生产目的不同

公益性文化事业部门主要是生产公共产品，以国家意识形态的需要为主，具有很强的社会公益属性和意识形态属性，经济效益不是首要目的。而经营性文化产业部门围绕市场生产文化商品和提供文化服务，以市场需求为主，以盈利为主要目的。

2. 资本来源不同

公益性文化事业由国家机关或其他组织利用国有资产举办，因此其生产资本主要由国家或社会提供。而经营性文化产业的资本由生产文化产品和提供服务的行业来提供，市场经济制度下的所有经济成分都可以介入，来源更广，发展潜力也更大。

目前也有政府和社会、企业合作的项目，又称PPP模式，即政府和社会资本合作，是公共基础设施中的一种项目运作模式。在该模式下，鼓励私营企业、民营资本与政

---

① 赵艺卓. 大连市公益性文化事业发展对策研究 [D]. 大连理工大学，2019.

府进行合作,参与公共基础设施的建设。

3. 管理体制不同

公益性文化事业通常实行公益性管理体制,其机构多为政府部门的附属单位,以行政方式管理。2020年事业单位改革,将现有事业单位按照社会功能划分为承担行政职能、从事生产经营活动和从事公益服务三个类别。对承担行政职能的,逐步将其行政职能划为行政机构或转为行政机构;对从事生产经营活动的,逐步将其转为企业;对从事公益服务的,继续将其保留在事业单位序列,强化其公益属性。

4. 发展方式不同

发展公益性文化事业,要坚持政府主导,加大投入力度,调整资源配置,推进重点文化惠民工程,加强公共文化基础设施建设,促进基本公共文化服务均等化。其法律依据是:《中华人民共和国公共文化服务保障法》是为加强公共文化服务体系建设,丰富人民群众精神文化生活,传承中华优秀传统文化,弘扬社会主义核心价值观,增强文化自信,促进中国特色社会主义文化繁荣发展,提高全民族文明素质制定的。[①]

(二)公益性文化事业和经营性文化产业的联系

(1)尽管公益性文化事业和经营性文化产业从社会任务到各自特征,再到各自发挥作用的方式与途径存在诸多不同,但公益性文化事业与经营性文化产业都是社会主义文化建设的重要组成部分。

(2)发展经营性文化产业需要一些非市场因素的制约和引导,同时经营性文化产业的繁荣发展也不能替代公益性文化事业的发展。

(3)各类公益性文化事业和经营文化产业都应具备文化价值的体现和担当。公益性文化事业固然承担着促进人的全面发展和社会进步的责任,但仍可以借鉴市场经济的意识和观念,充分利用文化资源进行有效率的发展。而经营性文化产业也应在按照市场规律获得经济效益的同时,承担起对社会公众审美、教化和激励的义务与责任。

六、发展公益性文化事业的意义

文化作为推进现代社会发展的一种越来越重要的驱动力,在未来社会的发展进程中,其作用将越来越凸显。我国文化事业的发展既离不开公益性文化事业的支撑,也离不开经营性文化产业的推动。对于国家而言,大力发展公益性文化事业对于传承和发扬中华民族优良传统,构建和完善社会主义核心价值体系,推进国家治理现代化水平具有重大意义,成为衡量社会文明程度的一个重要标志。对于个人而言,公益性文

---

① 文化产业和文化事业的区别与联系[EB/OL]. 知乎, https://zhuanlan.zhihu.com/p/83819289.

化事业为公民正确行使自身文化权利提供了保障,不但能够满足人们的精神文化需求,而且能帮助人们树立正确的世界观、人生观和价值观,提升人们的思想觉悟和文化素质水平,促使人们更加积极地投身到社会发展的建设中,反过来推动公益性文化事业的发展。

(一)发展公益性文化事业能够提高文化生产力

当今世界社会经济、政治与文化相互交融、相互促进,在市场经济和知识经济的大背景下,文化建设和经济建设的关系越来越密切。因此,在考察社会经济发展的同时,也要更多地关注文化的发展。作为推动社会发展的重要动因之一,"文化生产力"这一概念越来越受到广泛的关注。文化生产力指的是渗透于物质生产力中的科学、文化因素,也指具有相对独立形态的精神生产力。[1]社会生产力在任何一个时代都作为人类影响和改造自然的物质力量和精神力量,随着人类生产力水平的提高,渗透于物质生产力中的科学、文化等因素逐渐上升到主导地位。从某种角度来看,现代社会的生产力既是一种物质的力量,同时也是一种文化的力量。因此,大力发展公益性文化事业、建立和健全公共文化服务体系,是发展现代化先进生产力的重要环节。

第一,发展公益性文化事业,健全公共文化服务体系,在满足最广大人民群众精神文化需求的同时,提高人民的文化素质,促进人的全面发展,最大限度调动人民群众建设社会主义的积极性,造就现代化人才,解放和发展文化生产力。

习近平总书记强调,"必须牢牢把握社会主义文化建设的内在动力,以改革创新的精神冲破一切束缚文化发展的思想观念和体制机制,进一步解放和发展文化生产力"[2]。文化事业和文化产业构成文化生产力的两个方面,没有高度发达的文化事业为基础,没有原创性的文化成果和大量的知识产权,文化生产力不可能发展。因此,党的二十大报告提出要繁荣发展文化事业,健全现代公共文化服务体系,坚持以人民为中心的创作导向,推出更多增强人民精神力量的优秀作品。

发展公益性文化事业是人才培养的基础,强大的人才开发和人才储备是发展先进生产力的重要途径。在经济全球化的今天,各国在应用和创造知识的能力和效率上的差距,将导致国家之间综合国力上的差距,世界范围内综合国力的竞争,也将最终落实到人才方面的竞争。人才对现代社会发展的重要作用日益显现,而当今我国在经济发展中的一大制约因素就是人才的短缺。我国生产力相对落后的一个重要因素就是科技水平、劳动力知识素养和文化素养的相对低下。中国要想在全球化竞争中获胜,就

---

[1] 贺善侃.国际大都市公益文化比较研究[M].北京:学林出版社,2010:21.
[2] 赵承.在之江大地上推进中华民族现代文明建设新探索[J].求是,2024(2):69-73.

必须发展教育，加强人才培养，加大人力资本的投入。因此，从这个意义来说，大力发展包括公益性文化事业在内的文化生产力，对于提高人民群众的文化素养、知识水平，调整劳动力结构，鼓励人民群众参与文化建设的积极性具有重要作用。

第二，发展公益性文化事业，健全公共文化服务体系，是增强我国综合国力的重要环节。

文化是一个国家综合实力的重要标志，也是增强国家综合国力的重要力量。综合国力指的是国家拥有的包括自然资源、经济、政治、军事、科技、教育、外交、国民素质、民族凝聚力、意志力等在内的各种物质力量和精神力量的整体实力。文化是精神力量的代表，它是一种精神财富，通过文化辐射的影响力来显示一国的综合国力。在当今，日益激烈的综合国力竞争越来越突出地体现在知识力量和文化力量的竞争。国家的强盛，不仅体现在经济实力、军事力量，更表现在教育的领先、思想和文化的强大。世界发达国家如美国、日本、英国、法国等都更加关注文化实力的建设和发展。我国作为发展中国家，目前仍处于社会主义初级阶段，要充分认识发展文化事业对社会主义建设和民族振兴的重要性和紧迫性，文化事业的强盛是建设社会主义强国的一个重要标志。只有认识到这一点，才能从战略的高度来认识发展公益文化事业的重要意义。

第三，发展公益性文化事业，健全公共文化体系，是推进经济社会可持续发展的文化驱动力，是解放和发展文化生产力的又一重要目标。

文化是经济和社会可持续发展的驱动力，这体现在四个方面。首先，文化在思想和精神上推动着经济的发展和社会的全面进步，既是一种精神动力，更是一种团结力和凝聚力。其次，文化能够提升劳动者的科学文化水平，为经济和社会的发展提供智力支持。再次，文化能够提高经济和社会发展的层次。层次低下的经济活动和社会活动，必然是低质量和低效益的。最后，社会发展的最终目的是提高人的物质文化水平，文化是其中必不可少的一个方面。从这个角度上说，文化不仅是一种手段，也是目的。文化生产力的作用不仅仅在于提升经济社会的发展水平，也在于推进社会的全面进步。公益性文化事业的发展在社会全面、协调和可持续发展的进程中具有重要作用。

（二）发展公益性文化事业能够尊重和保障人民的文化权益

习近平总书记指出："发展文化事业是满足人民精神文化需求、保障人民文化权益的基本途径。"着力推动文化事业繁荣发展，是拉动国民经济增长、保障人民基本文化权益、坚定文化自信的重要方面，能够为加快建设社会主义现代化文化强国提供强大动力。2017年3月，《中华人民共和国公共文化服务保障法》正式施行，用立法保障人民群众的文化权益。2021年，文化和旅游部、国家发展改革委、财政部三部委联合印发了《关于推动公共文化服务高质量发展的意见》，为进一步提升公共文化服务水平，为人民群众提供更高质量、更有效率、更加公平、更可持续的公共文化服务指明方向。

文化权益同人民享有的其他权益一样，是科学发展观"以人为本"的重要内容，在人的全面发展过程中起着不可忽视的作用。文化权益涵盖的范围较广，包括许多方面的内容。概况来说，主要包括以下三个方面：

第一，享受文化成果的权益。公益文化事业的社会覆盖面越广，人民群众所能享受到的包括文化产品和文化服务在内的文化成果就越多，包括对图书馆、博物馆、影剧院等文化场所的享受和对文学、电影、戏剧、音乐等文化产品的享受等。

第二，参与文化活动的权益。人民群众的文化权益不仅体现在对文化成果的被动享受上，还应该包括对文化活动积极主动参与上。因此，公益性文化事业不仅仅表现为公益性文化产品与服务的提供和生产，还表现在为人民群众提供丰富的文化表达空间，提供多种多样、有特色的文化活动机会，创造能够满足不同层次、不同文化背景的文化参与者的条件和氛围，最大限度地满足公众充分参与各种文化活动的权益。

第三，文化创作的权益。公众文化权益最高层次的体现是文化创造。只有当人民群众的文化潜力被充分调动起来，并积极投入文化活动中去，才能真正形成文化创造，发挥人民的文化热情和潜力，也才能提升公民的整体文化素质，造就具有文化创造力和想象力的现代主体。[①]

发展公益性文化事业，不断满足人民群众的文化需求，激发人民群众的文化热情是尊重和保障人民文化权益的基本条件和路径。这也是由公益性文化事业的公益性、广泛性、均等性、教育性特征决定的。

（三）发展公益性文化事业能够提高人民的文化自觉

文化自觉指的是生活在既定文化环境中的人们对其文化的"自知之明"，即对文化的历史、形成过程、特色和发展趋势有所了解，以加强对文化转型的自主能力，取得适应新环境、新时代文化选择的自主地位。[②]

文化自觉包括三个层面的内容：

一是各级政府的文化自觉。政府的文化自觉在文化建设和发展中起着主导作用，包括重视和确立公共文化事业体系的指导思想、加强公共文化事业的组织管理、完善公益性文化事业体系的建立、提供必要的公益性文化事业设施设备、投入充足的文化建设经费等。

二是文化工作者的文化自觉。文化工作者的文化自觉在文化建设和发展中起保证

[①] 王京生.坚持先进文化前进方向，努力促进公民文化权利的实现[M].北京：中国社会科学出版社，2004：39.
[②] 顾伯平.论文化创新[M].上海：上海人民出版社，2005：25.

作用，包括自身文化素养的提升、文化知识的积累、文化品位的塑造和培养、文化创新意识的强化、文化批判精神的锤炼等。

三是广大社会群众的文化自觉。人民群众的文化自觉是基础，包括文化需求的满足、文化素质的全面提升、文化潜力的深度挖掘等。

不同社会阶层、不同行业背景的人们，尽管对文化的理解有着各自不同的角度，水平也参差不齐，但从文化的积极性和认同感上来看，却是一致的。三个层次的文化自觉起着相互促进、相互补充的作用，缺一不可，只有充分唤起不同层次人民的文化自觉，才能使整个社会形成尊重和积极发展文化建设的环境和氛围，公益性文化事业的发展才有可靠的基础和保障。

在中国，文化自觉是指对中华民族文化的自觉，是中华民族对自身文化发展的自觉。发展公益性文化事业和民族文化自觉是一个相互促进的过程。一方面，只有政府、文化工作者和社会大众有了文化自觉，公益性文化事业才能得到充分的发展。发展公益性文化事业，解放和发展文化生产力，形成宏观上科学有效的文化管理体制、微观上富有效率的文化生产和服务运行机制，构建社会公共文化服务体系，实现从文化内容、手段、形式到文化体制、机制上的创新，是现阶段我国文化事业建设和发展的重要任务。另一方面，公益性文化事业能够唤起全民族的文化自觉意识，使人们能够正确认识民族文化和世界文化，从感性认识上升到理性认识，加强中外文化交流，推动民族文化的发展。此外，发展公益性文化事业还能使国民树立起具有高度社会责任感的文化理念，把中华民族的传统文化与实际生活相结合，与时俱进、开拓创新，从而转化成一股强大的力量，众志成城、齐心协力，共同推动社会经济建设的发展。

七、我国公益性文化事业的发展现状

（一）公共文化设施日益完善，但利用率仍有待提高

改革开放 40 多年以来，为了满足广大人民群众的需求，我国加快对公共文化基础设施的建设，兴建和扩建了各类文化馆、博物馆、图书馆等设施。公共文化设施是开展公益性文化服务的场所，是公益性文化事业不可分割的一个部分，也是一个地区文明程度的象征。党的十六大以来，党中央、国务院对公共文化基础设施的建设给予了高度重视，党的二十大报告提出健全现代公共文化服务体系，创新实施文化惠民工程。到 2022 年年末，全国共有公共图书馆 3303 个，实际使用房屋建筑面积 2098 万平方米，公共图书馆总藏量 135959 万册，阅览室座席数 155 万个；群众文化机构 45623 个，其中乡镇综合文化站 33932 个，艺术表演场馆 3199 个，其中文化和旅游部门所属艺术表演场馆 1052 个，美术馆 718 个；全国群众文化机构共有馆办文艺团体 9322 个，演出

10.32万场,观众5442万人次,由文化馆(站)指导的群众业余文艺团体46.36万个。[1]

一方面,我国在公益性文化事业的发展过程中,普遍存在重硬件、轻软件的现象。在公共文化设施建成之后,由于缺乏配套的服务,文化设施的功能无法完全发挥出来,难以很好地开展相应的公益性文化活动。文化馆、博物馆、图书馆等公共文化设施是为欣赏、参与文化活动而提供展示、体验的公共空间和场所,可许多地方的文化设施存在比较严重的问题,如配套设施不健全、服务态度差、手续烦琐,甚至部分设施长期处于闲置浪费的状态,有限的公益性文化基础设施没有得到充分的利用,从而使人民群众的基本文化需求无法得到满足。这种现象在乡村尤其明显,文化场所被挪作他用,图书馆藏书量少且更新慢,借阅人数也较少。

另一方面,在各地举办的公益性文化活动过程中,很大程度上还是只关注面上的影响,注重宣传行为,甚至把一些商业性活动与公益性活动混同起来,忽略了当地广大人民群众的广泛参与,人民群众很少能从中获得基本的文化权益和文化享受。此外,在基层公益性文化活动的开展方面也十分有限,仅有的一些活动只注重形式上的完成任务,民众参与不足,普通老百姓只能作为凑热闹的旁观者。社区活动和乡村文化活动也多是社区居民的自发行为,缺乏科学性的组织和有力的保障。

文化基础设施是公益性文化活动的载体,不是装点门面的摆设,因此,当前十分重要的任务是强化、整合和利用现有的公益性文化基础设施,使之得到充分有效的使用,发挥它们应有的作用。

(二)公益性文化事业经费有显著提高,但投入力度仍有待加强

随着国民经济的持续快速增长,各级政府不断加大对公益性文化事业的投入力度。中华人民共和国成立后至1978年,我国公益性文化事业经费增长幅度很小,只从0.99亿元增加到4.44亿元,增长了不足4倍。在改革开放后的40多年里,公益性文化事业的经费投入明显增长。1978年,公益性文化事业经费投入4.44亿元,到2022年全国文化和旅游事业费达到1202.89亿元,是1978年的270倍多。与改革开放前相比,投入速度明显增长。在改革开放以后,公益性文化事业的各项支出都获得了极大的提高。公益性文化事业经费投入的大幅度增加,相应地提高了公共文化基础设施建设的科学化、规范化水平,从而使得公共文化基础设施建设项目投资效益和管理水平获得了提高。广大人民群众的精神文化消费需求在改革开放后显示出了巨大的潜力,文化消费需求的迅速增长能促进公益性文化事业的发展。

---

[1] 中华人民共和国文化和旅游部2022年文化和旅游发展统计公报[EB/OL].中华人民共和国中央人民政府,2024-09-01,https://www.gov.cn/lianbo/bumen/202409/content_6972211.htm.

虽然我国文化事业的经费投入在改革开放后呈逐年上涨的趋势，但是占国家财政总支出的比重仍然相对较低。由于投入经费基数较小，比例偏低，占国家基建投资的比重也比较低。这不仅反映了政府文化基础设施建设力度明显不够，也反映出公益性文化设施在我国城乡建设规划中得不到应有的重视。

我国公益性文化设施的进一步发展受资金投入不足制约。虽然改革开放以来，国家已经在公益性文化事业方面加大了资金投入，不仅带动了国家文化基础设施的建设，也带动了地方的文化基础设施建设，但从整体上来看，现有的文化设施离广大人民群众不断增长的精神和文化需求还有较大的距离，依然存在公共文化设施建设延迟的现象。

（三）文化产品数量大，但质量不高

改革开放以来，我国各类公益性文化活动在国家和政府的大力支持下丰富多彩，主要体现在以下几个方面：

首先，文学和艺术创作活动蓬勃发展。在广大文艺工作者辛勤工作和潜心创作下，电影、电视、音乐等各个领域创造出许多优秀的文化作品，文学作品和艺术作品的数量大幅增长。

其次，开展了各种各样的文化惠民活动，广大人民群众的文化生活也因此更加丰富。党和政府在改革开放后对基层群众文化建设给予了更大的重视，为此我国采取了一系列举措，在开展群众性文化活动方面做出全面部署。党的二十大报告强调要健全现代公共文化服务体系，创新实施文化惠民工程。中央及地方各级政府也采取了各种形式来丰富群众的精神文化生活。我国中直院团每年进行的"文化下乡活动"，取得了良好的社会效益，赢得了基层观众的热烈欢迎。2023年，文化和旅游部与农业农村部联合开展"大地欢歌乡村文化活动年"，在全国举办12项主题活动和80多项示范活动。同时推动公共图书馆、文化馆的服务宣传周活动，统筹推进全国智慧图书馆体系和公共文化云建设，创新实施中华古籍保护计划，加强古籍活化利用。[1]

文艺产品的数量虽然逐年提高，但其质量明显滞后。创作水平的提高跟不上人民群众欣赏水平的提高。把重点仅放在文化产品的规模和数量的增长上，导致文化产品的数量、质量、规模和效益不平衡。中国的文化生产能力已大大提高，各种文化产品的数量迅速增加，但质量不高，出现了严重的市场接受程度低和产能过剩。例如，在儿童文化产品方面，我国供给规模不断扩大、种类日益增多，但覆盖领域相对单一、

---

[1] 陈彬斌：创新实施文化惠民工程，抓好公共文化服务阵地建设［EB/OL］. https://politics.gmw.cn/2023-12/14/content_37028833.htm，2023-12-14.

同质化产品多,同时儿童文化产品多引进国外精品,本土优秀原创作品却严重不足。许多作品通过模仿、照抄的方式进行模式化生产,制作理念落后、叙事结构失衡、人物扁平苍白、故事缺乏新意,只能通过刻意堆砌情节和制造噱头吸引儿童注意,使得当前国内儿童文艺作品被贴上了"粗制滥造""小儿科"等标签。[①] 在电影文化产品方面,为提高电影质量,近年来网络电影行业提出"减量提质、提倡精品化"的口号。2022 年评分在 7.0 分以上的网络电影有 3 部,6.0~6.9 的网络电影有 6 部,2023 年网络电影品质有所提升,相关数据达到了 5 部和 7 部,但网络电影整体品质和口碑提升的幅度依然远远赶不上观众的要求。

(四)公益性文化事业有所发展,但发展不平衡

自从改革开放以来国家对公益文化事业的资金投入加大以后,不仅带动了全国层面对文化基础设施的关心,也带动了地方层面的关注,继而达到了文化基础建设的新高潮。从大的方向来看,我们不仅建立了世界上规模最大的广播电视网,国家大剧院已经落成并投入使用,同时也建立了全国规模最大、规格最高的国家级博物馆和世界上最大的中文文献收藏中心——国家图书馆,并完成国家话剧院和国家美术馆的整体维修和扩建。

在改革开放进程中,我国加快了文化基础建设的步伐,兴建或改建了大量硬件设施,如表演场馆、文化馆、图书馆和博物馆,以满足居民对文化娱乐设施的需求。到了 90 年代末,表演场所虽然总数有所下降,但新建的表演场馆、多用途场馆不论在设施和容载力方面都有提高。各级行政单位通过逐步改进文化馆的基础设施和品位,使得其内部环境不断改善。随着城市社区的不断发展,近年来,图书馆和博物馆进入另一个增长期。2013 年,全国共有公共图书馆 3112 个,到 2022 年年末,公共图书馆数量达到 3303 个,增长 6.14%。同时,随着国家的大力布局和推广,图书总藏量逐年增加,从 2013 年的 74896 万册增加到 2022 年的 135959 万册,增长 81.5%。根据国家文物局发布的数据,2022 年,我国新增备案博物馆 382 家,全国博物馆总数达 6565 家,排名全球前列。

我国不同地区因区域经济发展失衡,公益性文化事业的发展也受到影响,文化权益在不同群体中也不均等,比如沿海与内地、东部与中西部有很大的差距。因为基础设施的落后加上人才缺乏,大多数农村人口难以享受多元的文化生活,与城市居民丰富的文化生活形成了鲜明对比。在消费层次上,社会中各基层、各群体在享受公益性

[①] 中国传媒大学调研组. 以文化浇灌 助"双减"扎根——青少年儿童文化产品供给调研[N]. 光明日报,2022-09-22(7).

文化事业时也存在一定的差距，贫困落后、生活困难地区居民的精神文化生活比较匮乏，文化建设投入也相对较少。当前经济欠发达地区的公益性文化事业虽然有所发展，但因经济、交通等因素的影响，在发展的过程中还有较多的问题存在，文化设施仍满足不了人民日益增长的精神文化要求，用于公益性文化事业的经费严重不足，已经影响到了某些地区整体的文化建设步伐。[1]

【延伸阅读】

推进公共文化服务高质量发展

用手机扫一扫，了解更多信息

第二节 公益性文化事业管理的内容

一、公益性文化事业管理的内容

根据公益性文化事业的范围，可以将公益性文化事业管理的内容划分为以下几项。

（一）文学艺术事业管理

党的十八大以来，以习近平同志为核心的党中央高度重视文艺事业。习近平总书记就文艺工作发表一系列重要论述、做出一系列重要指示，其精神立意高远、内涵丰富，揭示了社会主义文艺本质属性、历史逻辑与发展规律，丰富和发展了马克思主义文艺理论，在社会主义文艺事业发展史上具有里程碑意义。其中，坚持以人民为中心的创作导向，是习近平总书记关于文艺工作重要论述的核心观点。"人民"也是习近平总书记关于文艺工作的重要论述中使用频率最高的词汇。事实也一再表明，"以人民为中心"是社会主义文艺的生命线，是繁荣发展文艺事业必须遵循的根本原则。文艺界务必毫不动摇地践行这一思想，将其作为一切工作的出发点和归宿，为文艺事业繁荣发展注入新的持久动力。[2]

---

[1] 梁智文.我国公益性文化事业发展研究［D］.郑州大学，2013.
[2] 李屹.坚持以人民为中心大力推动新时代文艺事业繁荣发展［J］.人民论坛，2020（1）：6-8.

人民日益增长的精神文化需求是文艺事业繁荣发展的强劲动力。党的十九大报告明确指出,我国社会的主要矛盾已经转化为人民日益增长的美好生活需要和不平衡不充分的发展之间的矛盾。这一科学判断标志着中国人民生活水平的历史性变化,意味着人们对美好生活的追求日益强劲。"美好生活需要"既有物质性内涵,更有日益增加的精神性内涵。随着经济社会发展,社会结构日益复杂,文化需求的类型、层次日趋多样,人们的文艺欣赏水平不断提高,对文艺作品的质量、品位、格调等要求也越来越高。这既对文艺工作提出新的更高要求,也为文艺的繁荣发展提供了不竭的动力。只有把人民新的文化诉求放在心上,用心、用情、用功去抒写、抒情、抒怀,才能赢得人们广泛的精神共鸣,实现文艺事业新的跃升。[①]

文学艺术事业管理是国家利用行政机构和各种行政手段对文学艺术事业所实施的各项管理。目的是使文学艺术事业为广大人民群众服务、为社会主义制度服务。管理范围包括文艺创作、文艺理论研究、文艺批评、艺术团体。文学艺术事业管理的方针政策鼓励不同形式和风格的文学艺术形式自由发展,允许不同学派之间开展自由讨论,积极贯彻百花齐放、百家争鸣、推陈出新的文艺方针,反对强制推行某种学派或某种风格而压制其他学派和风格的发展。

国家还规定各种艺术表演团体是进行艺术创作活动的事业单位,实行剧目编演计划、艺术产品质量检查等都由艺术表演团体自己负责。同时还规定,全民艺术表演团体与集体艺术表演团体同是社会主义公益性文化事业的重要组成部分,任何文化事业机构都须对其平等相待,对某些具有代表性的剧团和某些特殊艺术品种给予重点扶持。文学艺术事业是我国社会主义文化事业的重要组成部分,国家根据文学艺术事业发展的客观规律制定文学艺术事业管理的各项规章制度,从而促进我国文艺事业的发展和满足人民群众的文化生活需要。[①]

(二)社会文化事业管理

在不断完善现有群众文化网络的基础上,以丰富城乡人民精神文化生活,提高文化生活质量为主要目标,进一步巩固城乡基层文化阵地和基本队伍,丰富基层文化活动内容,完善基层文化活动形式。鼓励社会力量兴办群众文化,大力发展社区文化、村镇文化、校园文化、企业文化、军营文化等各类社会文化事业。

加强国家指导、部门协作和地方配合,继续实施"中国文化百强县""万里边疆文化长廊建设""乡镇综合文化站"等一系列重大文化工程建设。加强对文化百强县的动态管理,打造县域文化传播旗舰品牌。扩大全国万里边疆文化长廊建设范围,使之覆

---

① 刘建明,王泰玄.等.宣传舆论学大辞典[M].北京:经济日报出版社,1993:3.

盖所有沿边、沿海地区。进一步优化基层文化资源配置，统筹城乡公共文化资源，充分发挥乡镇综合文化站阵地作用，提升乡镇综合文化站管理和服务水平。

继续对少数民族地区实行文化设施建设、文化人才培养、对外交流、文物优先保护优先安排的优惠政策，加强对民族民间文化遗产的有效保护和合理开发。配合西部大开发战略，组织东部地区对西部地区开展对口文化支援。

积极推进社会艺术教育。建立全国性的业余艺术考级机构网络，统一业余艺术考级标准，指导和规范业余艺术考级活动。加强图书馆行业管理，完善图书馆评估制度。改善公共图书馆办馆条件，优化图书馆藏书结构，提高服务质量管理和办馆效益。加强图书馆服务网点和阅读设施的建设，加强乡镇、街道图书馆改建工作。[①]继续举办"全民阅读大会"，掀起全社会读书热潮。

（三）文物博物馆事业管理

构建中华文明标识体系。深化中华文明研究，推进中华文明探源工程，开展考古中国重大研究，实证中华文明延绵不断、多元一体、兼收并蓄的发展脉络。依托价值突出、内涵丰厚的珍贵文物，推介一批国家文化地标和精神标识，增强中华民族的自豪感和凝聚力。

完善革命文物保护传承体系。实施革命文物保护利用工程（2018—2022年），保护好革命文物，传承好红色基因。强化革命文物保护利用政策，开展革命文物集中连片保护利用，助力革命老区脱贫攻坚。推进长征文化线路整体保护，加快长征文化公园建设。加强馆藏革命文物征集和保护，建设革命文物数据库，加强中国共产党历史文物保护展示。

大力推进文物合理利用。充分认识利用文物资源对提高国民素质和社会文明程度、推动经济社会发展的重要作用。地方各级文物部门要加强统筹规划，依法加大本行政区域文物资源配置力度。文物博物馆单位要强化公共文化服务的基本功能，盘活用好国有文物资源。支持社会力量依法依规合理利用文物资源，提供多样化、多层次的文化产品与服务。

健全社会参与机制。坚持政府主导、多元投入，调动社会力量参与文物保护利用的积极性。在坚持国有不可移动文物所有权不变、坚守文物保护底线的前提下，探索社会力量参与国有不可移动文物的使用和运营管理。鼓励依法通过流转、征收等方式取得属于文物建筑的农民房屋及其宅基地使用权。加大文物资源基础信息开放力度，支持文物博物馆单位逐步开放共享文物资源信息。促进文物旅游融合发展，推介文物

---

① 孙萍.文化管理学[M].2版.北京：中国人民大学出版社，2010：190.

领域研学旅游、体验旅游、休闲旅游项目和精品旅游线路。

加强科技支撑。加强"数字文化遗产安全保护利用关键技术研究和示范"项目研发，建设文物领域国家技术创新中心和国家重点实验室。充分运用互联网、大数据、云计算、人工智能等信息技术，推动文物展示利用方式融合创新，整体提升我国数字文化遗产的保护与利用水平。

完善文物保护投入机制。支持文物保护由抢救性保护向抢救性与预防性保护并重、由注重文物本体保护向文物本体与周边环境整体保护并重转变。推动文物保护领域中央与地方财政事权和支出责任划分改革，落实各级政府支出责任。加快公布文物领域政府购买公共服务指导性目录。探索对文物资源密集区的支持方式，强化绩效管理。积极引导鼓励社会力量投入文物保护利用。[①]

（四）文化基础设施建设

加大公共文化服务投入力度，建立经费保障长效机制。加强公共文化服务体系建设，关键要解决资金投入的问题。要抓紧制定支持和保障公共文化服务体系建设的投入办法，坚持政府主导，逐步建立健全同公共财力相匹配、同人民群众文化需求相适应的政府投入保障机制，使公共文化基础设施和公益性文化事业单位所需的资金有稳定的来源和保障。要把加大投入力度与改进投入方式结合起来，把主要公共文化产品和服务项目、公益性文化活动纳入公共财政经常性支出预算，采取政府采购、项目补贴、定向资助、贷款贴息、税收减免等政策措施，鼓励各类文化企业参与公共文化服务。要拓宽投入渠道，引导和鼓励社会力量通过兴办实体、资助项目、赞助活动、提供设施等形式参与公共文化服务，努力促进公共文化服务的多元化和社会化。

要加强文化馆、博物馆、图书馆、美术馆、科技馆、纪念馆、工人文化宫、青少年宫等公共文化服务设施和爱国主义教育示范基地建设，向社会免费开放服务，鼓励其他国有文化单位、教育机构等开展公益性文化活动。要鼓励国家投资、资助或拥有版权的文化产品无偿用于公共文化服务。要深入推进文化事业单位内部改革，创新运行机制，突出公益属性，强化服务功能，增强发展活力。

建设和完善基层文化设施网络，实现公共文化设施有效覆盖。设施网络是公共文化服务体系的基础。要统筹规划、合理布局，加强各类公共文化基础设施建设，实现公共文化设施网络的全面覆盖。要以农村和中西部地区为重点，加强县级文化馆、乡镇综合文化站、村文化室建设，深入实施广播电视村村通、文化信息资源共享、农村电影放映、农家书屋等文化惠民工程，推动公共文化设施建设向城乡基层倾斜。要加

---

① 中办国办印发《关于加强文物保护利用改革的若干意见》[N].人民日报，2018-10-09（001）.

强社区公共文化设施建设，把社区文化中心建设纳入城乡规划和设计，拓展投资渠道。要完善面向妇女、未成年人、老年人、残疾人的公共文化服务设施。[1]

（五）文化信息化建设

加强信息技术在公共文化服务体系中的应用，依托现有信息化建设成果和基础资源，进一步提升公共文化服务信息网络能力。扎实推进文化信息资源共享工程、公益性电子阅览室建设，提高数字图书馆、数字博物馆、数字文化馆、数字剧院建设水平。推进面向基层乡镇文化站、村文化室的信息化建设，实现文化信息内容、信息服务和信息终端进入社区、乡村，缩小城乡数字鸿沟，促进公共文化服务均等化。

加强文化遗产信息化建设。加快文化遗产基础资源库的建设完善，推进数据资源的跨行业应用。加强基于先进通信技术、地理信息技术的文物遗址、考古发掘、数字博物馆、网上非遗传习所、虚拟体验中心等信息化项目的建设。促进信息技术在保护民间文化、传承民族优秀文化方面的广泛应用，丰富文化遗产的表现形式和传播手段，增强我国文化的吸引力和影响力。

（六）文化队伍建设

加强文化队伍的思想建设和作风建设，使广大文艺工作者树立科学的世界观和方法论，把握时代的脉搏，正确认识社会生活的本质和发展规律。加强革命传统教育和艺德教育，提高广大文艺工作者的艺术道德素质，端正行业作风，不断提高文艺工作者的思想素质和艺术水平。[2]

深入实施青年文化人才培养工程，鼓励高层次文化人才与优秀青年文化人才开展交流合作，为青年文化人才提供专业指导。大力实施青年文艺人才引进计划，选拔一批有实力有潜力的青年人才进行重点培养，注重发挥文艺名家的传帮带作用，推动青年人才逐步成长为各文艺门类的领头人。加强后备人才队伍建设，以学科和专业建设为重点，办好各类艺术中专学校，鼓励高校与文化企事业单位共建培养基地，提升人才的综合素质能力。

抓住国际文化市场变化的新机遇，加强文化人才的国际交流合作，积极引进海外人才和海外智力，特别是要引进一批高端人才和领军人物，通过他们的引导，学习国际前沿管理理念、创意思路和运营模式，从而带动和影响国内的文化人才队伍。同有关国际机构联合培训创意人才，积极评选创新团队和创新人才，培养一批具有国际视野、善于经营管理的高层次复合型人才。

---

[1]《决定》解读：如何完善公共文化服务体系建设，http://www.gov.cn/jrzg/2011-12/14/content_2019768.htm.
[2] 孙萍.文化管理学［M］.2版.北京：中国人民大学出版社，2010：192.

打破体制、身份界限，把民间艺人、非遗传承人、业余文化骨干、文化热心人、文化能人、文化志愿者等体制外人才纳入公共文化人才统计范畴，纳入业务培训规划，纳入人才工作服务对象，在职称评定、政府奖励、支持资助、表演展演、社会荣誉等方面享受同等待遇。积极推进基层综合性文化服务中心建设，统筹基层各类人才资源。进一步完善文化志愿者队伍招募、培训、服务、考核、奖励等制度，促进文化志愿服务制度化和日常化。①

（七）对外及对港澳台地区文化交流

党的十八大以来，对外文化工作不断开创新领域，搭建深层次思想对话平台，着力促进中外智库和学界交流。"汉学与当代中国"座谈会、青年汉学家研修计划以及文学影视译介研修班等活动反响热烈，中国文化和价值理念的国际影响力日益增强。2023年是中外语言交流合作中心"新汉学计划"实施十周年。十年来，"新汉学计划"先后为90多个国家840余位海外学子提供来华攻读博士学位或开展研修学习的机会，推动汉学和中国研究跨文化、跨专业、跨学科发展。通过"新汉学计划"，越来越多的外国友人在中国相遇，又从中国走向世界。②

海外文化阵地建设加速推进。通过创新建设思路，引入地方政府和社会力量，多模式推进海外中国文化中心建设。截至2023年，中国已在44个国家设立46家海外中国文化中心，其中共建国家32家，成为全方位展示中华文化精粹和国家形象的重要平台。

加快传统媒体与新兴媒体的国际传播能力建设，全面升级改版"中国文化网"，着力将其打造成中外文化交流的权威网站。在Facebook、Youtube、Instagram、Twitter海外四大主流社交媒体平台开设"中国文化"账号，加强与海外受众群体的互动交流，拓展中国文化在网络新媒体空间的影响力。

多边国际文化交流与合作不断深化。通过联合国教科文组织等国际平台，我国深度参与《保护非物质文化遗产公约》和《保护和促进文化表现形式多样性公约》的修订和实施，提升了国际文化话语权。到2023年，我国列入联合国教科文组织人类非物质文化遗产代表作名录的项目总数达到43项，列入急需保护的非物质文化遗产名录7项，入选优秀实践名册1项，列入名录（名册）的总数位居各缔约国之首。

以文促情、以文化人、以文建信、以文聚心。近年来，港澳台文化交流致力于推动中华优秀文化深植于港澳地区，不断强化现有的交流渠道和品牌建设，加强面向港

---

① 抓好文化人才队伍建设, http://news.sina.com.cn/c/2018-01-03/doc-ifyqcsft9612618.shtml.
② 柴如瑾.同汉学结缘 促文明互鉴——来自首届世界青年汉学家论坛的声音[N].光明日报，2023-12-08（9）.

澳青少年的中华文化体验活动，邀请港澳特区政府官员、社会精英、文艺团体参加国家文化外交活动，提升了港澳同胞的国家荣誉感，中华文化在港澳多元文化中的比重不断上升。

抓住两岸关系和平发展机遇，不断夯实对台文化工作的思想和社会基础。一系列有新意、有影响的交流活动陆续入岛，不断成为岛内文化热点。文化交流作为维系两岸同胞亲情的重要纽带，已成为两岸交往中最活跃、社会影响最大的因素之一。[1]

二、政府公益性文化事业管理职能

（一）出台方针政策

政府的文化事业政策包括文化投入与扶持政策、文化税收与价格政策、文化产业政策以及社会捐助与文化保障政策等。其中与公益性文化事业密切相关的是投入与扶持政策和社会捐助政策。

（二）开展规划建设

按照社会发展对文化事业建设的要求，立足于文化事业的现有水平，制定文化事业规模、结构、布局及运行方式的总体规划，提出落实规划的实施方案和工作安排。

（三）协调监督

监督文化事业单位遵守国家法律法规和规章，协调文化事业相关内容的内部、外部关系，为文化事业发展提供良好的社会环境和组织管理保证。

（四）指导服务

发挥文化行政职能，做好对文化事业单位，特别是基层文化及其工作者的服务工作，为文化事业的发展和文化工作者的才华展现提供力所能及的服务。[2]

➡【延伸阅读】

推动新时代数字文化建设

用手机扫一扫，了解更多信息

---

[1] 党的十八大以来对外和对港澳台文化工作创新发展成就综述，http://www.gov.cn/zhuanti/2017-10/20/content_5233383.htm.

[2] 孙萍.文化管理学［M］.2版.北京：人民大学出版社，2011：193.

第三节　公益性文化事业管理的原则和方法

一、公益性文化事业管理的原则

中华人民共和国成立以来，我国的公益性文化事业建设虽然有了长足的发展，取得了很大的成绩，但与世界先进国家相比尚有较大差距，与我国社会主义现代化进程中人民群众日益增长的精神文化需求相比还远不适应。为了进一步加强公益性文化事业建设，在管理中必须坚持以下原则。

（一）坚持持续增加投入的原则

公益性文化事业由国家主导兴办，国家应不断增加财政投入，扶持其更快、更好地发展。2022年，中共中央办公厅、国务院办公厅印发《"十四五"文化发展规划》（以下简称《规划》），《规划》指出：要推进城乡公共文化服务体系一体建设，推动公共文化数字化建设，创新实施文化惠民工程，提升基本公共文化服务标准化均等化水平，更好保障人民基本文化权益。总体上看，近年来我国对公益文化事业投入总量偏少、比例偏低，致使许多应建应修的公益性文化设施没有提上议事日程。例如，我国有据可考的音乐历史十分悠久，仅中国艺术研究院音乐研究所就收集各种民族传统乐器近2000件，音像资料近7000小时，可是至今我国还没有一座音乐博物馆来收藏这些宝贵资料。仅有二百多年历史的美国却拥有音乐博物馆24座。由于日常事业经费偏少，不少公益文化事业单位处于瘫痪或半瘫痪状态。由此看来，国家不增加投入，公益性文化事业是难以发展的。为了促进公益性文化事业的发展，还应实行"多渠道的投入体制"，鼓励社会力量资助宣传文化事业。

（二）坚持公益性质的原则

公益性文化事业单位任何时候都应当坚持为公众服务，并使公众受益的公益性质。要做到这一点，在管理工作中就必须坚持非营利的方针。《国际博物馆协会会章》规定："博物馆是一个不追求营利，为社会和社会发展服务的公开的永久性的机构"。《联合国教科文组织公共图书馆宣言》也强调："公共图书馆完全依靠公共资金来维持活动，为此，为任何人服务都不应当直接收费。"世界许多国家的图书馆、博物馆、纪念馆一类的公共文化事业单位，也经常在其附属设施中开办餐饮店、书刊部、纪念品商店乃至综合性服务场所。但这并不改变它的非营利性质：

第一，它绝不占用展览、陈列、阅览、藏书和其他开展活动的场所从事经营活动，这些场所都毫不含糊地用于公益事业。

第二，它们从事经营活动所得收入原则上都用于补充文化事业经费，支持公益事业的发展。

相比之下，我国近年来在这方面存在的问题较多。最突出的就是一些单位由于种种原因改变了公益性文化事业的性质，将本来应当用于公益事业的馆舍和场所，或自用，或出租，用于开办商店、饭店、宾馆、夜总会、娱乐城、家具城、股票交易所等等，使公益性的文化事业单位变成了商业气息很浓厚的经营单位，这无疑是对公众享受公益文化权利的一种剥夺。虽然公益性文化事业单位也应当根据条件和需要开展一些经营活动，但只能利用附属设施和其他场所来开展，而且目的只能是用经营收益来补充事业经费的不足，扶持公益性文化事业的发展，或为参与公益文化活动的公众提供某种方便。如果偏离公益性文化事业单位的宗旨，大量占用公益文化场所开展经营活动，或者抛开公益性文化事业单纯从事经营活动，或者因开展经营活动而损害了公益文化事业，都是极为不妥的。因此，要时刻牢记公益文化事业是提高国民素质的事业，应想方设法维护和坚持公益文化事业的性质。

（三）坚持以服务为宗旨的原则

提高公益性文化事业部门的服务水平，是坚持这些部门公益性质的重要条件。近些年世界各国的公益文化部门都在努力提高自己的服务水平。我国大多数公益文化单位也正朝着这一方向努力。如地处长沙繁华地段的湖南省少儿图书馆不为金钱所动，想尽一切办法为孩子们营造"知识绿洲"。该馆率先打破条条框框，实行全方位开架阅览，吸引成千上万的孩子到这里汲取知识，还经常走出去，为联系点、少管所、社会福利院的孩子送书、送电影。该馆每月都举办影视游艺、故事会、文学沙龙、外语天地、科普乐园、图画王国、家教咨询以及作文、美术、书法大赛等各项活动，受到社会的广泛称赞。但是，也有不少公益文化单位服务条件差，服务态度生硬，服务形式单调，公众不愿意去那里参与活动。某地古城的博物馆，由于服务条件差，曾经出现过一天只卖出六张门票的尴尬局面。如果公益文化事业单位失去了公众的热情参与，也就失去了公益性质。所以，不断提高公益文化事业单位的服务水平是极为重要的。

（四）坚持法治原则

依法治国，就是广大人民群众在党的领导下，依照宪法和法律规定，通过各种途径和形式管理国家事务，管理经济文化事业，管理社会事务，保证国家各项工作都依法进行。国家的公益性文化事业，也必须依照法律法规进行管理。近些年，一些地方的公益性文化事业之所以遭到严重破坏，引起了广大群众的热切关注和不满，重要的原因之一就是这项事业失去了法律法规的保护。由于缺少法律保护，一些人就可以随便减少公益文化事业单位的经费,随便把公益场所挪作他用,随意破坏展品、馆藏,且无法追究其法律责任。因此,当务之急是尽快为公益文化事业立法,不仅要有这方面总的法规,还应有图书馆、博物馆、文化馆乃至公园等方面的单项法规,以法的形式确定这些单位的性质、地位、作用、服务方向、行为规范、经费保证以及法律责任等,切实把其纳入法治化的管理轨道。

(五)坚持向文化生活贫乏的群体倾斜的原则

只有保障绝大多数人的文化权益,才能真正代表最广大人民的根本利益。目前,农村人口在我国总人口中仍占有相当高的比例,中华人民共和国成立以来,特别是改革开放以来,他们的文化生活有了不同程度的改善,但仍然十分贫乏。城市中特殊群体也很少有文化生活,农民工更是处于文化饥饿的状态。正是出于向文化生活贫乏群体倾斜的考虑,文化管理部门高度重视基层文化建设,并且提出基层文化建设在社区,农村文化建设在乡镇的要求。

(六)坚持兼顾各方面的文化利益原则

人民内部历来就存在不同层次的社会群体,在社会主义市场经济的新形势下,经过分化和重组,社会群体的构成更呈多样化和动态化的趋势。必须充分尊重和尽量满足不同社会群体的不同文化需求,处理好普及与提高的关系,使所有公民都能在"文化享有"上各得其利,在"文化提高"上各得其所,在"文化创造"上各尽其能,真正促进全民族思想道德素质和科学文化素质的提高。[①]

二、公益性文化事业管理的方法

文化事业管理主要有行政、法律、经济等多种方法。公益性文化事业的管理,是文化事业管理的重要组成部分,其主要管理方法包括行政方法、法律方法、经济方法等,但是在使用中更突出公益性文化事业的宗旨,并配合以教育方法、理论方法等。

(一)行政方法

公益性文化事业管理的行政方法,是指凭借行政系统上下级之间的关系,自上而下地下达命令、指示、指令、决议、决定、规定、计划,又自下而上地报告、请示的管理方法,其显著的特点是权威性和强制性。在公益性文化事业管理中具体表现为:通过制定公益性文化事业发展计划与规划,确定各项文化项目的发展目标和实现这些目标的保障措施,引导文化资源合理流动、合理配置,以体现政府在文化工作中提倡什么、允许什么、反对什么的意志;通过行政监督、评估,防止公益性文化事业单位

---

① 孙萍.文化管理学[M].2版.北京:人民大学出版社,2011:198-201.

偏离宗旨，并采取措施纠正偏差，保证公益性文化事业发展的基本方向。

当然，行政方法离不开命令和指示，带有很大的主观性和随意性，容易导致管理者的官僚主义和脱离客观实际的瞎指挥，造成决策失误和权力过于集中，其强制性也会使被管理者处于被动服从地位，影响被管理者的积极性和主动性。所以行政方法在公益性文化事业管理中，必须与法律、经济、教育、舆论等方法协同应用。

（二）法律方法

公益性文化事业管理的法律方法，是指通过立法和司法，特别是通过行政立法、行政执法和行政裁量实施管理，处理和调节社会文化生活的方法。法律方法显著的特点是强调以宪法、法律、法规为准则，规范性强，具有普遍的约束力。在公益性文化事业管理中具体表现为：通过文化立法，将政府对文化实行宏观管理的行为制度化，如《中华人民共和国文物保护法》《中华人民共和国著作权法》等，对某一文化活动的根本问题做出规定，以保证公益性文化事业有法可依；通过文化执法、司法，对传播精神垃圾、破坏公共文化设施、倒卖文物等违法犯罪活动加以控制，使公民合法的文化权利得到保护。法律方法可以调节文化活动中各种因素的关系，制裁违法犯罪活动，也是文化事业健康发展的保证。

当然，法律方法也有局限性，它的高度规范性使它在处理个性化的、内在的问题方面灵活性不足，而文化的特性又决定其个性化的、内在的问题比较多。因此，法律方法需要与其他管理方法结合使用。

（三）经济方法

公益性文化事业管理的经济方法，是指管理主体运用经济政策、财税、价格、金融等经济杠杆，按照经济规律来管理的方法。在市场经济条件下，经济方法是最基本、最有效的一种文化事业管理方法。在公益性文化事业管理中具体表现为：通过制定倾斜性的经济政策，实现对公益性文化事业的投入；通过财政预算、支出、补贴等，实现对公益性文化事业的财政拨款；通过低税率或免税的形式，实现对公益性文化事业的扶植与保护；通过贷款条件、优惠利率、差别利率等，支持公益性文化事业的发展；通过完善价格补偿机制和约束机制，保护公益性文化产品；通过引导社会对公益性文化事业的投入，建立各种类型的文化基金，鼓励公民个人捐助，拓宽公益性文化事业资金来源渠道等。

（四）教育、舆论方法

公益性文化事业管理的教育、舆论方法，是指依靠宣传、鼓动、教育、说服等途径实施管理的方法。其特点是贯穿平等、民主、疏导的原则，形式灵活多变，比较适合文化事业个性化的特征。在公益性文化事业管理中具体表现为：通过媒体进行政策和法规的宣传，表彰先进事件、揭露偏离公益性文化事业宗旨的行为，既能起到让人民了解国家的政策并据此调整自己的行为观念的作用，又能起到将人民的意愿传达给相关权力部门的作用。我国缺乏法治传统，因此，教育、舆论的方法，在实际应用中的作用不容忽视。[1]

【延伸阅读】

都市公益文化建设的作用

用手机扫一扫，了解更多信息

【本章小结】

公益文化事业是指国家为了社会公益目的，由国家机关或社会兴办的面向全体公民的非营利性的文化事业组织及其场所和所开展的各项活动。公益文化事业主要包括以下四个方面：一是同国际社会基本一致的福利性文化事业，如公共图书馆、博物馆、文化馆、艺术馆、科技馆等提供的文化产品与服务；二是传播与弘扬社会主义意识形态和价值观念所需要的文化产品与服务，如纪念馆、陈列室、爱国主义教育基地等；三是为丰富广大人民群众业余生活所需要的各种基层文化、群众文化活动等，这类活动极大地丰富了人民群众的文化生活，满足了人民群众的基本文化需求；四是具有优秀文化传统和艺术造诣的各种文化作品、表演艺术和非物质文化遗产，如川剧变脸等。这些传统的文化对于提升公众文化素养和国家精神文明建设，弘扬中华文化具有十分重要的作用，因此需要国家对其进行扶持和推广。

公益性文化事业主要有非营利性、广泛性、均等性和教育性四个方面特征。通常来说，公益性文化事业是由国家机关或其他组织利用国有资产举办的，在文化领域从事研究创作精神产品生产和公共文化服务的公益性组织机构。其目的是为公众提供无偿的文化产品和服务，可以进行经营活动并获得一定的经济收益，但其收入不能达到其从事文化创造或艺术生产所付出的劳动价值，且其经营性收入只用于组织的基本建设，而不是由个人进行分配。而文化产业是指从事文化产品生产销售和提供文化服务的经营性行业，是文化中可以用产业方式运作的那一部分。公益性文化事业和经营性文化产业的主

---

[1] 孙萍.文化管理学[M].2版.北京：人民大学出版社，2011：201.

要区别在于以下几点：生产目的不同、资金来源不同、管理体制不同和发展方式不同。

对国家而言，大力发展公益性文化事业对于传承和发扬中华民族优良传统，构建和完善社会主义核心价值体系，推进国家治理现代化水平具有重大意义，成为衡量社会文明程度的一个重要标志。对个人而言，公益性文化事业为公民正确行使自身文化权利的机会提供了保障，不但能够满足人们的精神文化需求，而且还能帮助人们树立正确的世界观、人生观和价值观，提升人们的思想觉悟和文化素质水平，促使人民更加积极地投身到社会发展的建设中，反过来推动公益性文化事业的发展。

我国公益性文化事业的发展现状和存在问题主要有：公共文化设施日益完善，但利用率仍有待提高；公益性文化事业经费有显著提高，但投入力度仍有待加强；文化产品数量大，但质量不高；公益性文化事业有所发展，但发展不平衡。

根据公益性文化事业的范围，可以将公益性文化事业管理的内容划分为以下项目：文学艺术事业管理、社会文化事业管理、文物博物馆事业管理、文化基础设施建设、文化信息化建设、文化队伍建设以及对外及对港澳台地区文化交流。

政府在公益性文化事业中的管理职能主要有：方针政策管理、规划建设管理、协调监督管理和指导服务管理。

中华人民共和国成立以来，我国的公益性文化事业建设虽然有了长足的发展，取得了很大的成绩，但与世界先进国家相比尚有较大差距，与我国社会主义现代化进程中人民群众日益增长的精神文化需求相比还远不适应。为了进一步加强公益性文化事业建设，在管理中必须坚持以下原则：坚持持续增加投入原则、坚持公益性质原则、坚持以服务为宗旨的原则、坚持法治原则、坚持向文化生活贫乏的群体倾斜的原则和坚持兼顾各方面的文化利益原则。

公益性文化事业的管理，是文化事业管理的重要组成部分，其主要管理方法包括行政方法、法律方法、经济方法等，但是在使用中更突出公益性文化事业的宗旨，并配合以教育方法、舆论方法等。

【复习思考题】

1. 什么是公益性文化事业？
2. 发展公益性文化事业的任务有哪些？
3. 公益性文化事业与经营性文化产业有什么区别？
4. 我国公益性文化事业的发展现状和存在的问题有哪些？
5. 文化自觉包括哪几个层面？
6. 公益性文化事业管理的原则有哪些？

第六章

文化产业管理

➡【学习要点】

1. 了解文化产业的内容。
2. 了解文化产业管理的内容。
3. 了解我国文化产业管理现状及其改革。

➡【引例】

近年中国文化产业发展态势良好

据国家统计局统计数据显示，2020年年末全国规模以上文化及相关产业企业营业收入98514亿元，比上年增长2.2%（前三季度下降0.6%）。

2020年年末全国文化和旅游系统共有艺术表演团体2027个，博物馆3510个。全国共有公共图书馆3203个，总流通[①]56953万人次；文化馆3327个。有线电视实际用户2.10亿户，其中有线数字电视实际用户2.01亿户。年末广播节目综合人口覆盖率为99.4%，电视节目综合人口覆盖率为99.6%。全年生产电视剧202部7476集，电视动画片116688分钟。全年生产故事影片531部，科教、纪录、动画和特种影片119部。出版各类报纸277亿份，各类期刊20亿册，图书101亿册（张），预计人均图书拥有量7.24册（张）。

---

① 总流通人次是指本年度内到图书馆场馆接受图书馆服务的总人次，包括借阅书刊、咨询问题以及参加各类读者活动等。

年末全国共有档案馆4234个，已开放各类档案17659万卷（件）。全年全国规模以上文化及相关产业企业营业收入98514亿元，按可比口径计算，比上年增长2.2%。

文化行业全年实现正增长。在文化及相关产业9个行业中，新闻信息服务、创意设计服务营业收入增速超过两位数，分别增长18.0%、11.1%；文化消费终端生产、内容创作生产、文化投资运营3个行业持续稳步复苏，分别增长5.1%、4.7%、2.8%；文化装备生产由前三季度下降3.4%转为增长1.1%；文化娱乐休闲服务、文化传播渠道、文化辅助生产和中介服务3个行业分别下降30.2%、11.8%和6.9%，但降幅明显收窄。

"互联网+文化"新业态保持快速增长。从文化及相关产业细分行业看，文化新业态特征较为明显的16个行业小类实现营业收入31425亿元，比上年增长22.1%，增速比一季度、上半年和前三季度分别加快6.6、3.9和0.2个百分点；占规模以上文化及相关产业企业营业收入的比重为31.9%，比上年提高9.0个百分点。其中，互联网其他信息服务、其他文化数字内容服务、互联网广告服务、娱乐用智能无人飞行器制造、可穿戴智能文化设备制造5个行业小类的营业收入增速均超过20%。

各区域文化企业经营状况普遍趋于好转。东部、中部地区规模以上文化及相关产业企业营业收入分别由前三季度下降0.4%、1.5%转为增长2.3%、1.4%；西部地区增长4.1%，增速比前三季度提高3.2个百分点；东北地区仍处于下降区间，但降幅收窄7.3个百分点。

2021年，随着我国国民经济持续稳定恢复，文化消费需求将进一步释放，文化产业规模将继续扩大，文化市场复苏态势将不断巩固。

资料来源：国家统计局官网。

【引例启示】

自党的二十大以来，我国文化产业在政策支持、经济基础、社会需求和科技创新等多重因素共同推动下，呈现出持续健康发展的良好态势。在文化体制改革持续深化与文化消费需求不断升级的双重驱动下，文化产业不仅实现了总体营收规模的稳步扩张，更在产业结构优化方面取得显著成效。这一发展进程既体现了居民文化消费能级的提升，也反映了全民文化素养的普遍提高。

第一节　文化产业概述

文化产业是现代文明的产物，被称为21世纪的朝阳产业。随着世界经济格局的变化，文化产业在社会经济发展中的地位日益提高，越来越受到世界各国的重视，目前已经成为美、英、日等发达国家国民经济的支柱性产业,中国政府也将发展文化产业提升到国家战略层面。

文化产业兼具显著的社会效益与经济效益,其发展具有多重战略价值。从社会维度看,文化产业的发展有助于解放和发展文化生产力,提升国家文化软实力,推动社会主义文化繁荣发展;从经济维度看,文化产业不仅能够刺激消费、创造就业,还能促进产业结构优化升级,培育新的经济增长极。要推动文化产业高质量发展,首先需要厘清文化产业的概念内涵与边界,这既是制定产业政策的前提,也是确保行业发展方向正确的理论基础。

一、文化产业的定义

(一)全球视角下对文化产业概念的界定

文化产业这一术语产生于20世纪初期,最早是由法兰克福学派提出来的,1947年,法兰克福学派的代表人物霍克海默和阿多诺在其著作《启蒙辩证法》中首先提出了文化产业,它的英语名称为Culture Industry,是一种特殊的文化及经济形态。联合国教科文组织(UNESCO)与关贸总协定(GATT)共同提出的文化产业定义在国际社会获得广泛认可。该定义指出:文化产业是指以文化价值为核心,从事文化产品与服务创作、生产及流通的产业集合。其本质特征体现在:(1)产品与服务具有显著的文化属性;(2)多数成果受知识产权保护;(3)经济价值主要源自文化价值;(4)通过知识产权开发具备创造经济收益与就业机会的潜力。这一定义从价值来源、产业活动、法律属性和经济功能四个维度,系统界定了文化产业的基本特征。

当前,国际社会对文化产业尚未形成统一定义,各国和地区对其概念界定存在显著差异,对于文化产业的理解也不尽相同。

美国将文化产业定义为以三个方面的文化活动为主体而开展的相关文化产品销售和服务等商业经济活动的集合。这三个方面的文化活动包括:(1)遗产古迹和艺术创作,具体为博物馆、历史古迹、公园、图书馆和艺术创作活动;(2)艺术表演和展览活动,以艺术表演者和表演团体、艺术展览和电影拍摄为主要活动内容;(3)艺术家,如手工艺者以及在国际舞台上表演的艺术家。

英国将文化产业称为创意产业,英国创意产业特别工作组将"创意产业"定义为源于个人创意、技巧和才华,通过知识产权的开发和运用,形成具有创造财富和就业潜力的行业。其具体范畴包括13个行业,即出版、电视和广播、电影和录像、电子游戏、时尚设计、软件和计算机服务、设计、音乐、广告、建筑设计、表演艺术、艺术和古玩、工艺。

日本把文化产业统称为娱乐观光业，凡是与文化相关联的产业都属于文化产业。产业范围包括音乐及戏剧演出、电影制作及放映、美术展览、信息传播、体育健身、个人爱好与创作、娱乐业、观光旅游等，更强调内容的精神属性。

韩国1990年2月发布的《文化产业振兴基本法》将文化产业定义为与文化商品的生产、流通、消费有关的产业，具体行业门类有影视、广播、音像、游戏、动画、卡通形象、演出、文物、美术、广告、出版印刷、创意性设计、传统工艺品、传统服装、传统食品、多媒体影像软件、网络以及与其相关的产业。另外，韩国统计厅的文化产业统计指标包括：出版产业、唱片产业、游戏产业、电影产业、广播产业、演出产业、其他文化产业（建筑、摄影、创意性设计、广告、新闻、图书馆、博物馆、工艺品及民族服装、艺术文化教育等），这一定义突出了文化产业的商业化和产业化特性。

（二）我国对文化产业的概念界定

2003年9月，文化部制定下发的《关于支持和促进文化产业发展的若干意见》，将文化产业界定为："从事文化产品生产和提供文化服务的经营性行业。文化产业是与文化事业相对应的概念，两者都是社会主义文化建设的重要组成部分。文化产业是社会生产力发展的必然产物，是随着中国社会主义市场经济的逐步完善和现代生产方式的不断进步而发展起来的新兴产业。"[1]2018年，国家统计局对"文化及相关产业"的界定是：为社会公众提供文化产品和文化相关产品的生产活动的集合。[2]这一定义明确了文化产业的范围和服务对象。总体而言，中国对文化产业的界定强调其作为文化娱乐活动的集合体，在性质与功能上区别于具有意识形态属性的文化事业。

（三）本书对文化产业的概念界定

以上国际国内对于文化产业定义的界定既存在共性也存在差异，这些定义共同构成了对文化产业全面而深入的理解。为了更全面地理解文化产业的内涵和外延以及深入地理解文化产业在不同领域和层面的表现和发展趋势，本书将文化产业分为狭义文化产业和广义文化产业。狭义的文化产业注重文化产品和活动的直接性和传统性，而广义的文化产业则更加关注文化产业的广泛性和经济性，以此进行概念的界定。

1. 狭义文化产业

狭义文化产业主要包括文化艺术业中的艺术、出版、文物保护、图书馆、档案馆、群众文化、新闻、文化艺术经纪与代理等以及广播电视电影业，因此，狭义文化产业也可表述为文艺广电业。狭义文化产业生产的产品主要包括两大类：一类是服务型文

---

[1] 中华人民共和国文化和旅游部 https://www.mct.gov.cn
[2] 国家统计局 http://www.stats.gov.cn

化产品，又称服务型精神产品，如表演艺术（音乐、舞蹈）、语言艺术（文学）和综合艺术（戏剧、影视）服务，以及图书馆、博物馆、广播、电视、电台提供的表演性演出服务、阅读展览服务、游艺娱乐服务和广播电视电影等服务；另一类是实物型文化产品，又称实物型精神产品，如造型艺术品（绘画、雕塑）、工艺制品、书籍、报刊、文物、音像制品和软件光盘等。

2. 广义文化产业

广义的文化产业，是指以文化产品和服务为核心的产业群体，包括了文化创意、文化娱乐、文化旅游等领域，其中既包括意识形态的部分也包括非意识形态的部分。文化产业具有双重属性：既是重要的经济活动形态，又是社会文化表达与传播的重要载体。这决定了文化产业不仅承载着人们的精神追求和文化情感，还在一定程度上决定了一个社会的文化氛围和影响力。

二、文化产业的特点

文化与经济作为社会发展的两大核心元素，相辅相成、缺一不可。如今，大力发展文化产业已经成为方兴未艾的全球趋势。在一些经济发达的国家，文化产业已经成为国民经济的支柱产业。

（一）世界文化产业发展的主要特点

鉴于文化产业在促进产业结构优化升级和增强经济竞争力方面的战略价值，多国政府已将其纳入国家发展战略，并采取积极措施推动产业创新发展。整体而言，目前世界文化产业发展呈现出以下特点：增长速度快，动力强；具有较强辐射和带动能力；企业盈利潜力较大。

1. 增长速度快，动力强

目前，世界主要经济体文化产业发展速度普遍高于经济发展速度。从国际来看，美、英、日、韩等国文化产业增加值占国内生产总值比重都超过了15%，成为本国经济的支柱性产业。文化已逐步提升到与资本、资源、管理等其他战略要素相同的地位，成为发展中的关键要素之一。

文化产业发展动力极为强劲。自疫情暴发以来，全球文化产品和服务出口情况受到了显著影响，但相较于其他行业，文化产业表现出一定的韧性和特色。根据世界贸易组织（WTO）的贸易监测报告，疫情期间服务贸易展现出较强的抗风险能力，其表现显著优于商品贸易。其中，文化产品与服务作为高附加值服务贸易的重要构成，保持了相对稳定的出口态势，这在一定程度上解释了服务贸易的整体表现。以2022年为例，全球服务出口达到71270.6亿美元，同比增长14.8%，占全球货物和服务贸易出口总额的 22.3%，占比较上年提高 0.5 个百分点（数据来源：商务部、共研产业咨询）。数据表明，尽管面临疫情带来的多重挑战，全球服务贸易（含文化产品与服务）仍呈现出稳健的增长态势。

这主要得益于文化产业独特的价值属性和市场需求。即使在全球经济受到冲击的情况下，人们对于文化、娱乐等精神层面的需求仍然旺盛。而且在疫情期间，数字化趋势在文化产品和服务出口中表现尤为明显，以数字内容、数字版权、在线娱乐等为代表的新兴业态快速发展，成为推动文化产业出口的重要力量，这种趋势在其他传统行业中并没有如此突出。

2. 具有较强辐射和带动能力

文化产业具有较强的产业关联效应，能够有效带动旅游、餐饮、时尚等相关产业发展。特别是依托风景名胜、文化遗址及博物馆等文化资源开发的文旅项目，对国内外游客展现出显著的吸引力。在拉美和加勒比地区，考古现场和殖民城市建筑比较有特色，文化旅游成为当地居民和政府的重要经济来源。除此之外，文化产业这种带动作用还体现在其与其他产业的深度融合上，通过创意策划和市场运作，文化产业能够将文化资源转化为经营资本，推动其他产业的创新与发展。如《哈利·波特》系列作品通过现代营销、现代科技和文化创意内容的结合，成功衍生出多种系列产品，形成了完整的产业链。这一产业链涵盖了书籍、电影、DVD、游戏、玩具、服装等多个领域，彼此间相互促进，形成了强大的市场影响力。据统计，由《哈利·波特》带动的相关产业累计盈利已经超过 2000 亿美元，这充分展示了文化产业在产业链延伸方面的辐射和带动能力。

3. 企业盈利潜力较大

文化企业虽然规模普遍不大，但作为朝阳产业，利润率较高。根据 2023 年 7 月 26 日发布的"Symbola"基金会报告"IO SONO CULTURA"。2022 年，意大利的文化产业总体上创造了 955 亿欧元的附加值，比前一年增长了 6.8%，比 2019 年增长了 4.4%。在文化产业链中，有 275318 家企业（比 2021 年增长了 1.8%）和 37668 个从事文化和创意领域的非营利组织（占非营利组织的 10.4%）。以旅游业为例，每 1 欧元的旅游支出能够为其他相关行业产生 1.8 欧元价值。

（二）中国文化产业发展的主要特点

1. 政策保障稳定力

中国文化产业的发展离不开政策的引导与扶持。政府通过提出重点项目、扶植重点企业、完善产业政策等措施，为文化产业的发展提供了有力保障。例如，国家制定并发布了《文化产业振兴规划》等文件，明确了文化产业发展的总体目标、主要任务和保障措施,这些规划为文化产业的发展提供了宏观指导和战略方向。除此之外,政府还通过设立专项资金、提供税收优惠等方式,支持文化企业的创新发展和市场拓展。同时,也在更加细致的领域制定相应的政策,如在非遗旅游开发方面,文化和旅游部提出了"在提高中保护""非遗走进现代生活""见人见物见生活"等重要理念,推动了非遗文化与旅游产业的深度融合。

2. 文化科技添动力

文化与科技融合发展已成为推动产业升级的重要驱动力。这种融合不仅推动了文化产业的转型升级,还催生了新的业态、新的产业和新的场景,为文化产业的高质量发展注入了强劲动力。如秦始皇陵兵马俑的保护,秦始皇陵兵马俑作为世界文化遗产,其保护一直是考古工作中的重点。为最大限度降低文物发掘、转运、修复、存储等过程中的环境影响,中国电科集团研发了包含发掘舱和实验舱的智能系统。该系统能够对彩俑发掘区域进行全流程、全区域覆盖,并提供环境控制、照明、科学仪器搭载平台等功能,确保文物从发掘到进入库房的全流程闭环保护,从而最大程度地保留兵马俑的原始色彩。这一案例展示了科技在文化遗产保护中的重要作用,为文化产业的可持续发展提供了有力支持。同时,顺应数字化、网络化、智能化发展趋势,2019年8月科技部、中宣部、财政部等六部门共同印发《关于促进文化和科技深度融合的指导意见》,要打通文化和科技融合的"最后一公里",激发各类主体创新活力,创造更多文化和科技融合创新性成果,为高质量文化供给提供强有力的支撑。

3. 文化消费增实力

文化产业的发展显著体现了文化消费对经济增长的拉动作用,这种作用主要通过三个维度呈现:首先,在消费规模方面,2023年我国居民人均教育文化娱乐消费支出同比增长17.6%,占人均消费支出比重达10.8%,反映出文化消费市场的持续扩张;其次,在产业效益方面,文化服务业营业收入实现14.1%的同比增长,增速显著高于规模以上服务业平均水平;最后,在经济增长贡献方面,文化产业已发展成为重要的新经济增长极。随着消费升级进程的深入和文化消费需求的持续释放,文化产业有望保持强劲增长势头,为经济高质量发展注入新动能。

三、文化产业的功能

文化产业是在知识经济背景下,文化与经济深度融合所催生的新兴经济形态。这一产业形态具有双重独特性:一方面,它区别于以公益为导向的文化事业;另一方面,它又不同于传统的物质生产部门,其核心价值在于通过文化内容的生产与传播实现经济价值。与文化事业相比,文化产业淡化了公益性,更具商业性,具有经济功能;与其他产业相比,文化产业又具有精神文化属性,包含政治性、意识形态性,具有明显的文化功能。

(一)文化功能

文化产业虽然具有显著的产业经济属性,但其本质仍属于文化生产范畴,与文化的核心功能密不可分。具体而言,文化产业与文化认知、问题解决、信息记载、社会整合、行为规范、价值传播以及审美娱乐等基本文化功能存在内在关联。在学术研究中,文化的传播功能与价值引导功能被视为文化产业最为突出的特征,这既体现了文化产业的社会价值,也反映了其区别于其他产业的本质属性。

1. 文化传承与保护功能

文化产业通过市场化运作机制,对传统文化资源进行系统性挖掘、整理和创造性转化,形成可持续的传承模式。其核心在于将静态的文化遗产转化为动态的文化产品,如故宫文创通过现代设计语言重新诠释传统文化符号,既实现了文物资源的活化利用,又培育了年轻群体的文化认同。数字技术的应用进一步拓展了传承路径,虚拟现实技术还原历史场景,4K修复技术抢救老胶片电影,这些创新实践既保留了文化基因的原真性,又赋予其新的时代内涵,构建起传统与现代对话的桥梁。

2. 价值观引导与教化功能

作为意识形态传播的柔性载体,文化产业通过叙事建构和符号生产潜移默化地形塑社会价值观。影视作品中的角色塑造、情节设计往往隐含着对善恶、是非的价值判断,如《觉醒年代》通过历史叙事传递爱国精神,网络文学通过成长故事弘扬奋斗理念。这种教化不同于强制灌输,而是依托情感共鸣实现的价值观渗透,消费者在娱乐体验中不自觉地接受文化产品蕴含的道德准则和行为规范。尤其在新媒体环境下,短视频、互动游戏等新型文化形态更以沉浸式体验强化了价值观传播效果。

3. 审美教育与提升功能

文化产业通过艺术产品的大众化传播,持续提升社会审美素养。美术馆的沉浸式展览突破传统观展模式,以多感官体验降低艺术鉴赏门槛;交响乐团的线上直播音乐会打破时空限制,使高雅艺术触达更广泛人群。这种审美教育具有双重效应:一方面培养公众对形式美感的感知能力,如对色彩、构图、旋律的鉴赏力;另一方面深化对文化内涵的理解,如通过文创产品认知传统纹样的象征意义。随着"艺术生活化"趋势的加强,文化产业正成为全民美育的重要实践领域。

4. 娱乐与解压功能

文化产业的娱乐功能本质上是通过文化产品与服务满足人们的精神愉悦与情感释放需求。文化产业通过多元娱乐产品为现代人提供高效解压渠道。影视、音乐、游戏等文化消费能快速转移注意力，刺激愉悦激素分泌，实现即时情绪调节，尤其是短视频等新兴业态，精准满足了都市人群的碎片化解压需求、治愈系音乐通过旋律缓解焦虑、喜剧作品借幽默释放压力等等。这种娱乐解压功能不仅能改善个体心理健康，更为高压力社会提供了重要的情绪缓冲机制，彰显文化产业独特的社会价值。

（二）经济功能

经济功能是文化产业首要的功能。文化产业是新的经济增长点。以文化娱乐、影视及音像制品、新闻出版、文化旅游等为本体的文化产业，被国际经济学界公认为"朝阳产业"。20世纪90年代以来，文化产业成为全球发展最快的产业之一。

1. 具备自营利性，构成新兴的利润增长源泉

在当代，以传媒、娱乐、旅游、教育、健美、咨询、会展等为代表的文化产业的发展速度已经超过了其他产业。文化产业的高盈利特性为众多国际企业创造了可观的经济效益，如在《财富》全球最大500家企业排行榜中，索尼、迪士尼、时代华纳、新闻集团、贝塔斯曼、维亚康姆、西格拉姆等都把文化、媒体作为主要经营业务。这些公司控制了全球5大唱片公司中的4家，好莱坞8大电影公司中的7家，以及全球一些最重要的电视、报刊、出版集团，是名副其实的文化产业集团。其中仅华特迪士尼公司截至2023年9月30日的2023财年财务数据显示全年收入高达888.98亿美元。

2. 带动相关产业发展

文化产业的发展会带动一系列相关产业的发展，产生综合的联动效应。如：广播影视产业将带动音响、影像、游戏软件、家电、通信设备、广告展览等产品及服务市场；文化娱乐业将推动旅游、宾馆、餐饮、交通、演艺市场；文化产业的公共参与性及其善于制造大众流行的特点，将推动服装业、美容业及各类延伸产品市场；各类先进的文化设施的建设，则将有力地配合高科技转化为市场优势，并带动建筑业和制造业市场。

3. 促进产业结构升级

文化产业作为知识密集型产业，在促进产业结构升级方面发挥着关键作用。首先，文化产业通过创意设计、内容生产等高附加值环节，推动传统产业向价值链高端攀升。其次，文化与科技融合催生的新兴业态，如数字创意、沉浸式体验等，为经济注入创新动能。再次，文化产业带动相关服务业发展，促进三次产业结构优化。最后，文化要素的渗透重塑了制造业、农业等传统产业形态，实现"文化+"的跨界融合。这种多维度的促进作用，既体现在产业价值链重构上，也反映在经济质量效益提升中，成为推动经济高质量发展的重要引擎。

4. 扩大就业

文化产业的发展可开辟新的就业空间。以美国为例，美国文化产业近年从业人员

超过 1700 万人。这一数据反映了美国文化产业在 21 世纪初期的规模和影响力。美国不仅是全球最大的文化产业大国之一，其文化产业经营总额有数千亿美元，而且从事文化艺术及其相关产业的人员众多，显示出美国在文化产业的广泛参与和高度发展。纽约市每年在文化产业中的资金流通上百亿美元，其经济效益仅次于华尔街，进一步证明了美国文化产业的重要地位和影响力。

（三）政治功能

由于世界各国在文化传统、历史演进、生产力水平和社会制度等方面存在显著差异，其上层建筑（包括意识形态等）也呈现出多元化特征，因此每个国家都需要探索适合本国国情的发展道路。鉴于此，邓小平同志提出了建设有中国特色的社会主义。在这一理论指导下，我国文化产业发展必须立足本土实际，形成具有中国特色的发展模式。这种特色主要体现为从实际出发、发挥自身优势和加快发展的客观要求，这就给文化产业冠上了政治色彩。

1. 文化产业具有教化功能

文化产业虽然不如文化事业那样具有强烈的使命意识和责任意识，但其同样具有教化功能。这种功能的实现主要基于两个维度：首先，出于经济效益的考量，文化产业产品必须符合大众的审美趣味和价值取向，这种普遍可接受性使其成为价值观传播的有效载体；其次，消费者在文化消费过程中，会不自觉地接受作品中蕴含的价值判断和行为规范，这些标准涉及真善美、是非善恶等基本道德范畴。通过这种潜移默化的方式，文化产业能够培养消费者的正义感、荣辱观等道德意识，进而影响其人格塑造和行为选择，最终实现社会教化的功能。

2. 维护国家安全

文化产业不仅具有重要的社会价值和经济价值，而且具有重要的战略价值，关系到国家政权的巩固和稳定。这主要体现在文化产业维护国家文化安全方面的作用，在全球化背景下，各种思想文化相互激荡、不同文明交流交融交锋更加频繁，文化安全成为国家安全的重要组成部分。文化产业通过加强文化产品的创作和生产，可以提高文化产品的质量和竞争力，积极占领国际文化市场，传播中华文化独特魅力，增强中华文化的国际影响力和话语权。同时，文化产业注重保护和传承中华优秀传统文化，反对文化虚无主义和文化殖民主义，在维护国家文化的独立性和多样性方面发挥了重要作用。

3. 维护社会安定

现代管理学研究证实，个体犯罪行为的发生概率与其闲暇时间的利用方式存在显著相关性。研究表明，当个体拥有过多未被合理规划的闲暇时间时，其潜在的犯罪倾向会相应提高。基于这一发现，人力资源管理的重点之一在于优化个体的时间资源配置。文化产业通过提供多样化的文化娱乐和服务产品，不仅有效填充了大众的闲暇时间，更实现了三个层面的社会功能：生理层面的放松调节、情感层面的合理宣泄以及心理层面的平衡稳定。这种多维度的正向影响机制，使文化产业发展成为促进社会稳定的重要力量，其社会治理价值已得到广泛验证。

（四）社会功能

1. 娱乐功能

所谓娱乐功能，是指文化产业能够起到满足市民进行放松身心、活动肌体、交流情感的作用。娱乐功能是文化产业重要的功能，也是最基本的功能。文化产业的娱乐功能是与生俱来的，如果文化产业缺乏娱乐功能，人们不能宣泄自己的情感，放松自己的肌体，表现自己的才能，又何必既出钱又浪费时间来消费文化产业呢？因此，文化产业必须有娱乐功能，才能吸引人、容纳人，得到发展。

2. 审美功能

文化产业作为一种特殊的经济形态，其本质特征在于将艺术创作与工业生产有机融合。与普通商品不同，文化产品的核心价值不在于物质载体本身，而在于其承载的精神内涵和艺术表达。这种表达源于创作者对客观世界的主观审美再现，通过形式、色彩、声音等艺术语言激发受众的审美体验。从消费层面看，文化产品的价值实现主要体现在满足人们的精神需求上，包括知识获取、情感陶冶和审美愉悦等多重维度。正是这种独特的精神生产与消费特性，使文化产业兼具经济价值和审美价值，形成了区别于其他产业的本质特征。

四、文化产业结构

文化产业结构作为现存一切文化关系的制度性概括，它既反映了一定社会发展环境中文化商品的市场化程度，同时也反映了在这种背景条件下人们文化消费需求的差异性。文化产业结构是一个牵动文化产业发展大局的宏观概念，需要科学的体制机制设计和政策保证。

（一）文化产业结构概念

考察文化产业结构应当从物质文化产业、精神文化产业、制度文化产业三者之间的关系来分析。

（1）物质文化结构决定文化产业作为一种经济形态存在的业态发展水平。物质文化产业主要涉及文化产业中的物质层面，包括文化产业所需的物质设施、生产设备、技术工具等。它是文化产业发展的基础支撑，直接影响文化产品的生产效率和质量。

物质文化产业提供了文化产业发展的必要硬件条件，如现代化的录音棚、高清摄像机、数字编辑设备等，这些设施是文化产品创作、制作和传播的基石。物质文化产业的进步，如数字技术、网络技术的广泛应用，极大地推动了文化产业的创新和发展，使得文化产品的形式更加多样，传播更加便捷。

（2）精神文化结构从意识形态方面决定了文化产业的时代性内容。精神文化产业侧重于文化产业中的精神层面，包括文化产品的创意、内容、价值观等，它是文化产业发展的核心和灵魂，决定了文化产业的方向和品质。精神文化产业也是文化产品的源泉，它包含了丰富的创意、独特的视角和深刻的思想内涵，是吸引消费者、满足市场需求的关键。精神文化产业所传递的价值观和文化理念，对于塑造社会风尚、引导公众舆论、提升国家文化软实力具有重要作用。它与文化产业结构的关系体现在以下三个方面：

1）文化产业发展受观念结构的制约，观念问题的设计主要是对文化产业的价值判断和系统认识。我国在一段时间里没有构建科学的文化产业体系，使得文化产业滞后于其他产业的发展，经济价值没有挖掘出来，对文化的双重属性认识偏颇，过分看重其意识形态属性而忽视了其商品属性。

2）意识形态结构决定文化产业结构。国家意识形态决定政府的整体价值取向和行为方式。文化产业制度和文化产业政策是国家意识形态的存在方式和现实表现，它直接决定一个国家文化产业的开放程度。

3）文化消费结构决定文化产业结构。文化消费是意识形态物质化表现形式，在趋利模式推动下的市场运作方式是文化产业的方向，而文化产业的功利性色彩是推动文化产业改革的内在动因。

（3）制度文化结构与文化产业结构关系密切。文化产业组织形态与制度行业分类标准及市场准入制度、政府管制制度有关，并涉及文化产业所有制等，如我国加入世界贸易组织对我国文化产业结构调整的影响主要还是在制度方面。

（二）文化产业结构划分和层次

1. 文化产业结构划分

文化产业分类应该是多角度、综合性的，不同的划分标准得到的类型是不同的。我们一般从文化产业的实体结构、形式结构、地域结构、发展要素、生产要素技术组合及区域类型等方面来划分。

（1）文化产业的实体结构，分为市场型文化产业和公益型文化产业。

（2）文化产业的形式结构，分为部门文化产业结构和空间文化产业结构。

（3）文化产业的地域性结构，分为区域性文化产业结构和全局性文化产业结构。

（4）文化产业的发展结构，分为基础性文化产业结构与特色型文化产业结构。

（5）文化产业中生产要素的技术组合，分为技术文化产业和创意文化产业。

（6）文化产业市场准入制度的高低和审查制度的宽严，分为意识形态文化产业，娱乐文化产业和艺术产业。

（7）文化产业形态与文化产业结构。不同的文化业态是文化产业在市场上的表现形态，也是文化产业的盈利模式。基于此，文化产业可分为：①反映对象功能的娱乐业；②反映对象传播方式的广播影视业；③反映对象存在方式的演出业；④反映对象的物的存在方式的唱片业，图书出版业；⑤反映权利关系交易的版权业、网络游戏业。

2. 文化产业的层次

文化核心产业与国家安全与权力安排相关度较大。在我国古代社会，书籍是政府控制的重要文化产业，而现在广播电视成了政府的重要文化资源，对国家政治安全意义重大，其当前的态势处于文化产业的最高端。

2004年3月我国首次对文化和文化产业进行分类，构建了我国现阶段的文化产业结构体系。

（1）文化产业核心层，包括新闻服务、出版发行和版权服务、广播电影电视、文化艺术服务。

（2）文化产业外围层，包括网络文化服务、文化休闲服务、其他文化服务。

（3）相关文化产业层，包括文化用品和设备及相关文化产品生产、文化用品和设备及相关文化产品销售。

文化产业结构划分与产业经济学的行业分类有一定的区别，世界贸易组织关于《服务贸易总协定》中涉及有关文化产业的行业分类，以及美国1998年颁布的《北美行业分类系统》中关于文化产业的分类，都与我国现行的文化产业分类之间存在很大的差异，这表明不同国家对文化产业行业分类执行标准是有一定区别的。目前，国际上很少有像中国这样分别有几个政府机构分管文化产业。所以，中国文化产业结构具有明显的中国制度背景，反映出政府对文化产业资源配置的一种特定形式。

（三）文化产业结构变动影响因素

1. 社会经济发展水平

国家经济形势与社会发展水平从根本上制约着文化产业的发展水平，并显著影响着其产业结构特征。比如在我国经济相对发达的深圳市，其电子通信技术、新兴多媒体技术发展得比较成熟，因此深圳市文化产业的结构构成中高科技文化产业发展得比较快，新兴的文化视听产品、文化传媒工具研发得比较多，同时网络文化企业的数量也比较可观；而在经济发展步伐相对较慢的云南省，其文化产业结构构成中，具备原始风貌的文化旅游资源的开发以及民族文化艺术表演则成为其文化产业收入的主要来源,例如由舞蹈家杨丽萍担任艺术总监的大型原生态歌舞《云南映像》在国内外演出都获得了很好的成绩,以丰厚的门票收入显示出市场的认可。可见,在不同经济发展水平的国家和地区,文化产业结构中的比例构成是不一样的。

2. 文化底蕴

文化底蕴的深厚与否也会在某种程度上影响文化产业结构。文化产业的发展离不开文化资源,而一个国家和地区的文化底蕴是影响文化资源丰富性和多样性的关键。从某种意义上说,文化底蕴在很大程度上能影响文化产业结构的表现方式。历史悠久、文化底蕴深厚的国家,在发展文化产业时,可以充分挖掘本民族文化和传统文化的丰富内涵;文化底蕴相对单薄的国家,在发展文化产业时,则会借鉴别国的文化题材和一些为世界所共同认可的价值观念,如对真善美的追求,对亲情、友情、爱情的宣扬等。美国电影产业在这一创作领域表现得就比较优异,如迪士尼制作的动画片《花木兰》取材于中国传奇故事,影片保留了故事的传统情节,但片中的花木兰代父从军、孝道成了其次,女性对理想和自我的追求则成了故事的主题。传统的中国故事被赋予了崭新的美国个人主义和英雄主义,最终成就了2亿美元的海外票房。同时,美国电影产业的创意设计和新兴技术的研发能力较强,往往能制作出在画面、音效、技术处理等方面更胜一筹的文化产品。

3. 文化消费能力

居民文化消费能力是影响文化市场供给结构和产业发展的关键因素。这一能力与收入水平和文化素养呈现显著的正相关性——随着居民收入的持续提高,其文化消费支出相应增加。恩格尔系数的下降趋势印证了这一消费升级现象:当家庭用于食品等生存性消费的支出比重降低时,文化娱乐等发展性消费的比重则显著提升。这种消费结构的转型不仅反映了居民文化消费能力的增强,更直接推动了文化产业规模的扩大和发展速度的提升,最终形成消费升级与产业发展的良性互动机制。

4. 政府对于文化安全的认知

政府关于文化安全的认知范式对文化产业结构的演进具有显著的规制效应。这种影响机制主要通过政策调控体系、资源分配机制、市场监督框架以及文化传承创新系统等多维路径实现,其核心目标是构建文化安全与产业发展之间的动态平衡关系,既确保国家文化主权的完整性,又促进文化产业的高质量可持续发展。例如,在文物盗窃案件频发、文化遗产面临严重威胁的背景下,我国政府深刻认识到国家文化安全的重要性,因此出台了一系列加强文物保护和文化传承的政策措施。这些政策不仅加大了对文物盗窃行为的打击力度,还鼓励和支持文化产业在尊重和保护文化遗产的基础上进行创新发展。

在这一政策的引导下，文化产业结构发生了积极的变化。一方面，传统文化产业如博物馆、文化旅游等得到了更多的关注和支持，这些产业在保护文化遗产、传承传统文化方面发挥着重要作用。政府通过投入资金、改善设施、提升服务质量等方式，促进了这些产业的繁荣发展。另一方面，新兴文化产业如数字文化、文化创意等也逐渐崛起，这些产业利用现代科技手段对传统文化进行创新性转化和发展，为文化产业注入了新的活力。故政府对于文化安全的认知通过政策制定、资源配置、市场监管等多种方式，对文化产业结构变动产生了深远的影响。这种影响不仅促进了文化产业的健康发展，也为国家的文化安全提供了有力保障。

→【延伸阅读】

文化产业辐射带动其他产业发展

用手机扫一扫，了解更多信息

第二节　文化产业管理概述

文化产业管理，是对文化产业的生产、交换、分配和消费等经济关系和经济活动的管理。文化产业管理的研究就是对文化产业的生产、交换、分配和消费活动的一般规律的总结，以及文化产业经济活动对经济系统影响和作用的规律的分析。

一、文化产业管理的内涵与特征

（一）文化产业管理的内涵

文化产业管理是推动文化产业发展、维持其系统运行的重要环节。我国文化产业的发展如何兼具民族传统文化传承和国际发展战略视野，如何实现转型升级向高端产业价值链跃升，关键在于管理。

文化产业管理是文化产业管理者为了有效地实现文化产业发展目标，以文化为基础，创意为核心，依托现代信息技术手段和传统产业，运用各种管理职能进行协调的管理活动。从宏观层面上讲，文化产业管理是国家对文化活动进行间接控制；从微观层面上讲，文化产业管理是文化运营企业和组织的管理活动；从战略层面上讲，文化产业管理是涉及经济体系等多方面的规划，与国家的文化、经济、对外政治及国际贸易等根本方针有着直接密切的关系[①]。文化产业管理与一般物质生产企业或服务业的管理有较大的差异，主要是因为文化产业是创意型产业，主要是对精神内容的生产、交换、分配和消费等进行的管理。具体来说，文化产业管理的内涵主要包括以下五个方面[②]：

（1）经济属性。文化产业管理必须遵循产业经济发展的基本规律，运用产业经济学的理论与方法，对文化产业发展过程中的一般规律进行研究与归纳。

（2）管理属性。文化产业管理归根结底是管理活动，管理者在文化产业经营管理过程中，运用管理学的原理、职能及方法，完成文化产业管理行为，实现组织目标，同时肩负一定的社会责任。

（3）文化属性。文化产业管理要以文化为基础，必须顾及文化的特点，符合文化的要求，体现文化的品质，在其产品和服务中注重丰富的思想内涵、正确的价值导向和传达积极的精神追求。

（4）技术属性。文化产业是经济全球化时代的新兴产业，文化产业管理无论是外部环境、内部构成、管理方式还是文化产品的生产或服务的提供上都势必与以计算机及其网络技术为代表的现代信息技术紧密结合，两者不可分割，相辅相成。

（5）服务属性。文化产业管理的服务属性体现在为文化企业提供各种服务产品，例如政策、信息、设计、展览、咨询、广告等，以方便文化企业用于保证生产过程的连续性、提高生产效率和促进自身发展。

（二）文化产业管理的特征

1. 复杂性

文化产业管理的复杂性主要体现在业态、地域文化差异、需求多元化等方面。一方面，文化产业涉及影视产业、音乐产业等传统业态，还涉及文化旅游、网络文化产业、动漫产业等新兴业态，这些纷繁复杂的业态共同构成了文化产业的庞大体系，正是由于涉及众多业态，文化产业管理的实施也就变得十分复杂了。另一方面，我国经济发展的不平衡、地域文化的分异，导致文化产业在地域上存在较为明显的差异。在东部发达地区易于发展文化与科技融合的新兴文化产业；在我国的西部地区由于特色文化资源的富集，特色文化产业的发展将更有空间。因此，根据地域文化的不同，文化产业管理行为也应该有所不同，应加强针对性管理。此外，文化产业以满足人们的

---

① 金春梅，凌强. 当前日本实施观光立国战略的研究［J］. 日本问题研究，2014，28（2）：1-7.
② 赵红川. 中国文化产业管理研究［M］. 昆明：云南人民出版社，2013.

精神文化需求、追求经济效益为目标,这就决定了文化产业的发展需要针对不同的受众群体生产内容丰富、形式多样的文化产品。受众需求的多元化对文化产业的管理提出了更高层次的要求,这也导致了文化产业管理的复杂性。

2. 系统性

文化产业的管理是系统工程,是社会系统工程的一部分。文化产业强调以创意为龙头,以内容为核心,驱动文化产品的制造,拉动批发和营销,带动相关衍生品开发,从而形成上下联动、左右衔接、一次投入、多次产出的产业链条。如位于武汉市的中国光谷创意产业基地重点发展动漫、游戏、互联网、数字出版、新媒体、创意设计、影视后期、动漫的衍生品等相关产业,园区总面积4.2万平方米,入驻基地企业达78家,其中投资额在500万元以上的企业有10家,拥有江通动画、拇指通、诺克斯、超级玩家等本地业内龙头企业,集聚各类科技型文化创意企业250多家,涵盖了湖北省70%以上的动漫企业和近60%的游戏企业,它已成为国内创意产业最密集的地区之一[①]。文化产业是精神财富创造产业,其管理要有自己的系统工程和组织管理技术,因此,"一定要发展组织管理各门精神财富创造事业的技术、各门系统工程,包括文艺系统工程、科研系统工程等"[②]。文化产业管理就是在国家宏观管理体制下,通过企业的现代组织管理技术创造精神产品的系统工程。

3. 区别性

不同文化行业的内容与特点不同,其管理的手段与方法必定有所区别。随着经济的发展,除了新闻、出版、广播、影视等传统文化行业,文化产业的外延不断扩大,网络游戏、互联网金融、创客空间等新兴的文化业态逐步被纳入文化产业范畴中,相对应的法律法规与监管评估体系正在建立与完善,如为了规范新闻出版统计工作,国家新闻出版广电总局于2016年4月26日通过并公布了《新闻出版统计管理办法》,2016年2月4日,国家新闻出版广电总局联合工业和信息化部公布《网络出版服务管理规定》,2002年6月27日颁布的《互联网出版管理暂行规定》同时废止。新规定明确了网络出版服务的概念及分类,加强政府对网络出版服务及相关单位的监管力度;针对互联网金融近年来发展规模急剧膨胀,为了引导互联网金融健康有序发展,2022年7月19日,央行等十部委联合发布《关于促进互联网金融健康发展的指导意见》(以下简称《意见》)。《意见》对互联网金融给予正面的鼓励和支持,明确了互联网金融的行业监管部门,并对互联网金融行业规范和市场监管提出比较概括的建议。因此,我们应根据文化

---

① 黄永林,袁堃,詹一虹,等.武汉市文化创意产业发展报告2013[M].北京:社会科学文献出版社,2013.
② 李文宁.文化产业管理问题及对策[J].河北工程大学学报(社会科学版),2014,31(3):37-39+49.

产业各业态的内容及特征进行区别管理，确保文化产业各业态在公平、规范、有序的文化市场体系中良性发展，为社会大众提供安全、健康、优秀的文化产品和服务。

4. 发展性

文化产业会随时代、需求、技术等因素的变化而发生变化，相应的文化产业管理也不是一成不变的，其管理的内容与方法都会发生变化。当今世界，网络技术、虚拟现实、数字技术的发展以及文化的整合，促使文化创造、生产、流通、消费以及各个环节的联结方式不断革新，传统文化产业不断改造、升级，不同文化行业进一步融合，新兴的文化业态不断出现，如交互媒体和手机游戏业态。科技为文化产业提供了技术的内容、手段及动力，文化产业的发展离不开现代技术手段的支撑，正如E.舒尔曼（E.Schuurman）所说："技术在现代的、充满活力的文化现实中占据着重要地位。人们越发广泛地承认，现代技术是现代文化得以建立的基础。"[①] 技术进步使市场规模扩大、扩大发展空间，相应的管理随之改变。

同时，经济发展促进文化消费在时空上的扩展，拉动文化产业发展。随着经济和社会生产力的发展，人们生活水平不断提高，文化消费的需求快速增加。国家统计局对全国31个省（自治区、直辖市）16万户居民家庭进行了城乡一体化住户的抽样调查，结果显示，2023年全国居民人均消费支出同比增长9.2%（不考虑价格因素），其中人均教育文化娱乐消费支出增长达到17.6%，远高于人均消费支出增速；根据国家统计局2022年发布党的十八大以来经济社会发展成就系列报告，2021年全国居民人均教育文化娱乐支出2599元，比2012年增长106.0%，年均增长8.4%。巨大的文化消费需求极大地刺激了文化产品的生产与供给，促进了文化产业飞速发展。因此，在这种大环境下，文化产业的管理应当因时而异、因地而异。

二、文化产业管理的原则、目标和方法

（一）文化产业管理的原则

1. 社会效益和经济效益相结合的原则

文化产业具有产业属性和意识形态属性双重特性，这决定了文化产业经营管理不能仅仅考虑经济效益而损害社会效益，也不能单一地追求社会效益而忽视经济效益。一方面，文化产业作为一种产业，它具有产业内在的经济运行规律，要实现相应的经济回报和获取应有的经济利润。如果只讲社会效益，忽视经济效益，产业运行主体将无法通过经济循环获得持续的生产和经营活动所需的资本。另一方面，文化产业提供

[①] （荷）E.舒尔曼科技文明与人类未来 在哲学深层的挑战［M］.李小兵，等，译.北京：东方出版社，1995.

的产品与服务是人们精神性消费的对象，它直接或间接地创造或改造着社会的意识形态、社会风尚、国家精神、价值取向、思维模式和风俗习惯。所以，文化的产业化应该兼顾文化经济活动的社会效益。

2. 贯彻发展社会主义先进文化的原则

文化产业创造了大量健康向上、无愧于时代的精神文化产品，营造了有利于人民群众特别是青少年健康成长的思想文化环境，把社会主义思想道德教育融入丰富多彩、生动活泼的文化活动之中，对社会主义先进文化的发展具有重要的推动作用。但是，文化产业的发展具有双重属性。在文化产业市场化进程中，过度追求经济效益可能导致社会效益的弱化，这一问题在全球化背景下尤为凸显。随着文化产品跨国流动的加剧，西方意识形态和价值观念通过文化载体进行渗透，对我国主流价值观构成潜在挑战。基于此，文化产业的发展必须坚持社会效益优先原则，在加强文化安全意识的同时，构建完善的文化价值评估体系。具体而言，应当着力培育具有中国特色的先进文化，优化文化产品结构，在吸收外来优秀文化成果的基础上，坚决抵制文化霸权主义，维护国家文化主权和意识形态安全。

3. 优秀文化资源的传承与保护原则

优秀的民族民间文化是一个国家或民族的宝贵财富，文化产业的管理者要把本民族的文化艺术的传承和保护作为管理原则之一。首先，工业化和现代化的发展对历史文化资源和物质文化遗存产生了一定的毁坏，甚至使得民族文化遗存和文化生态资源濒临流失和灭绝，文化产业管理需要通过相应的法律手段，借助政府和民间的多方力量，保护本民族的历史文化资源。例如，促进文化资源与文化旅游产业融合发展，通过利用政府拨款和民间组织、研究机构的援助资金进行保护。其次，全球化让发达国家文化价值观念通过文化产业的商品输出活动遍及全球，民族文化面临外来强势文化冲击，坚持优秀文化资源的传承与保护原则，能够为中国的文化资源提供更为安全、自由的发展环境，有利于文化产业管理事业的推进。

4. 遵循文化产业发展规律原则

马克思在《剩余价值理论》中，从对商品、资本、劳动及剩余价值的研究入手，得出的一个明确的结论是：艺术创造在本质上是一种生产力。所有的文化产品（包括文化服务）同物质产品一样，都是由生产与消费、生产者、产品与消费者等要素所构成，并都受到生产力与生产关系的制约[1]，同时也要受到经济法则与价值规律的驱使与支配，既要遵循市场经济的规律，又要充分考虑文化产品生产和服务的特点，尊重其

---

[1] 赵晶媛. 文化产业与管理[M]. 北京：清华大学出版社，2010：03.

自身发展的规律，适应社会主义市场经济的内在要求。

（二）文化产业管理的目标

根据文化产业管理内容的划分，文化产业管理的发展目标因文化产业管理的层级不同而有各自不同的区分。一方面，宏观管理目标规定了对文化产业进行宏观调控的方向；中观管理对地区和行业的发展进行引导，对地区和行业市场进行规范；微观管理则是对微观主体内部各项经营活动的协调。另一方面，与此对应，行业和地区微观主体目标的实现和自身的发展壮大可以促进地区文化产业的发展和行业领先地位的形成，而重点发展行业或者地区的文化产业发展又可以进一步推动文化产业总体目标的实现，增加文化产业对经济增长的贡献率。

1. 宏观管理目标

宏观管理是指制定文化产业的总体发展方向和指导方针，并通过相应的税收、财政和价格政策，对文化产业实行宏观调控和指导。例如英国从国家创意产业发展层面制定"创意英国"目标以及相应的指导性文件，韩国制定"文化立国"方针和《文化产业振兴基本法》等。宏观管理的主要目标有：建立健全文化产业管理体制、文化产业法规与政策体系，以及制定总体发展速度和规模，确立重点发展的主导行业等。具体来说可以概括为以下几个方面。

（1）建立健全文化产业管理体制，促进文化产业的有序发展。文化产业宏观管理上首先要建立起政企分开、管办分离，以及文化事业与文化产业分类指导的体制，形成以政府政策引导为主的宏观调控方式；其次，要简政放权，改革政府审批制度，减少文化管理上的职能交叉和重复管理，规范文化产业各项管理工作，打破条块分割和重复管理的弊端；最后，要逐步放宽市场准入条件，形成投资主体多元化格局。

（2）推动文化艺术的本体发展，丰富人民的文化精神生活。文化产业宏观管理，是政府从社会经济与文化总体均衡发展的高度，根据国家经济与文化发展目标对文化产业实行的宏观调控。文化产业的宏观调控必须能够引导文化产业的发展方向，通过文化产业发展推动文化艺术本体的发展，增强产业提供文化产品和服务的能力，提高产业提供文化产品和服务的质量，不断满足人民群众日益增长的精神文化需求，丰富人民的精神文化生活。

（3）调整和优化文化产业的结构，实现国民经济总体产业结构的提升。在精神经济时代，精神需求日益增长，文化的产业化和产业的文化化是经济发展的大势所趋。文化产业在经济发展中的地位日益提升，逐步成为支柱产业，并通过产业的增强扩散与其他产业的联动。所以，一国的文化产业的宏观管理目标，应当从国家经济发展战略的高度，在确立提高文化产业的产值和增加文化产业就业的同时，不断调整和优化文化产业的结构，提高文化产业对经济总体的贡献率。宏观管理要通过政策和法律等手段，消除产业之间的壁垒，增强文化产业之间，以及文化产业与其他产业之间的关联活动，促进文化产业中精神内容的扩散，推动产业的文化化，从而最终实现国民经济总体结构的优化和内涵式的增长。

（4）促进文化价值和经济价值的一致。文化市场或文化产品不仅包含经济价值，也承载文化价值。文化产业社会效益与经济效益相结合的原则要求宏观管理能够引导文化产品的生产和规范文化市场交易活动，运用经济杠杆的力量促进文化产业创造文化价值，实现文化价值与经济价值的统一。

（5）促进文化产业收入分配的合理化。文化产业的发展存在区域发展的不平衡、行业发展的不平衡和产业链上各个环节之间发展的不平衡，由此会形成收入分配上的不平衡和差异。同时，对于某些行业，如我国的广电和网络信息业，还会存在垄断行为造成的分配不公的现象。宏观管理的目标应当促使资源合理流动，以及不同区域、不同行业和不同产业链环节文化产业的均衡发展，并通过各项宏观收入政策的调控，实现文化产业按劳分配和按生产要素贡献率分配的原则，调节收入初次分配和再分配，依法保护合法收入，规范社会分配秩序，加强对垄断行业收入分配的监督和管理，防止收入分配差距过分扩大。

（6）制定国家文化战略，宣扬本国文化，加强国际文化交流和对话。随着经济全球化进程的加快，文化产业已经成为经济和文化对外交流和扩张的重要手段，文化价值观念与文化商品相结合，通过文化产业的跨国经营、文化贸易和文化交流活动，在实现巨大的经济效益，创造巨额经济顺差的同时，也不断对外输出文化价值观念，创造着巨大的文化顺差。因此，通过制定文化对外贸易政策，促进文化产业的跨国经营，是国家文化战略的重要内容，也是开放条件下宏观管理的重要目标。

2. 中观管理目标

不同的地区和行业，具有不同的基础资源特征和发展状况，其发展目标也就不尽相同。文化产业的中观管理目标主要是形成地区或者行业的竞争力，扩大地区在全国和全球的产业竞争优势，促进地区的经济增长和增加就业机会，形成区域集聚发展态势。

（1）形成地区文化产业发展的重点主导性行业。中观管理必须针对某一特定区域，根据本地区的资源优势以及产业的总体发展趋势，确立本地区的重点发展行业及其发展方向，通过区域文化产业规划和相关的行业扶持政策，实现主导性行业在基础建设、产出和就业等各方面的既定目标，形成行业的竞争优势。

（2）促进地区主导文化行业发展的产业聚集和关联。行业或者地区的中观管理必须能够促进合理开发和不断积累文化资源，促进资源在行业间和区域内的流动。在实现主导行业产出和就业增长目标的同时，中观管理层次要形成地区主导行业的集群发展及其对周边关联行业的扩散效应，延长文化产业的产业链，优化产业链结构，从而带动整个地区文化产业和相关产业的发展。

（3）加强区域间的合作，形成文化产业的对外辐射和吸引。对于地区而言，中观管理还必须能够促进和扩大文化产业的区域间合作，通过产业链的延伸和区域间优势资源的互补，形成文化产业的对外辐射作用和吸引作用，扩大行业和区域经济的影响。

3. 微观管理目标

文化产业微观管理是文化经营单位根据其组织属性、资源基础、行业市场竞争状况制定的组织发展目标。微观主体管理目标指导组织的具体经营管理活动，是组织战略管理的重要内容。

（1）建设组织发展的资源基础，实现组织的可持续增长。文化产业微观管理的目标首先要能够根据组织内外环境的分析，建立组织的发展战略，通过战略实施，建立组织的核心竞争力，保障组织经济利润目标的实现，进而创造良好的社会效益，实现社会效益与经济效益的统一，实现组织资源的积累和能力的提升，保证组织可持续增长。

（2）形成科学合理的组织架构，建立和完善组织的各项规章制度。微观组织管理需要建立起科学的组织架构，促进组织内外信息流通和组织内部各项活动之间的协调，实现组织内外的各项资源的合理配置。同时，微观管理要建立和完善组织的规章制度。组织的架构和规章制度应当与战略目标相适应，进行动态调整。

（3）培养一批德才兼备的管理和业务骨干。文化产业微观组织的高效运行，关键在于人和制度的协调配合。人力资本是文化产业微观主体的重要资源。微观管理必须培养一批德才兼备的管理和业务骨干，建立组织层面上的管理和业务团队，才能够促进组织整体能力的快速提升，才能保证通过团队分工，实现组织战略目标。

（4）形成具有持续创新动力的组织文化。组织文化是一个组织的核心价值观和信念，是组织长期发展的内在动力。组织文化通过对组织成员导入价值观和组织信念，协调组织成员态度和行为，增强组织的凝聚力，提高组织的运行效率，在不断变动的文化市场竞争环境中，组织文化要具有持续创新的精神内涵，才能够适应市场竞争的需要，不断推动组织的变革。

（三）文化产业管理的方法

文化产业管理的综合性和复杂性，决定了文化产业管理方法的多样性，因此文化产业管理的方法要从多领域、多视角进行研究和分析，本书从宏观与微观、定性与定量、文化与经济等方面着眼，探讨文化产业管理的方法。

1. 宏观分析与微观分析相结合

文化产业问题的宏观分析，是指从全社会的角度分析文化产业的运行过程，如分析文化产业在国民经济发展中的地位和作用，考察文化产业的发展水平、发展方式、市场结构、消费状况、资源状况等。宏观分析方法有利于把握文化产业发展的大方向和大趋势，对文化产业管理具有重要作用。微观分析方法是指从文化产业的具体业态的形式甚至单个项目角度去分析文化产业的发展变化，如从一个具体的文化产业个案出发，研究其发展、运作、变化的规律。文化产业的运行过程是宏观与微观、整体与局部的统一，只有把二者紧密结合起来，才能科学完整地揭示文化产业的管理方式。

2. 定性分析与定量分析相结合

长期以来，文化生产部门被视为非生产性部门，人们注重对其意识形态功能的定性研究，忽视对其经济指标的定量考察。文化生产部门作为一个重要的经济部门，要对其进行全面的管理，就不能停留在单纯的定性分析上。行业统计、成本核算、财务分析将成为不可或缺的内容。目前世界各国对文化产业的统计尚未形成规范的标准体系，中国等国家倾向于较窄的统计口径，将旅游产业等排除在外，而日本等国却采取较宽的口径。美国在其北美行业标准中，将信息业中的软件、信息等与文化相关的内容产业和计算机硬件制造业区分开来。2018年，中国国家统计局再次修订《文化及相关产业统计标准》，为我们进行文化产业管理提供了重要的参考。

3. 文化管理与经济管理相结合

早期对文化产业的管理主要是从文化管理角度，在文化、历史等领域开展起来的，这种文化管理研究主要关注文本分析，采用传播学、历史学、政治学、哲学等人文科学的研究方法，通过语义和文本的解构，分析大众文化消费的特征和趋势。文化管理能够使我们从文化产品的生产、消费和交换过程中深入地认识文化特征和社会关系。但是，文化产业管理不能脱离产业的经济生产和交换过程，需要应用经济学的分析方法。尽管现代文化产业管理广泛采用各类调查方法，但仅停留在数据的简单收集与统计层面。要实现科学化的产业管理，必须运用规范的实证分析方法对调查数据进行深度挖掘和系统分析，从而准确把握文化产业发展的内在经济规律。

三、文化产业管理模式

在中国特色社会主义发展进程中，我国逐步构建了独具特色的文化产业管理体系。基于政治体制、经济发展阶段和文化建设需求等国情特点，经过长期实践探索，形成了包含政府行政监管、社会协同监督和行业自律管理的多层次治理架构。相较于国际普遍模式，中国的文化产业管理体系呈现出两个显著特征：一是政府主导的宏观调控作用突出,二是社会力量参与的综合治理机制完善。这种管理模式既体现了社会主义制度优势,也适应了文化产业的发展规律。

世界各国对文化产业的管理模式各有不同,例如美国,虽然历史文化资源贫乏,对文化产业重要性的认识也要晚于英国、新西兰、新加坡等国家,但凭借经济、技术和知识等方面的优势,通过实施科技创新加版权保护的发展战略、特殊的文化产业政策,使文化产业迅速发展,已成为其重要的支柱产业,总体实力和竞争优势无人能及。英国的市场经济经验丰富,产业政策体系完善,对文化产业坚持适当分权和"专""宽"兼备,基于大部制管理的思路,将文化创意、传媒、体育等很多领域由文化、传媒与体育部进行宏观管理。法国、日本、韩国则强调实施国家扶持的发展战略,主要采取的措施是在政策、法律、金融和税收等方面加大对文化产业发展的支持力度。

(一)国际管理的代表模式

目前,国外文化产业发展模式主要有三种:以美国为代表的市场驱动型;以东南亚国家以及日本、韩国为代表的政策驱动型;以美国以外的其他发达国家为代表的混合型。这些差异化发展路径的形成,植根于各国独特的历史传统、政治体制和市场环境。构建中国特色文化产业发展模式,需要系统分析这些国际经验的内在规律,同时立足本国国情,通过比较研究把握不同管理模式的优势与局限。这种国际视野与本土实践相结合的研究方法,为探索符合中国实际的文化产业发展道路提供了重要参考。具体介绍如下。

1. 市场驱动型(以美国为代表)

美国文化产业在全球范围内占据主导地位,这一现象的形成源于多重因素的综合作用。从外部环境来看,全球产业格局的重构与经济全球化进程的深化为其提供了有利条件;从内部机制分析,市场导向型管理模式的有效实施发挥了关键作用。特别是美国采取市场化的文化产业管理模式,通过充分发挥市场机制在资源配置中的决定性作用,为文化产业竞争力的提升提供了制度保障,这种模式值得深入探讨。

20世纪80年代以后,在美国执政者看来,经济全球化已是大势所趋,在2000年召开的达沃斯国际会议上,美国总统克林顿坚定地认为,全球化对每一个参与伙伴都是福音,全球化打破了国家间的壁垒,使经济运作方式发生了革命性的变革。他的论据是:过去几十年中,只有推崇国际贸易"自由化"的国家才真正获得了成功,才能踏上富裕之路,"开放市场"和"自由贸易"是促进全球繁荣的最好方式。美国文化产业给人最初的印象就是美国文化商品的四处泛滥,好莱坞的大制作电影、FOX 的电视新闻、MTV 频道的流行音乐、ESPN 的体育直播、广告形象和包装形式、牛仔裤风格等,都被打上了"美国制造"的商标。然而正是这些无处不在的美国印象充斥着世界人民的眼球，使文化产业迎合了市场的需求，并且在很大程度上带动了全球市场的文化消费。

文化产业产品具有区别于一般产品的独特属性，其与个体的文化认同和身份认同存在深层次关联。这种特殊的文化—心理联结机制，在很大程度上决定了文化产业管理模式的差异化特征。美国从一开始就是把文化作为一个产业来发展的，在传媒方面最初美国联邦政府虽然有通讯委员会控制频道资源，但国家本身并不去控制媒体的内容，同时，国家对媒体也不采取直接的资金支持方式，因此，在商业模式下，美国大众媒体的市场化运作的特性被充分表现出来，且美国媒体最早将自己的产品定位在商业产品上。从这个基点出发，美国的媒体娱乐产品逐渐进入欧洲，相继占领欧洲媒体市场，所以欧洲后期才陆续出现了商业电视台。

美国的文化政策模式秉承自由主义传统，以强调文化产品生产、销售的高度市场化和政府干预最小化为主旨。美国没有文化部，而是以各州政府为核心协调单位，为创意文化产业的发展提供良好的环境，包括在遵循创意文化产业自身发展规律、考虑文化产业特点的基础上，给予开放、优惠的扶植政策，鼓励多元投资机制和多种经营方式。美国一再声称之所以不设立文化管理部门，甚至不制定文化宏观政策，就是为了保护其所谓的言论自由和产业自由。

2. 政策驱动型（以东南亚国家以及日本、韩国为代表）

这种文化产业管理的特点表现为政府对本国文化采取保护政策，并大量投资。以日本为例，早在20世纪80年代初，日本政界、学界就多次提出"第三次远航"的口号。在政府的指导下，重新树立一个全民奋斗的目标：迈向发挥独创精神、培养技术型人才的"首创领先文明开拓时代"（日本明治维新、"二战"后崛起称为历史上的"第一、第二次远航"）。1995年，日本文化政策推进年会会议发表重要报告《新文化立国——关于振兴文化的几个重要策略》，明确提出了日本在21世纪的文化立国方略。1996年以来，日本先后制定、修改了扶持文化艺术的政策。《特殊21计划》就是日本文化厅旨在扶持文化创作的计划，把推动国际艺术交流作为所要开展的重要事业之一，2001年全力打造知识产权立国战略，明确提出10年内把日本建成世界第一知识产权国，2003年又制定了观光立国战略，计划到2010年让到日本旅游的外国人达到1000万人次，比2001年增加1倍。为把文化立国战略落到实处，日本政府还通过设立战略会议、恳谈会、幕僚会议、审议会等形式，研究商讨具体对策，推动日本文化产业发展，在日本政府管理体系中，经产省和文部省都有文化产业管理的职能。2000年以前文部省只负责公益文化管理，不分管文化产业，但2000年以后，文部省也开始关注文化产业，研究文化产业的发展状况，并建立了文化产业年度统计制度。2001年日本内阁对中央省厅进行大规模改组，为加强政府对文化产业的立案职能，文化厅内设置了文化审议会。

日本有47个道、府、县以及众多的市、町、村等各级地方政府，他们充分认识到发展文化产业对振兴地方经济的重要性，并根据当地的实际情况，举办各类具有地方特色的文化活动。京都、冲绳等利用当地的文化优势和旅游资源优势，提出了文化立市、旅游立县的战略口号，都获得了很好的经济与社会效益。日本将每年3月15日至4月15日樱花盛开的季节定为樱花节，这一时期樱花景观最为绚丽，成为吸引国内外游客的重要旅游旺季。日本通过将樱花节文化推广至海外，不仅实现了本国传统文化的国际传播，还创造了显著的经济效益。这种以自然景观为载体、融合文化元素的旅游推广模式，有效提升了日本文化的国际影响力，同时带动了相关产业的发展。

日本政府在文化产业投资领域实施系统化的支持政策，其重点在于振兴地方特色文化。具体措施包括：第一，设立专项资金支持地方文化遗产保护与活化，涵盖民间艺术、传统技艺及民俗节庆等；第二，制定中长期发展规划，对区域性文化艺术项目提供综合性扶持；第三，建立央地协同机制，联合举办全国性文化节庆活动。在技术创新方面，日本实行"前瞻性扶持"原则，对具有发展潜力的技术项目不分公私性质均给予支持。例如，为推进"e-Japan战略"，政府投入2兆日元（约合1700亿美元）的专项资金，充分体现了其对文化产业发展的重视程度。

韩国文化产业也是政府基于对文化产业战略意义的认识，一步一步设计推进而成，韩国政府已经改变了只依靠第二产业支撑国民经济的做法，将IT和娱乐产业作为新的经济增长点，从政策上给予大力支持。韩国政府大手笔投入，国家通过立法加大对文化产业的扶持力度。文化财政预算2000年首次突破国家总预算的1%。2001年又上调9.1%，进入"1兆韩元时代"；2003年则达到1.1673兆韩元。2002年通过国家预算拨款、投资组合、专项基金一共融资文化产业事业费5000亿韩元。为文化创作和基础设施建设、营销和出口、人才培养，各投资1700亿韩元、1870亿韩元、1430亿韩元。此外还设立专项基金。国家设立文化振兴基金、文化产业振兴基金、信息化促进基金、文化发展基金、电影振兴基金、出版基金等多种专项基金，运作"文化产业专门投资组合"。这些措施动员了社会资金介入文化产业，实现了官民共同融资投资。文化产业振兴院在2000—2001年，成功运作"投资组合"17项，共融资2073亿韩元，以后每年都融资至少1000亿韩元。

政府主导型的管理模式充分发挥了政府在文化产业发展中的推动作用，使日、韩以及东南亚诸国的文化产业得到长足发展，资金支持、政策扶持成为发展的原动力，并逐渐形成了独具特色的文化产业政策与投资机制。

3. 混合型（以美国以外的其他发达国家为代表）

当前美国文化产业在全球文化市场中占据主导地位，因此这种混合型的管理模式主要是以美国以外的其他发达国家为代表，特征主要是对外采取文化保护主义政策，阻击美国文化的入侵，对内则采取自由主义政策，以减弱美国文化产业对本国的影响，努力发展本国的文化产业，这种所谓的混合型管理模式特别表现在一体化方针政策指导下的欧盟。随着20世纪90年代初冷战时代的结束，欧洲一体化进程加快。1998年，加拿大这个传统上属于英联邦、地域上却属于北美的国家，也在文化产业管理政策上不自觉地加入欧盟。加拿大在陈述本国文化产业发展现状时曾指出要充分利用与文化巨头美国毗邻的优势，改变地广人稀导致的文化产业荒漠。事实上，欧盟各国都一致认为加强地区性合作，发挥集体的作用和潜能，才能有效地巩固本国文化产业，应对美国在文化产业生产输出方面的强大压力，实现本国文化产业的可持续发展。

在管理模式上，相较于市场的作用，法国更相信国家的扶持和庇护的作用，国家自我保护意识在法国十分强烈。这一点在1994年法国的《杜邦法》中显露无遗，这是抵御以美国为代表的英语文化侵蚀的无奈做法，该法要求在新闻传媒和互联网上捍卫法语的地位。德国文化产业管理模式是兼顾国家扶持的基础上，也强调企业和私人对于文化产业所起的作用。英联邦国家则基本形成3层管理体制：①政府，包括中央政府和地方政府以及所属的文化行政管理部门；②与各级政府对应的、作为准自治的非政府公共组织的艺术理事会；③各种行业性质的文化联合组织，如电影协会、旅游协会、体育理事会等38个机构，使他们相互支持，权责分明，同时大力发展自身的文化特色。

（二）国内文化管理的代表模式

文化是以一种产业形式出现的，势必要遵循市场经济的运作规律。从文化产业的特殊性和自身发展规律特点出发，需要积极借鉴、利用、探索一切有利于自身发展的管理模式。在加强引导和管理的前提下，提供更多的文化产品与文化服务，更好地满足人民群众的文化需求，增强控制力、竞争力和影响力，进而促进整体文化生产力水平的提高。

国内文化产业管理因各地区经济发展水平、地区文化特色、地区管理体制改革进程的不同，使得各地文化管理模式有一定的区别。这也与我国经济发展的阶梯性和阶段性有内在的关联。

1. 首都模式——共管理，示范经营

（1）政府共同参与管理，强化政府的服务作用。首都北京有悠久的文化历史，深厚的文化积淀，浓郁的文化特色，历史上就是不同民族文化融汇之处，目前也是文化产业资源最丰富，文化人才最集中的地区之一。北京倡导文化的民族性与世界性的统一，体现出对文化产业发展导向的理性认识，作为我国的政治经济文化中心，北京在文化产业管理上有一定示范和引导作用及其独到之处。政府共同参与管理，但权责明晰，管理强化宏观效应，从办文化到管文化，从管行业文化到管社会的大文化，政府在文化产业中始终是主角，体现出政府为文化产业发展服务的作用。

（2）选择政策性强的文化行业典范进行示范性经营。在 1996 年，北京市委、市政府就提出"重新认识文化产业的巨大潜力，迅速壮大北京的文化产业，为首都的文化建设与发展奠定基础"。北京首先抓住的是一些政策性强的文化行业典范进行示范性经营，例如重点扶持广电影视业，发展娱乐演出业，投资文化场馆设施等，以此带动文化产业的多元化发展。北京广播影视集团组建于 2001 年，2004 年 9 月北京歌华文化发展集团、北京电视台、北京人民广播电台等资产整体无偿划转至北京广播影视集团。这次划转是北京贯彻文化体制改革，推行文化产业试点的重要举措。这样可以将北京广播影视文化及相关产业做大、做强，不断壮大自己的经济实力。这次划转巧妙地将各方资金、人才资源优化组合在一起，发挥整体优势，形成合力，被称为有形资产与无形资源整合的典范。

（3）文化产业与旅游行业深度合作，共同打造文化品牌。北京的文化产业与旅游行业的关系是相辅相成，共同打造出属于北京的文化品牌。特别是在申奥成功之后，北京更加注重文化设施的综合利用，发挥后续和延伸效益。北京近几年，大力鼓励文化企业走出去，从政府层面看，落实国家政策，加强平台建设，努力搭建文化主管部门与文化企业常态联系机制，积极配合做好相关文化产业促进活动。2011 年 11 月，为建立北京文化贸易企业的常态联系机制，北京市成立了文化服务贸易专家顾问委员会，这种常规化的研讨会议，将为文化产业的发展提供更多的合理化建议，为相关政策的制定提供决策咨询。同时，北京市商务委员会与市委、市文化创意产业领导小组、市文化局、市工商局等单位建立文化贸易产业协调机制，形成文化产业工作的合力。政府部门将进一步完善北京文化服务贸易专家顾问委员会的功能，发挥好主管部门与文化贸易企业的常态联系机制，通过研讨会、政策献言，使其成为行业管理、信息服务、政府企业沟通的互助平台。

2. 申城模式——定位高，理念超前

上海作为中国近现代文化产业的发源地之一，早在中华人民共和国成立前就已形成较为成熟的文化产业体系。以商务印书馆为代表的出版机构在当时全国教材出版领域占据主导地位，其负责人张元济推动的白话文教科书改革对现代汉语普及产生了深远影响。经过长期发展，上海积累了深厚的文化商业运营经验，形成了独特的文化产业优势。正如学者王元化所述，当时国内高端印刷业务多集中于上海。

改革开放以来，上海文化产业进入快速发展阶段，呈现出以下特征：首先，城市文化已成为上海建设现代化国际大都市的核心竞争力,既塑造了城市精神内涵,又成为经济发展的重要增长极;其次,在产业管理方面形成了政府引导、政策扶持、环境优化、人才集聚的系统化发展模式。根据上海市文化广播影视管理局《促进文化产业发展的调研报告》的规划,影视制作、演艺娱乐、艺术品交易和数字娱乐等成为重点发展领域。其中,上海影视产业具有显著优势:占据全国电影产量的50%,拥有完整的技术体系和专业人才储备。近年来,随着城市经济发展和形象提升,以上海为题材的影视作品数量显著增加,为本地影视产业创造了新的发展机遇。

上海市政府对文化产业的发展给予极大关注,主要通过以下措施,借助区位优势,促进文化产业的发展。

(1)搭建行业平台,探索平台化促进模式。重点促进对外文化贸易、音乐时尚等文化贸易平台,使文化企业在平台下进行国际文化市场信息沟通,把握产业走向,建立企业间的横向合作关系。

(2)聚焦重点,探索高端化发展模式。依托上海的信息集聚、人才储备、商务法律环境优越等优势,促进文化服务、教育、创意设计等文化行业的发展,给予重点企业以资金支持和贸易便利,设计特色企业向国外推介的方案,鼓励企业采用新的商业模式和服务模式。

(3)着眼需求,探索品牌化战略模式。上海市从单纯的、重复性的劳务性服务或者模块化服务转为提供整体解决方案设计、优化和实施,通过举办国际性展会加强企业推介和宣传,强化上海文化在海外营销的整体形象和品牌效应。

(4)突出人才,探索合理化结构模式。上海将通过一系列优惠政策吸引高端文化人才来沪发展,鼓励高校相关学科与文化企业对接,建设"政府引导、机构主导、企业支持"的三级培训网络。

3. 深圳模式——国际化,文化立市

(1)实施"文化立市"发展战略,推动文化产业国际化进程。在下海大潮中,一大批来自内地的精英集聚深圳,为深圳产业发展储备了大量人才,也成为深圳文化发展的重要资源优势。深圳成为中国文化产业领域里的一块最具开创性的"试验田",它以前瞻性和颠覆性姿态投入文化产业之中,为中国的文化产业市场注入强有力的催化剂。市政府通过的"文化立市"战略,明确提出了顺应当今世界文化与经济相融合的新趋势,将文化产业与国际接轨,全面提升城市的发展水平,制定与文化立市战略相配套的扶持文化产业的优惠政策,包括人才政策、投资政策、市场政策、税收政策、出口政策等,并对现有的文化资源和市场要素重新进行整合,抢先发展文化产业,从而在金融危机形势下率先突破重围实现经济振兴。

（2）通过"文博会"为全国的文化产业发展搭建沟通交易的平台。2023年6月7日至11日，第十九届中国（深圳）国际文化产业博览交易会在深圳开幕，有3000多个政府组团、企业和机构参展，第14次实现全国31个省区市及港澳台地区全部参展。据统计本次博览会共计展出文化产品超10万件，参与人数超200万人次，为文化强国建设注入了强劲动力。经过十余年的培育发展，深圳文化产业已形成较为完整的产业体系。作为文化产业展示与交易的重要窗口，深圳文博会不仅向国际社会展示了中国文化产业的发展成就，同时构建了集产品展示、贸易洽谈、行业交流于一体的综合性平台，有效促进了全国文化产业的资源整合与市场拓展。

深圳正在积极探索建立科学合理的文化产业管理框架，完善领导管理体制；积极参加全球化的文化资源配置，建立门类齐全的、在优化资源配置中日益发挥重要作用的中介文化产业中层组织体系；加强行业管理职能，发挥行业协会的桥梁和纽带作用；建立广泛代表群众意愿、充分吸纳专家意见以及科学合理的文化产业决策机制；推进文化投资主体的多元化、社会化，扩大文化市场准入，结合国际先进管理经验，按照国际惯例进行文化市场的开发、培育和管理。总之，深圳在国际化进程中的"文化立市"文化管理模式是一种政府主导、多方参与、文化创新与科技融合、公共文化服务体系完善以及具备国际化视野和开放合作精神的综合性管理模式。这种模式为深圳文化的繁荣发展提供了有力保障和支撑。

【延伸阅读】

我国文化产业正越来越融入实体经济，
显示出与发达国家相似的景象

用手机扫一扫，了解更多信息

第三节　我国文化产业管理现状及其改革

我国对文化产业的明确定义始于2002年，党的十六大报告首次从概念上将文化事业与文化产业加以区分。从制度设计来看，文化事业具有典型的公共产品属性，其特征表现为：公益性导向、非营利性质、政府主导供给以及普惠性服务宗旨，其核心功能在于满足人民群众的基本文化需求。相较而言，文化产业则定位于市场化运作的文化产品与服务供给体系，其本质特征在于通过文化消费品的生产与流通实现经济效益，具有明显的营利性特征。这种事业与产业的二元区分，反映了我国文化领域改革发展的制度创新。

一、中国文化产业管理的现状

（一）1992年至2014年的文化产业管理模式概况

1992年十四大宣布建立社会主义市场经济体制后，中国的文化产业管理模式随之进行改革。改革的主要措施，一是深化文化单位的内部改革，根据不同特点，建立健全激励竞争机制，努力增强生机和活力。比如对有些文化单位重组内部组织结构，改革干部人事管理制度、工资奖金分配制度，建立新的激励机制、竞争机制和约束机制等。二是培育社会主义文化市场，规范市场行为，完善运行机制，促进文化市场繁荣健康、活跃有序地发展。这一时期初步建立起了包括文艺演出市场、电影电视市场、音像市场、文化娱乐市场、文化旅游市场在内的文化市场体系。三是文化管理部门加大自身改革的力度，转变职能，提高效率，加强和改进对文化事业的宏观管理。四是通过完善文化经济政策体系，逐步构建了以社会效益优先为导向的文化单位保障机制。

（二）2014年至2020年的文化产业管理模式概况

2013至2014年间，文化部相继出台文化系统体制改革实施方案，其中《2014年文化系统体制改革工作要点》系统规划了九个重点领域的改革任务：一是深化国有文艺院团体制机制创新；二是推进文化行政部门职能转变；三是构建现代公共文化服务体系；四是实施文化企事业单位改革；五是完善现代文化市场体系；六是促进文化产业转型升级；七是建立优秀传统文化传承发展体系；八是提升文化领域开放水平；九是强化改革实施保障机制。这一系列改革举措体现了文化领域系统性、整体性、协同性的改革思路。

（三）2020年以来的文化产业管理模式概况

从中共中央办公厅、国务院办公厅2021年印发的《"十四五"文化发展规划》中可以看出政府近年来有关文化体制改革的基本思路是在坚持政府宏观调控的同时，充分发挥市场在文化资源配置中的决定性作用，实现政府与市场功能的优势互补与协同发力。加快完善有利于激发文化创新创造活力的文化管理体制和生产经营机制，坚持和完善繁荣发展社会主义先进文化的制度，提升文化治理效能。

2024年7月召开的第二十届三中全会通过了《中共中央关于进一步全面深化改革

推进中国式现代化的决定》，在深化文化体制机制改革方面提出要完善意识形态工作责任制、优化文化服务和文化产品供给机制、健全网络综合治理体系、构建更有效力的国际传播体系等措施，以进一步增强文化自信，发展社会主义先进文化，弘扬革命文化，传承中华优秀传统文化，加快适应信息技术迅猛发展新形势，培育形成规模宏大的优秀文化人才队伍，激发全民族文化创新创造活力。

二、中国文化产业管理存在的问题

从20世纪90年代起，中国的文化产业开始进入稳步发展时期。《"十五"国民经济发展计划纲要》明确将发展文化产业列入国民经济发展规划。2011年10月，党的十七届六中全会通过《中共中央关于深化文化体制改革推动社会主义文化大发展大繁荣若干重大问题的决定》，充分表明发展文化产业在建设有中国特色社会主义道路中的重要战略地位。但是由于中国的文化产业起步较晚，发展历程较短，与世界其他发达国家相比，中国文化产业发展稍显滞后，还没有成为国民经济支柱性产业，在文化产业管理上，还存在很多阻碍文化产业发展的矛盾和问题，文化产业管理模式还在实践中不断思索和创新。目前，中国文化产业管理主要存在以下几个方面的问题。

（一）文化产业管理体系与框架不明晰

在中国社会主义市场经济体制的发展进程中，文化产业管理体制的现代化建设相对滞后。其中，具有中国特色的社会主义文化管理模式尚未系统形成，管理体制存在职能交叉与权责不清现象，产业管理体系有待完善。这些制度性障碍在一定程度上制约了我国文化软实力的有效提升。

首先，中国的文化产业管理体系还不健全。目前，文化管理上存在政出多门、职能交叉重叠的情况，缺位与越位现象也比较明显。例如，在数字内容产业的监管上，由于涉及的内容可能同时涵盖影视、出版、网络等多个领域，常常需要多个部门的审批和监管。比如，一个在线视频平台的上线，可能需要同时向国家广播电视总局、国家新闻出版署、工业和信息化部等多个部门提交申请并接受监管。这种多头管理的现象不仅增加了企业的运营成本，也容易导致监管标准的不一致和监管效率的低下。此外，当不同部门之间存在利益冲突时，还可能出现推诿扯皮的情况，进一步影响文化产业的健康发展。

其次，文化产业的管理框架缺乏统一性和连贯性。目前，我国文化产业的管理政策多是由不同的行政主管部门分别制定，缺乏宏观的视角和统一的思想。这种情况导致不同地区的文化产业政策可能存在差异，甚至相互矛盾，使得文化企业在跨区域经营时面临诸多困难。同时，管理框架的不明晰，也使得文化产业在与其他产业融合发展时缺乏有效的政策支持和引导，以文化产业园区的发展为例，一些地区为了吸引投资和企业入驻，会出台一系列优惠政策和扶持措施；而另一些地区则可能因为资金、资源等方面的限制，无法提供相同力度的支持。这种政策差异不仅可能导致文化产业的区域发展不平衡，还可能使得企业在跨区域经营时面临政策壁垒和不确定性。此外，由于缺乏全国性的统一规划和指导，各地在文化产业的发展方向上也可能出现重复建设和资源浪费的情况。

最后，文化产业的管理体系与框架不明晰还体现在对新兴业态的监管滞后上。随着科技的不断进步和互联网的普及，文化产业中涌现出了许多新兴业态，如数字出版、网络视听、动漫游戏等。然而，由于管理体系和框架的不明晰，这些新兴业态在发展过程中往往缺乏明确的监管政策和规范标准，导致市场乱象丛生，消费者权益难以得到保障。比如，一些网络直播平台存在内容低俗、侵犯版权、传播虚假信息等问题；一些短视频平台则存在过度娱乐化、缺乏深度内容等问题。这些问题的出现不仅损害了消费者的权益和利益，也影响了文化产业的整体形象和健康发展。为了应对这些问题，政府和相关部门需要加大对新兴业态的监管力度，制定和完善相应的法律法规和政策措施，确保文化产业的健康有序发展。

（二）文化产业相关法律法规尚不健全

中国的文化产业发展起步较晚，与其他国家相比，文化产业相关法律体系尚未健全，目前尚未出台系统性的文化产业管理法律法规，而发达国家的文化产业各门类已经形成一套成熟、完善的法律法规体系。比如澳大利亚的文化产业法律法规体系比较成熟完整，联邦政府出台了针对电影业的《税收法案》以及针对传媒业的《传媒管理法规》等一系列法律法规和地方政策。中国的文化产业法律法规体系中除了如《中华人民共和国文物保护法》《中华人民共和国专利法》《中华人民共和国著作权法》等一些法律外，《娱乐场所管理条例》《演出市场管理条例》《出版管理条例》《广播电视管理条例》《音像制品管理条例》《电影管理条例》等都是国务院颁布的行政法规。中国的文化产业立法呈现出层次较低、覆盖面不全的现象。

同时，文化产业各门类的相关管理政策法规均由不同的行政主管部门起草制订，缺乏宏观的视角以及统一的思想，这种情况也导致政出多门、无明确分工的现象。目前，政府部门与文化经营单位之间的权、责、利尚未厘清，文化部门普遍存在条块、区域分割，监管主体不明确，难以形成合力的问题。一方面，文化市场多头管理、多头执法体制，造成了多头检查、重复检查，执法效能不够高，影响文化企业正常经营，容易造成推诿扯皮，使一些违法行为难以及时彻底查处；另一方面，个别地方文化主管部门存在违规收费和以罚代管问题，侵犯了文化市场主体利益。随着文化体制改革进入"深水区",政府部门从"办"文化到"管"文化,如何转变政府职能,放宽市场准入限制,明确文化市场监管主体,发挥市场在文化资源配置中的决定作用,是亟待解决的问题。

(三)文化产业人才培养机制不完善

任何产业的发展都离不开高层次的复合型人才,然而,中国文化产业高学历和高技术结合的复合型人才比重在整个行业中普遍偏低。文化产业在人才管理机制方面尚不完善,存在一些明显的缺陷,比如文化产业各部门的高学历与高技术型人才普遍缺乏;人才激励机制不能充分调动从业人员的生产积极性和创新能力,分配机制上出现的"平均主义"导致人才流动性过强,要么纷纷出国,要么涌向具有发展潜力的国内一线城市,使人才在国内分布上严重不均衡,从而出现文化产业区域发展不平衡、差距大的现象。在人事制度上,没能形成合理规范的流动机制和淘汰机制,导致部门人员冗杂。

文化产业的发展,需要复合型人才,即既懂文化艺术又懂经营管理和资本运作的人。然而,中国文化产业人才结构并不合理,文化艺术类人才比例过大,而经营和投资管理人才偏少。目前从事文化艺术工作的从业者在从事经营时往往缺乏企业管理专业知识,不擅长产业经营,同时也缺乏投资和风险管理的能力。又或者懂经营管理和投资的人员缺乏文化艺术的审美品位和文化创新能力,一味追求文化商品利润,忽略了文化艺术的本质内涵。文化企业在经营管理过程中,若未能有效协调人才资源与管理体系的关系,往往会导致经营困境甚至发展受阻。

文化产业管理人才培养体系建设亟待加强,与世界其他发达国家文化产业的发展相比,中国文化产业发展较晚,相关学科建设和完整人才培养体系还没有完全建立起来。在韩国,国家非常重视文化产业复合型人才的培养,先后设立了多所文化产业相关的高等院校,另外还在一些大学开设了电影卡通、游戏、广播影像等80余个文化产业相关专业。而中国直到1993年,经原国家教委批准,才在上海交通大学设立了第一个"文化艺术事业管理"的四年制本科专业;2004年,教育部在本科招生目录中设立"文化产业管理"专业。虽然目前中国开设文化产业管理相关专业的高校达数百家,但是大部分高校在文化产业管理专业人才培养方案、专业设置、课程开设及师资队伍建设等方面仍存在不少问题,文化产业管理学科建设和人才队伍建设明显落后于文化产业发展。

三、中国文化产业管理体系的探索

实现文化产业的跨越式发展,对文化产业进行更加有效的系统管理,必须将文化产业管理置于全球视野中,深入认识中国文化产业发展的基本现状,剖析文化产业发展存在的主要问题,并制定出适合中国国情的文化产业发展对策。

(一)建立健全文化产业政策支持体系

新制度经济学认为,政府制度创新能够有效地节约交易成本[①]。通过转变、约束、规划和完善政府职能和行为,从"办"转向"管",从"管理"转向"服务和引导",从行政指令管理为主转向运用经济和法律手段为主的管理,逐步建立起适应市场经济规律和促进发展原则的文化产业管理模式。一方面,政府应加强文化产业发展规划研究、制定、实施、监督,减少行政直接干预,简化审批程序和手续,为文化企业提供快捷高效的服务,以发展科学合理的文化消费为文化产业管理的出发点,提高行政效能。另一方面,政府应加强对文化产业管理的宏观引导,运用经济政策调节文化市场,间接对文化经济微观活动进行调控,主要包括财政、税收等政策,合理引导市场配置文化资源,实现文化需求的总量扩大和文化服务质量的提升。

与此同时,国家"十四五"国民经济发展规划纲要明确指出要发展社会主义先进文化,提升国家文化软实力,并且提出要从提高社会文明程度、提升公共文化服务水平、健全现代文化产业体系三方面统筹发展。当前我国文化产业立法体系存在若干结构性缺陷:立法层级体系不完善,缺乏高位阶的基本法律;地方立法碎片化特征明显,尚未形成统一的制度框架;特别是作为基础性法律的《文化产业促进法》长期缺位。为完善文化法治体系,建议采取以下路径:其一,推进文化产业政策的法律化转型,提升制度稳定性;其二,加快制定《文化产业促进法》,构建文化产业法律体系的核心框架;其三,系统梳理现行法律法规,消除规范冲突,增强立法协调性;其四,加强地方立法与中央立法的有机衔接。通过多层次的立法完善,最终形成系统完备、层次分明、协调统一的文化产业法律体系,为产业高质量发展提供坚实的制度保障。

(二)强化文化产业知识产权管理

文化产业是创意型产业,技术革新和内容创新是文化产业的重要内容,推动国家文化产业的创新发展是新时期中国文化建设的重大战略任务。文化产业作为知识密集型产业,研发原创性作品投入大、成本高,但生产和制作的成本却极其低廉。对文化产业知识产权的保护不力,会严重干扰正常市场经济秩序,阻碍文化企业竞争力和创新积极性。因此,应加强文化产业知识产权管理,保护原创者的正当权益。

首先,应完善文化产业知识产权法律制度。文化产业包含多个行业,应结合我国文化产业发展规划和"十四五"文化产业重点扶持项目,有针对性地确立行业知识产

---

① 邓安球.文化产业发展研究[M].北京:中国社会科学出版社,2010:12.

权保护重点和制定相应的保护制度,出台相关法律、法规积极保护文化产业知识产权。其次,不断提升文化产业相关企业的自主创新能力,增强知识产权创造与保护意识。近年来,中国动漫产业市场规模迅猛增长,《疯狂动物城》《冰雪奇缘2》《名侦探柯南》等国外动画赚得盆满钵满,《长安三万里》《哪吒之魔童降世》等国产动画也取得高票房,然而相关的知识产权仍受限于国外动漫产业巨头,国内动漫相关衍生品开发与销售严重不足。因此,应鼓励文化企业提升文化自主创新能力,提炼和创造更多具有自主知识产权的成果,积极保护知识产权,及时制止、制裁侵权行为,不断激励企业的创造活力。最后,政府相关部门应建立相应的知识产权信息平台与商务交易平台,提供包括专利、著作权等在内的信息检索,杜绝侵权和重复创作,加强相关文化企业的知识产权管理与共享,降低文化企业维护知识产权的成本,从而促进文化产业良性发展。

(三)制定合理文化产业发展战略

文化产业是新兴产业,随着经济建设的深入和社会的进步,人们对精神文化产品的需求不断提高。当前,我国文化产业发展面临供给能力与人民群众日益增长的高品质文化需求之间的结构性矛盾。为此,必须充分认识文化产业的战略地位,通过思想解放破除发展束缚,完善产业支持政策体系,提升文化服务效能。同时,要深化文化体制改革,优化文化产品供给结构,以创新驱动发展,切实推动文化产业实现质量变革、效率变革、动力变革,更好满足人民群众多样化、多层次、多方面的精神文化需求。[①]。文化产业发展战略与文化产业管理相辅相成,有效的文化产业管理进一步促进了文化产业发展战略的顺利实施,文化产业发展战略的合理制定大大增强了文化产业管理的重要性。

文化产业是我国新时期重点发展产业,文化产业良性发展对国民经济的发展具有导向作用,对我国全面发展具有重要战略意义,因此必须制定有效的符合国情的国家级战略规划,并实施有效管理。第一,在对中国文化产业整体调研的基础上,认真研究文化产业布局,重点加强对文化产业资源禀赋较强地区的支持,充分发挥区域文化资源优势,培养出一批具有较强竞争力的大型文化产业企业或集团,促进文化企业的良性竞争;第二,重点挖掘和开发特色文化产业,因地制宜、因时制宜地制定优惠政策,推动特色文化产业"带状发展",提升文化产业的管理水平;第三,为提升我国文化产业竞争力,需深入探究文化产业发展的内在规律,系统构建高端价值链体系。通过深度开发丰富的文化资源禀赋,推动产业集群化发展,实现规模效应与协同创新。

---

① 史征.论文化产业成为国民经济支柱产业的有效路径[J].改革与战略,2012,28(2):121-124.

（四）完善文化产业管理人才培养体系

文化产业的发展离不开文化产业人才的支撑，因为文化产业是一种知识密集型或技术密集型的产业系统，是以人的知识或技术为载体的。同时，文化产业性质不同于其他产业，是属于满足人民精神文化需求的生产文化产品和提供文化服务的行业。在一些发达国家，政府非常重视对文化产业管理人才的培养。根据人民网的数据资料显示，早在2000年到2005年，韩国共投入2000多亿韩元用于培养文化产业复合型人才。此外，韩国还通过文化振兴，制定文化产业人才培养方案，加强文化产业人才培训等方式，为文化产业人才的成长提供了良好条件。由此可见，建立健全文化产业管理人才培养体系具有重要的战略意义。具体来说，可以从以下四个方面着手：

一是加强青少年艺术文化素养和创新意识的培养，通过文化夏令营、青少年创新创业设计大赛等多种途径培养青少年的创新思维。

二是设立文化产业管理人才培训项目，培养既有文化内涵又有艺术修养，同时掌握经济管理知识、市场营销知识及现代科技知识的综合型管理人才。

三是建立文化创意交流平台和基地，为艺术家、行业精英、创意人士及企业家提供创意文化沟通和交流的服务。

四是建立文化创意管理人才发展支持中心等相关组织，集聚文化产业管理人才并提供职业示范。同时，在文化产业管理人才培养方面，应当构建多元化的培养体系：首先，高等院校及科研机构应着力培育具备创新思维和创业能力的专业化人才；其次，建立校企协同育人机制，促进产学研深度融合，提升文化创意的市场转化效率；再次，加强国际化人才培养，通过国际交流合作拓宽人才视野。这种多层次的培养模式将为文化产业管理人才的可持续发展提供制度保障。

【延伸阅读】

2020年文化产业领域支持政策概览

用手机扫一扫，了解更多信息

【本章小结】

文化产业是按照工业标准生产、再生产、储存以及分配文化产品和服务的一系列活动，具有文化功能、经济功能、政治功能和社会功能。文化产业结构既反映了一定社会发展环境中文化商品的市场化程度，同时也反映了在这种背景条件下人们文化消费需求的差异性。文化产业管理是推动文化产业发展、维持其系统运行的重要环节，具有复杂性、系统性、区别性和发展性。文化产业管理的目标分为宏观目标、中观目标和微观目标。与其他国家相比，中国的文化产业管理模式更多地具有政府参与、社会整合的特点。由于中国的文化产业起步较晚，发展历程较短，与世界其他发达国家相比，中国文化产业发展稍显滞后，还没有成为国民经济支柱性产业；在文化产业管理上，还存在很多阻碍文化产业发展的矛盾和问题，文化产业管理模式还在实践中不断思索和创新。

【复习思考题】

1. 什么是文化产业？它的特点和功能是什么？什么是文化产业结构？
2. 文化产业管理的特征、原则、目标和方法是什么？
3. 文化产业管理模式有哪些？
4. 结合实际谈谈我国文化产业发展面临的挑战及应对策略。

【电子资料】

https://baijiahao.baidu.com/s?id=1799743980308595920&wfr=spider&for=pc

2023 中国省市文化产业发展指数

第七章

农村文化管理

【学习要点】

1. 了解农村文化与农村文化管理的相关内容。
2. 了解我国农村文化管理的现状。
3. 了解加强我国农村文化建设与管理的措施。

【引例】

乡村文化振兴：新时代精神文明建设的总抓手

乡村文化振兴，就是在实施乡村振兴战略中，坚持物质文明和精神文明一起抓，繁荣兴盛农村文化，培育文明乡风、良好家风、淳朴民风，改善农民精神风貌，不断提高乡村社会文明程度，焕发乡村文明新气象。乡村文化振兴是决胜全面建成小康社会、全面建成社会主义现代化强国的重大历史任务，是新时代做好乡村精神文明建设的总抓手。推进这项宏大的系统工程，需要从理论逻辑、实践逻辑和历史逻辑贯通中把握好历史使命与时代召唤的关系、文化自信与乡土自信的关系、文化铸魂与物质塑形的关系、一元主导与多样发展的关系、顶层设计与基层探索的关系。

振兴乡村文化，要以马克思主义为指导，以习近平新时代中国特色社会主义思想为引领，坚守中华文化立场，大力培育和践行社会主义核心价值观，秉持客观、科学、礼敬的态度，立足当代中国乡村现实，结合当今时代条件，推动农耕文化创造性转化、创新性发展，让优秀乡土文化与社会主义先进文化和革命文化在广大乡村融会贯通、焕发勃勃生机。

资料来源：中国文明网 http://www.wenming.cn/specials/zxdj/19d/1_n/201807/t20180705_4746187.shtml

【引例启示】

随着2018年1月2日国务院《关于实施乡村振兴战略的意见》的印发，乡村振兴工作已全面开展。作为乡村振兴内容之一的文化振兴，其重要载体之一就是乡村文化产业。因此，在顺应时代要求的前提下，保护并传承乡村文化，增加文化产品，促进文化供给，大力发展具有特色的乡村文化产业是乡村文化振兴的科学发展之路。

第一节　农村文化管理概述

党的十九大，习近平总书记提出实施乡村振兴战略。乡村振兴是实现农村现代化的根本途径，遵循"产业兴旺、生态宜居、乡风文明、治理有效、生活富裕"的总要求，是对以往农村建设的发展与超越，乡风文明是实现乡村振兴的保障。推动实施乡村振兴战略必须繁荣兴盛农村文化。新时代农村文化建设主要目标是提高农村社会文明程度，培育文明乡风、良好家风、淳朴民风，改变农民以往的精神面貌。农村文化建设是实现农村经济快速发展的前提，是实现农村产业升级，提高农民就业率，创新农民创业渠道的主要途径，也是实现农民生活富裕，满足农民精神文化需求的必然选择。加强农村文化建设，能够更好地推进农村现代化建设，完善农村基础工作建设。在农村治理体系方面，尊重农民主体地位，实现自治法治德治相结合，提高农民参与农村文化建设的积极性。农村文化建设有利于提高农民的获得感、幸福感，是实施乡村振兴战略的必然要求。

一、农村文化内涵

（一）农村文化的定义

农村文化有广义和狭义之分。广义的农村文化是指生活在农村的居民，在特定的区域，也就是农村，在实践过程中创造出来的物质、精神总和。狭义的农村文化，限定的范围只在精神领域，"它是农民的科学文化水平、思想观念以及在漫长的农耕实践中形成并积淀下来的认知方式、思维模式、价值观念、情感状态、处世态度、人生追求、生活方式等深层心理结构的反映，它表达的是农民的心灵世界、人格特征以及文明开化程度。"[①]

农村文化在物质层面的表现形式为农村居民的劳动工具、生活器具、房屋建筑、手工艺品、服饰等。在非物质层面，包括乡民信仰、乡约伦理道德、风俗习惯、当地方言、民俗艺术等。这些物质与非物质文化共同构成了农村地区的风土人情和农村居民的价值观。

（二）农村文化的功能

1. 教化功能

农村文化的教化功能是由文化的基本特征决定的。在中国古代思想史上，"文化"一词出现很早，但其含义与西方文化学家的解释迥然不同。在中国古代，文化通常是封建统治阶级所施行的文治和教化的总括。如今，文化的内涵与外延有了很大的变化，但其教化功能，却依然发挥着重要的作用。

社会主义文化的教化功能，具体来说有以下几个方面。

（1）政治思想教育。这是社会主义文化教化功能的最直接表现。政治思想教育的目的即通过教育把人民群众的思想认识统一到社会主义建设上来，也就是通过政治思想教育把广大人民群众的思想统一到"一个中心两个基本点"上来，从而推动社会主义各项建设事业的发展。目的是非常明确的，但是政治思想教育不能只停留在口头上和文件上，也不能只简单停留在图解政治和盲目灌输上，教育的方式应该是多种多样的。由于之前对政治教育的片面理解，我们的思想政治工作走了不少弯路，工作做得不少，效果却不佳。在这一点上尤其值得发扬的是中国古代文化中对人本主义的重视，即"向内"使劲，加强自律修养，提高"自觉"意识。政治教育纵然有许多规范和方式，但万变不离其宗，教育的对象永远是人，农村教育更是如此，对人的重视，对人的理解和认识，必须放到第一位上来。

社会在变革，历史在前进，人民群众在思想认识方面已经发生了深刻的变化，这就需要我们认真研究群众，研究他们的思想追求、文化心理和价值取向，只有弄清并掌握情况，才好对症下药，充分发挥文化的政治思想教育作用。

（2）道德理想教育。社会主义事业需要有社会主义道德理想的人去建设，因此，道德理想教育也是农村社会主义文化功能的重要表现。尤其在改革开放年代，摒弃旧的道德规范，旧的经济意识，树立新的、适合社会主义市场经济发展的道德风尚和理想观念，尤为重要。

我国农民有淳朴、勤劳、助人的美德，同时也有安于现状，容易满足，小富即安，

[①] 吕红平，农村家族问题与现代化［M］.保定：河北大学出版社，2001：63.

进取心不强，只重眼前不求长远，求稳怕变等不利于改革开放的道德因素。社会主义道德建设，不但要发扬传统道德中美好的东西，而且还要消除传统道德中落后的东西，从社会现实出发，通过文化的教化作用，使人们树立社会主义、共产主义道德观，并不断增强道德判断能力，使人们不仅懂得哪些好，哪些坏，怎样做是合乎道德的，怎样做是不合乎道德的，还懂得为什么这样做是合乎道德的，而那样做是不合乎道德的。

纵观道德观发展的历史，崇尚文化知识、推崇理性贯穿道德发展历史的全过程。个人道德品质的形成过程离不开科学文化知识。人们对科学文化知识需求的日益增长，是促进社会及其成员道德境界不断升华的重要推动力量。只有用理智统御行为、以文化知识磨砺品德的人，才能成为一个奋进不息的人。

目前，我国农村的文盲还相当多，在全国范围内开展扫盲活动，在农村普及文化科学知识的工作量还相当大。这一点是松懈不得的。

在农村，我们所要达到的道德境界，是一个以爱国主义、集体主义、社会主义思想为核心的全心全意为人民服务的高尚道德境界，如果没有马克思主义唯物史观关于人类历史发展规律的科学认识，和其他有关的科学文化知识，没有对人生意义、人生目的的科学了解，以及个人与他人、个人与集体、个人与国家和个人与社会相互关系的正确认识，高尚道德的培养和确立就无从谈起，渴求文化知识，热爱科学，追求真理，坚持真理，实事求是的社会风尚就无法形成。只有把有理想、有文化、有道德、守纪律有机地结合起来，使之成为全社会、全民族的道德风尚，中华民族才能以崭新的道德风范昂首屹立于世界民族之林。

（3）行为方式教育。行为方式教育主要是在政治思想教育和道德理想教育基础上，对群众进行具体行为方式的教育，如行为规范教育、行为礼仪教育、行为美学教育等。市场经济在农村的发展，要求广大农民群众懂得更多的现代社会生活行为规范，利用农村文化对农民进行行为方式的教育，是很有必要的。从一定意义讲，行为方式也是人类文明程度的直接表现，是一个民族发展程度的具体体现。

市场经济呼唤新生活的建立，也必然造就人们新的生活方式和行为方式，而新的行为方式的建立实际上也是社会主义物质文明和精神文明建设的双重需要。

（4）法制宣传教育。我们的社会是民主与法治的社会，我们的市场经济是法治的市场经济。而当下农村地区的法制宣传不到位，法盲所占比例很大，因不学法、不懂法而犯罪的事件常有发生。因此，利用文化宣传进行普法教育，也是农村文化工作的一项重要任务。

实践证明，利用文化形式加强普法教育，向农民及时地宣传法律知识，使他们掌握法律常识，对加强农村治安、维护安定团结、遏制农村犯罪率上升是非常有效的。

有这样一个事例，某县农村有一个中年农民，因邻居建房子占了他家宅基地的一点地方，他正打算找几个亲朋好友"收拾"一下这个邻居，有一天他在乡文化站办的法制宣传栏前看到了有关法律，于是打消了这种愚蠢的念头，而是走上了法庭，借助法律解决了问题，维护了自己的合法权益，避免了一场可能的犯罪事件发生。

2. 传承功能

农村文化的传承功能由两个方面组成：一是传，即流传、传播；二是承，即继承、承接、承递。涉及农村文化传承功能的主要有对生产方式的传承、对生活方式的传承和对民族意识形态的传承等几个方面。

（1）生产方式的传承，也可以叫作物质资料生产方式的传承，或者叫作生产性文化的传承。中国封建社会几千年，生产力和生产关系的矛盾一直没有改变，生产关系也几乎没有变化。其生产性文化也就一代接一代地传承了下来。人们主要是通过上一辈在实践中的言传身教习得了生产技艺。也因为中国近代科学技术欠发达，尤其是农业科技的不发达，这种生产技艺如耕作、种植、养殖等生产性文化传承的方式就相对比较单一、简单，什么时候种什么，什么土地种什么，以及怎样种怎样收，怎样驯养等都是在劳动中由上一代直接向下一代传授。生产方式的传承，或者说生产性文化的传承，是人类赖以生存和发展非常重要的文化传递活动。若没有这个传承关系的存在，每一朝、每一代、每个人都从原始生产开始，那么，人类也就无指望发展了，就只有停留在永远原始的阶段。所以有人说，每一代人都是站在前一代人的肩膀上，正是数代、数十代、数百代人经过长期的实践所创造的生产经验或者说生产性文化，才使人类的发展进化有了可能。因此，可以说，生产性文化的传承，是人类发展的基础。

（2）生活方式的传承。生活方式是作为社会主体的人，为了生存和发展而进行的一系列日常生活活动的表现形式。生活方式的承递，也可以说是人类生存经验的传承。劳动创造了人，也创造了人类文化。而人类的发展历程又相当久远，人类发展到今天，可以说是每一代人努力的结果。人类在与自然的斗争中，创造了极为丰富的生活方式和生活性文化。这包括居住文化、饮食文化、服饰文化、丧葬文化、婚嫁文化、宗教文化等。这些文化直接关系着人类的生存与发展、文明与进步。例如在长期的实践中，人们知道依山而居，傍水造村，由穴居到筑房而居。就是现在的所有大中城市，这种原始的居住文化痕迹也到处可见，几乎所有的大城市都是在江河湖畔发展起来的。饮食文化上由生食到熟食，由粗加工到精加工，以至于现在世界上有了种类繁多的菜系，单就中国饮食文化，就蔚为壮观。穿衣方面由披树叶到制衣服，一直到现在眼花缭乱的服装文化。这都是人类生活性文化的直接表现。另外，人们在生活实践中，还掌握了一些自然规律，并应用到生活文化中去，保障人类发展的需要。

（3）意识形态文化的传承。这主要包括价值观念、审美情趣、风俗习惯、民族风情、文化活动等方面的文化传承。中华民族优秀传统文化的形成，就是意识形态文化传承的直接结果。我国是一个多民族的国家，每个民族都在发展过程中创造了自己优秀的民族文化，这些不同的文化类型，在促进本民族和人类社会发展中，都起到了重要作用。而其作用的发挥，也是在历次文化优化和文化选择中，由其优秀的文化因素来承担完成的。正是这些作用的发挥，使这些优秀文化因素得以在人类发展中一代接一代地传承。意识形态文化的传承虽然不像生产文化和生活文化的传承在人类发展中的表现明显，但对人类和社会的作用却是非常大的。这在社会平静时期不怎么显著，而在社会变革和动荡时期就显得较为重要。社会变革，一般都伴随着意识形态的变革，而意识形态的变革，则是社会变革的先决条件和重要组成部分。

3. 审美娱乐功能

农村文化的审美娱乐功能是多方面的，它不仅丰富了农村居民的精神文化生活，也为城市居民提供了了解和体验农村生活的机会，促进了城乡文化的交流与融合。具体来说，农村文化的审美娱乐功能体现在以下几个方面。

（1）审美意识的普遍觉醒与扩展。改革开放和市场经济的发展促进了审美意识的全面复苏，审美追求渗透日常生活的方方面面，成为人类区别于其他动物的重要文化特征。

（2）农村文化的审美与社会功能。农村文化作为社会文化的重要组成部分，具有强烈的地方性和群众性，其审美娱乐功能对农民群众的审美鉴赏能力提升、智力发展、创造精神培养以及农村精神文明建设具有重要影响，促进了农村市场经济的发展和建设。

（3）当代审美文化的发展趋势。当代审美文化展现出三个明显趋势。首先是传统审美的娱乐功能转变为现代消费的生活享受。其次是艺术创造的个性特征被文化工业生产流程同化，机械复制与艺术独创并存。最后是大众文化中审美文化向平面化和表演化发展，取代了更深层次的文化形式。

4. 经济助推功能

社会主义政治、经济、文化建设是社会主义建设的重要内容，一定的经济基础，必然要求一定的政治和文化与之相适应。而一定的政治和文化在很大程度上也能够促进一定的经济基础的发展。尤其在农村，文化对经济的巨大助推作用表现得更为突出。

（1）农村文化可以为农村经济建设提供强大的精神动力。社会变革尤其是经济体制转型时期，精神和观念的力量是无穷的。农村文化可以培养建设有中国特色社会主义新农村的远大理想。过去，由于多种因素，导致了农民思想保守狭隘，目光短浅，容易满足，温饱即安和对集体漠不关心，"各人自扫门前雪，休管他人瓦上霜"的文化心理，不利于社会主义新农村的建设。社会主义新农村建设和社会主义的农业经济发展要求广大农民既要有很高的个人致富能力，又要有较高的集体主义精神，为在社会主义市场经济条件下建设社会主义新农村而奋斗。农村文化工作者也必须在这一点上下功夫，采取多种形式进行爱国主义、社会主义、集体主义教育，树立农村的大局观念和远大理想。

（2）农村文化可以为农村经济建设提供有效的智力支持。农村文化要在培养农民新的谋生手段、新的生产技能和生活方式上做文章。农村教育要严厉制止新的文盲产生，并在普及农业知识上下功夫，在农村，还要着力培养一批致富带头人，培养一批懂经营、会管理、知法律、善理财的专门人才，只有他们才能支撑起乡镇企业的发展，也只有他们才能带领广大农民奔向小康。不少农村都讲"无农不稳，无工不富，无商不活"，无论是工农，还是商贸，离开文化都不行。市场经济是高智能的经济，没有较高的科学技术和文化素质的人才，是无法驾驭市场经济发展的。农村文化不仅要在培养广大农民综合文化素质上下功夫，还要在培养农民实用科学技术和农业知识上下功夫。上面已经谈到，农村文化有推广农业科学技术的功能，但科学技术的推广是一个方面，农民实际掌握和操作又是一个方面，而农村文化馆站所举办的各类农业实用技术培训班，可以使农民掌握一定的农业先进技术，从而促进农村经济的发展。

（3）文化工作可以为农村经济的发展创造良好的社会环境。改革开放和发展经济需要安定团结的社会环境，发展农村经济也是一样。农村文化可以为农村经济的快速发展提供下列几个环境。

农村文化可以改善农村投资环境，为经济发展创造良好的文化环境。丰富多彩，花样繁多的农村文艺活动和文化服务项目是招商引资的重要条件之一。要想使外商到农村来投资办厂或联营开发，首先应为他们创造一个良好的文化环境，使他们对这里产生兴趣才行。文化生活条件不好，即使外商有合作意向，也会因为这个问题增加合作的难度。在这方面，南方一些农村就做得很好。江浙一带的广大农村很注意文化环境的营造，他们在招商引资方面就取得了令人瞩目的成就。文化生态是指文化内部构造、文化更新和进化机制的合理性，好的文化生态，也是经济发展的必要条件，因为，好的文化生态不但可以改变人们的价值观念、行为方式，而且可以在有限的范围内对经济的一切因素产生良好的影响，从而促进经济的蓬勃发展。

农村文化还可以为农村经济建设创造安定和谐的治安环境。社会发展到今天，人民对精神生活的需求日益增长。当人们的精神生活得不到满足时，人们多余的精力无处发泄，这就很容易出问题。

农村文化工作还可以帮助广大农民建立良好的生活环境。建立农村新的生活方式，也是发展社会主义农村经济的需要，而新的生活方式的建立，又离不开文化素养的提高。

总之，文化的功能是多种多样的，既有政治方面的，也有经济方面的，涉及人们生产、生活的方方面面。对这一点进行深入的研究，对我们社会的发展，尤其是农村社会的进步，有积极的促进作用。

二、农村文化活动

农村文化活动是以广大农民群众为活动主体，以农民群众自娱、自教、自乐为主导动机，以满足农民群众自身精神生活需要为目的，由广大农民群众直接（以自身为主角）或间接（观赏他人）参与的一切文化艺术娱乐活动。

（一）农村文化活动类型

1. 节日文化活动

在历史长河中，我国历代先民以其丰富的想象力，创立了众多的民族传统节日，据范玉梅编著的《中国民间节日·附表》记载，全国共计有625个节日，实际上尚不止此数，因为历史在发展，时代在前进，人们在社会实践中还在不断创立着新的节日。我国目前现有节日可分为四类：

民族传统节日，如汉族的春节、元宵节、清明节、端午节、中秋节、重阳节等；少数民族如蒙古族的那达慕大会，回族的宰牲节、古尔邦节、肉孜节，藏族的望果节、雪顿节、沙嘎达瓦节，苗族的赶秋节、跳花节、芦笙节、吃新节、龙船节，彝族的火把节，壮族的歌墟节、花王节；布依族的跳花会，侗族的"三月三"、赶坪节、斗牛节，瑶族的达努节、"歌堂"节，白族的"三月街"节，傣族的泼水节，傈僳族的刀杆节，高山族的丰年祭等。

现代政治性节日，如"三八"妇女节、"五一"国际劳动节、"五四"青年节、"六一"国际儿童节、"七一"建党节、"八一"建军节、"十一"国庆节等。

由于外来文化的影响，一些国外的节日也逐渐进入了我国城乡，成为一种新的文化时尚，如元旦、圣诞节、愚人节、父亲节、母亲节等。

以文化为先导，以发展经济为目的，近年来各地又陆续推出了一批以文化特色、地方风物、特产、人物为主题媒介的各类艺术节，如秧歌节、风筝节、武术节、唢呐节、月季节、牡丹节、葡萄节、玉雕节、杨梅节、黄酒节等。部分乡镇还一年一度举办农民艺术节。

以上四类节日，不论是民族传统节日，还是现代政治节日，不论是外来节日，还是新增节日,节日的内涵尽管各不相同,但其活动内容与形式却以各类文化活动为主体,特别是民族传统节日,更是一个个缤纷多彩的艺术节,无论音乐、舞蹈、杂技、曲艺、戏剧、游戏、文学、体育、书法、绘画、工艺,甚至街头叫唱,可以说是应有尽有。它们以各个不同的艺术层次来满足不同农民群众的兴趣和爱好。如汉族"春节"贴春联、剪窗花、贴年画、放鞭炮、民间戏剧、舞蹈、器乐大会演,元宵节扎彩灯、观花灯、舞龙灯、猜灯谜、耍狮子等,端午节赛龙舟、绣荷包、挂香囊、吃粽子、插艾蒿、饮雄黄酒、讲屈原的传说,还有中秋赏月,重阳登高等,无不洋溢着浓烈的艺术色彩,借助艺术的、可视的形象含蓄而巧妙地表达了人们的理想和愿望。少数民族中的一些节日也是如此。如蒙古族的"那达慕"本义就是庆祝丰收、游艺欢乐,赛马、射箭、摔跤是固定的主要比赛项目,此外还有丰富多彩的文艺节目,京族的"哈节"、瑶族的"歌堂节",也就是歌节,每到"哈节"之时,人们就身着盛装,云集哈亭唱歌,再如藏族的"雪顿节",也是"藏戏节"。

近年来,现代政治性节日的文化内涵日趋加强,文化活动日益活跃。如各种各样的知识竞赛活动、歌咏比赛活动、文艺联欢活动、农民体育运动会等,以其浓烈的现代文化风采,与民族传统节日文化活动交相辉映,使农村节日文化活动更加绚丽多姿。外来节日活动则以其别致的异国情调,与传统节日文化活动相映成趣。

节日文化活动既是民族民间文化艺术的"大观园",又是现代诸多文化活动的博览会;既是农民群众民族风尚和心理素质的集中体现,又随着时代的发展而不断地融入广大农民群众新的文化需求。因此,节日文化活动是最受农民群众欢迎,期望值最高的农村文化活动"重点工程"。

2. 庙会文化活动

庙会的形成与发展,多与宗教活动有关,如果我们把宗教比作庙会之魂,庙会之形则是五彩缤纷的庙会文化活动和经济贸易活动。失其形,则庙会只能成为虚无缥缈的灵魂而不复存在。因此,文化艺术游乐和经贸活动实际上已上升到庙会活动的主体地位。一届庙会就是一台风俗文化活动的大展演。古代各路民间艺人和梨园班社,今天的一些专业文艺团体和业余文化队伍竞相赶会,以展现他们的艺术精品和表演才能。各种文艺团队以其丰富的内容、多彩的形式对四乡赶会的农民群众产生极大的吸引力。不少民间艺术形式也是庙会文化活动所特有的,如太狮、少狮、高跷、杠子、小车、中幡等。近年来,随着专业文艺团队广泛参与庙会文化活动,许多新的文化艺术品类如现代戏剧、歌舞、电影、录像、电声乐、电子游戏等,亦纷纷跻身庙会文化活动,使庙会文娱活动更加丰富多彩。

与庙会活动相类似的还有各地的物资交流大会。其前身也可能依附于庙会活动,但其中宗教之魂今天已不复存在，而更新为经贸之魂。

无论是宗教性庙会，还是商业性物交会，有了文化活动的参与，其目标更易达到。这种农村的广场文化——庙会文化活动，在农村文化活动中占据着显要的地位。

3. 民俗文化活动

民俗文化活动的内容异常广泛，节日文化活动、庙会文化活动中都包含着民俗文化活动的内容，但还远远不是民俗文化活动内容的全部。民俗文化活动的内容和形式融为一体。由于数千年形成的传统民俗的固有约束力，具有极强随众意识的广大农民把民俗活动作为幸福生活的精神寄托，还在不断地发展和完善民俗文化。

民俗文化活动与广大农民的生活、生产活动关系最为密切，相互交融，可以说是无处不在，无时不有，既简朴，又丰富。简朴到可能只是一个习惯性的程式，丰富到可以形成一部色彩浓烈的民俗风情画卷。比如部分少数民族地区青年男女的谈情说爱，就有对山歌、跳舞、抢荷包、抛绣球、赠大葱等系列民俗文化活动。汉族大部分地区的迎亲结婚仪式，也有坐花轿、吹唢呐、放鞭炮、结婚典礼、吃喜酒、闹新房、唱歌、说笑话、放电影等活动。可以说村寨里的每一次婚仪，都是一次全村性的综合性文化活动。此外还有盖房放鞭炮、贴对联、修门楼、绘影壁、吃满月酒等，无不包含着形式多样的民俗文化活动。

4. 村落文化活动

村落文化活动是指以村民群体为活动对象，以农民世代聚居的自然村落为活动地域的一切文化艺术娱乐活动。当然，它包括节日文化活动和民俗文化活动的大部分，但节日文化活动和民俗文化活动还远远不是村落文化活动的全部，村落文化活动大量的是日常进行的文化娱乐活动，如村落组织的电影放映活动，戏剧演出活动，曲艺说唱活动，结合生产进行的插秧锣鼓、对山歌、劳动歌谣演唱活动，田间、地头、饭场、牛屋流传的民间故事、谚语、笑话、俏皮话，下棋、站牌、麻将、扑克等经常开展的娱乐活动，摔跤、"抵阵"、掰手腕等民间游戏活动，村头黑板报、标语和村组高音喇叭、有线广播的宣传活动，科技示范户的示范活动，各类科学种田现场会活动等，不可尽数。

村落是广大农民生产、生活的主要场地，因此，村落是农村文化活动的主要场所。

（二）农村文化活动的基本特征

农村文化活动的内容和形式丰富多彩，涵盖了农民群众除物质生产、生活外精神文化娱乐生活的全部。如果我们对农村文化活动的内容和形式，对农村文化活动的发生、发展的全过程进行深入剖析的话，就会发现农村文化活动具有一些共同的、基本的特征。

1. 普及性

农村文化活动的主体是广大文化素质相对较低的农民群众，是一种大众的社会性的文化活动。其文化活动水平相对于城市文化和专业文化，必然处于较为低层次的群众性的"下里巴人"水平，这就决定了农村文化活动必然是群众性的普及活动，其发展规律也必然是"普及基础上的提高，提高指导下的普及"。可以说，普及性是农村文化活动的本质特征。

2. 传承性

在漫长的奴隶社会、封建社会中，广大奴隶、农民处于社会的最底层，其活动同样也属于社会最底层的俚俗文化，基本没有文字的记载。其内容和形式主要是靠历代先民父传子、子传孙、师传徒，口耳相传，言传身教，一代一代流传下来的，比如农村文化活动中最受欢迎的民间戏剧、曲艺，至今仍有许多剧目、曲目属于口传，没有文字记载，其他如民间故事、歌谣、民间舞蹈、器乐、民间技艺、民间游艺等，几乎全部民间传统文化艺术都是由这种代代传承的方式流传下来的。尽管近年来各级文化部门进行了工程浩大的挖掘、搜集、整理工作，但其流传的主渠道在相当长的时期内仍将是代代传承。因此，传承性是农村文化活动，特别是民间传统文化活动的突出特征。

3. 变异性

广大农民群众既是农村文化活动的参与者、观赏者，又是农村文化活动的传承者、改进者、发明者。时代在不断前进，广大农民群众对文化活动的欣赏心理、欣赏习惯、审美情趣也在随之变化。历代农民发挥集体的聪明才智和丰富的艺术想象力，按照各自的意愿和当时所处时代的政治、经济环境，对文化活动的内容和形式进行增减、改造和发展。遗弃看不惯的或为时代所限的形式；有些形式则不断地给予丰富和完善；同时又在不断地拓展新的活动内容，创造新的活动形式。可以说，我国现在的所有剧种、曲种，除外来剧种外，绝大部分都是由历代农民艺术家运用集体智慧，从各种民间小唱，不断发展创造而成的。特别在当代，经济在腾飞，文化在发展，许多过去农民从不知道的艺术走进了农家，对农民群众的文化心理、审美趣味产生着强有力的影响，农村文化活动的变异性特征更为突出。

4. 竞争性

世上万物，优胜劣汰。竞争是一种自然发展规律，也是农村文化活动的重要特征，无论是节日文化活动，还是庙会文化活动，无论是民间游戏活动，还是各种体育比赛，更无论是各艺术门类、各文艺社团、各参与活动的人员，无不存在竞争，在竞争中求生存、求繁荣、求发展、求得自我价值的实现。比如古庙会，本身就是一个各类文化活动的竞技场。每次庙会一般都要请两个以上的剧团，对面而立，谁的戏好，谁的观众多，谁就声誉大振，得到的回报也就多。于是各剧团纷纷请名角，排新剧，推拿手戏，全力以赴，一争高低。正是在这种竞争中，各剧团的艺术水平得到了不断提高。"对台戏"也就成了人们的常用词。节日文化活动更如同各种文化艺术的大熔炉。在节日文化活动中，一方面是表演者淋漓尽致要征服观众，另一方面是观赏者无拘无束自由选择，使民族民间艺术的优胜劣汰、新陈代谢以高于平日很多倍的速度进行。尤其是近年来，各种艺术活动赛事不断，农民歌手大奖赛、卡拉OK演唱赛、唢呐赛、书画大赛、狮舞赛、龙舟赛、龙灯赛、农民摩托车赛、象棋擂台赛等，赛出了农村文化活动红红火火的新局面。因此，竞争性是农村文化活动繁荣发展的内动力，是农村文化活动不可忽视的重要特征。

5. 包容性

农村文化活动的内容和形式虽然十分丰富，但仍不可能充分满足广大农民群众日益增长的精神文化需求，有些地方甚至处于文化饥饿状态。农民群众的文化需求得不到满足，农村文化活动也就始终是一个吸附力极强的包容体。不管是民族形式的文化活动还是外来形式的文化活动，不管是传统文化活动还是现代文化活动，也不论是低俗文化活动还是高雅文化活动，更不论是健康有益文化活动还是落后腐朽文化活动，兼容并蓄，照单全收。对于这种农村文化活动的包容性特征，农村文化活动的管理者，应有清醒地认识并高度重视。

6. 周期性

农村生产季节性强，农民农忙务农，农闲开展文化活动。因此，农村文化活动具有显著的周期性特征。夏季有夏季的活动方式，冬季有冬季的活动内容。节日文化活动、庙会文化活动则更是周期性极强的活动。相同的节日一年一度，活动的内容和形式也大致相同。庙会的时间、地点更是固定的。

7. 地域性

我国幅员辽阔、民族众多，俗话说："十里不同俗，八里改规矩。"各民族、地域因其人文环境、生活方式、风俗习惯各有不同，各地自我创造，土生土长的民族传统文化活动具有鲜明的地域性特征，草原的马文化活动，水乡的船文化活动，山村有山村的项目，平原各地有各地的"绝活"。就以戏剧为例，西藏的藏戏、四川的川剧、陕西的秦腔、河南的豫剧、湖南的花鼓戏、安徽的黄梅戏、浙江的越剧等，各具特色。还有各地的地方稀有剧种，那更是风味独特。至于各民族地区风格独具的民间舞蹈、民间游戏就更是数不胜数了。

8. 功利性

人们办每一事情、参加某一活动，都有其目的性。这种目的性可能是自觉的，也可能是不自觉的。农民群众参加农村文化活动同样也具有自觉、不自觉的目的性，这就是求知、求美、求乐，满足自己的精神生活需要。农民群众之所以那么积极、自觉、主动地参加各种农村文化活动，正是因为通过参加农村文化活动能够获得以上各种满足，也正是因为农村文化活动具有供知、供美、供乐，满足农民群众多方面精神需要的功能。按今天的话说，这就是农村文化活动的功利性特征。

农村文化活动的功利性特征是因为农村文化活动具有多方面的社会功能。全面认识农村文化活动的各种社会功能，对于确立农村文化活动的地位，认识农村文化活动的规律，指导农村文化活动的发展，无疑是十分必要的。

三、农村文化管理的重要性

同其他任何工作一样，农村文化工作必须加强领导与管理，从一定意义上说，农村文化工作的领导与管理的状况，决定着农村文化工作的兴衰。

农村文化的管理是一门艺术，也是一门科学。它是根据党和政府制定的有关农村文化的方针、政策、决定、决议、指示等，依照党和国家赋予的权力，通过引导、指挥、协调、监督、检查、组织、教育、辅导等过程，进行的农村文化工作的重要环节。

党的十三届八中全会颁布的《中共中央关于进一步加强农业和农村工作的决定》（以下简称《决定》）指出，农业是经济发展、社会安定、国家自主的基础，农民和农村问题是中国革命和建设的根本问题。没有农村的稳定和全面进步，没有农民的小康，就不可能有全国人民的小康；没有农业的现代化，就不可能有整个国民经济的现代化。《决定》还指出，要开创我国农业和农村工作的新局面，不断提高农民的思想道德素质和科学文化水平，教育农民自觉抵制封建主义残余和资产阶级腐朽思想的侵蚀，破除封建迷信，克服社会陋习，树立社会主义新风尚。基于此，《决定》强调要重视农村社会主义文化阵地建设。这是对农村文化建设与发展的位置作出的高度估价，同时又对我们做好农村文化工作提出了新的要求。

（一）做好农村文化的管理工作，是执政党和政府部门的神圣职责

全心全意地为人民服务，是我们党和政府的最高宗旨。在对待农村和农村文化事业问题上，党和政府始终把发展农村文化事业，丰富农民文化生活，培养农村四有新人，放在重要位置上，不仅重视农民群众的物质生活，还同样关心农民群众的精神文化生活。自改革开放以来，党和政府在农村坚持了两手抓，既领导广大农民进行经济改革，摆脱贫困，奔向小康，又率领广大农民进行包括农村文化在内的精神文明建设，全面提高农民群众的科学文化素质。党和政府的这些举措，反映了亿万农民的心声，全面推动了我国农村的两个文明建设，得到了广大农民群众的衷心拥护和广泛支持，也对进一步加强农村文化工作的领导提出了更高的要求。

（二）做好农村文化的管理工作，是我国农村文化建设与发展的关键所在

我国农村幅员辽阔，农村文化建设与发展工作千头万绪，是一项十分浩大的系统工程，在这一工程中，各种机制的运行，各个环节的衔接，各个部位的协调，都需要从宏观和微观上有一个决策、指挥的关键系统。经验证明，近年来，我国农村文化建设凡取得显著成就的地方，都与当地党政领导和文化主管部门的领导与管理密不可分。从广西的"千里文化长廊"到福建的"芳草计划"，从内蒙古的"彩虹计划"到安徽的"杜鹃计划"，从河南的"群星工程"，到吉林延边自治州的"金达莱计划"等，都表明，出色的、强有力的农村文化组织领导与管理，对于农村文化建设与发展有着十分关键的作用。反之，缺乏组织领导和有效管理的农村文化，只会使农村文化成为一盘散沙；泛泛一般的组织领导与管理，也只会使农村文化的建设与发展平平庸庸，不会有什么大的起色。

（三）做好农村文化的管理工作，是新形势下农村文化建设与发展的客观需要

党的二十大报告展现了新形势下农村文化建设与管理的客观需要和发展蓝图。首先，党的二十大报告强调要"扎实推动乡村产业、人才、文化、生态、组织振兴"，其中文化振兴是实现乡村全面振兴的重要组成部分。这涉及推进乡村文化创新，重塑乡土文化、涵养乡风文明、繁荣文化产业，为乡村振兴注入活力。其次，在文化振兴工作中，要重视对传统乡土文化的保护和传承，留住乡村的共同记忆，重视物质与非物质文化遗产的保护，同时推动乡土文化与现代元素的结合，实现文化的创造性转化和创新性发展。再次，加强乡风文明建设，传承优秀传统文化，发挥先进文化的引领作用，尊重乡村本位和农民主体地位，提升农民的素质和乡风文明程度，同时坚持党对乡村文化建设的领导。最后，探索发展多元新型文化业态，建立多元、互动、共享的文化产业链，推动农村一、二、三产业融合发展，并利用现代科技手段提升文化产业的创新能力和服务水平。

（四）做好农村文化的组织领导与管理工作，是农村文化发展规律的内在要求

首先，农村文化工作具有一定的规律性，其组织领导与管理的职责在于研究、把握其规律，进行科学地指导。翻开一部中国农村文化史，自人类进入文明社会，农村文化都是自觉地或不自觉地进行着或接受着一定的组织领导与管理的，这样，不仅满足了同时期农民的文化需求，还把农村文化推向更高的发展阶段。历史证明，包括农村文化的农村社会越发展越进步，就越需要对农村文化进行更好地组织领导与管理。在我国建立社会主义市场经济体制的今天，农村文化的组织领导与管理就显得更加重要了。其次，农村文化工作的操作实践，需要与其相适应的组织领导与管理来实现。

农村文化作为一种观念形态，已经在社会大系统中长期存在至今。社会系统、社会人群对农村文化形成了一种定势，并影响着对农村文化的领导与管理工作。如今，农村社会正发生着历史性的巨变，它要求农村文化的组织领导与管理进行同步改革。最后，就广大农民自身而言，要求领导在文化方面给予正确的导向。农民是个人文化行为的主体，他们是农村文化的直接接受者和参与者，面临农村改革的浪潮搏击，他们富而思乐，富而思文，需要文化治愚治穷，出现了前所未有的对文化的渴求。广大农民群众企盼通过对农村文化实施正确的组织领导与科学管理，来圆他们的文化梦。

（五）做好农村文化的组织领导与管理工作，是农村精神文明建设的重要基础

农村精神文明建设包括农村思想道德建设和农村教育科学文化建设两个方面，渗透在农村整个物质文明建设之中，体现在农村经济、政治、文化、社会生活的各个方面。文化是文明的基石，农村文化是农村精神文明建设的重要组成部分。在农村精神文明建设过程中，农村文化的组织领导与管理水平对精神文明建设影响很大。现阶段我国农村的社会主义精神文明建设，在于提高农村社会和广大农民的文明程度，促进整个农村社会的全面发展，鉴于农村文化是农村社会的客观存在，农村文化的健康与颓废，进步与没落，决定着农村精神文明的性质。因此，得力的、有效的农村文化组织领导与管理，能够凝聚起广大农民群众，用具有中国特色的社会主义思想，占领农村思想文化阵地，优化农村环境，净化农村空气，振奋农民精神，鼓舞农民斗志，提高农村文化品位，推进农村精神文明建设；反之，如果对农村文化放弃组织领导与管理，或组织领导不力，或指导思想、实施方针、方法有误，就有可能导致农村文化的涣散，以致农村丑恶现象百出，精神垃圾充斥，社会风气败坏，成为农村精神文明建设的障碍，影响农村现代化建设的步伐。

综上所述，农村文化的管理工作至关重要，它是我国农村文化建设与管理的重头文章，应当引起各级党政领导、文化主管部门、群众文化单位及广大农村干部的高度重视，采取有效措施加强对农村文化的管理，并切实抓出成效。

【延伸阅读】

加强农村精神文明建设

用手机扫一扫，了解更多信息

第二节 我国农村文化管理的现状

党的十九大，习近平总书记提出中国特色社会主义进入新时代，是对党的十八大以来党的理论创新成果的一个精确概括，是我国新的历史方位。习近平新时代中国特色社会主义思想阐明了新时代坚持和发展什么样的中国特色社会主义、怎样坚持和发展中国特色社会主义。习近平总书记强调中国特色社会主义是既坚持科学社会主义基本原则，又具有鲜明实践特色、理论特色、民族特色、时代特色的社会主义，是中国特色社会主义道路、理论、制度、文化四位一体的社会主义，是统揽伟大斗争、伟大工程、伟大事业、伟大梦想的社会主义，是根植于中国大地、反映中国人民意愿、适应中国和时代发展进步要求的社会主义。对中华民族来说，这是迎来实现伟大复兴光明前景的新时代，也是对科学社会主义的创新发展，高举中国特色社会主义伟大旗帜的新时代，对整个世界来说，这是中国为解决人类问题贡献智慧和方案的新时代。深刻把握新时代的内涵，要谱写中国共产党带领人民不断续写中国特色社会主义的新篇章，建成社会主义现代化强国，增强人民群众的获得感、幸福感和安全感，齐心共筑中国梦，推动人类命运共同体。进入新时代，要正确处理"变"与"不变"的关系，满足人民日益增长的美好生活需要。

党的十九大提出乡村振兴战略，乡村振兴着重从产业兴旺、生态宜居、乡风文明、治理有效、生活富裕这五个方面入手。乡村振兴，乡风文明是保障，必须坚持物质文明和精神文明一起抓，提升农民风貌，培育文明乡风、良好家风、淳朴民风，不断提高乡村社会文明程度。新时代农村文化建设要为建设新型农村、农业现代化和新型城镇化提供强大的精神力量。新时代农村文化建设是在马克思主义思想引领下，贯彻党的十九大精神，以加强农村思想道德建设为基础，深入挖掘乡土文化内涵融入乡村振兴，不断完善农村文化供给满足农民对新知识新文化的需要。新时代农村文化建设着重在于乡风文明的建设，文明中国根在文明乡风，文明中国要靠乡风文明。培育文明乡风是推进乡村振兴和加强农村精神文明建设的重要内容。良好的、向善的乡风离不开作为基础的家风的培育，所以乡风文明要注重家风建设，形成良好的家庭教育，家庭关系。新时代农村文化建设区别于以往城市与农村文化建设方式，要将农村文化从城乡二元结构中解放出来，使其能抓准农村文化的自身特点并按照自己独特的方式发展，对农村传统文化去糟粕取精华保持自身独有的生命力与活力，避免受到城市文化的过多入侵。要让农民认识到乡土文化本身所具有的价值与优势，不断培养农民的文化自觉意识，增强农民的主体性。

一、农村文化建设取得的成效

（一）农民精神风貌焕发新气象

党的十八大以来，习近平总书记对农村文化建设提出了新的思想。要实现中国美，就要建设美丽乡村，发展现代化农业，培育新型农民。其中推进农村精神文明建设，加强农民的文化素质培养，提升社会文明程度是重要环节。

遵循党的领导，各级政府找准社会主义核心价值观实践教育的切入点，明确活动实施的具体目标，运用传统媒体与新媒体相互结合的方式全面实施，并形成了一级抓一级的机制确保农村精神文明建设有序推进。社会主义核心价值观教育在基层思想宣传工作得到加强，党员干部的理论认识得到了提高，农民思想道德素质不断提高。广泛开展破除农村陋习行动，各地以社会主义核心价值观为引领，制定了符合农民切身利益，让农民听得懂、看得懂、愿意遵守的乡规民约，有效地遏制了农村不良风俗的传播与产生，形成了良好的社会风气。重宣传、立榜样形成了诚实守信、勤俭持家、尊重劳动、尊老爱幼的优良家风，各级政府以农村优秀传统文化为基础培育新乡贤文化，通过乡贤带领农民不断学习，不断提高自身文化与思想道德水平。农村社会主义核心价值观教育的宣传实践取得了重大进展，农民的精神面貌得到了重大改善，生活环境有了显著的提高，美丽乡村也有了新的内涵美。

通过农村文化活动的深入开展，农民文化素质得到有效提高，农村社会风气有了显著变化，农民的获得感、幸福感和安全感得到提升。农村不仅仅是环境变美，农民的精神面貌也变得更美，农村的生活也更加丰富多彩。

（二）农村公共文化服务体系均衡发展

改革开放后，随着我国经济实力增强，财政收入增加，政府提供农村公共服务的方式，已经从一开始保障农业基本生产和农户基本生活需求，逐渐过渡到全方位地为农村发展提供优质的公共服务，作为农村公共服务体系的重要组成部分，农村公共文化服务体系建设也从一开始的被忽视中的艰难发展，迎来了关注下的新的发展契机。党的十八大以来，政府不断加强农村公共文化服务建设，公共文化资源不断向农村倾斜。2015年初，中共中央办公厅、国务院办公厅印发《关于加快构建现代公共文化服务体系的意见》，保障了农民的文化权益，促进了农村公共文化服务体系的均衡发展。各级党委、政府越来越注重把建设农村文化作为农村社会全面发展的一项重要内容。绝大多数的农村基本公共文化设施齐全，常态化地开展农村文化活动。基于乡村振兴战略实施的保障，国家愈加重视农村公共文化服务体系，在相关政策、资金上给予了充分支持和保障，相关支持措施呈延续性发展势头，避免了以往的阶段性政策不衔接的问题，这有利于农村公共文化服务体系建设的目标统一，更有利于文化服务的有效供给和政策执行力度保障。显然，随着农村美好经济生活的来临，广大农民群众也同样需要丰富的精神食粮，而农村公共文化服务体系正是精神食粮的最重要来源，能够引领农民群众在日渐丰富的物质生活中找到自我的心灵归属，为生活层次更上一层楼打下坚实基础。我国农村公共文化服务体系建设显然是从国家层面保障农民群众的基本精神文化需求。目前，我国农村公共文化体系在建设时也是遵循这一基本原则，但是我们在看到公共文化服务的文化属性的同时，也应看到其经济属性和意识形态属性。所以目前我国农村公共文化服务是以社会效益为首位，传播文化以及正确的意识形态，同时兼顾经济效益。当前我国在众多文化惠民工程中坚持不懈地面向广大农民群众和农村基层组织，力求尽可能更快、更好地服务农民群众，同时针对欠发达地区加大文化扶持力度，通过帮扶工作，实现文化精准扶贫。[1]

（三）农村文明村镇创建活动向纵深发展

党的十八大以来，以习近平同志为核心的党中央高度重视群众性精神文明建设。农村精神文明建设以习近平总书记的新观点、新论述为指导，立足农民的需求，为建设美丽乡村提供了良好的精神支撑。2017年4月，中央精神文明建设指导委员会印发了《关于深化群众性精神文明创建活动的指导意见》，指出群众性精神文明创建活动是人民群众群策群力、共建共享、改造社会、建设美好生活的创举，是提升国民素质和社会文明程度的有效途径，是把社会主义精神文明建设的任务要求落实到城乡基层的重要载体和有力抓手。[2]

文明村镇的建设是农村精神文明建设的一项重要举措，以美丽乡村为主题，突出抓好乡风民风、人居环境和文化生活建设。开展"四评一推"活动，开展"五乱"集中治理，增强了农民的卫生意识，减少了疾病传播，改变了农村脏、乱、差现象，营造了农村良好的生活环境。开展"四下乡"活动，其中的文化下乡是在重视发挥文化的社会教育功能的基础上，用健康有益和丰富多彩的精神生活占领农村思想文化阵地。美丽乡村是农村文明的重要体现，政府以乡村环境治理为切入点，出台生态文明建设规范性文件。健全监督管理机制，因地制宜突出各地特色，制定科学的规划蓝图。不断整合市场资源，发挥市场与政府两方力量改善农村环境，保住了农村的青山绿水。在坚持"里子与面子兼修"传承与创新并举的原则下，实现农村文明村镇创建活动纵

---

[1] 郝祥坤.农村公共文化服务体系建设研究［J］.合作经济与科技，2019（12）：180-181.
[2] 关于深化群众性精神文明创建活动的指导意见［EB/OL］.中国共产党新闻网，http://dangjian.people.com.cn/gb/n1/2017/0406/c117092-29192007.html.

深发展，蓝天白云、绿水青山和朴实愉快的农村生活越来越受到大家的瞩目。

二、农村文化管理存在的问题及解决措施

(一)农村文化管理存在的问题

1.农村文化建设缺乏优秀人才

随着城市化进程的加快，许多农村地区的优秀人才流向城市，导致农村地区在文化建设方面缺乏专业人才，特别是文化艺术、文化管理、文化创新等方面的专业人才。人才的缺乏限制了农村文化活动的多样性和创新性，影响了文化传承和发展的质量，也难以满足农民日益增长的文化需求。

2.文化认同逐渐消失，农民逐渐失去文化自信与价值认同

随着现代化和全球化的影响，一些传统的农村文化受到冲击，年轻一代农民对本土文化缺乏了解和认同，导致传统文化逐渐边缘化。文化认同的缺失削弱了农民对本土文化的自豪感和归属感，影响了农村社会的凝聚力和稳定性，在一定程度上导致了文化遗产的丧失。

3.农村文化建设忽视了农民的主体地位

在一些农村文化建设项目中，存在由上而下的管理模式，忽视了农民的意愿和需求，导致文化活动与农民的实际生活脱节。忽视农民主体地位的做法可能导致文化建设成果不被农民接受，难以激发农民参与文化活动的积极性，也难以实现文化建设的可持续发展。

(二)解决措施

1.吸引以新乡贤为代表的优秀人才投身农村文化建设

"乡贤"，是一个广受尊敬的群体，是指一些在农村社会建设、风习教化、邻里事务中做出较大贡献的人，并在历史发展中演化出一种农村特有的乡贤文化。要吸引新乡贤回流，用他们自身特有的经验、学识、财富、技艺参与农村文化建设，参与农村治理。乡贤在弘扬正气、培育新风方面有着不可替代的巨大影响力。因此在农村文化建设中，我们必须创新乡贤文化，弘扬善行义举，以乡情乡愁为纽带吸引和凝聚各方人士支持家乡建设，传承乡村文明，积极发挥乡贤在乡风文明建设中的作用。新乡贤群体既包括一些德高望重、一身正气的老同志，也包括一些事业有成、热心公益的新生代。文化建设的人才，不仅要在文化素质上突出，在思想道德方面也要具备奉献精神，要下到基层，体验基层工作，在基层掌握本领。然而，经济的快速发展，新型城镇化的推进，更多的人走出农村后并不愿意回到生活条件相对艰苦的农村工作，导致基层人才逐渐流失。

实施乡村振兴战略，推进农村文化建设关键在党。农村党员干部是新时代农村文化建设的主力军，是推动文化政策落实的重要力量。农村党员干部在农村文化建设的过程中起着带头作用，引领农村文化建设，是与农民联系最为频繁最为直接的人。目前，我国部分农村党员干部存在素质较低，能力较差，贪图享乐，攀比阔气的问题。如有些农村党员干部，利用宗族势力把持村民自治组织，影响党组织建设。有些农村党员干部利用权力，随意处置农村资源，私吞集体财产。有些党员干部脱离群众，对相关政策按自己意愿蛮力推行，不动员农民，造成农民对惠农政策有误解和不支持。

农村文化建设离不开一支懂农业、爱农民、爱农村的人才队伍。强化农村文化人才支撑，让愿意留在乡村、建设家乡的人留得安心，让愿意上山下乡、回报乡村的人更有信心，激励各类人才在农村广阔天地大施所能、大展才华、大显身手。建设符合新时代需要的农村文化离不开一支具有科学文化素养，具有战斗力，且愿意为农村贡献自己力量的人才队伍。目前农村依然普遍存在农村文化人才不足的问题。首先，现有农村文化建设人才年龄偏大，原有文化素质较低，对于农村文化建设的主动性较差，责任意识不强，没有清晰的工作思路。其次，人才专业性差，导致农民在文化大院的活动仅限于自娱自乐，缺少专业性人才指导农村文化活动开展。最后，部分文艺人才因为农村条件相对艰苦，不愿意扎根基层，流动性强，无法专注于农村文化建设。

2. 深入挖掘农耕文明蕴含的优秀精神守护乡土文化

随着市场经济与城市化的不断发展，以农耕文明为代表的农村优秀传统文化受到城市文化与外来文化的强烈冲击。在与城市工业文化的对比下，农村传统文化被冠以"落后""愚昧"等字眼，农民也摒弃几千年传承下来的道德文化体系，不断地向城市文化靠拢。在这个过程中农民传统的道德体系、价值体系渐渐被城市文化侵袭，但是外来文化也带来了价值取向偏差，生活浮夸等问题。农村社会原有的独立自主性也渐渐被打破，原有的以农耕文化为基础的文化认同逐渐消失，农民也渐渐地失去了文化自信与价值认同。一些农村地区富裕起来之后，把歪风邪气视作正气，陈规陋俗视作传统，已经严重影响了农村的经济发展，成为农民发家致富的思想障碍。首先是村霸现象及村干部不作为或者乱作为。有些农村地区长期受到个别家族关系的把控，有些村干部通过非法途径敛财，在村里称王称霸，作威作福，让农民群众敢怒不敢言，还有一些地区竟然出现了贿选行为和强选行为，通过成为村干部，自己肆意妄为，中饱私囊，把各项惠民补贴装进自己的腰包，严重影响了农业生产和农村稳定。其次是农村办理红白事攀比成风。农村在红白事上的攀比之风愈演愈烈，各种讲排场、乱花钱让本就囊中羞涩的农民们痛苦不堪。特别是喜事中巨额的彩礼钱，让很多家庭的男孩子谈不起对象，娶不起媳妇。而丧葬上的匪夷所思的花销，也让农民们尴尬之余，实在是钱包一紧。最后是赌博之风不止。农村赌博已成半公开化，大有愈演愈烈之势，参赌的人越来越多，赌资的金额越滚越大。一些人工也不打了，地也不种了，跟赌桌过起了日子。因赌博一夜返贫的不在少数，因赌博妻离子散的也为数不少。农民传统的优秀文化与道德体系受到过多追求物质利益的市场经济的强大冲击，农民在对外来文化的盲目追求下渐渐迷失了本有的价值取向，这也导致了农村优秀传统文化失去了对于农民的内在聚合力与以农耕文明为基础所产生的文化价值的认同。所以在新时代，要深入挖掘农耕文化为代表的优秀传统文化，重建农民的价值认同与道德体系十分紧迫与必需。

农民是农村文化的建设者也是农村文化成果的享受者。农民文化认知的多样性和差异性日益增强，传统文化与先进文化，国内文化与国外文化的不断碰撞与冲突，困惑与矛盾明显增多，对于中华优秀传统文化保护不到位，农民残留的落后的封建思想给了非法宗教在农村的传播空间。在这复杂的社会环境下，我们要深入挖掘农耕文明的优秀内涵，传承弘扬传统文化的思想精华，守护好乡土文化。

3. 创新农村文化建设模式发挥农民主体作用

中国经历了漫长的封建专制主义中央集权时期，中华人民共和国成立后，党中央为了巩固新生政权，采取了"自上而下"的文化渗透模式，将社会主义理想融入农民的生产生活中。这种文化宣传方式以政治宣传为主，带有强烈的"国家本位"色彩，忽视了农民的主体地位。这种文化的教育宣传并不能得到农民内心的认同，更多的是被动地接受，从而导致了农民不愿意参与到政府所宣传的文化建设中去。改革开放后，政府对文化建设提出了更高的要求，建设的内容与形式也更加广泛，文化公共设施与文化产品的供给也日趋多样。虽然改变了单一的文化宣传引导，但是文化建设并没有在农村得到有效推广。由于农村聚落的分散，文化建设更加注重在城市展开，没有考虑到开展符合农民需要的文化内容与形式。随着改革开放的不断深入，经济发展水平不断提高，越来越多的新生事物进入农村，引起了农民强烈的好奇与关注。在生活日益富裕的同时，农民的文化需求也更加多样。为了满足农民文化需求的变化，农村文化建设也逐渐由"国家本位"向"农民本位"变化。但是仍然没有摆脱农村公共文化自上而下的管理模式，政府更多的是在进行农村文化公共基础设施的建设，而忽略了农民的实际需求。在送文化的过程中，农民没有发言权与选择权。这导致了政府送到农村的公共文化设施仅仅是提高了农村的公共基础设施数量，并没有得到更好的使用。这种送文化的模式，导致了基层政府单向地开展文化活动，文化中心归乡政府管理，由县政府的文化部门进行指导，并没有农村基层自治组织的参与，文化建设的资源得不到统一的管理与分配。在基层文化部门工作的人员固定且工作能力较低，形式主义严重，在文化活动的选择上脱离农民群众。财政投入不足也导致了许多农村文化公共设施后期维护难，农村文化活动开展不顺利。政府这种以送文化为主的文化供给模式，导致农家书屋利用率低，送电影下乡却无人观看的现象。这种"送文化"大于"种文化"的单向供给模式，是导致农村文化活动开展不顺利的一个重要原因。

现在许多基础设施因为没有被农民利用而荒废，文化场地被随意占用也在侧面说明了我们现有的文化供给无效。文化供给没有考虑到不同收入水平的农民对于文化产品需求的不同，不同文化素养的农民对文化活动的需求层次不同，同时受农民自身条件的影响，农村文化设施的建设与文化产品的供给需要给真正留在农村的人。农村文化产品供给没有充分考虑农民的文化需要，农村文化设施建设没有针对农民自身的特点。农村文化建设要转变传统的自上而下的文化供给模式，开展丰富多彩符合农民需要的文化活动，从而满足目前农民对于美好生活的需要。

三、农村文化的政策法规

（一）农村文化政策法规的概念及表现形式

1. 农村文化政策法规的概念

农村文化政策是党和国家在一定历史时期为实现农村文化事业建设的任务而制定的行动准则，是马克思主义和我国农村文化工作的实践相结合产生和形成的，指导农村文化事业的行为规范，是党和国家意志在农村文化工作中的体现，是发展和繁荣社会主义农村文化事业的根本保证。

农村文化法规是有关农村文化事业的法律、法令、条例、规则、章程等的总称，是农村文化政策的固定化和法律化，它反映国家意志，具有强制力和普遍约束力，规定了人们在农村文化事业方面的权利和义务。

农村文化政策和农村文化法规都是人们遵守的行为规范，二者的联系非常直接和密切，因为二者的经济基础、指导思想、任务和使命、本质等都是相同的，所以常常把二者联系在一起，统称为农村文化政策法规。但二者又有所区别，表现为制定机构不同，实施方式不同，表现形式不同，调整的范围和对象不尽相同，在权利和义务上的规定有所不同等。正确认识二者的联系和区别，对于准确把握二者的关系，制定出切合实际的农村文化政策法规具有重要意义。首先，政策对法规的制定、修改和执行起指导作用。政策是制定法规的依据，党和国家有关农村文化方面的政策是根据国家政治、经济和文化的实际情况，在总结实际经验的基础上，集中广大人民群众的利益实施的，正确的农村文化政策一旦制定出来，就成为人们行动的指南，就会产生巨大的物质力量，推动农村文化事业的顺利发展，其中也包括促进农村文化法制建设的发展。一般来说，是先有农村文化政策，后有相应的法规，而不是相反。农村文化法规是在总结国家有关农村文化政策实践经验的基础上产生的，是政策的具体化、条文化和法律化。法规的制定也只有以党和国家的政策为指导，才能保证法规的社会主义性质。法规的执行也必须以党的政策为指导，这样才能全面地了解和掌握法规的基本精神和内容，完整地、准确地执行法律法规。法规还要随着政策的变化而做相应的变化，随着政策的变化而废、改、立。还应当指出的是，在法律不完备或没有法律规定的情况下，或者由于形势发展很快，来不及制定法律法规，或者经验积累不够，不能及时制定法规的情况下，通常用政策来指导农村文化工作，并用政策来处理工作中遇到的问题，判断是非曲直。因此，一定要重视农村文化政策建设，特别是在当今计划经济向市场经济转轨的时候，新旧体制交替，一些旧的法律法规已经过时，新的法律法规没有制定出来，更应该用灵活的政策来指导农村文化工作。其次，农村文化法规是实现党和国家有关农村文化政策的一种重要手段，它能以国家的名义在现实生活中贯彻执行，人人必须遵守。因而执行了法规，也就执行了党和国家的政策，法规的实施也就促进了政策的实施。因此，必须重视法规建设，以法治文。必须指出，用政策来指导工作、处理问题，一般是新政权建立初期所面临的普遍性的问题。新中国成立至今，这种现象的存在是文化法制不健全的表现，而且社会主义市场经济从某种意义上讲就是法制经济，对农村文化工作中各种社会关系的调整要尽快地实现由政策向法规的转变，建立健全文化法制，不仅仅依靠政策，要更多地依靠法规，依法办事。

2. 农村文化政策法规的表现形式

所谓农村文化政策和农村文化法规的表现形式，是指农村文化政策和农村文化法规的创制方式，由何种机关、通过何种方式，创立何种表现形式的政策和法规。

农村文化政策的表现形式多种多样，通常适用的有指示、意见、决议、命令、宣言、声明、口号和纪要，有的可以通过领导人的讲话、报告或发表社论的形式体现出来。

农村文化法规的表现形式则比较固定，这里主要对农村文化法规的渊源予以介绍，其主要形式有：

宪法，即由我国最高权力机关——全国人民代表大会通过和修改的最高规范性文件，具有最高的法律地位和法律效力。我国现行宪法第十九条第三款规定："国家发展各种教育设施，扫除文盲，对工人、农民、国家工作人员和其他劳动者进行政治、文化、科学、技术、业务的教育，鼓励自学成才。"第二十二条规定："国家发展为人民服务，为社会主义服务的文学艺术事业、新闻广播电视事业、出版发行事业、图书馆博物馆文化馆和其他文化事业，开展群众性的文化活动。国家保护名胜古迹、珍贵文物和其他重要历史文化遗产。"第二十四条第一款规定:"国家通过普及理想教育、道德教育、文化教育、纪律教育和法制教育,通过在城乡不同范围的群众中制定和执行各种守则、公约,加强社会主义精神文明建设。"这些大政方针的确定,对于发展社会主义农村文化事业,保障人民群众充分享有文化权利,参与文化活动,提供了最高的法律保证。

法律,它是由全国人民代表大会及其常务委员会分别制定的规范性文件,其法律地位和法律效力仅次于宪法。如2016年全国人大常委会颁布的《中华人民共和国公共文化服务保障法》。

行政法规,它是由国务院依据宪法和法律制定、发布的规范性文件,其效力低于宪法和法律,高于地方性法规。行政法规的名称一般有条例、章程、办法、规定、规则等。如2014年国务院发布的《国务院关于加快发展对外文化贸易的意见》以及《国务院关于推进文化创意和设计服务与相关产业融合发展的若干意见》等。

地方性法规,它是由省、自治区、直辖市的人民代表大会及其常委会制定、颁布的,或是由省、自治区的人民政府所在地的市和国务院批准的较大市的人民代表大会及其常委会制定并经省、自治区的人大常委会批准颁布的规范性文件。如2020年上海市人民代表大会常务委员会发布的《上海市公共文化服务保障与促进条例》。

规章,即国务院部委,省、自治区、直辖市人民政府,省、自治区的人民政府所在地的市以及经国务院批准的较大的市的人民政府根据法律和行政法规,制定发布的规范性文件。如北京市政府2018年修改发布的《北京市文化娱乐场所经营单位安全生产规定》,上海市人民政府2021年发布的《上海市公共文化馆管理办法(2002年修正)》,珠海市政府2020年下发的《珠海经济特区历史文化名镇名村和历史建筑保护办法(2020年修正)》等。

(二)农村文化政策法规的作用

1. 保证农村文化的社会主义方向

我国的文化制度是整个社会主义制度的有机组成部分,它是建立在生产资料社会主义公有制的基础之上,应该为社会主义服务。正像毛泽东同志在《新民主主义论》中指出的:"作为观念形态的文化,是一定社会的政治和经济的反映,又给予伟大影响和作用于一定社会的政治和经济。"因此,应坚定不移地坚持农村文化的社会主义方向。改革开放的深化,使农村文化得到了进一步的发展,但同时不可否认,一些封建的丑恶现象、落后意识和资产阶级腐朽没落的文化毒素也在污染着农村文化阵地,对这些荒诞迷信、诲淫诲盗、黄色下流和反动的东西,必须坚决反对。其最主要的手段就是运用国家的强制力即法律进行硬性管理,清除一切有害于农民群众身心健康的文化活动和伪劣的精神产品,抵制宣扬资产阶级思想的文化艺术和黄色"毒品",用社会主义思想占领农村文化阵地,确保农村文化的社会主义方向。

2. 保障农村文化为农村经济建设服务

农村文化是社会经济发展的产物,但它又同时具有推动生产力进步,反过来为经济基础服务的客观属性,主要表现为,第一,农民群众掌握科学文化知识是农村现代社会经济建设的必要条件。生产力的三大要素,最终可以归结为劳动者所具有的素质,而劳动者的素质取决于他的文化素养,取决于他所掌握的科学文化知识程度,农村文化作为"启迪民智,以文'化'人"的一种社会教育手段,可以直接为经济建设培养合格的劳动者,为经济建设提供强大的精神动力和智力支持。第二,为经济建设创造良好的文化环境。"脱贫先脱愚,扶贫先扶志""脱贫致富,文化开路"就是指农村文化在农村商品经济发展过程中作为传播科学技术、传播信息的手段,为经济的发展创造一个良好的外部环境。近年来在广大农村纷纷兴起的企业文化建设高潮,是企业家们从深层的内涵上求得扩大再生产的一种方式,是建构企业精神的明智之举;全国各地开展的创建文化建设先进县活动,其目的就是通过文化建设,创造一个良好的文化氛围,促进农村社会经济的全面进步。第三,文化开路,经济促进这种形式使文化成为直接带动经济起飞的重要动力,其作用已经超出了活动形式的本身,对于提高一个地区的知名度,扩大对外开放,具有重要意义。基于文化对经济建设的这种推动作用,非常有必要以政策法规的形式规定农村文化建设在整个社会主义现代化建设中的地位和作用,以硬性的规定促进农村文化人才的培养、文化设施的建设、文化经费的投入及文化活动的开展,使文化建设与经济建设有机结合,协调发展,相得益彰。

3. 保障人民群众充分享有文化权利

文化生活是农民群众社会生活的重要内容,是农民群众不可缺少的一种精神需要。进行农村现代化建设的根本目的,除了满足农民群众对物质生活的需要,还要满足他们对文化生活的需要。近年来,随着生产力的发展和物质生活的改善,广大农民已不满足于传统的"日出而作,日落而息"的生活方式,对精神文化生活的需要日益增长,富而求乐、富而求知、富而求美,这是必然趋势。同时,有部分少数民族地区和边远农村,最基本的文化生活也难以保障。因此,必须面对这种现实,大力加强农村文化建设,要改变把文化工作仅仅看成"斗争手段"的旧观念,文化建设既是手段,又是目的。因此,我国宪法规定:从事文化艺术创作,参加各种文化活动是我国每个公民应有的权利。为更好地落实宪法的规定,就必须制定一些具体的政策法规,规定在抓好经济建设的同时,加强文化建设,发展文化事业。为广大农民群众提供健康文明、丰富多彩的文化生活是各级党委和政府义不容辞的责任,确立文化建设与经济建设、政治建设相协调的指导思想,将农村文化发展规划纳入当地城乡建设总体规划,使农村文化建设变为自觉的、规范化的政府行为,改变因领导的好恶和重视程度不同,使文化建设出现忽冷忽热的不正常现象。

4. 保障农村文化的改革成果

党的十一届三中全会以后,随着农村经济体制改革的成功,农村文化体制改革也逐渐开展起来,并取得了可喜的成绩,给农村文化事业带来了新的气象。首先是乡村文化振兴战略的实施,党中央提出加快建设农业强国,扎实推动乡村文化振兴,以丰富人民精神世界、增强精神力量,培育文明乡风、良好家风、淳朴民风,提高乡村社会文明程度,焕发乡村文明新气象。其次是文化资源的挖掘与保护,深入挖掘乡村文化中蕴含的优秀思想观念、人文精神、道德规范,推动优秀传统乡村文化创造性转化、创新性发展,释放乡村文化的内在魅力,丰富农民精神文化生活。最后是乡村文化人才的培育,加强对乡村本土文化人才的培育,打造文化培训基地,提升农民的人文素养和审美水平,同时引导文化工作者、文化志愿者等深入乡村对接帮扶。这些都是农村文化改革的直接成果,在实践中被证明都有利于发展和繁荣农村文化事业。对于这些改革成果必须通过政策法规的手段加以确认和巩固,使之固定下来,这样才能保护改革的成果,才能保障农村文化改革的进一步深化,从而在更大程度上促进农村文化发展。

四、搞好农村文化管理的意义

近年来,农村文化事业蓬勃发展,成绩有目共睹,特别是广播电视"村村通"工程、农村电影放映工程、全国文化信息资源共享工程和文化、科技、卫生"三下乡"活动等,取得了良好的效果。但总体来说,农村文化建设与全面建设小康社会的目标还不相适应,与经济社会的协调发展和农民群众的精神文化需求也不适应,在发展过程中还面临着许多困难和问题。为解决以上困难和问题,党和政府提出了一系列政策方针。

2014年5月,国务院办公厅印发《关于改善农村人居环境的指导意见》,将"发展休闲农业、乡村旅游、文化创意等产业"作为稳步推进宜居乡村建设的措施之一。

2015年2月,中共中央、国务院发布2015年中央一号文件《关于加大改革创新力度加快农业现代化建设的若干意见》,指出"要积极开发农业多种功能,挖掘乡村生态休闲、旅游观光、文化教育价值"。

2016年11月,国家发展改革委印发《全国农村经济发展"十三五"规划》,明确"因地制宜发展振兴传统工艺,深入实施乡村旅游扶贫工程"。

2016年11月,国务院办公厅发布《关于进一步扩大旅游文化体育健康养老教育培训等领域消费的意见》,要求"研究出台休闲农业和乡村旅游配套设施建设支持政策"。

2017年2月,中共中央、国务院发布2017年中央一号文件《关于深入推进农业供给侧结构性改革加快培育农业农村发展新动能的若干意见》，要求"利用'旅游+''生态+'等模式，推进农业、林业与旅游、教育、文化、康养等产业深度融合"。

2019年6月，国务院发布《关于促进乡村产业振兴的指导意见》，要求"推进农业与文化、旅游、教育、康养等产业融合"，提出"充分挖掘农村各类非物质文化遗产资源，保护传统工艺，促进乡村特色文化产业发展"。

2019年10月，农业农村部发布《关于积极稳妥开展农村闲置宅基地和闲置住宅盘活利用工作的通知》，明确指出"鼓励利用闲置住宅发展符合乡村特点的休闲农业、乡村旅游、餐饮民宿、文化体验、创意办公、电子商务等新产业新业态"。

2019年10月，国家发展改革委、市场监管总局发布《关于新时代服务业高质量发展的指导意见》，提出"支持利用农村自然生态、历史遗产、地域人文、乡村美食等资源，发展乡村旅游、健康养老、科普教育、文化创意、农村电商等业态"。

2021年4月，文化和旅游部印发《"十四五"文化和旅游发展规划》，提出要"推出乡村旅游重点村镇和精品线路，并培育一批全国乡村旅游集聚区"。[①]

党和政府之所以有上述制度安排，一是因为建设社会主义新农村、发展农业和农村经济、增加农民收入离不开农村文化建设；二是因为农村民主政治建设和社会发展、社会和谐需要农村文化的发展；三是因为农村文化建设是培养农民特别是青年农民的行为规范，传承民族优秀品质、树立改革创业和创新时代精神的社会工程；四是因为农村文化建设可以缩短城乡、地区在文化上的差距，改变城乡"二元文化结构"；五是因为农村文化建设有利于发展农村先进文化，支持农村健康文化，改造农村落后文化、腐朽文化，满足广大农民群众多层次、多方面的精神文化需求。因此，在社会主义新农村建设中，必须把握当前新形势，认清新农村文化建设存在的问题，培育新农村文化建设新的生长点。

➡ 【延伸阅读】

全面推进农村文化建设：丰富内容、明晰层次、提升属性

用手机扫一扫，了解更多信息

---

① 姚旻.乡村旅游政策大事记[J].中国生态旅游，2021，11（3）：468-470.

第三节　加强我国农村文化建设与管理

2017年10月18日，习近平总书记在党的十九大报告中指出要实施乡村振兴战略。"三农"问题仍然是解决民生问题的关键，必须作为全党工作的重中之重，乡村振兴战略，在农村经济、政治、文化、社会和生态建设方面实现全面协调发展，注重协同性和关联性，从整体部署全面推进。改变了社会主义新农村建设的方针，提出了"产业兴旺、生态宜居、乡风文明、治理有效、生活富裕"的基本方针，提升了农村文化建设的层次，丰富了农村文化建设的内容。在落实乡村振兴五个方面的总要求中，乡风文明建设发挥着至关重要的作用。

一、建设中国特色社会主义农村文化

建设中国特色社会主义农村文化，是建设有中国特色社会主义文化事业的必然要求。农村经济的发展，农村政治的进步，要求农村文化与之相配合；而农村文化的繁荣，必然促进农村经济的发展和农村政治的进步。同时，中国特色社会主义农村文化的不断发展，其本身就是中国特色社会主义文化建设全面进步的体现。

（一）建设中国特色社会主义农村文化，可为我国农村文化建设与管理注入新的生机

首先要坚持实事求是的科学态度。"实事求是"是马列主义、毛泽东思想的精髓，是邓小平建设有中国特色社会主义理论的思想基础。回顾中华人民共和国成立以来我国农村文化建设与管理的经验教训，什么时候坚持了"实事求是"的原则，农村文化建设与管理就能取得成功与发展，反之，就会遭到挫折与失败。只有认真坚持"实事求是"，才能确保农村文化建设与管理的正确方向。其次是博采众长的思想方法。过去农村文化的建设与管理较为封闭，大多采用指令性行政干预。随着农村社会大环境的变化，这种方法的不适应性逐步显露出来。农村文化建设与管理的现实要求有选择地吸收、借鉴国内及国外其他社会系统的先进的建设与管理方法，运用经济、行政、法律等多种手段，使农村文化建设与管理提高到一个新的水平。最后是抓以人为本的全面落实。农村文化的主体是最广大的农民群众，可是过去很长时期，在农村文化建设与管理中，往往把群众作为工作的对象，单向地灌输，官办官管，所以很难长久发展，效果不大好，农民得到的文化实惠不多。建设中国特色社会主义农村文化，就是要调动最广大的农民群众广泛参与，使他们真正成为农村文化的主人，只有亿万农民群众

充分发挥了积极性、主动性和创造性，农村文化的建设与管理才会有深厚的基础。

（二）建设中国特色社会主义农村文化符合我国农村的实际情况

从国情来看，首先，我国是社会主义国家，我国农村是社会主义农村。我们在农村进行社会主义建设的根本目的，除了满足广大农民群众对物质生活的需要，还要满足广大农民群众对文化生活的需要。把农村文化工作作为农村社会主义建设的根本目的和建设社会主义精神文明的重要内容，是社会主义文化的本质特征。其次，我国是农业大国，要建设社会主义强国，必须先建立现代化的农业，而农业的深层次发展，必须依托文化。最后，我国是一个地域辽阔、人口众多、由多民族组成的统一国家。由于地域辽阔，各地农村文化发展情况千差万别；由于多民族存在，我们的风俗习惯、欣赏情趣、文化传统等都有各自的特点。因此，地方特色和民族特色也是我国国情的具体表现之一。

从农村情况来看，我国农村的数百万个村落，像满天繁星散落在祖国广袤的大地，发达地区和不发达地区农村乃至贫困的老、少、边、山区农村，经济文化方面存在很大的差距，发达地区农村文化状况有的已差不多可与城市媲美，不发达地区和老、少、边、山区农村文化仍处于贫困状态，甚至有些地方农民看戏难、看书难、看电影难的问题还得不到解决。加之我国农村受封建传统影响历史久远，血缘、亲缘、业缘自成板块，宗族宗法群体形成各自的势力范围，使农村文化具有了更多的特殊性。基于这些情况，我国农村文化建设，最适宜运用中国特色社会主义农村文化以文"化"村，酿成新的村风。

从民情来看，我国农村有近9亿农民，在全国人口中占有相当大的比例。农民的情况如何，直接对农村文化产生重要影响。我国生生不息的传统文化，深深烙印在一代代农民心上，有力地影响着他们的价值观念、行为规范、思维方法、情感态度，这种文化传统经过不断过滤、筛选和沉淀，形成当今农民稳固的文化心理结构，即使农村社会发生重大变革，也难以在短期内彻底改变。农民是农村的主体，农村文化建设的关键一条就是通过文化这种形式以文"化"人，促进人的全面素质的提高，亦即搞好人的建设，用社会主义的新思想、新文化教育广大农民群众。

从全国整体情况来看，截至2023年年末，全国平均每个乡镇拥有文化站1.1个，比2013年年末增长8.2%，超过91%的乡镇有文化站，超过71%的村有农民业余文化组织。[①]2023年，农村居民的人均教育文化娱乐消费支出为1423元，占人均消费支出

---

① 资料来源：https://www.stats.gov.cn/sj/sjjd/202409/t20240923_1956627.html

的比重为 10.9%。①2023 年，农村数字文化产业规模达到 300 亿元，农村地区通过互联网平台参与文化活动的人次达到 5000 万。②从部分省的情况来看，2023 年，山东省农村居民的图书借阅率达到 40%，比 2018 年提高了 8 个百分点；2023 年，河南省农村地区举办了超过 5000 场文化活动，参与人数达到 500 万人次。③作为文化载体的农村文化设施虽在广大农村有了一定的发展，然而仍然远远跟不上广大农村开展文化活动的需要。随着农村社会的急剧变革，种种社会文化思潮涌来，现实农村社会中文化形态五花八门，文化冲突此起彼伏，致使丑恶现象滋生，不正之风蔓延，造成了农村文化生态的失衡和倾斜，亟待运用中国特色社会主义文化的规范来调理并摒弃。

（三）农村文化的历史经验证明建设有中国特色社会主义文化是发展农村文化的正确道路

我国农村文化源远流长，绚丽多彩。今天的农村文化，是在过去农村文化的基础上发展起来的。人类学研究认为，人的生物进化已经完成的晚期，即智人向社会化进化转变的时期就有了农村村落。无论是原始社会、奴隶制社会、封建制社会以及半封建半殖民地社会，农村文化一直受社会的、政治的、经济的和文化的制约、影响，并循着自身的发展规律，在不断的演进中发展完善自己。在阶级社会，当农村社会稳定、经济繁荣之时，统治阶级总是推行封建礼教，对农民进行文化上的束缚和统治。更多的情况是，农村文化处于自发自流，农民的文化生活难以得到统治阶级的关心和支持。中华人民共和国成立后，党和政府对农村文化工作给予了高度的重视，使农村文化得到了很大的发展，农村文化机构从无到有，队伍由少到多，活动日益丰富，为活跃农民群众文化生活，提高农民群众的文化素质，开发民智，启迪民心，发挥了极为显著的作用。近年来，农村文化已纳入小康村建设工程，更是将农村文化推向了农村建设的重要位置，使许多地区的农村文化建设展现出一派蓬勃兴旺景象。实践告诉人们，只有建设有中国特色社会主义的农村文化，才是发展农村文化的康庄大道。

二、社会主义新农村文化建设的路径选择

社会主义新农村文化建设既是一个长期的历史任务，又是一项复杂的系统工程。新农村文化建设需要科学的发展规划，需要高素质的人才队伍，需要厚实的物质基础，需要完善的制度机制。唯其如此，新农村文化才能成为美丽中国的一道亮丽风景线。

---

① 资料来源：https://www.stats.gov.cn/sj/sjjd/202409/t20240923_1956627.html
② 资料来源：http://www.hprc.org.cn/gsyj/whs/whlyhd/201601/P020160119382163345690.pdf
③ 资料来源：http://www.hprc.org.cn/gsyj/whs/whlyhd/201601/P020160119382163345690.pdf

（一）加强党对农村工作的领导，制定科学的新农村文化建设规划

2005年，中共中央办公厅、国务院办公厅颁发了《关于进一步加强农村文化建设的意见》，对未来5年农村文化建设进行了明确规划。党的十七届三中全会通过的《中共中央关于推进农村改革发展若干重大问题的决定》，将繁荣农村文化，满足农民日益增长的精神文化需要作为一项战略任务来抓。党的十七届六中全会又进一步部署安排了农村文化建设工作。党的十八大报告针对农村文化建设工作指出，文化要面向基层、服务群众，通过文化惠民工程，加大文化帮扶力度和文化实施的开放程度，推进农村文化事业的发展。党的十九大报告指出："党政军民学，东西南北中，党是领导一切的。"新农村文化建设同样离不开党的领导。党的十九大报告提出了乡村振兴战略，将农业农村农民问题看作是关系国计民生的根本性问题，强调要坚持党管农村，农业农村优先发展，坚持农民主体地位，坚持乡村全面振兴，城乡融合发展，人与自然和谐共生。其中，乡村全面振兴不仅包括了经济发展，更包括了文化发展，而且特别强调了在实施乡村振兴战略时农民的主体地位。这就是说，农村物质文明、社会文明、政治文明、精神文明、生态文明建设必须依靠农民，为了农民，满足农民对美好生活的向往和追求，这是我们制定新农村文化建设规划的立足点、出发点，也是最终的目标指向。

当然，要把党对新农村文化建设规划落到实处，就需要各级党组织根据自身的实际制定切实可行且行之有效的具体规划。要坚持科学发展观，充分认识文化建设对于农村现代化的重要意义，坚持经济建设和文化建设"两手都要硬"的原则，以文化建设提升经济建设的水平，以经济建设构筑文化建设的基础。要将远期目标和近期目标、总体目标和具体目标、终极目标和阶段性目标结合起来，分步骤、分阶段加以实施。要将务虚和务实结合起来，一方面要大力发挥文化的价值引导和精神指向功能，使文化真正成为人民的精神家园和意义世界，使人们有高尚的精神追求，使广大农民将发家致富的朴素理念升华为民族振兴、国家兴旺、社会发展和文化进步的历史责任感和使命感；另一方面，通过实实在在的工作，扎实有效的措施推进农村文化建设的有序开展。

（二）大力发展农村经济，加大新农村文化建设的经费投入

新农村文化建设的基础是农村经济的发展和壮大，离开这一基础，新农村文化建设就是无源之水无本之木，就是空中楼阁。因此，积极实施乡村振兴战略，推进农业农村农民"三农"问题的现代化就成为一种现实选择。

农村文化建设无论是平台的搭建、活动的开展还是人才的培养都需要一定的经费投入，解决经费投入的问题除了上面谈到的发展农村经济，还要从以下几个方面着眼：

首先，广开财源，拓宽资金筹措渠道。政府要设立专门的农村文化建设经费，用于农村文化教育实施的投资和建设、宣传教育实施的投资和建设、现代传媒实施的投资和建设、文体活动的投资和建设；用于农村文化人才的培养。同时，要广泛吸纳民间投资，按照谁投资谁受益的原则，使民间资本加入农村文化建设中来。农村基层组织利用村办企业、商品经营、生态旅游等方式，将从中获得收益按一定的比例用于农村文化建设。总之，多管齐下，保证农村文化建设经费的稳定投入。

其次，创新思路，充分发挥资金用途。农村文化建设资金既要用于"硬件"建设，还要用于"软件"建设；既要用于"点"上建设，也要用于"面"上建设；既要用于"建"的方面，也要用于"管"的方面；既要用于"乐"的方面，也要用于"教"的方面；既要用于"送"（文化下乡）的方面，也要用于"种"（文化资源的挖掘与利用）的方面。只有这样，才能使有限的资金发挥应有的作用。

最后，建立机制，提高资金使用效益。要在整合现有的文化资源上下功夫，统一规划，合理布局，做到乡镇互补，避免重复建设。对现有文化资源的利用上，要实现资源共享，解决资源分散、使用效率不高的问题。管好用好资金，做到专款专用，避免资金挪作他用。运用信息化的手段，将远程与现场相结合，节省经费支出。要最大限度地发挥资金的社会效益和经济效益，使农村成为宣传党的路线、方针和政策的阵地，成为传递正能量、弘扬社会主义核心价值观的场所，成为学文化、长本领的舞台，真正实现"文化乐民""文化育民"和"文化富民"的目标。

（三）发挥优势，打造品牌，提高农村文化队伍的整体素质

中国文化延续几千年，历史底蕴深厚。中国文化的根在农村，农民深受中国传统文化的影响，许多优秀的传统文化在农村保留和传播，流行于田间地头，传承于农夫村妇，这从农村的民风民俗、生活方式、行为方式等可见一斑。更为重要的是中国农村有丰富的民俗文化，并通过器物文化、服饰文化、饮食文化、宗教文化、节日文化来展现。这些民俗文化既是农民风俗习惯和生活方式的载体，又是他们的情感寄托和精神依归，深受农民的喜爱。在民间有许多文化能人、艺术大师，他们有许多绝活已经成为民族文化的瑰宝，需要我们挖掘、保护、宣传，使他们薪火相续，世代相传。中国农村还有许多瑰丽的文化景观，如建筑、戏剧、歌舞等，充分利用这些文化资源特别是原生态文化，充分认识其潜在的社会和市场价值，打造文化品牌，不仅可以推进农村经济的发展，也有利于农村文化建设。

农村文化建设不仅要培养农村的文化"能人"，还要打造专门的农村文化工作队伍。农村文化队伍是农村优秀文化产品的生产者，是社会主义核心价值观的传播者，是"有文化、懂技术、会管理"的新农民的培育者，是农村文化活动的组织与管理者。要建立健全农村文化人才的选拔机制，发掘本土人才，在有文化、懂技术、会经营方面有一技之长，发挥他们的带动示范效应。要积极引进外来人才，尤其是充分利用大

学生"村官"、农村"第一书记"等选派机制，吸引优秀人才来农村工作。要建立农村文化人才利益保障机制，使他们有稳定的收入、固定的工作和正规的编制，解除他们的后顾之忧。要通过奖励激励的方式，鼓励农村文化工作者深入农村一线，创作农民喜闻乐见的艺术作品，丰富农民的文化生活。

农村文化建设的本质在于培养新农民，也就是说，只有使每个农民都成为有"一技之长"的新农民，使每个农民成为农村文化建设的主体，新农村文化建设才有了自己真正的"造血"功能。培育新农民，教育是基础。要通过基础文化教育，提高农民的文化水平；通过社会主义核心价值观教育，提高农民的思想道德素质；通过基本素质教育，提高农民文化能力；通过专门化教育，使农民掌握"一技之长"。农民整体素质提高了，新农村文化建设才能落到实处。

（四）建章立制，形成新农村文化建设的长效机制

经济、政治和文化作为社会系统的三个子系统，担负着不同的功能。经济追求的是效率，政治关注的是公平，文化体现的意义及自我价值的实现。由此我们可以看出，文化的价值在于给人构建一个意义世界，使人在超越层面的追求中灵魂得以安顿，精神得以慰藉。文化立足于长远，那种认为文化建设可以一蹴而就的想法是不切实际的，也不符合文化发展规律。因此，社会主义新农村文化建设必须建立健全制度规范，形成长效机制。

一是建立健全新农村文化建设的管理机制。要明确党委、县政府和农村基层组织等各级管理部门和管理主体的职责，形成分工明确，各负其责的工作机制。党委把握新农村文化建设的方向，使其不偏离社会主义的轨道；政府要抓落实，从规划制定、经费筹措、人员选派等方面统筹安排；基层组织发挥宣传、组织和示范作用，深入实际，亲力亲为；群众团体发挥纽带作用，建立起上下沟通的桥梁。

二是建立健全新农村文化建设的社会保障机制。新农村文化建设从性质上说是社会主义的，这就决定了新农村文化建设的方向不偏离社会主义的轨道，而党的领导则是新农村文化建设不偏离社会主义方向的政治保障。由于农村受传统文化影响很深，人情重于法治，血缘、门第、等级观念根深蒂固，新农村文化建设需要法律支撑，要将法律硬约束与伦理软规范结合起来，将依法治村与以德治村统一起来。同时，还要建立健全新农村文化建设的物质保障体系，将农村文化建设经费投入纳入财政预算、纳入扶贫计划、纳入干部考评机制，确保农村文化建设目标的实现。

三是建立健全新农村文化建设的奖惩机制。农民既是新文化建设的对象，也是新文化建设的主体，农民参与程度的高低，直接决定新农村文化建设的成效。因此，要通过多途径、多方式宣传教育，通过举办农村文化名人专项活动、文化扶贫、文化下

乡等活动，调动广大农民参与文化建设积极性、主动性和创造性。要建立农村文化建设的考评机制，对各级领导干部在农村文化建设中规划制定、目标落实、活动开展等方面的工作进行督促检查，使其成为干部评聘的重要一环。当然，为了使考评机制更合理，需要制定科学的考核评价指标体系，将硬指标和软指标结合起来，防止只注重硬件建设，却忽视软件建设的情况发生。

【延伸阅读一】

浙江公布 13 个乡村文化传承创新案例

用手机扫一扫，了解更多信息

【延伸阅读二】

留住乡愁，繁荣农村文化

用手机扫一扫，了解更多信息

【本章小结】

中国特色社会主义进入新时代，新时代需要新思想的指引，新征程需要新理论的领航。党的十九大提出实施乡村振兴战略，乡村振兴是实现农业现代化的必然路径，要发展农村文化为乡村振兴提供保障。新时代对我国农村文化建设提出了新的要求，首先要坚持以习近平新时代中国特色社会主义理论为指导，要把握物质文明与精神文明的辩证关系，发挥党组织的主导作用和农民的主体作用，传承以农耕文明为代表的中华优秀传统文化，实现农村文化的繁荣发展，促进文明乡风、良好家风、淳朴民风的发展。

在新时代新要求下，农村文化建设要抓准机遇，接受挑战，正视问题，要思考如何吸引以新乡贤为代表的优秀人才投身农村文化建设，如何守护乡土文化，守得住青山绿水，记得住乡愁，如何创新农村文化建设的模式让农民参与农村文化建设，享受农村文化建设的成果。

【复习思考题】

1. 什么是农村文化？它有哪些功能？
2. 农村文化活动的类型可以分为几类？这些活动有哪些特征？
3. 农村文化管理的作用是什么？
4. 我国农村文化管理取得的成效和面临的问题都有哪些？
5. 结合实际谈谈，我国如何加强农村文化建设与管理。

第八章

城市文化管理

➡【学习要点】

1. 明晰城市文化的概念。
2. 掌握城市文化的功能、特点和结构。
3. 了解我国城市文化建设中存在的问题。
4. 重点掌握我国城市文化建设的原则及具体措施。

➡【引例】

上海：城市让生活更美好

受计划经济体制和"文革"十年浩劫的影响，改革开放前上海的公共文化基础设施可谓千疮百孔，百废待兴。20世纪80年代初，上海的文化体育设施多是民国时期和"文革"时期遗留下来的。当时全市的体育场总数为3989个，人均文化体育设施占有量仅为0.13平方米，位列全国倒数第六，这显然与其中国最大城市的名号极不相称。[①]

党的十八大以来，上海市政府在公共文化设施的建设上加大了投入力度，城市文化治理进入了一个新的历史阶段。党的二十大报告指出："要推进文化自信自强，健全现代公共文化服务体系。"聚焦建设习近平文化思想最佳实践地，提升公共文化建设整体能级，上海不仅做到了统筹推进公共文化服务均衡发展，还真正实现了打通"最后

[①] 叶辛，蒯大申.城市文化研究新视点：文化大都市的内涵及其发展战略[M].上海：上海社会科学院出版社，2008.

一公里"的目标。目前，上海已形成市、区、街镇、居村四级公共文化设施网络，基本实现"中心城区10分钟、郊区15分钟的公共文化服务圈"目标，人均公共文化设施建筑面积达到0.21平方米。有关统计显示，上海市现已建成公共图书馆238家、文化馆19家、博物馆159家、美术馆100家，以上海市常住人口2475.89万人计算，平均每15万人拥有一座博物馆，远超全国平均水平。[①]在生活类城市文化治理方面，上海市政府坚持走社会化、专业化的治理路径，引导市民自我服务、自我管理，取得了骄人的成绩。现阶段，上海市举办的重要文化活动总体上呈现出层次高、影响大、数量多、范围广的特点，有效提升了市民对生活类城市文化需求（市民的文化发展需求）的满足感，部分文化和节庆活动如表8-1所示。

表8-1 上海主要大型文化活动和节庆活动一览

活动名称	举办时间	活动名称	举办时间
上海国际服装文化节	每年3月	上海国际芭蕾舞比赛	每两年8月
上海国际茶文化节	每年4月	上海宝山国际民间艺术节	每三年9月
上海青年美术大展	每两年4月	上海双年展	每两年9—11月
上海之春国际音乐节	每年5月	中国上海国际艺术节	每年10月
上海国际电影节、上海电视节	每年6月	上海艺术博览会	每年11月
上海国际少儿艺术节	每三年7月	上海亚洲音乐节	每年11月

目前，上海正按照党中央要求，以习近平新时代中国特色社会主义思想为指导，积极践行"人民城市"重要理念，遵照习近平总书记"希望上海继续当好全国改革开放排头兵、创新发展先行者，勇于挑最重的担子、啃最难啃的骨头，发挥开路先锋、示范引领、突破攻坚的作用，为全国改革发展作出更大贡献"的指示，继续全力推进现代公共文化服务体系建设，推动上海公共文化服务高质量发展。

资料来源：关于完善公共文化服务体系 工作情况的报告. https://www.shrd.gov.cn/n8347/n8407/n9703/u1ai260623.html

【引例启示】

上海的城市文化治理经验对我们推进当前城市文化建设工作有着重要的现实意义，他们对城市文化的深刻理解以及对治理理念的科学实践值得借鉴。

首先要着眼城市自身特色。在上述案例中，上海充分立足于国际化大都市的定位，挖掘城市特色，通过打造各类重大文化艺术节，不但充分满足了市民的休闲娱乐需求，而且塑造出了上海文化品牌。

---

① 陈凌云. 上海现代公共文化服务体系建设研究［J］. 江南论坛，2023（11）：35-38.

其次要树立文化自信。文化自信首先来源于文化自觉。文化自信一方面要求人们对其文化有自知之明，另一方面要求人们对其发展历程和未来状态有充分的期望。城市治理者必须确立坚实的文化自信心，在城市文化治理过程中，立足文化特色，依托文化自信，发展城市文化。

最后要践行科学治理理念。城市文化治理的根本要义在于"治理"。治理的内在要求包括治理主体的多元化、治理方式的多样性、治理内容的多领域、治理过程的互动性、治理目标的公益性等，这也是城市文化治理不同于传统城市文化管理的本质区别。上海市政府坚持走专业化、社会化的路子，充分调动市民的积极性，是对治理主体多元化和治理过程互动性的实践。

积极推进城市文化治理工作进展是当前城市工作的重中之重，城市文化是一座城市的灵魂，如何塑造、保护、开发城市文化既是城市问题理论研究的前沿热点，也是当前城市发展的现实要求。[①]

第一节　城市文化概述

一、城市文化的含义与结构

（一）城市文化的概念

城市文化又称都市文化。由于研究的视角、方法和侧重点不同，对城市文化的理解也多种多样，多数学者认为城市文化有广义和狭义之分。

广义的城市文化，是指一个城市发展过程中，创造的所有物质文明和精神文明的积淀。在这一概念下，城市文化几乎涵盖了整个城市人类的所有生产、生活方式，它不仅包括教育、科技、文学、艺术等精神理念和精神产品，而且还包括建筑风貌、街景美化、广场规划和设计、雕塑装饰、公共设施、环境卫生等物质实体。在这个意义层面上，城市文化是人类在城市中创造的物质财富和精神财富的总和，是城市人群生存状况、行为方式、精神特征的总体形态。[②]

狭义的城市文化是指城市社会成员在城市长期的发展中培育形成并传承下来的独具特色、具有相对稳定性和影响力的精神形态的文化及其外化产物，这就包括城市中的共同思想、价值观念、基本信念、道德品性、情感模式、思维方式、城市精神、行

[①] 张扬.公共管理视域下城市文化治理问题研究［D］.河北师范大学，2016.
[②] 吴锡标.城市文化与城市化的互动性［J］.探索与争鸣，2005（5）：39-41.

为规范、科技教育、文学艺术、知识体系等。狭义的城市文化是城市文化的精神层面，包含在广义的城市文化之中。

（二）城市文化的结构

关于城市文化的结构，学界存有三层次说、四层次说与五层次说。

（1）在三层次说方面，有学者提出从现代文化构成角度考察，城市文化包括三个层次。一是物质层次，包括建筑、广场、公园、名胜古迹等城市构建物，也包括具有浓郁地方特色的工业产品如瓷器、酒、茶。二是制度层次，主要指有关城市的法律、法规、体制、政策。三是精神层次，包括人的素质、道德观念、价值标准、审美情趣等。其中物质文化是基础，制度文化是保证，精神文化是核心，三者由外而内、相辅相成，构成了城市文化的完整体系。

（2）在四层次说方面，认为城市文化的结构大致上可区分为物质文化、制度文化、精神文化和行为文化四个层次。一是物质文化层，由物化的知识力量构成，是人的物质生产活动及其产品的总和，是可感知的、具有物质实体的文化事物。二是制度文化层，由人类在社会实践中建立的各种社会规范构成，包括社会经济制度、婚姻制度、家族制度、政治法律制度、家族、民族、国家、经济、政治、宗教社团、教育、科技、艺术组织等。三是精神文化层，由人类社会实践和意识活动中经过长期孕育而形成的价值观念、审美情趣、思维方式等构成，是文化的核心部分。四是行为文化层，以民风民俗形态出现，见之于日常起居动作之中，具有鲜明的民族、地域特色。

（3）在五层次说方面，认为城市文化体系由五大类别或者五大系统构成：以人脑和文字为载体的理念文化，也称为"原文化"；以组织制度为载体的行为文化，或称为"制度文化"；以产业和产品为载体的"商业文化"，也可称其为"产业文化"；以城市建筑为载体的被称为"人文景观文化"；以自然环境为载体的"自然景观文化"。[1]

二、城市文化的功能[2]

城市文化凝结着一个城市的智慧，它是市民精神的共同载体，积淀了城市深刻的历史文化底蕴，表现出市民的文化素养和精神追求。城市共同的价值观念、理想目标和行为规范有利于升华市民的思想境界，激发凝聚力并达成共识，从而提升城市的文明程度。城市文化作为先进文化的集中表现，必将营造出浓厚的文化氛围，并向周围城乡辐射开来，起到传播先进文化的作用。从这个意义上来讲，城市文化是城市的核

---

[1] 梁玉芬.城市文化体系与价值的思考［J］.海淀走读大学学报，2004（2）：35-38.
[2] 杜玉梅.社会变迁中的中国城市文化发展［J］.中国文化论衡，2016（1）：231-237.

心竞争力。

(一) 凝聚功能

城市作为人口聚居的集中地，必然带来人口的频繁流动和先进文化的汇聚。在这样的背景下，凝聚力已成为城市文化的主要功能。随着经济手段的改善和文化水平的提高，城市的生活方式和空间结构已成为彰显城市文化，增强城市凝聚力的有效途径。中国城市正在积极探索和整合自身的文化资源，通过"文化搭台、经贸唱戏"促进投资，促进社会资本的流通与增长，以实现城市经济与文化的协调发展。2001年，博鳌亚洲论坛将海南小镇博鳌确定为论坛的常设会议地点。博鳌亚洲论坛主要是关注亚洲乃至世界的热点问题，因此论坛吸引了许多精英，例如跨国企业经理、企业领导人、知名学者、有影响力的媒体人士、政府官员等众多精英进行交流讨论。这些不仅促进了海南旅游、会展等相关产业的快速发展，还大大提高了海南国际旅游岛的知名度，使海南省具有前所未有的社会经济发展视野。

(二) 动力功能

文化是城市的价值基础。城市的文化资源越丰富，利用越充分，越有利于城市的可持续发展。文化演变是推动城市发展的核心力量。在城市文化形成和传播的过程中，每个城市生活参与者的经历、历练、智慧、技能都可以通过城市载体集中或者整合成为城市发展的智力支持或技术创新能力，为城市的发展提供强大的动力支持。青岛作为山东加快半岛城市群发展的龙头城市，积极通过各种渠道，抓住各种机会，实现文化实力推动城市发展。例如在城市建设中全面实施"环湾保护、拥湾发展"战略，成功实现了由过去的沿海工业城市向现代旅游文化城市的转变。青岛作为中国重要的沿海开放城市，它既是区域经济中心，也成为区域国际文化交流中心，凭借其优越的地理位置成功塑造出"帆船之都、音乐之岛、啤酒之城"的滨海城市文化形象。青岛市可谓是文化推动城市发展的成功案例。

(三) 教化功能

城市是一本内容丰富的活的教科书。不要说历史文物、城市雕塑，即使是一栋楼房，一个立交桥，一个生活小区，一个公园，一个植物园，一个社区等也无不是城市文化的结晶。当人们聚集在文化底蕴深厚的城市中，不免耳濡目染，潜移默化，文化水平逐渐提高。优良的物质与人文条件更为有志之士提供深入探索研究的多种机会。因此西方哲人说，"城市者，人师也"，"幸福的第一个条件就是在一个大的城市中"，"城市是一本开启着的书，从中可以读到理想和抱负"。这些哲语很耐人寻味。现代化的任务是多方面的，"文化深层的现代化"要求培养具有传统文化和美德的现代人，我们应当善于利用城市这本教科书，尤其是对人们、对社会青年、对中小学生进行爱国主义的、有中国特色社会主义的、爱我城市爱我家园的教育,这是我们新时代实现民族振兴这一宏伟目标中根本的、核心的任务。

(四)增效功能

现代城市竞争十分激烈,过快的生活节奏、过大的工作压力使得人们长时间处于紧张压抑的状态,精神容易疲劳,情绪容易波动,亚健康群体增多。丰富多彩的城市文化生活,可以给人带来无限的慰藉和鼓舞,让奔波于生活的人们短暂地释放情绪,缓解内心的压力,感受到城市文化的力量,从而更加充满斗志,继续投入紧张的工作之中。

三、城市文化的特点

(一)城市文化具有集聚性

城市的地理位置、生态环境,特别是政治经济地位,决定了城市必将成为一定地域内的文化中心和文化集聚地。无论是古代巴比伦文明、埃及文明、希腊文明还是东方的印度文明、中国文明乃至近代工业文明,它们的形成和发展都证实了这一真理。各种因素在城市的集中仍然是现代城市的一个显著特点,现代城市系统地集聚了较高层次的文化机构设施、较高层次的文化人才以及种类较全的文化产业和文化产品。

以美国的大城市为例,大量的农村人口从欧洲和美洲偏僻的乡村被吸引到了美国的城市。在各种新影响的冲击下,他们身上潜藏的创造力被解放出来,而这种潜移默化交互作用的过程不仅产生了各种职业类型,同时也产生了各种精神气质类型。城市从它产生之日起便成为一定地区或一定性质的中心,而城市文化的集聚性和城市中心作用之间的关系是互为因果、相互作用的辩证关系。城市的中心作用推动文化在城市文化的进一步集聚和发展,城市文化的集聚又进一步增强了城市的中心作用。所以说城市文化的集聚性是城市文化的基本特点,是城市发展的内在动力。在一定条件下,越集聚,越发展;越发展,越集聚。

(二)城市文化具有强大的辐射性

城市是一个区域的文化中心,城市不论大小和发展水平如何,总是这个区域内最高文化的代表。它的文化发展状况必将在它的周围形成一个辐射圈。首先,城市文化辐射力的强弱取决于该城市的综合实力。其次,城市文化辐射作用的好坏取决于该城市文化主流的时代性和文化工作的主动性。

(三)城市文化具有丰富性和多样性

城市产生的基础是多样化的人员流动,他们必然会带来各个不同阶层、群体、文化习俗的价值观和审美趣味,有不同的利益诉求,城市通过对他们的吸纳完善自身建设,城市文化当然也就呈现出丰富性和多样性。不同国家、不同民族、不同地域的文化，都可以在城市中见到，人们经常说，优秀的民族文化既是民族的又是世界的，这句话在城市文化的发展中得到了充分的验证。

（四）城市文化具有开放性和交融性

开放性体现为城市构成和决策两个方面，不同类型的城市其构成方式和来源会有不同，譬如一个以高新技术产业为主要发展模式的城市，它吸纳的人员多为文化知识水平较高的行业中的优秀人才，而一个旅游型城市，它的服务型人才必然居多，但在根本上，开放性却是共同的特性。在我们的历史中有过封闭式管理城市的过程，官方管理和单位归属代替了自然的人员流动，这是特定历史环境的产物，不是通例，城市发展的决定因素还在于开放性。

城市文化的悠久历史和现代城市发达的信息流通渠道，使得城市文化具有非常广泛的交融性。交融性特征也体现了城市文化根本区别于乡村文化的"守成"方式。城市处在开放体系中，各种文化不断进入，文化内涵总处于充实、变异、更新的过程中，因此，城市文化给人的感觉总是充满活力和不断出新，它的新因素进入的速度相对较快。并且各种群体文化可以和平共处，虽然处在潮头的青年文化、时尚文化、流行文化总是显得令人目不暇接，给人感觉城市文化的变异性很强，但实际上社会主流文化也可以得到很好的发展和生长，这种具备完整生态性的文化方式，正是城市文化共融性的特点。

（五）城市文化具有公众性

公众性与特权私有具有相对立的特征，公众性体现的是民主原则。现代城市文化属于所有居民。属于人民，它就一定要照顾到所有人的利益，从城市文化的规划设计到管理服务，以人为本的主导思想必须明确。倘若只为"汽车社会"设计城市，非机动车和行人就注定边缘化和总处在危险之中。[1]

（六）城市文化具有地域性

文化的产生和发展都离不开一定的时间和空间，人类是在一定的自然生态环境中进行文化创造的。地理环境的不同，造成文化的物质也就不同。城市文化作为一种历史性的过程，由于地理位置、气候条件、生产生活方式的差异，历史地形成了不同的地域文化，不同地域文化又有着不同的特色。它体现了城市的地方特色，可以在城市的规划布局、建筑形象、城市景观和社会风习等方面得到展示。

城市的规划布局既要尊重自然环境，又要服从于城市整体功能，如重庆依山而建，苏州临水设街，北京旧城以中轴线展开布局突出了宏伟的气魄，天津沿海河布局的弯曲街道给人移步换景的感觉。传统的建筑形象受自然条件，特别是气候条件影响较大。

---

[1] 陈宇飞.城市文化概论[M].北京：文化艺术出版社，2008：26.

我国北方气候寒冷，天干物燥，建筑物敦厚稳重、色彩浓艳；南方湿热，建筑物轻盈通透、色彩淡雅。尽管现代建筑有趋同倾向，但地域差异还是存在的。[①]

四、城市文化结构[②]

陈立旭在《都市文化与都市精神 中外城市文化比较》中提到，城市文化有其特定的文化系统或体系，它由众多子系统组成，城市文化系统或体系所表现出的不同层次，就是城市文化的结构。他认为可以把城市文化的结构大致上区分为物质文化、制度文化、精神文化三个层次。

（一）城市的物质文化

城市的物质文化是城市文化的表层。它由城市可感知的、有形的各类基础设施构成，包括城市布局、城市建筑、城市道路、城市通信设施、公共住宅水源及给排水设施、垃圾处理设施以及市场上流通的各色商品以及行道树、草地、花卉等人工自然环境。这些物质现象之所以也被纳入城市文化的范围，不仅是由于它们典型地体现了"人化自然"的特征，也因为它们都是一个城市文化风貌的最生动、最直观、最形象的呈现。

城市的建筑不仅是凝固的音乐、立体的绘画、实用的雕塑，是技术与艺术的完美结合、实用性与观赏性的统一，还具有鲜明的民族的、地域的、时代的丰富的文化内涵，是形成不同文化氛围和社会情调的重要因素。北京的四合院与陕西的窑洞，就是不同风格的民居；纽约的摩天大楼与上海的摩天大楼，虽然都是现代化建筑，但也具有不同的文化韵味；北京的紫禁城与巴黎的凡尔赛宫，虽然都曾经是皇宫，但具有东西方的不同气派、不同的历史文化内涵。

不仅城市中的那些有形的物质实体鲜明地显示了城市的精神风貌，一个城市的布局、城市的空间结构也形象地反映了一个城市的文化特征。比如，广场是城市空间布局结构中最重要的要素之一。城市广场不仅仅是人们生活和活动的空间，还是特定时代、特定社会中的政治经济文化生产和再生产的场所之一。它既是城市社会文化形态的一种呈现，也构建了一定程度的社会文化形态。

（二）城市的制度文化

城市的制度文化是城市文化的中层结构。城市制度是城市文化制度化、规范化以后的一种结果，是城市文化的一种实体化的表现形式。因此，城市文化的变迁必然通过城市的各种制度的变迁表现出来。城市的制度文化以城市的物质文化为基础，但主

---

① 孙萍主.文化管理学［M］.3版.北京：中国人民大学出版社，2015.
② 陈立旭.都市文化与都市精神 中外城市文化比较［M］.南京：东南大学出版社，2002：24-26.

要满足城市居民的更深层次的需求,即由于人的交往需求而产生的合理地处理个人与个人之间、个人与群体之间关系的需求。在城市的制度文化中,最主要的有家庭制度、经济制度和政治制度。

(1)城市的家庭制度:在现代城市中,家庭的演变过程在很大程度上反映了从乡村文化到城市文化以及城市社会和文化自身的变迁轨迹。

(2)城市的经济制度:在城市的制度文化中,经济制度是极为重要的内容。一方面,经济制度是城市文化的重要表现形式。另一方面,城市文化又是城市经济制度的重要塑造力量。

(3)城市的政治制度:城市的政治制度既是城市社会文化形态的建构,同时也在建构城市的社会文化形态。换言之,城市的政治制度不仅可以展示一座城市的文化性格,还能在一定程度上折射出一个时代、一个社会的精神特征。当一个城市的市民习惯于把自己视为驯服的客体而非积极的参与者时,民主的政治制度显然难以在这些人所生活的城市中扎根。毋庸置疑,一个参与型的城市政治文化乃是城市民主政治制度孕育和生长的最理想的土壤。

(三)城市的精神文化

城市的精神文化是城市文化的内核或深层结构。在某种意义上,城市的精神文化是与前面所说的狭义的文化概念内涵相一致的,即相对于城市物质文化、制度文化的城市精神文明的总和,它包括一个城市的知识、信仰、艺术、道德、法律、习俗以及作为一个城市成员所习得的其他一切能力和习惯。在城市的精神文化中,又可以分成两部分:

一部分是通过一定的物质载体如印刷媒体、电子媒体以及其他有形物质媒体得以记录、表现、保存、传递的文化;另一部分则以思想观念、心理状态等形式存在于城市居民的大脑中。

(1)就前者而言,又可以再细分为两种类型:城市公益性文化与城市经营性文化。城市公益性文化如学术性书刊、城市历史文化遗产、街头艺术雕塑、图书馆、博物馆等,其基本特征是创造性和公益性,它以提高市民的思想道德和科学文化素质为最高价值取向,而城市的经营性文化则是城市文化产业如娱乐业、休闲业、传媒业等所提供的娱乐性、益智性、消遣性、休闲性的文化产品和文化服务。

(2)以思想观念形式存在于市民大脑中的城市精神文化,如城市居民的价值观、精神追求、精神境界、理想信念、伦理道德、传统、风俗习惯等,是城市居民行为方式、价值观以及指导、影响、支配城市居民行为规范、准则和行为心理的综合。它往往通过一个城市的民俗民风以及居民的精神风貌和道德水平表现出来,是人们判断城市文化水平高低的重要依据或标准。

上述城市文化结构的各个层面,并不是孤立地存在,而是相互影响、相互作用、相互联系的,它们共同形成了一个浑然有机的整体。理解城市文化结构各个层面之间的相互影响、相互作用的内在机制,无疑是我们理解整体性城市文化的一个出发点。城市的物质文化是城市的"外衣"。城市的发展离不开诸如房屋、街道、交通、公共建筑等物质文化要素,而城市制度文化则是城市的"骨架",它为城市的物质文化和精神文化发展提供制度保证。而城市的精神文化则是城市的"灵魂"。城市居民的行为方式和指导、影响、支配行为的一整套规范、准则、价值观念等既是城市社会现实在他们头脑中的反映,同时,又反过来影响和改造现实,影响城市物质文化、制度文化的进步速度。

→【延伸阅读】

用城市主题文化发展理念指导洛阳城市文化建设

用手机扫一扫,了解更多信息

第二节 我国城市文化建设中存在的问题

一、20世纪以来中国城市文化的建设特点[①]

(一) 20世纪以来中国城市文化历史的四个阶段

1. 20世纪初到"五四"运动期间的启蒙期

19世纪末,在列强坚船利炮的轰击下,泱泱中华一下子失去了往日的威风。戊戌变法的惨烈使进入20世纪的中国人不能再沉默了,辛亥革命的枪炮声宣泄了国人的痛苦和愤怒,并且为五四新文化运动准备了社会条件。欧洲列强忙于第一次世界大战而悄悄放松对中国的掠夺,使中国民族企业得到了一个短暂的发展机遇,这一机遇也为城市的现代化创造了一个难得的机会。洋务运动所主张的"中学为体、西学为用"文化策略,虽然未能挽救大清帝国的衰败和灭亡,但在一定程度上为引进西方先进的物

---

① 於贤德.20世纪中国城市文化的发展道路[J].开放时代,2000(10):91-94.

质文化做了一些实事。清政府在戊戌变法之后采取的"废科举、兴学堂"等新政，也为新文化的建设创造了有利的社会基础。辛亥革命更为这种努力起了推波助澜的作用，五四新文化运动则把这一启蒙阶段推向了高潮。

在这段时间的城市文化建设中，一个明显的特点是众声喧哗的热烈、各种各样的主张、形形色色的学说都在中国思想文化的舞台上登场亮相。这种文化启蒙过程，是比较和斗争，是选择和接受，是各种文化主张跟中国的社会现实在互动中的磨合。

2. 20世纪三四十年代的洗礼期

第二阶段的显著特点是贯穿始终的战争对于城市文化建设的影响。这种影响由于战争性的截然不同而表现出极大的差异：军阀混战、日本帝国主义的侵略是对人类文明的戕害，而人民革命战争则是以血与火的洗礼为新的文化开辟道路。战争当然要打破文化建设的一般秩序，呈现出一种非常态的特殊性。波澜壮阔的3次国内革命战争和伟大壮烈的抗日战争为民族独立和解放开辟了道路，同时还通过发动最广大的人民群众参加到革命战争中来，张扬了民族自信心，锻炼了民众能力，为日后的文化建设提供了强有力的政治思想和干部队伍的准备，这是战争对于文化建设的特殊贡献。

3. 20世纪50—70年代末的动荡期

第三阶段既有修复战争创伤时期文化的复兴，也有违背经济规律的盲目蛮干带来的失误及其对文化发展的损害，更有是非颠倒、黑白混淆的"文革"10年所造成的巨大灾难。"文化"成了革命的对象，人类文明遭到残酷的打击，在"文革"10年中，还有一点值得指出的是城市文化几乎被看作资产阶级的同义语，城市的生活方式、思想观念、物质文明被当作滋生资本主义、修正主义的温床。对于城市文化的贬视和否定可以说是"文革"10年贯穿始终的思想观念和极"左"思潮的文化策略。这种表面上重视农村、尊重贫下中农的做法，实际上否定了城市作为先进生产力的聚集地在社会进步中所发挥的作用，其结果必然是文化的毁坏和社会的倒退。

4. 改革开放以来的转型期

第四阶段改革开放政策使中国的现代化建设走上了胜利前进的轨道。在这20年中，城市文化迅速发展，城市文化建设进入一个前所未有的黄金时代。每一座城市都在这一时期有了旧貌换新颜的巨变。特别是邓小平提出的"两个文明"建设要一起抓，强调在发展经济的同时不能忽略文化建设。

正是在这样的环境中，开创出了当代城市文化建设的崭新局面。当然，建设的过程常常包含着对落后、腐朽或消极的文化现象的抵制和否定，中国城市文化建设的指导思想既没有采用20世纪50年代初期运用的暴风骤雨般的革命斗争的方式，也不是简单地搬用60年代所谓"大批判"的模式，而是采取了实事求是的科学方法来解决问题，违法乱纪的事由法律制裁，思想观念上的是非通过宣传教育来取得共识。这样做既剪除了文化之树的病枝枯叶，又保证了它的茁壮成长；同时从提高民族文化素质着手，让人民群众养成抵御腐朽没落事物的自觉性，为社会经济建设和文化发展提供一个稳定的环境，从而使城市文化建设在整个社会的进步中发挥应有的作用。

（二）20 世纪以来中国城市文化的建设特点

从文化的时代特征来看，在这 100 年的进程中，中国城市文化可以说包含着前现代、现代和后现代 3 种形态。在这种历时性与共时性的统一中，中国城市文化形成了一种既有较为明确发展方向和一定的重点又有多种形态相反相成的复杂结构。这种结构具有这样几个特点：

第一，组成结构的各个要素之间既有彼消此长的矛盾斗争关系，又有相互刺激的共生关系。例如作为传统文化的积淀，前现代文化以其深厚的根基在古代城市向现代城市的转化中仍然起着相当重要的作用。传统手工业和商业的地盘虽然越来越小，但它们在文化层面的表现仍然有相当的影响。它们在 20 世纪头 50 年的中国城市里特别是在政治文化领域表现得相当顽强。正像辩证法所认为的那样，是事物内部的矛盾运动决定着这一事物向着反方向转化。20 世纪中国城市文化得以不断发展的内因也就在这里。

第二，文化发展的根源在于社会生产力的进步，20 世纪中国城市文化的转型和变革，同样受到生产力的发展水平和发展方式的深刻影响。现代工业的逐步发展使城市文化相应从前现代的形态向现代形态转化，以信息产业为主要标志的后工业文明的出现，使总体上仍属于发展中国家的当代中国，开始出现了一些后现代的文化现象。但必须看到这样一个事实，即文化的发展相对于生产力的进步要显得更为缓慢，尤其是精神文化的变革。

第三，20 世纪中国城市之所以呈现出一个复杂的结构，还跟复杂的外来文化的影响有关。这表现在：在抗日战争胜利前的 45 年，东西方强势国家的文化都竭力想作用于古老的中华文化传统，多种外力的作用使得中国城市文化在发展过程中呈现出更复杂的结构。外来文化无论以什么方式来实现对中国文化的影响，一般都要通过城市文化这一中介来实现的。因此，城市文化在接受外来文化过程中往往要领先于农村文化，并且表现出某种敏锐性和主动性。无论是现代文化对前现代文化的挑战，还是后现代文化对现代文化的反拨，都是在城市文化这一前沿阵地首先发难的，然后才通过城市的辐射作用影响更广泛的文化空间。这种文化上的先导性使外来文化对城市格外钟情。

二、城市文化建设的内容

城市文化建设的内涵表现在如下几个方面。

（一）对城市社会成员素质的培养

包括城市社会成员的教育水平、科技水平、艺术水平的提高及现代生活方式、思维方式和价值观的形成。

培育具有现代素质的市民是城市文化建设的关键。我国现代化建设的进程，在很大程度上取决于国民素质的提高和人才资源的开发，必须着力于提高全民族的思想道德素质和科学文化素质，为经济发展和全面发展提供强大的精神动力和智力支持。市民是城市的主体，是城市社会文明的创造者和体现者，也是城市文化的载体。城市市民的素质如何，直接决定着一个城市的形象。没有现代素质的市民，现代化城市由谁来规划？由谁来建设？由谁来巩固和发展？一个充满小农意识和市井习气，封闭保守的城市，是无法成为一个现代化城市的。广大市民只有不断增强城市意识、开放意识、法治意识和现代生活环境意识，促进一个城市形成良好的社会风气和精神风貌，有浓郁的崇文意识、有健康的心态和良好的行为习惯，这个城市才能现代化。

（二）城市形象的建设

城市形象文化主要指城市的外观形象，它包括城市现代化的基础设施和时尚的外观形象，诸如，城市的空间布局，建筑的造型、风格、色彩以及道路、广场、公园、雕塑、路灯、栏杆，甚至路牌、广告等，都不能凌乱无章、残缺不全、千人一面，要讲究城市的整体和谐和审美情趣，有文化个性和艺术感。形象文化就像一个人的脸，是城市文化的物质载体。像巴黎、伦敦、莫斯科、法兰克福、威尼斯等世界一些文化名城，都具有独特的城市文化形象。在形象文化中，往往一两个标志性文化设施就能提升整个城市的文化品位。如悉尼，一个著名的海上歌剧院，就大大提高了它在世界上的文化地位。

（三）城市文化产业的发展

所谓文化产业主要包括城市文化娱乐产业、影视及音像制品业、新闻出版业、文化旅游业、体育业以及一些与文化相关的美食、美容、时装、休闲、艺术品等产业。文化产业作为"朝阳产业"，既可以有力地促进经济发展，也可以极大地提高一个城市的文化品位。美国文化名城洛杉矶，靠"迪士尼乐园"和"好莱坞城"，形成了蓬勃的影视及音像制品业和文化旅游业。现在，法国、英国、日本、韩国等国家的许多城市，都将文化产业作为国民经济的重要支柱产业。我国的一些大城市，北京、上海、深圳等地，也已将文化产业列入国民经济优先发展的重点。

（四）城市历史文化资源的发掘和利用

这包括对城市文物、古迹、革命遗址等历史遗产的发掘和利用。历史文化资源是一个城市文化品位的重要表现，是一个城市文化个性的生动体现，也是一个城市成为文化名城的一种最独特的文化优势。像世界文化名城意大利的佛罗伦萨，是欧洲文艺复兴中心，曾经产生过但丁、达·芬奇、米开朗基罗等一大批世界名人，它是一个完全靠历史文化资源而名扬世界的城市。又如比萨、威尼斯也是如此。在国内，像曲阜，也是完全靠历史文化资源而蜚声国内外的。

（五）城市群众文化的建设

所谓群众文化，既指城市市民之间自娱自乐的文化形式，如社区文化、校园文化、企业文化等，也指一些节庆文化活动。群众文化是城市文化的重要组成部分，也是建设文化名城必不可少的一个重要内容，特别是节庆文化活动，对提高城市的文化品位，培养群众的文化意识，具有不可估量的重要作用。如西班牙的巴塞罗那，举办了一届奥运会，就名扬全世界。山东潍坊，本是个名不见经传的小城，因年年举办风筝节而名扬海内外。一届世界博览会，大大提升了云南昆明市的文化品位。可见，举办大型节庆文化活动也是创建文化名城的一个重要载体。

（六）形成若干个著名的高等院校、科研机构或艺术团体

教育是文化的基础，科技是文化的精华，艺术团体是文化的结晶。世界上所有的国家都将这三者作为衡量一个城市文化水平高低的关键性指标，特别是美国、加拿大、澳大利亚等一些由移民发展起来的现代化国家，更加重视教育和科技。像美国的波士顿，之所以能成为文化名城，靠的就是这三者。哈佛大学和麻省理工学院，为美国培养了不少总统，还有数不清的专家学者，其中不少人获得诺贝尔奖。波士顿的交响乐团、芭蕾舞团，不仅在美国，在世界都是第一流的。

三、新时期我国城市文化建设所面临的问题

（一）城市文化需求与供给之间的矛盾突出

当今中国社会的主要矛盾是人民日益增长的美好生活需要和不平衡不充分的发展之间的矛盾，也是我国城市文化建设的主要矛盾。在我国城市文化建设的实践中，这一矛盾具体表现为相对于日益增长的文化需求而言，城市文化的有效供给不足。

（1）精英文化陷入危机，大众文化泥沙俱下。在市场经济大潮的冲击下，精英文化日渐式微，陷入空前的危机。一方面，一部分精英文化转向商品化、平民化，甚至呈现出向大众文化靠拢的趋势，由此造成精英文化的萎缩。另一方面，精英文化的发展面临着学术著作出版难，知识分子远离、淡化政治等困境。与精英文化的衰落和危机形成鲜明对比的是我国城市大众文化的空前繁荣。大众文化的繁荣加速了城市文化多元化的进程，满足了广大市民的文化生活需要。与此同时，当前我国大众文化存在着盲目性、自发性和过于商品化的倾向，缺乏文化的创造性和个性。此外，由于受个

人主义、享乐主义、拜金主义等观念的影响，城市部分市民的社会责任感下降，这与我国城市文化建设的目标是背道而驰的。

（2）城市文化建设中出现重物质文明建设、轻精神文明建设；重文化产业建设、忽视其他文化建设的倾向。

（3）在城市社会成员的素质培养方面，出现重科学文化素质和生活质量建设、轻理想与信念培养、轻思想道德建设的倾向。

（4）城市特色文化出现弱化趋势。由于部分城市对继承和弘扬城市特色文化的意义认识不足，加上文化全球化浪潮的冲击和城市文化产业化的影响，我国城市特色文化出现了弱化的趋势。[①]

（二）城市文化治理主体单一，城市社会成员缺乏参与文化建设的主动性

城市文化建设工作中，仅仅是单一的城市文化是难以满足城市发展需要的，这就需要发展更加多元化的城市文化，通过制定先进的城市文化管理模式，能够极大程度地推动城市文化建设进程。不过，在开展城市建设过程中，政府在其中更多的是扮演城市文化建设主体的角色，这使其在城市文化建设模式上仍旧是采用以往的单一化文化建设模式。实际上，城市文化的建设是关乎全部城市居民的，仅仅通过政府来进行建设，势必会给后期文化建设带来很大难度，城市文化建设的主体应该是多元的，既包括城市文化建设等政府主管部门，也包括城市各社区、居委会和街道办事处、企业和家庭，更包括广大的市民。目前我国城市文化建设模式多是政府推动型，市民参与文化建设的广度和深度还远远不够。此外，由于缺乏有效的动员机制和激励机制，部分市民对城市文化建设采取敬而远之的态度，这也是城市文化建设参与积极性不高的一个原因。

（三）城市文化资源开发利用不够合理

城市文化资源开发利用的不合理性表现在三个方面：

（1）在资源的分布方面，一些城市大量文化资源闲置，一些城市却因文化资源紧缺，形成"巧妇难为无米之炊"的尴尬局面。

（2）在资源的保护方面，一些城市因资金紧缺出现城市公益文化设施紧缩现象，一些城市受经济利益的驱动而将公益文化设施改为商业用途，从而使文化资源丧失其历史价值。

（3）在资源的开发利用方面，由于缺乏合理有效的机制，城市文化资源的开发存在着"三多三少"现象：对有形资源重视多，对无形资产利用少；对现有资源使用多，

---

① 向德平，田北海.论我国城市文化建设存在的问题及对策[J].武汉大学学报（社会科学版），2003（2）：252-256.

对潜在资源挖掘较少；对行政区内资源管得多，与邻近地区协商少。

（四）城市文化抵御外来文化强烈冲击的能力弱

改革开放后，我国以积极开放的心态打开了国门，带来了城市的再度繁荣，但随之而来的问题是外来文化的逐渐进入，对我国传统城市文化产生冲击。在全球化背景下，这一趋势明显加大。外来文化对我国产生的冲击主要表现在以下几方面：一是外来影视文化产品源源不断地输入，占领我国城市影视文化市场；二是西方节日逐渐盛行，民间传统节日则日渐淡化；三是麦当劳、肯德基等西方快餐文化进占城市商业中心区，中国传统饮食面临强大挑战；四是在城市扩建和商品房开发中，欧式建筑盛行，并向城市景观保护区和优秀民居古巷街区入侵。前三种外来文化（洋影视、洋节日、洋快餐）对我国传统文化产生的冲击主要表现在精神层面：它们不仅占领我国城市大片文化市场，还对我国青少年思想观念产生较大影响，是一种对传统文化威胁最大的异域外来精神文化。后一种外来文化（洋建筑）的冲击主要表现在城市文化的物质层面上，其结果是，我国城市历史文化环境遭受破坏，城市历史风貌和特色因之渐失。

（五）城市文化与城市建设不协调，存在滞后现象

改革开放以来，我国经济快速增长，城市建设也开始步入正轨，市场经济价值观念开始成为指导人们行为的主导思想。市场经济对利润的追求给城市的经济带来了活力，但也给城市建设带来了不利影响，过分追求城市的功利性使城市建设严重不协调，许多方面的建设被忽视。城市文化是城市建设的重要内容，理应受到重视，但由于其建设需要巨大投资、对市场反应不敏感等特性，营利又具有间接性和周期长等原因，城市文化建设在不同程度上滞后于城市的经济发展。

（六）城市文化个性不突出，趋同现象严重

城市的文化个性是城市各个历史时期文化积淀的表现。不同的城市有各自的特色文化，具有自己的文化个性。但是，目前我国许多城市的这种文化个性受到不同程度的压抑。近十几年来，在计划、市场"双重经济体制"的影响下，经济结构雷同，"诸侯经济"之间盲目攀比，不正当的竞争愈演愈烈，更使城市原有文化特色日渐逊色，城市风格的点睛之笔在日新月异的城市改造和新区发展中湮没；"千城一面"现象有增无减，不论是在城市风俗习惯、思想观念等意识方面，还是在城市建筑、形体风貌上都明显地反映了这一点。深圳有"世界之窗"，长沙、广州、杭州、上海也有，无锡、武汉等都投巨资开发"水泊梁山"。

（七）缺乏合理有效的城市文化治理保障机制

合理有效的城市文化建设管理机制是城市文化建设得以顺利进行的保障，是城市文化事业蓬勃发展的前提和基础。在我国城市文化建设的保障机制方面，存在以下几

个方面的问题。

（1）政府在城市文化建设中的角色定位模糊。完善的市场机制是优化文化资源配置的有效手段。我国城市文化产业的发展在一定程度上遵循了市场经济规律，取得了一些成功的经验。但是，城市文化建设有其特殊的发展规律，单纯的市场机制并不能解决城市文化建设中的所有问题，政府的调控与管理也相当重要。在城市文化建设中，政府虽然发挥着重要的作用，但是其对自身的角色定位却并不明确，这也导致政府在开展城市文化建设工作中可能会出现一系列的失误，这些失误不仅会给城市文化建设带来较大影响，还会引发市民对政府管理能力的质疑，认为政府在管理方面存在能力不足的情况。所以在城市的文化建设中应坚持市场与政府并驾齐驱。

（2）文化建设资金投入严重不足。在城市文化建设过程中，需要很大一部分资金来完成，但是在建设的过程中往往会出现资金匮乏的问题。文化建设资金投入不足主要表现在文化设施建设和文化遗产的保护和开发方面。这种状况的形成既有客观方面的原因，即中央财政转移支付力度不够，同时，城市本身经济实力也很有限，心有余而力不足；也有主观方面的原因，即部分城市管理者只注重眼前利益，看不到城市文化的潜在价值，因而不愿意在城市文化建设方面增加投入，导致城市文化建设资金难以为继，同时也存在最初执行过程中由于资金分配不合理，导致后期发展出现资金匮乏的现象。

（3）城市文化治理人才队伍不健全。目前为止，大多数城市的文化建设工作都缺乏专业性的人才。城市文化治理是一个复合型的工作，要求从业人员既懂城市文化，也懂管理理论和方法，但当前这种复合型的人才非常匮乏，个别优秀的传统文化项目从业人员青黄不接。一些公共文化服务单位和组织不仅从业人员数量不足，而且从业人员的专业素养相对偏低，基层文化队伍建设任重而道远。[1]

【延伸阅读】

城市文化治理在公共管理方面出现的问题

用手机扫一扫，了解更多信息

---

[1] 石彪.鄂尔多斯市城市文化治理研究［D］.内蒙古大学，2019.

第三节　完善我国城市文化建设的措施

一、城市文化建设的原则

（一）社会效益优先原则

城市文化建设要坚持社会效益优先的原则。城市文化建设具有两重性，既有经济效益又有社会效益，二者相比，社会效益高于经济效益，应当把社会效益放在第一位。城市文化的目的不是增加税收，而是提高城市居民的素质。

城市文化建设应当以市民为本，突出市民的本体定位。建设人性化的城市，增强市民的归属感和自豪感，形成和谐的文化规范。要遵循面向市民的原则，一是以市民为主体，明确城市文化的服务对象。城市的主体人口是市民，城市文化必须面向基层，面向市民，满足市民的文化需求。二是寓教于乐。市民的文化需求是多元化、多层次的，需要丰富多彩的文化活动。同时，市民的欣赏口味是变化的，以娱乐性通俗性的需求为主。三是鼓励市民参与。城市文化应当是市民的文化，市民喜欢参加的活动应当大力开展，特别是一些具有简单性、群众基础深厚的活动。四是城市文化建设的重心在基层，关键在落实。在城市文化建设中，中央的文件精神最终要落实在基层，只有基层的文化建设搞好了，才能提高广大市民的素质。应当面向基层，加强基础投入，开展普及性文化活动。

（二）以活动促建设原则

城市文化建设关键在于落实，在于开展丰富多彩的文化活动，做到以活动促建设。城市文化建设不能停留在口号上和文件规划中，必须通过活动来宣传党的文化方针，提升市民的精神素质。特别是要开展大规模的全体市民都能参与的文化活动，使之成为城市的文化节日（如彩车游行，广场演出，城市狂欢节）。总之，要开展群众喜闻乐见、容易普遍参与的文化活动，在活动中提高城市文化水平。

（三）遵循文化发展与城市建设、城市文化与环境相互协调的原则

城市文化建设既要遵循文化发展的规律，又要遵循城市建设的规律。遵循文化发展的规律，就要了解文化的历时性和共时性、自足性和开放性、变异性和整合性等特点，在城市文化建设中不凭主观想象，不搞随意拼凑，而是在充分尊重和挖掘城市文化资源的基础上，适应现代城市社会经济的需要和市民的文化审美需求，水到渠成地开发和建设，使城市文化建设体现科学精神。遵循城市建设的规律，就是要把握好城市规划、布局上的总体追求，在理性审视城市的历史传承、地理位置、人文资源以及与山水自然关系的基础上，通过科学的、富有创意的规划手段，优化城市的整体功能，美化城市的外观形象。

城市与环境的协调，城市的生态化和园林化是城市文化塑造的标志和目的。城市是人类创造性的集中体现，是人类文化建设成熟的摇篮。城市文化和城市意识必须抛弃那种认为城市脱离自然、破坏自然、掠夺自然的落后观念，建立起城市与自然和谐共处的新思维。城市与自然生态和谐共处的观念具体表现在每一个城市居民都树立起爱护环境、保护环境的意识，把城市建设成为自然、和谐的家园。①

二、完善我国城市文化建设的具体措施

（一）完善城市文化事业设施

城市文化建设包括两个方面：一方面是软件建设，即思想道德、文化产品的建设和开发；另一方面是硬件设施，增强载体功能。城市文化只有以硬件物质设施为依托，才能发挥功能。其中"三馆二宫一厅"是必不可少的，三馆是指图书馆、博物馆、艺术展览馆，二宫是指文化宫、少年宫，一厅是指音乐厅或者歌剧院。

（二）完善政府城市文化管理体制②

科学转变政府职能，加强宏观管理，这是建立合理有效的城市文化建设机制的必然要求。

首先，要合理定位政府在城市文化建设中的角色。在市场经济条件下，应坚持以市场调节为主，政府宏观调控为辅，实现城市文化资源的优化配置，政府应该更多地充当文化建设的推动者、指导者和保障者的角色。

其次，健全城市文化建设的法律和制度，落实和完善文化经济政策，使城市文化建设有法可依，保障城市文化建设主体的合法权益，保障城市文化建设向合理化、有序化发展。利用财政、税收、信贷等文化经济政策，扶持重要的文化机构和重点文化项目，运用财税政策引导资金投向，调整文化产业的布局。

再次，建立有效的城市文化激励机制，健全城市文化机制，做好科学布局与规划。要本着"谁投资、谁受益"的原则，保障城市文化投资主体的合法收益，充分动员社会力量参与城市文化基础设施和历史文化资源的建设和开发，激发市民参与城市文化建设的热情。文化设施的布局应与现代化城市建设和改造的规划结合起来，做好文

---

① 孙萍主.文化管理学［M］.3版.北京：中国人民大学出版社，2015：216.
② 林金枫，赵琳.文教事业管理［M］.哈尔滨：哈尔滨工程大学出版社，2016：122.

公共事业设施的规划与建设工作。

最后,应注意在建设标志性文化设施的同时保护好历史文化建筑。标志性的文化设施代表着一个城市的形象,展示着一个城市的风貌,是城市个性的反映。每当我们提起巴黎自然会想到埃菲尔铁塔;提起维也纳自然会想起金色大厅;提起北京自然会想到故宫和鸟巢。在某种意义上来讲没有标志性文化建筑的城市,只不过是一个地理名词。人们已经越来越深刻地认识到,标志性文化设施的重要性,对新建文化设施的设计给予了足够的重视。

(三)改善城市文化环境

对城市原有的美好自然环境与历史遗迹善于保护和利用;对文化设施建设应朝着满足市民多元文化需求的方向努力,以臻完善;对居住区与邻里应创造多姿多彩的环境,提高城市的居住适宜性。

第一,城市要满足多种多样的生活内容。因为城市里聚居着多种多样的人,职业阶层不同,年龄不同,地区籍贯不同,文化有差异,千家万户,五湖四海,对生活的需要也千差万别。

第二,城市要有美好的交往环境。不同城市的生活方式,构成不同的城市文化特色。

第三,城市要利用和创造美好的自然环境。任何城市的诞生、发展都有特定的自然地理条件,特定的自然条件构成了城市各自的特色。我们应当珍惜自然环境,并发挥各自特色,不要让平庸的规划埋没了它的特色,更不要让拙劣的建筑与城市设计破坏了它的特色。

第四,城市需要有美丽的建筑环境。城市是建筑、绘画、雕塑、戏剧、工艺美术等一切人类艺术最大的容器,可以说它几乎无所不包。城市环境的两种质量标准,即城市的生活质量与城市的艺术质量,都需要我们不断地加以提升。

(四)科学制定文化政策,积极发展城市文化产业,鼓励文化创新[1]

第一,制定科学的城市文化政策,提高市民的文化素质。

(1)重视教育,广泛开展职工培训以及再就业培训,增强居民的工作能力和素质,使其真正为城市发展做出贡献。

(2)重视文化基础设施建设。建设文化广场、主题公园、娱乐中心、图书中心等设施,为市民的文化活动提供场所。

(3)组织开展群众性的文化活动,繁荣企业文化、校园文化、社区文化等,提高

---

[1] 林金枫,赵琳.文教事业管理[M].哈尔滨:哈尔滨工程大学出版社.2016:122.

文化的普及性。

（4）加强正确的伦理道德观念的宣传和教育，崇尚"爱人爱己，携手共进"的社会信条。

第二，积极创新城市文化产业。

（1）协调各文化产业之间的利益，促使各产业形成健全的经济实体，充满动力地参与市场竞争。

（2）建立文化产业管理和运行机制，指导其发展方向，使其更好地适合人民大众的要求。

（3）鼓励文化产业的国内外交流，参与国际竞争。

（4）投入必要的运行资金，这是推动文化产业发展的前提条件。

【延伸阅读】

以文化引领城市建设：杭州城市文化建设实践的经验启示

用手机扫一扫，了解更多信息

【本章小结】

城市文化是城市人类在城市发展过程中所创造的以及从外界吸收的思想、准则、艺术等思想价值观念及其表现形式。它不仅是城市人类的思想结晶，更代表了整个人类的智慧。

1. 城市文化又称都市文化，多数学者认为城市文化有广义和狭义之分。在对城市文化的基本内涵界定的基础上指出了城市文化的功能、特点和结构。城市文化主要具有凝聚功能、动力功能、教化功能以及增效功能；集聚性、强大的辐射性、丰富性和多样性、开放性和交融性、公众性以及地域性充分反映了城市文化的特点；关于城市文化的结构，陈立旭认为可以把城市文化的结构大致上区分为物质文化、制度文化、精神文化三个层次。

2. 梳理了20世纪以来我国城市文化建设的特点，在此基础上探寻新时期我国城市文化建设所面临的问题，具体包括：城市文化需求与供给之间的矛盾突出；城市文化治理主体单一，城市社会成员缺乏参与文化建设的主动性；城市文化资源开发利用不够合理；城市文化抵御外来文化强烈冲击的能力弱；城市化中的城市文化发生缺损现象；城市文化与城市建设不协调，存在滞后现象；城市文化个性不突出，趋同现象严重；缺乏合理有效的城市文化治理保障机制。

3. 在剖析我国城市文化建设中存在的共性问题的基础上，提出了完善城市文化事业设施、完善政府城市文化管理体制、改善城市文化环境、科学制定文化政策，积极发展城市文化产业，鼓励文化创新四大具体措施。

【复习思考题】

1. 什么是城市文化？
2. 城市文化的特点和作用是什么？
3. 我国城市文化管理现在面临什么问题以及产生问题的原因是什么？

【电子资料】

北京城市总体规划（2016—2035年）（节选）

用手机扫一扫，了解更多信息

西安城市形象宣传片—纪录片

用手机扫一扫，了解更多信息

第九章

社区文化管理

➡【学习要点】

1. 明晰社区及社区文化的概念。
2. 掌握社区文化的类型和功能。
3. 了解我国社区文化建设的现状及存在的问题。
4. 重点掌握我国社区文化建设的原则及具体措施。

➡【引例】

"强文化，育新人"凤池社区以文化治理推进社区善治新模式

推进社会主义文化强国建设是"十四五"时期经济社会发展的重要战略任务。巩固社区文化思想阵地、健全公共文化服务体系、增加公共文化产品和服务供给是当前文化振兴的内在要求。如何培养社区居民认同感、归属感和责任感，提升基层社区文化治理能力是新时期社区发展的重要议题。

凤池社区是佛山市美丽乡村建设首批试点之一，也是南海区社区治理创新试点社区之一。辖区面积1.45平方公里，下辖凤东、凤西、西边、小布4个经济社，常住人口约9000人。凤池社区党委下辖12个党支部，其中，1个服务中心党支部、4个经济社党支部、1个属地管理党支部、5个"两新"组织党支部和1个"两新"联合党支部。秉承"全力以赴、敢为人先"的理念，凤池社区正在探索"强文化、育新人"的治理模式，引领广大党员群众在更大范围、更宽领域、更深层次上参与社区治理，构

建"共建""共治""共享"治理新格局。

一、党建引领强文化，下好治理"先手棋"

在社区党委引领下，凤池社区一方面推进社区人居环境整治，开展硬件提升。另一方面，以文化为重点启动居民提素工程，充分发挥文化在聚人、育人、铸城的引领作用，全方面提升居民素养，实现乡风文明、治理有效的振兴图景。凤池社区有效整合文化发展资源，以活化旧房、宗祠等方式高标准打造"一站八点"新时代文明实践阵地，如凤池乡情馆、乡村振兴馆、泳春馆、党员活动室等一批社区活动基地，集中呈现社区文化以及经济社会发展成果。作为社区文化营造实践的首要举措，凤池社区通过重点打造"和美生活共同缔造"凤池社区文化艺术节，以文化为纽带激发居民主动参与社区治理的热情，全方位提升社区文化知晓度。

二、自下而上总动员，打造文化"全家桶"

1. 以文聚人，开展"八方议事厅"，让各方主体参与，广泛听取意见建议，为文化艺术节凝聚提供强大智囊力量。社区党委高度重视民意收集，依托社区八方议事厅，围绕文化艺术节的定位、内容、开展等重要内容，开展各类群体的意见征集。其中包括开展老人协会、青年学子、妇联、企业等座谈。还深入各经济社，访谈社区居民代表以及居民自组织等，为艺术节打造出谋划策。

2. 以文化人，打造文化"全家桶"，突出社区的特点，覆盖不同人群，提供居民参与融合大舞台。经过前期的民意收集，社区党委居委高瞻远瞩，确定以"美好生活·共同缔造"为主题，打造为期一个月，覆盖全人群，融合传统文化与现代文化、本土文化与外地文化、产业文化与慈善文化，集中展现凤池多元、包容、创新、敢为、慈善的文化盛宴。通过文化活动的全民参与，带动影响居民文化素养提升。

3. 以文铸城，涵养文化"红土壤"，打造持续性的文化营造机制，培育组织带动影响更多人。凤池党委全方位考虑，打造高品质的文化艺术节，持续性地培育繁荣社区文化组织，让文化的影响深入群众的日常生活。基于此，凤池依托社区幸福基金，培育扶持各类社区文化组织，以社区组织凝聚社区居民，带动意识提升。社区基金对文化组织提供资金扶持、骨干培育、品牌打造，提升组织的规范性和影响力。

三、文化治理双融合，绘就治理"同心圆"

为充分激发多元社区主体文化实践的积极性，增强其文化营造的主体意识，凤池社区党委通过发掘党建文化、产业文化、睦邻文化、慈善文化等多元文化资源，逐步构建融合共享治理机制，从而真正践行以社会主义核心价值观为引领，以传承发展中华优秀传统文化为核心，以乡村公共文化服务体系建设为载体的乡村文化振兴路径。

经过文化艺术节的打造，凤池社区文化志愿队伍已经培育了11支队伍。根据组织的功能形成了爱心关怀类、居民自我发展类、公共事务共治类三大类型的队伍。根据队伍的发展成熟度，开展为组织量身定做发展规划，有侧重地推进志愿队伍的培育工作。例如社区导赏队伍开展导赏培训，社区爱心关怀队伍开展对外的交流学习，文明倡导队伍开展议事协商培训等。随着队伍的不断成熟，更加积极主动地融入社区治理，为社区发展建言献策、开展治理实践。值得一提的是，每周，社区太极拳队、篮球队、乒乓球队等都开展义务教学活动，传播运动文化；针对社区垃圾乱扔，车辆乱停的行为，社区文明倡导队伍定期开展巡查以及文明一条街的美化和实践，并通过"党群+，美丽家"项目申请区镇创投，开展文明倡导服务。此外，新市民融入是社区关注的重点，社区党委积极推动公共服务均等化，面向新市民开放各类服务和平台，为新市民舞蹈队伍提供资金扶持，参与创投，并支持到各经济社开展义务教学和表演。通过社区文化的打造，组织的培育，治理的融合，共同绘就社区文化和治理的"同心圆"。

资料来源："强文化，育新人"凤池社区以文化治理推进社区善治新模式 https://mp.weixin.qq.com/s/QjizdAh2DoaQdP7ziAS2FA

【引例启示】

1. 凤池社区通过党建引领，将文化治理与社区发展紧密结合，形成了独具特色的治理模式。在社区治理中，应充分发挥党组织在社区治理中的核心作用，推动文化治理与社区各项工作的深度融合。

2. 凤池社区通过打造"一站八点"新时代文明实践阵地和举办文化艺术节等文化活动，有效提升了居民的文化素养和社区认同感。在社区治理中，应注重文化建设，以文化为纽带，凝聚人心，提升居民素质，推动社区文明进步。

3. 凤池社区通过"八方议事厅"等形式，广泛听取民意，让居民参与到文化艺术节的策划和实施中来，实现了文化活动的全民参与。在社区治理中，应充分尊重居民的主体地位，形成共建共治共享的良好局面。

4. 凤池社区通过发掘党建文化、产业文化、睦邻文化、慈善文化等多元文化资源，构建融合共享治理机制，推动了社区文化的繁荣发展。在社区治理中，应注重机制创新，积极探索符合实际、行之有效的治理模式，实现文化治理与社区治理的深度融合。

第一节 社区与社区文化

一、社区

"社区"作为一个社会学基本概念,是由德国社会学家滕尼斯提出。美国社会学家罗密斯第一次将滕尼斯的著作 *Gemeinschaft and Gesellschaft* 译成英文,书名为 *Fundamental Concepts of Sociology*(《社会学的基础概念》)。后来,他再一次把它译成 *Community and Societ*(《社区和社会》),划分了社区和社会的概念,二者存在一定的区别,认为社区是自生的,而社会是结合的;社区是同质的或异质共生的,而社会则是异质的;社区是相对封闭的、自给自足的,而社会则是相对开放的,相互依存的;社区往往是单一价值取向的,而社会则是多元价值取向的;社区是人们感情和身份的重要源泉,而社会则是人们理性和角色的大舞台[1]。将"社区"一词引入中国的是著名的社会学家费孝通教授,费孝通先生对社区的表述为"社区是若干个社会群体或社会组织聚集在某一地域里形成的一个在生活上相互关联的大集体"。

社区作为一定的地缘性群体和区域性社会,具有四个基本特征:

(1)地域要素。指为城市干道所分割或自然界线所包围,具有生存发展的硬件设施、相对独立和稳定的地域。

(2)人口要素。指由一定规模、数量、分布状况和类型构成的人口。

(3)结构要素。社区由一些群体和组织所构成,如家庭、邻里、商业、学校、医院、民间团体、政府机关等。

(4)社会心理要素。群体对个体的行为产生决定性的影响,形成共同的生活方式、行为规范和心理取向。社区成员对本社区具有归属感,产生参与群体的集体意识和行为[2]。

二、社区文化

(一)社区文化的概念

社区文化可做广义的和狭义的两种理解。广义的社区文化是指居住在社区内的居民在长期实践过程中创造出来的物质文化和精神文化的总和;狭义的社区文化,是指

---
[1] 于燕燕.社区建设基础知识[M].北京:中国劳动社会保障出版社,2001:2.
[2] 覃红梅.社区民主建设与文化活动[M].天津:天津科学技术出版社,2016:2.

社区内除了物质文化以外的其他社区文化的总和，这些文化现象包括了社区居民在长期实践过程中逐步形成的富有个性的群体意识、价值观念、行为模式和生活方式等。

无论从哪个层次上来理解社区文化，都既存在合理性，同时也不能完全反映社区文化的特殊特征。广义的社区文化实际上是囊括了社区内所有的居民活动现象，既包括有形的，也包括无形的；后者只是把精神现象作为社区文化的内容，似乎狭窄了些。社区文化是指社区居民在特定的区域内，经过长期实践而创造出来的物质文化和精神文化的总和。它对人们的思想观念、道德情操、行为方式以及人格理想的形成和发展具有重大影响，甚至制约着当地经济、政治的发展，即社区居民在特定区域长期实践过程中逐步形成和发展起来的有一定特点的价值观念、生活方式、行为模式和群体意识等文化现象。

对于社区文化的理解应从以下三个方面把握：

首先，社区文化是社会文化的一部分，是人类宝贵的物质财富和精神财富的一部分。

其次，由于社会文化包含物质文化、观念文化和制度文化的内容，作为社会文化的有机组成部分的社区文化亦应包含这三个方面文化的内容。

最后，社区文化是在特定地域内长期实践过程中逐步形成和创造出来的[①]。

（二）社区文化的要素构成

1. 四要素构成说

胡克培主张社区文化的"四要素构成说"，具体体现为社区文化由文化载体、文化方式、文化制度和文化精神四要素构成[②]。

（1）文化载体。文化载体是社区的物质文化，文化载体要素是由存在于社区范围内的一定数量的活动场所和绿化面积、花卉植被等物化形态所构成的社区的物质文化。这些文化载体要素一方面从物质的层面展现出了社区文化作为一种物化形态的客观存在；另一方面也折射出了社区文化所具有的精神风貌。

（2）文化方式。文化方式是社区文化的形态表现，它集中体现在社区居民的生活方式、行为方式和思维方式上，这些文化方式不仅体现了社区之间不同的特征，同时也在更深层次上规定着社区居民的日常行为规范。因此，正确引导和培育社区居民正确的行为方式是社区文化建设的一个重要方面。

（3）文化制度。文化制度要素集中表现为社区的各种规范、制度，它是社会规范

---

① 林金枫，赵琳. 文教事业管理[M]. 哈尔滨：哈尔滨工程大学出版社，2016：124.
② 胡克培. 社区文化建设之我见[J]. 华东政法学院学报，2001（S1）：11-14.

在社区生活的规则和行动的准则,是社区居民生活价值观的具体化。这些制度、规范以明文规定的形式在"刚性"的层面上规范着社区居民的行为,或者以"潜规则"的形式在"柔性"的层面上规范着社区居民的行为。在某种意义上,一种社区所特有的文化制度是社会规范在社区生活当中的影响和具体化,这些行为规则和观念准则是特定社会中居民生活价值观念的外化。

(4)文化精神。文化精神是社区文化主体的理想、信念、价值目标和相应的观念体系等精神财富。这些价值目标通过相应的观念体系以精神财富的形式表现出来。通过确立积极的社区文化主导理想和信念,不仅可以使社区形成一种积极向上的文化氛围,提升社区文化的品位和形象,同时,对于有效管理和约束社区居民将起到促进作用。

由此,构成社区文化的四个要素的有机组合就形成了特定条件下的社区文化结构。文化载体以物化的方式表现出了社区文化的外部特征,它从根本上规定和制约着其他三个要素的存在形式和发展规模。文化方式以各个社区独特的文化氛围构成了社区间相互区别的特质,文化制度则从制度或规范的层面显现了社区的规范性管理程度。最后,社区文化精神作为群众性精神文明活动的创建形式和社会主义文化的表现形式,具有教育感化功能、调节融合功能和陶冶修养功能,体现了社区文化的整体发展方向和发展潜力。

2. 六要素说

张胜康主张城市社区文化的"六要素说",认为城市社区文化是由各种有机要素构成的复合性整体,他认为现代城市社区文化主要由精神、物质、语言文字、规范体系、社会关系以及社区组织六个要素构成[1]。

(1)精神要素。精神要素即通过社区群众的文化活动长期培养形成的价值观念、人生观、审美观、艺术修养、生活情趣、伦理道德、宗教信仰等,在社区文化结构中占主导地位,其中价值观念是社区精神风貌的核心内容。从实质上看,精神要素是在城市社区文化中占主导地位的文化要素,是社区居民创造性活动得以开展的最直接的动力源泉,也是社区居民评价事物和进行目标选择的重要依据。它根植于每一个社区居民的内心世界,并通过他们的态度、行为得以外显,最终影响社区居民生活的目标和生活方式的选择。价值观念作为社区精神风貌的核心内容,是社区居民评价事物和进行目标选择的重要依据,是社区居民精神风貌的具体体现。

(2)物质文化要素。所有经过人类改造的自然环境和创造的物品,都凝聚着人的

---

[1] 张胜康.城市社区文化及其效应分析[J].社会科学辑刊,1999(3):3-5.

价值观念、需求和能力，都是文化的有形部分。城市社区内的所有有形物质，无论是道路、建筑、排水管道等市政设施，还是居民所使用的服装、用具、器、物件等一切生活用品，均属城市社区文化中的有形部分。它们的存在、形成与选择，既凝结着社区人的价值观念，又充分体现了社区人的智慧与能力，包含浓郁的文化特色。物质文化要素的存在不仅是社区正常生活得以开展的必要前提，也是城市社区本身发展的物质基础。

（3）语言文字要素。语言和文字都具有表意性，起着沟通的作用。语言文字要素是城市社区文化积累和文化保存的首要条件，是使社区文化得以延续和更新的重要手段。语言、文字的使用，既可以使不同生活经历的社区居民在人际交往的过程中能互相沟通，加深了解，以便能彼此适应，融洽相处，又可以保证居民之间的社会互动顺利进行，并最终为创造出新形式的社区文化奠定基础。不仅如此，语言、文字的使用还可以使社区的新文化得以传播和保留，促使其不断服务于社区居民的生产实践与社会活动。

（4）规范体系。社区规范体系即社区居民的行为准则，它是约束个体行为的有效手段，既包括保证社区各种群众文化活动正常进行所建立的一整套行之有效的法律和规章制度，也包括约定俗成的风俗习惯等行为。它对个体的行为起着积极的导向作用，是社区不可或缺的文化要素。规范体系的建立既可以通过约定俗成的方式，也可以对其加以明文规定，使之获得社区居民的认同。通常说来，社区的风俗习惯是约定俗成的行为规范，生活在社区中的居民大多会以风俗习惯约束自身的行为。社区的规章制度是明文建立的社区规范，它同样必须为每一个体所遵从。规范体系建立的目的是满足居民的生活需要和社会需要，但它又不可避免地成了社区居民总体价值观的外显和具体表现。由于规范体系的建立既限定了居民的行为方式和交往方式，又确定了他们语言的使用对象和使用范围，规范体系的存在使社区生活从无序走向了有序，从而减少了居民之间的矛盾，增强了社区的整合与团结。

（5）社会关系。社会关系作为城市社区文化构成的又一要素，是社区其他文化要素形成的必要基础。社区社会关系的存在既依赖于社区的生产关系，同时又与个体间的社会交往紧密相连，是社区一切关系的总和。总的说来，现代城市社区中的社会关系大致有三种，即血缘关系、地缘关系和业缘关系。血缘关系以居民间的生理联系为基础，由婚姻或生育而产生的人际关系，是最早形成的一种社会关系，同时也是最为深刻的社会关系。地缘关系是居民因生活空间和地理位置接近而形成的社会关系。这种社会关系的形成始于人类定居行为的产生，业缘关系是在社会广泛分工的基础上形成的。这种关系的建立在现代社区中尤为重要，是城市社区全面发展的必要前提。

（6）社区组织。社区组织主要是指实现各种关系的结构实体，它是社区文化存在的基础和保障。社区组织的建立既使得各种社会关系得以正常发展，又使其他文化要素能发挥正常职能。如家庭、学校、社区企业、居民委员会和工、青、妇组织以及其他非政府性组织、团体等，均是保证社区社会关系实现的有形组织，这类组织在其构成上表现出一定的目标、规章、成员及相应设备，是精神文化和物质文化的有机结合。在日常生活中，社区组织通过目标的建立和规章的实行以及使用必要的物资设备，使社区成员的社会关系规范化。

无论是胡克培主张的"四要素构成说"，还是张胜康主张的"六要素说"，他们的共同点都在于突出了社区文化的物质层面建设、精神层面建设和组织或者制度层面建设，而这些要素都在不同程度上影响着一个社区文化能否朝着持续、健康的方向发展。

（三）社区文化的特征

社区文化与社会文化都是文化，因此在功能、种类、分层等方面有很多相同之处，由于社区文化构成要素的异质性，社区文化除了具有一般的社会文化所具有的普遍特征外，它还有着一些区别于其他"亚文化"形态的特点，其特点的显现比社会文化更加突出。

1. 社区文化的区域性

从空间概念上看，无论是城市社区还是农村社区，它们都是属于城市或乡村的一部分，因此，众多的城市社区文化和乡村社区文化构成了一座城市或一个乡村的整体社区文化。社区文化是一定的地理环境、生产方式、社会形态等因素相互作用的产物，它的形成和发展无不带上本社区特有的印记。社区是地域文化的发祥地，是地域文化特色形成、保持、传承和创新的永久根据地。各个社区地域民族文化的交融和总汇构成社会文化，社区文化的同化在社会文化中形成，社会文化的变异则主要在社区文化中产生。社区所在地区的特殊气候、特别地貌、特有生态都是社区文化地域性特点形成的本原性因素。

第一，地区特殊气候对社区文化的影响。气候对人的体格、性格、心理和生活方式产生很大影响，因而也就对社区文化的内容产生根本性的、历史性的影响。例如，在我国北方地区，冬季天气寒冷，人的体格健壮、性格粗犷，因此他们的文化气息就比较浓厚。而在南方地区天气温暖，山清水秀，人的体格清瘦，性格娴静。

第二，地区特别地貌对社区文化的影响。与地区特殊气候一样，地区特别地貌对社区文化特色的形成起决定性作用。内蒙古草原辽阔，牧民的心胸宽广，歌声也辽阔。西藏的山高谷深，藏族同胞的歌声也就异常高亢，转弯颇多，变化极快。

第三，地区特有生态对社区文化的影响。人们爱山、爱水，更爱山水滋养的动植物,它们给人以美的感觉、美的享受。云南地区动植物繁多、花团锦簇、彩蝶纷飞,十分秀丽,因此当地社区居民的歌声特别柔美轻婉、悠扬飘逸。贵州的蜡染都是取自植物色素,所染图案也多是美丽的植物造型[①]。

2. 社区文化的群众性

社区文化是普通百姓的文化,这体现在两个方面。一方面,从个体与群体的关系来看,尽管每一个体都对社区文化产生影响但都不能单独代表区域群体的文化,只有群众共同参加的文化活动才能构成社区文化的主流。社区中每一个体成员不管在其工作单位做什么工作,担任什么职务,在社区中都是一个普通群众,在这个意义上,群体文化的普遍性已经掩盖了个体的特殊性。因此,从社区文化的整体性来说,它属于普通群众的文化,而不是特殊个体的文化。另一方面,从文化活动的主体和客体来看,文化活动组织和表现的主体都是社区群众,作为客体的被组织者和观摩者也都是社区群众,因而社区文化还是属于群众文化。

3. 社区文化的融合性

社区是一个全方位开放的场所,因此在社区文化中,无论是本土文化与外来文化、传统文化与现代文化,还是高雅文化与通俗文化、公益文化与消费文化等,都必将在这里存在,并随着社区文化发展而不断发展和融合。现代社区作为一个相对开放的系统,伴随着人口流动加快、经济活动频繁,人员的交往日益密切,社区文化也在进行着双向的交流,最后一起融汇到现代社区文化这个系统中来。因此,现代社区文化随着社区的开放而开放,成为一种兼收并蓄的文化系统。

作为相对稳定的社区文化,面对来自不同文化背景下的不同居民,都能以博大的胸襟接纳他们,将其作为组成自己文化多元性的成分之一,表现了文化的一种内在的亲和力。因此,社区文化就是一个浓缩的"小社会"。特别是城市社区的居民来自五湖四海,不同的职业特点、不同的社会和经济地位、不同的受教育程度,这些都足以使得城市社区成为异质文化的汇合处。

4. 社区文化的普遍性

实质上,社区文化是社区生活历史进程中的衍生物,它是在社区发展过程中,由社区居民所创造的有形物与无形物构成的。它以极其普遍的方式存在于社区的每个角落,凡是有社区居民的地方,均会发现社区文化的踪迹。任何一个社区,没有文化便不可能存在。而任何社区中的个体,绝不可能与其居住社区中的文化绝缘。在特定的社区中,无论其规模大小和人口多少,均具有与相邻社区不同的文化标记。社区文

---

① 覃红梅.社区民主建设与文化活动[M].天津:天津科学技术出版社,2016:5.

的普遍存在犹如一股无形的力量，对社区居民的生活产生影响。

5. 社区文化的渗透性

社区文化的渗透性主要体现在两个方面：

一是社区内部主流社区文化与非主流社区文化间的相互渗透。社区内的人际关系相对稳定，居民的文化基因相同，风俗习惯相同，因而情感相近，交往频繁，使得社区文化也随之自由迅速传播，并因此对社区的各个角落和社区生活的各个方面发生影响。

二是不同社区间通过各种传播和接触所产生的文化交流。一般说来，开放的社会氛围容易产生社区间的交流和沟通，反之则社区间的交流就会减少。过去中国封建社会的"老死不相往来"就是封闭社会条件下所产生的消极后果。在现代社区中，社区间总会发生这样或者那样的频繁文化接触和信息交流，而接触和交流的结果就必然增强相互间的了解，并产生相互学习、相互帮助的愿望和实际行动。由此，通过彼此的交流和接触，既可以使文化相互融合，又可以使文化相互碰撞，进行着优胜劣汰的社会选择，互相吸收，填补自己社区文化的缺点和不足。

6. 社区文化的多样性

文化的服务对象、目的和设施等方面的差异，体现在文化的形态、体制和运行方式上具有一定的多样性，社区文化不仅将娱乐、教育、审美等融为一体，表现出强烈的时代感和鲜明的地域特色，同时社区居民还可以根据自己的意愿选择文化生活的形式和内容，从而使社区居民在活泼、健康的文化氛围中满足自己的文化需求。如上海徐家汇的社区文化"五点一线"，由戏曲、艺术、健康、体育、科技五个特色广场和一条"行街"组成，为古老的商业中心带来了浓郁的文化气息。又如武汉市有的社区开展"家家乐"文艺联欢；有的推出家庭时装表演赛；有的针对社区内楼高、人多的特点，开展文艺擂台赛、楼台对歌等；有的推出老年迪斯科、书画比赛，让居民在自娱自乐中满足精神需求。

【延伸阅读】

花拳精神代代相传　铸就社区特色文化"堡垒"

用手机扫一扫，了解更多信息

第二节 社区文化的类型与功能

一、社区文化的类型

社区文化是一个内涵丰富的文化体系，其形态表现各异。一般来说，根据不同的分类标准，可以把社区文化划分为以下类型。

（一）以文化活动主体为标准进行分类

可以把社区文化分为企业文化、商业文化、校园文化、军营文化以及家庭文化等类型。这些不同的文化活动主体在不同的文化氛围中形成了各自相对独立的社区文化，体现了不同文化活动主体各具特色的生活圈层。

（二）以文化性质为标准分类

可以把社区文化分为公益性群众文化、娱乐性营利文化、休闲文化、艺术教育及表演等团体的专业性文化类型。一般来说，社区文化都具有自己的一种或者几种经常性的文化活动形式，通常公益性的自娱自乐形式的社区文化形式更易为社区居民所接受。

（三）以文化活动的内容为标准分类

可以把社区文化分为文艺表演、信息交流、宣传教育等诸多形式。

二、社区文化的功能

社区是进行一定的社会活动、具有某种互动关系及共同文化维系力的人类群体及活动区域，是群众文化的土壤。社区的发展离不开社区文化，社区文化是社区的灵魂。随着经济的发展，百姓生活水平的提高，人民群众日益增长的精神文化需求也越来越突出。大力发展社区群众文化，满足百姓的文化需求，使社区文化建设逐步摆到了突出的位置。社区文化是指长期生活在一定区域的人们，在频繁的交往和活动过程中所形成的相互依赖、相互信任的一种守望相助的氛围。从社区文化建设的角度来看，社区文化由精神要素、文化载体、规范体系三个要素构成。三要素的构成，也为我们勾勒出了一个清晰轮廓，即社区群众文化已经成为以社区为依托，开展社会文化活动的纽带，是将社区内各阶层成员联为一体的开放型的社会文化活动中心，具有多重功能。

社区文化的作用是多方面的，对于社区中的每个居民来说，社区文化不仅影响着其一生的各个时期，还影响其生活的各个方面，可以说，这种影响是无所不在的。人们不仅需要欣赏、消遣、休闲和娱乐，而且需要创作、展示、表演和交际，以此来发展自己的个性，展现自己的才华，实现人生的价值。同时，人们还希望密切邻里关系，守望相助，祥和友爱，营造良好的社区氛围，使共同的家园充满快乐和幸福。居民的这些需求在很大程度上都要通过社区文化建设来为之提供条件，都要通过社区文化的繁荣来使之得到满足。

（一）融合与规范功能

社区文化是实现居民观念整合、行为规范和增强社区凝聚力的有效途径。社区可以通过丰富多彩的文化活动吸引社区居民参与，从而增加居民之间的交往与互动，增强认同感和归属感，并逐渐融合各种思想观念，形成共同的价值观和生活方式，从而使社区居民在行为上进行一定的自我约束，进而成为一种自律。这些规范功能所起到的作用有些是法律约束难以达到的和不可替代的，尤其是对塑造社区居民的高尚人格，提高公民道德文化修养，构建和谐社会具有十分重要的意义。

（二）传承与导向功能

社区文化的形成和发展，继承了中华民族很多优秀的传统文化，凝聚着社区居民的集体智慧，具有创造精神。这种精神既传承了中华民族精神的精髓，又较好地把社区居民引导到与社会发展相适应的目标上来。应积极倡导社区居民共同参与、共同努力，让社区文化建设活动成为社区居民的自觉行动，从而形成良好的社会文化氛围。

（三）娱乐与教育功能

社区通过有意识内容、无意识传播和潜意识进行渗透。塑造文化环境、营造文化氛围、丰富文化生活，用先进的文化教育人、培养人、武装人、塑造人、引导人、鼓舞人，全面提高居民的文化素质和思想道德水平，在和谐社区建设中发挥导向作用、激励作用和凝聚作用。社区文化通过文体娱乐，使社区居民在紧张工作后，在休闲之余，在愉快的享受中接受教育，净化心灵，更新观念，摒弃那些腐朽、愚昧、落后的东西。从而提高其精神境界、文化修养，培养良好的道德情操。

（四）协调与发展功能

社区文化活动是社区居民之间、各类社会组织之间相互联系、加深感情、增进了解、沟通关系的纽带和桥梁。群体性的文化活动方式有利于吸引社区居民主动参与，营造出一种亲善、和谐的社会氛围，从而大大增强社区居民的凝聚力。社区文化的开展还可以使广大居民在工作、学习和休闲之余，通过愉快的精神享受，消除工作疲劳，进而提高其工作热情。同时，社区文化活动的开展，还可以促进社区服务、教育、卫生及社区安全等各项社区工作的不断完善，从而在很大程度上推动整个社会精神文明建设。

（五）沟通与凝聚功能

社区文化不仅具有增强社区内的人际沟通的功能，还有助于社区与社区、社区与社会之间的沟通。社区文化是社区居民之间互相联络、增进感情、加深了解、沟通关系的纽带和桥梁。社区文化的各种活动方式易于把社区成员吸引到一起，易于使社区居民投入更为广阔的人际交往空间中去，通过各种文化活动共同创造一种亲善、和谐的氛围，拉近人与人之间、人与社区之间、社区与社区之间的联系。在社会系统中，将个体凝聚起来的主要是一种心理的力量，而不是生物的力量。社区文化是一种黏合剂，它以种种微妙的方式，沟通人们的思想感情，影响人们的生活方式，陶冶人们的道德情操，培养和激发人们的群体意识。特定的社区文化，有助于人们认识自己对社区应负的责任和应尽的义务，并通过自己的亲身体验，产生对本社区的自豪感和归属感。这样，社区居民会自觉将自己的价值目标、思想感情与所属社区联系起来，从而增强社区的向心力和凝聚力。

综上所述，社区文化是提高社区居民精神生活质量、维系社区良好的人际关系、建设宜居生活环境的最有效方式和途径。社区各类居民共同生活在一个特定的空间内，一起管理这个微观小社会，一起建设家园，一起享有和充分利用社区资源，不断地推进社区走向繁荣。

【延伸阅读】

社区文化的功能与作用

用手机扫一扫，了解更多信息

第三节　社区文化事业的建设与管理

一、我国社区文化事业建设现状及存在问题

（一）我国社区文化事业建设的现状

1. 社区文化活动的变化与发展

20世纪80年代以来，我国社区文化发展有了长足的进步，社区文化工作网络基本形成。首先，文化设施社会化，形成了区、街、居三级及社区单位提供的多层次阵地

并存的格局，社区企业事业单位的娱乐设施也开始向社会免费开放，文化活动阵地迅速扩大。其次，社区文化活动的层次由单一转向多元，形成了官办、民办社区文化的新格局，在形式上，极大地丰富了社区文化的内涵和外延。最后，社区文化从福利化向产业化转变。一方面，社区文化利用自身的优势发展第三产业，"以文补文"，社区文化实力增强；另一方面，社区文化积极开拓文化经济资源，从市场经济的要求出发，服务经济，参与经济活动，体现了社区文化的自身价值。如举办各种文化旅游节，文艺搭台、经济唱戏等。

2. 社区文化发展不平衡的情形

一是一部分社区仍处于无所作为的阶段，它们要么认为文化建设应由政府、企业或社会来办，与社区无关，要么认为文化建设需要人、财、物的投入，社区无能为力；二是整体上尚处于发展起步阶段的社区文化建设，迫切需要理论的指导和群众的支持；三是已建成的全国、市级、区县级文明小区的文化建设还需深化提高。

（二）我国社区文化事业建设存在的问题[①]

1. 管理机制不健全，主体缺位

现有的社区建设思路，基本上还是以行政强制为主，并没有真正实现社区自治。有的地方政府并没有把社区文化建设纳入社区建设的整体考虑之中，没有明确社区文化建设的主管部门，更谈不上进行社区文化发展的长期规划。有的地方政府在开展社区文化建设的过程中采取"重心下移"的管理方式和"以块为主，融条于块"的组织设计，这无疑加重街道办事处的任务，然而街道办事处并不能完全胜任。于是街道办事处利用手中的权力将社区文化建设的任务分派到各个社区居委会，结果这又导致作为群众性自治组织的社区居委会疲于应付街道办事处分派的各项任务，社区文化建设行政色彩浓厚，无论是从思路、步骤、内容还是形式上，都是自上而下的行政安排，没有真正从社区居民实际需要出发，社区文化活动流于形式。

从对社区文化资源的调配方面看，政府是社区文化建设的主导力量，但社区文化建设真正的主体应该是广大社区居民，只有社区居民的积极参与，社区文化才能真正具有本社区特色。然而，目前我国社区文化真正的主体——社区居民，往往处在被动状态，除去自发性的、得到政府允许的兴趣团体活动，对社区文化发展决策和实施的参与度很低。另外，社区文化建设的覆盖存在明显的缺陷，老年人、儿童以及其他弱势群体一定程度上成为参与社区文化活动的主力军，真正有能力为社区文化建设的决策、实施尽一份力的广大中青年却被忽视。社区文化建设中主体的错位和主体功能的

---

① 马海燕.城市社区文化建设的几点思考［J］.北京政法职业学院学报，2010（4）：103-106.

缺失，一方面令政府付出高额复杂的综合成本，却难以换来理想的文化影响和社区成员的满意度；另一方面对塑造可持续发展的社区文化极为不利，降低了社区文化的发展效率。

2. 资金筹集渠道单一，投入不足

经费是开展社区文化活动的基本物质保证，没有经费支持，社区文化活动很难维系。当前，受我国社区文化建设与管理中政府主导机制的影响，我国绝大部分城市社区文化的管理资金依赖于政府财政下拨的款项，投入主体呈现一元化的特征。同时，基层社区由于长期过度依赖政府，使社区文化管理资金一直采用向政府"等、靠、要"的消极方式，未能积极整合社区内的各类资源（如驻区单位、企业的资金、场地支持）开拓多种社区文化资金筹集渠道，吸引社会资金参与，努力实现社区文化建设的社会化运作机制。社区文化建设中政府投资一元独大的局面，导致政府对社区文化建设的投资多少取决于政府层面对社区文化的认识。有些领导未能从构建社会主义和谐社会、巩固党的执政基础的高度认识和重视社区文化建设，单纯认为社区文化建设对经济发展关系不大，也不能短期就见效果，导致基层社区文化建设投入不足，资金短缺，基础设施严重不足。

我国城市社区居民对社区文化的需求不断增强，社区文化建设的进程也在不断加快，而政府一元独大的投资模式越来越难以满足日益增长的社区文化管理资金的需求，改革投资模式势在必行。

3. 工作队伍结构不合理，人才匮乏

社区文化建设是我国文化建设的重要基础之一，建设一支高素质的社区文化人才队伍是搞好社区文化建设的必要条件。近年来，各地在加强社区文化建设、培育基层文化人才队伍方面做了很多工作，也取得了一定成效。但由于种种原因，社区文化人才队伍的建设还不能适应实际工作的需要。这主要表现在：

第一，社区文化工作者中兼职人员多，专职文化工作者相对缺乏。目前，我国多数社区是由街道办事处1~2位兼职工作人员领导协调社区文化，他们由于工作、时间、精力等多种原因，很难全身心地投身到社区文化建设中来。同时，由于街道文化干部的待遇偏低，工作任务繁杂，不同程度上存在现有文化管理干部队伍人员不稳定问题。

第二，社区文化骨干队伍缺乏。搞好社区文化建设，需要一支具有较高文化素质和道德水平，同时具有文化专业的一技之长、热心于社区文化的骨干队伍。然而，现实的情况是社区文化建设的骨干力量、各类文化人才普遍缺乏，支撑社区文化工作的多数为年纪较大、专业层次偏低的非专业工作人员。由于开展文化活动和培训的经费不足，社区文化骨干队伍的培养力度不够。这种情况严重制约了社区文化活动档次和水平的提高。

4. 法律法规不健全，缺乏保障

社区文化建设不仅关系到社区的和谐，更关系到社会的稳定与发展，是一项系统工程。社区文化建设除去社区自身应努力外，还需要相关法律、法规等制度条件的保障。政策、法规的支持是实现社区文化管理的坚强后盾，只有在政策法规的保障下，社区文化才有可能实现政府指导下的自治管理。

目前，我国还没有出台一部专门针对社区文化管理的法规。首先，在社区文化内容、组织结构、工作人员编制、经费、场地设施、群众文化组织合法地位等诸多方面，都没有明确规定，造成工作无头绪，统计无依据，考核无标准，管理不规范。其次，关于政府对社区文化管理的权利、责任和指导范围也没有给予详细的规定，这在一定程度上导致部分地方政府主管部门随意下派任务，造成社区文化自治管理趋于行政化。最后，对于鼓励社区文化建设社会化运作缺乏相应的政策支持，不利于打破政府投资一元独大、多元弱小的局面，更不利于多重管理主体的培育。

二、加强我国社区文化建设的对策

（一）社区文化的建设原则

社区文化建设并非仅限于以群众文化娱乐活动为主要特征的"小文化"建设，同时也不应该表现为单一的家庭文化、校园文化、军营文化、企业文化等形式，而应是社会的"大文化"概念。由此，张卫提出了社区文化建设的几个基本原则[①]。

1. 社区文化建设的主体性原则

社区文化建设的主体性原则实际上就是体现"以人为本"的基本原则，人是文化创造的主体，居住在特定社区里的居民就是该社区的主体。作为一种社会文化，社区文化无疑是由社区内世代生活在其中的居民创造的，社区内的居民是社区文化的创造者和建设者，因此，社区建设的各个层面都必须依靠并得到广大居民的积极支持和理解，使社区居民真正把社区建设作为居民自己的一项事业。正确地引导群众自觉、自愿参与社区文化建设项目，并依靠群众来推进社区文化建设。

社区建设的主体性原则包含四个方面：

一是社区文化服务对象的主体性。归根结底，社区文化的建设是为社区居民服务的。服务的内容、方式等因素都取决于社区居民的实际需求，因此，居民实际上就是社区文化的消费者，而社区文化必须以消费者为核心，综合考虑社区内所有居民的生活方

---

① 张卫. 论社区文化建设中的几个基本原则 [J]. 学海, 1998 (3): 3-5.

式、文化层次、宗教信仰等各个方面，打造为社区居民服务的文化产品，这应该是社区文化建设的基本价值取向。

二是社区文化建设的主体性。实际上，社区居民既是社区文化的消费者，又是社区文化的创造者。社区文化是所有人共享的文化，也是大家共同建设的文化，因此，社区文化建设必须充分发挥社区群众的集体智慧，挖掘不同居民的潜在资源，社区文化建设的整体构想要依靠大家的共同努力来实现。

三是判断和评价的主体性，即评判社区文化建设好坏的客观标准是社区居民群众的一系列实践活动，以及这些活动所取得的实际效果。可以说，社区内群众是最有发言权的。社区文化建设的效果可以通过对社区居民的实际调查得到，他们的意见具有评价意义。

四是社区文化建设的领导主体，从社区文化建设的实际情况看，各地区发展水平有一定差距，除了经济条件、地理条件等客观因素，社区的领导和管理非常关键。一般来说，社区文化是一种相对宽松的文化形式，社区居民之间的联系不是很紧密，这就使得充分发动社区居民加入社会文化建设必将困难重重。在这种情况下，如何充分调动社区居民的积极性就成为问题的关键，而社区的领导者是核心要素。

首先，作为社区的领导者应该认识到社区文化对于社区整体建设和发展的长远意义，不能急功近利；其次，社区领导还要听取群众的意见，根据群众的不同要求解决不同的实际问题，着力解决常见问题；最后，社区领导还应该注意领导方式，善于处理居民的矛盾和冲突，在最小的范围内解决矛盾，确保社区的稳定与团结。比如在江苏苏南地区，因为得到了当地文化宣传部门的重视，社区文化建设做得较好。苏州姑苏区、无锡梁溪区、常州天宁区都形成了自己的特色，都和领导的高度重视直接相关。

2. 社区文化建设的系统性原则

所谓系统性原则，就是要把社区文化建设作为一项庞大而复杂的社会系统来实施，在依赖本地区基础条件、发挥本地区优势的前提下，坚持统一规划，发动社区各方面的力量同创共建，形成整体效应，以推进社区文化建设。社区文化建设的系统性包含三层意思。

一是社区文化建设规划的系统性。作为一项全方位、多层次、多功能的社会系统工程，社区文化是由许多子系统组成的有机整体，社区文化建设具有长期性、艰巨性的特点。因此要抓好社区文化建设，就必须立足当前，着眼长远，制定切实可行的近期、中长期规划和发展目标，使社区文化建设有统一的、明确的目的性。

二是社会协同的系统性。实践表明，社区文化建设是一项涉及面广、综合性强的群众性活动，它不仅仅是文化部门的事，还应该得到全社会的关心、支持，靠众多的合力来进行，单靠一个部门是不够的，必须通过长期努力，调动各方面力量，逐步建立起社区文化建设的系统网络，共同促进社区文化建设。

三是物质投入的系统性。社区文化建设的最终目标是提高群众精神文化生活的质量及社会文明程度，重要的是要从思想道德观念上提高社区居民的素质。社区文化建设必须有一定的物质载体支撑，如果没有一批门类齐全、功能较新的文化活动设施，仅仅靠空洞的说教和抽象的推理很难使社区文化建设得到较快发展。在物质投资中，既要保证地方财政资金投入，又要加强对社会投资的引导，弥补财政投入资金的不足，扎实的物质基础，社区文化建设才能形成整体效应，进一步深入发展。

3. 社区文化建设的多元性原则

所谓多元性原则，就是要把社区文化建设作为一个整体的目标集来进行，而不是单一的文化服务内容、文化服务对象和文化发展体制。实践表明，在发展社区文化事业的过程中，只有坚持多元性的原则，社区文化建设才会取得成功，真正满足广大社区居民群众的需要，才能真正为现代化事业服务。

首先是社区文化建设服务对象及服务内容的多元性。社区内居民分属不同的社会阶层，他们的生活观念、兴趣爱好存在差别，因表现在求知、求美、求乐的精神文化生活方面的要求亦有所不同，这就要求我们把握各阶层居民的特点、兴趣爱好，提供相应的文化服务，避免单一、枯燥。其次是社区文化形态的多元性。社区文化建设不是抽象的，它是多种文化形态组成的复合体，也就是说，它是通过一系列文化活动表现出来的。只有多种文化形态共同发挥作用，才能形成具有区域特色的社区文化，也才能搞好社区文化建设。最后是社区文化体制的多元性。随着我国改革开放的不断深入，社区文化建设的体制早已突破了由国家来独办的状况，国有、集体（企业）所有、私有及三资多种所有制并存，而且出现了股份制文化企业，社区文化呈现出体制多样，运行经营方式亦逐渐社会化的趋势。

4. 社区文化建设的开放性原则

所谓开放性原则，就是要把社区文化建设作为一个开放的系统，坚持吸收本土文化、传统文化中的优秀成果，发挥自身的传统文化优势，汲取外来文化和西方文化的精华，不断整合，不断创新，创造出富有蓬勃生机和旺盛活力的开放的精神文化财富，并促进现代社区的进一步发展。在社区文化建设过程中，要处理好本土文化与外来文化、传统文化与现代文化、高雅文化与通俗文化之间的相互关系，要真正做到为我所用、博采众长。只有认真、积极地借鉴和汲取其他地区、国家的文化成果及成功经验，并消化吸收，才能促使自身不断地创新、发展。社区文化建设不是一个封闭的体系，而是一种与外界密切相连、共同生存与发展的开放式系统。因此只有不间断地开展对外交流，并立足于自身优势，社区文化建设才能不断地向前发展。

（二）完善文化事业管理的具体措施①

立足新的历史条件下社区文化建设的现实，努力探索社区文化建设的内在规律，确立健全的社区文化建设机制，以实现社区文化建设的整体协调、有序运作、资源优化和长效发展，这既是社区文化建设的重要任务，也是实现社区文化建设目标的重要保证。

1. 要确立有序运作机制

随着计划经济向市场经济转型，社区文化建设在组织运作、资金运作、资源管理、参与主体和实施规范等方面都面临新的历史境遇。社区文化建设必须立足社会转型期城市建设的现实，积极探索实现社区文化建设组织运作协调化、资金运作多元化、制度运作规范化和资源管理运作有序化的有效途径。

首先，实现社区文化建设组织运作的协调化。社区文化建设是一个需要多方参与的系统工程，它既需要各级党政部门的规划和领导，提供必要的组织保障、人力投入和经费投入，同时又需要充分调动各种积极因素，发挥社会各界的参与作用，从而形成一种整体性的合力。只有在整体性的配合与协调中，才能使各种因素作用的发挥达到最大化。因此，必须加强对社区文化建设的领导，充分发挥政府的组织协调功能，理顺各方关系。要克服计划经济条件下城市管理体制的消极影响，按照"两级政府、三级管理"体制的要求，打破条块分割格局，坚持"条块结合、以块为主"的原则，理顺社区文化建设的组织体制，调整各类组织的运作方式，培育各方共建社区文化的健康机制。

其次，实现社区文化建设资金运作的多元化。社区文化建设是为社区居民群众服务的社会公益性事业，因此必须以政府为主导，政府是社区文化建设投资和管理的主体。为此，要推行政府主导下的社区文化建设产业化、市场化和社会化相结合的运作机制。要推进社区文化建设产业化，实现投资主体的多元化，利用文化的消费性特征，探索文化投资的回报机制，为社区文化建设提供内在的经济驱动力，同时必须提高居民的文化消费水平和消费能力，为社区文化建设的产业化提供沃土。要推进社区文化建设的市场化，政府的规划要考虑到文化市场的消费需要及其发展变化趋势，在经营性文化主体之间建立健全合理的竞争监督机制，政府和社区的某些文化设施可以参与市场的竞争，并使经营性文化与居民的消费能力相适应，使产业化经受市场的考验，并从市场获得推动力。要推进社区文化建设的社会化，立足于"取之于民、用之于民"的精神，使社会各界和社区全体成员积极参与社区文化建设，政府给予积极的引导，

---

① 王平.社区文化建设的多维度思考［J］.毛泽东邓小平理论研究，2006（7）：43-48+82-83.

并建立合理的激励机制。

最后，实现社区文化建设制度运作的规范化。积极采取有力措施，使社区文化建设步入法治化、规范化的轨道，是实现社区文化建设健康有序发展的重要条件。市、区两级人民代表大会应该通过立法来确立社区文化建设在城市建设中的重要地位，并以法律条文的形式确立市、区两级政府在社区文化建设中的职能、责任、资金投入力度、组织保证以及约束机制。市、区两级政府要根据人大立法制定相应的政策和规章制度，确保社区文化建设的规范化。街道（镇）、居委会要根据市、区两级政府的规章制度，制定具体的操作实施规范，保证社区文化建设的法治化和规范化落到实处。为了确保实施得力，市、区两级人大组织应建立相应的监督机构，确保健全的监督机制，把社区文化建设状况作为考核政府和政府官员工作的重要内容，每届政府都要向人大提交社区文化建设的工作报告。

2. 要确立资源优化机制

文化资源的有效利用对社区文化建设具有重要意义。社区文化建设既涉及部分与整体的关系，也涉及现实与未来的关系，要充分发挥社区文化资源的效能，就必须具有整体性意识和前瞻性眼光，实现资源的优化配置和可持续利用。

首先，实现社区文化资源的整体共享。要从社区文化建设的全局和整体出发，拆除围墙，打破条块分割造成的单位文化资源封闭管理的状况，使社区内一切文化资源向社会全方位开放，从而实现社区文化资源的整体共享。要打开大门，破除围墙，把"锁"在社区单位里的文化设施解放出来，充分发挥各种文化资源的功能，最大限度地满足社区居民的文化生活需求。为此，可以成立具有权威性的市、区和街道（镇）三个层次的文化资源协调委员会，由主要领导牵头，党委宣传部门直接领导，文化部门主要参与，相关部门辅助协同，有效协调所辖区域的文化资源。文化资源协调委员会可以确立合理的利益调节机制和奖惩机制，激励各单位向所在社区全方位开放自己的文化资源。

其次，实现社区文化资源的优化配置。要充分发挥社区内文化资源的作用，不仅要实现资源在社区内的共享，还要实现资源的优化配置，这在一定程度上可以解决由于缺乏合理规划和有效调配而导致的文化资源短缺、资源浪费、重复配置和利用率低下等问题，盘活社区现有文化资源并充分发掘其功能，改变文化资源闲置、利用率不高甚至被挪作他用的状况。

最后，实现社区文化资源的可持续利用。社区文化建设是一项长期的历史任务，因此，在资源的开发和利用方面，既要考虑现实的需要，又要兼顾未来和发展的需要，做到远近结合，实现时效性与前瞻性的统一。社区文化资源的开发和利用应被纳入社区文化建设的长远规划之中，把每一个项目的开发都看作实现长远开发目标的一个具体环节，不能因为追求一时的效应而忽视甚至牺牲长远的目标。

3. 要确立长效发展机制

要推动社区文化建设的长效发展，就必须实现社区文化建设规划的可持续性，确保社区文化建设资金的高投入，实现社区文化建设队伍的高素质化并健全社区文化管理的政策、法规。

首先，实现社区文化建设规划的可持续性。要实现社区文化建设的健康持续发展，在规划方面必须体现整体性和前瞻性的统一。社区文化建设是城市建设的有机组成部分，应纳入城市发展的总体规划，其具体任务以及设施的分布、规模和功能，都应适应城市和社区建设的整体需要，避免市、区、街道（镇）各自为政的局面，使之步入有序状态。社区文化建设规划在做到整体性的同时，还要体现前瞻性，做到高起点，这就要求规划必须反映社区文化建设长远目标的要求，适应未来发展的需要，展现广阔的发展空间，避免短期行为，使社区文化建设保持一定的超前性，实现可持续发展。

其次，确保社区文化建设资金的高投入。资金投入是社区文化建设的血液和物质保障，保证足够的资金投入对社区文化建设具有十分重要的意义。要实现资金的高投入，政府部门和各级领导必须高度重视社区文化建设，将其作为政府工作的重要方面，放在与经济建设同等的地位。在制定地方经济社会发展规划时要制定社区文化的发展规划和具体的实施方案。在资金分配上要落实社区文化建设的经费投入。同时要实现社区文化建设投资渠道的多元化，积极鼓励和支持社会力量参与投资，努力争取各种形式的赞助。此外，社区要通过文化建设的产业化和市场化来探索实现其高投入的新途径，可以利用现有文化设施的优势，实施廉价服务和有偿服务，采取"以文补文、以文养文"等方式自筹资金，为社区文体设施的完善和文体活动的开展提供必要的资金保障。

再次，实现社区文化建设队伍的高素质化。社区文化建设的主体是人，塑造一支高素质的社区文化建设队伍是搞好社区文化建设的重要前提。应重视抓好专业社区文化工作者队伍的建设和管理，充分发挥社区业余文化工作者的作用。

最后，还应健全社区文化管理的政策、法规。出台社区文化管理的政策、法规，一方面有助于理顺政府与基层社区在社区文化管理中的权利、职责关系，明确两者在社区文化建设中的地位与作用，进而有效避免社区文化工作的行政化；另一方面有助于进一步明确社区文化内容、组织结构、人员编制、经费来源以及群众文化组织合法地位。健全与完善社区文化管理的政策、法规，不仅能为城市社区文化建设提供制度保障，还有助于把广大城市社区建设成为管理有序、服务完善、文明祥和的社会生活共同体。

【延伸阅读】

四川自贡首张社区"文化地图"的制作

用手机扫一扫，了解更多信息

【本章小结】

社区文化在潜移默化地感染每个人，良好的社区文化是社区精神文明建设的基础，社区文化具有"文化"一般功能，在社会整合上形成价值整合，并使社会规范约束个人的行为。

1. "社区"是一个社会学基本概念，将"社区"一词引入中国的是著名的社会学家费孝通教授。社区作为一定的地缘性群体和区域性社会，具有地域要素、人口要素、结构要素以及社会心理要素的特征。社区文化可做广义的和狭义的两种理解。社区文化的要素构成具体包含"四要素构成说"和"六要素说"，"四要素构成说"具体体现为社区文化由文化载体、文化方式、文化制度和文化精神四要素构成；"六要素说"指出社区文化具有区域性、群众性、融合性、普遍性、渗透性和多样性六大特征。

2. 区分了社区文化的不同类型和所具有的功能。对社区文化的分类具体以文化活动主体、文化性质以及文化活动的内容为依据进行分类。社区文化的功能主要体现在：融合与规范、传承与导向、娱乐与教育、协调与发展以及沟通与凝聚的功能。社区文化是提高社区居民精神生活质量、维系社区良好的人际关系、建设宜居生活环境的最有效方式和途径。社区各类居民共同生活在一个特定的空间内，一起管理这个微观小社会，一起建设家园，一起享有和充分利用社区资源，不断地推进社区走向繁荣。

3. 我国在社区文化建设方面存在管理机制不健全，主体缺位，资金筹集渠道单一，投入不足，工作队伍结构不合理，人才匮乏，法律法规不健全，缺乏保障四大问题。因此，我国社区文化建设应遵循主体性原则、系统性原则、多元性原则、开放性原则四大基本原则，具体来看应从确立有序的运作机制、确立资源优化机制、确立长效的发展机制三个方面共同着手。

➡【复习思考题】

1. 什么是社区文化？
2. 社区文化的基本构成要素和特征是什么？
3. 社区文化的类型和功能有哪些？
4. 完善我国社区文化的基本对策有哪些？

➡【电子资料】

山西省社区文化促进会宣传片https://haokan.baidu.com/v?vid=9170106303471251584&collection_id=

第十章

公共文化服务

→【学习要点】

1. 公共文化服务的主要理论根源。
2. 我国公共文化服务的界定和指导原则。
3. 公共文化服务的体系构成。
4. 公共文化服务效能评估。

→【引例】

文化和旅游部公布51个基层公共文化服务高质量发展典型案例

近年来,我国基层公共文化服务发展取得了长足的进步,不仅文化设施不断完善,文化服务也日益丰富,人民群众的文化获得感不断提升。其中,有许多典型案例值得借鉴和学习。

文化和旅游部2023年2月12日在湖北武汉召开推进公共文化服务高质量发展工作会议,会上公布了由中央宣传部、文化和旅游部、国家发展改革委组织遴选的51个基层公共文化服务高质量发展典型案例。据了解,2021年9月,基层公共文化服务高质量发展典型案例遴选工作启动,各地文化和旅游部门等按照"重在基层、分类推进"的原则,广泛动员、踊跃申报,共推荐了196个案例,最终遴选51个案例为典型案例。

"北京市东城区27院儿:以社会化运营激发城市街区文化活力""上海市徐汇区'日晖有戏'让戏曲成为新时尚""湖北省赤壁市'派出制'+'驻站制',探索总分馆人员建设新路径"……51个案例涵盖制度建设、公共文化空间、乡村文化建设等多个方面，集中展示了近年来各地立足经济社会发展实际，推动公共文化服务高质量发展的生动实践和创新成果。

其中涉及文化服务设施建设的案例有河南省郑州市金水区文化馆和广东省惠州市大亚湾区文化中心。金水区文化馆是一个综合性的公共文化服务设施，建筑面积达到了3.3万平方米。该文化馆拥有多个功能区域，包括展览区、演出区、阅览区、培训区等，同时还配备了多个先进的文化设施，如数字图书馆、多媒体报告厅、音乐厅等。这些设施为人们提供了高品质的文化服务，同时也成为金水区文化教育事业的重要载体。大亚湾区文化中心占地面积5.5万平方米，是一个集文化展示、文艺演出、文化培训、文化交流等多种功能于一体的综合性文化设施。文化中心拥有先进的音乐厅、多媒体报告厅、展览厅等，同时还配备了先进的数字化设备，为人们提供了高品质的文化服务。涉及文化服务内容创新的案例有山东省青岛市四方区"文化＋生活"服务和江苏省南京市玄武区"文化＋健康"服务。青岛市四方区将文化服务与生活服务相结合，推出了"文化＋生活"服务，让文化服务更加贴近人们的生活。在四方区，人们可以通过线上平台预约文化服务，例如家庭讲解、文化旅游、文艺演出等。这些服务不仅丰富了人们的生活，也让人们更好地了解文化知识。南京市玄武区将文化服务与健康服务相结合，推出了"文化＋健康"服务，让文化服务更好地服务于人们的健康。在玄武区，人们可以通过线上平台预约文化健身课程、文化旅游等服务，同时还可以通过线下活动参加文化健身活动、文艺演出等。这些服务不仅加强了人们的身体素质，也让人们更好地了解文化知识。

文化和旅游部原部长胡和平表示，构建现代公共文化服务体系是保障人民基本文化权益、促进人民精神生活共同富裕的重要制度设计。要扎实完成健全现代公共文化服务体系的重点任务，努力为人民提供更高质量、更有效率、更加公平、更可持续的公共文化服务。

2023年2月12日下午，文化和旅游部、农业农村部、国家乡村振兴局三部门启动"大地欢歌"全国乡村文化活动年，遴选推广12项主体活动，并带动各地举办一系列相关配套活动，激发了新时代乡村振兴的文化活力。

资料来源：国家遴选公共文化服务高质量发展典型案例 https://www.gov.cn/xinwen/2023-02/13/content_5741293.htm

【引例启示】

这些案例不仅展示了公共文化服务领域的创新成果，也为未来公共文化服务的发展提供了重要借鉴，这些案例展示了如何通过综合施策，促进公共文化服务的均衡化、便捷化、多样化和高效化，旨在提升全民文化素养，增强社会凝聚力和文化软实力，为构建社会主义文化强国奠定坚实基础，也启示我们要坚持以人民为中心的发展思想，注重基层与群众的需求和参与，不断创新服务方式与内容，强化设施建设与空间打造，推动社会化与市场化运作，加强制度建设与政策支持，在文化传承与创新发展中寻求平衡。文化不仅是经济发展的助推器，同时也是国家稳定发展的基石。我国宪法第22条规定：国家发展为人民服务、为社会主义服务的文学艺术事业、新闻广播电视事业、出版发行事业、图书馆博物馆文化馆和其他文化事业，并开展群众性的文化活动。可见为国民提供公共文化服务，已成为政府主要职责之一。

第一节 公共文化服务概述

公共文化服务（Public Culture Service）是指由公共部门或准公共部门共同生产或提供的，以满足社会成员的基本文化需要为目的，着眼于提高全体公众的文化素质和文化生活水平，既给公众提供基本的精神文化享受，也维持社会生存与发展所必需的文化环境与条件的公共产品和服务行为的总称[1]。由政府提供满足公众最基本、最迫切和最必要的需求的服务，即政府基本公共服务，是公共服务最核心的组成部分。近年来，国家频繁出台有关公共文化服务的各种政策和措施，公共文化服务的目标由建立全覆盖的设施网络体系转向为促进基本公共文化服务的标准化、均等化，以实现公共文化服务在地区、城乡和人群中的平等，使基本公共文化服务同义务教育、基本医疗一样按统一标准提供服务，保障人民群众的基本文化权益，满足人民群众基本文化需求。这一公共文化服务体系演进过程有其深刻的理论根源和现实依据。

一、公共文化服务的理论根源

（一）从传统的公共行政管理理论到新公共服务理论

公共文化服务的理论背景可追溯至20世80年代兴起的"新公共管理""政府再造"及在反思"新公共管理"的基础上兴起的"新公共服务"等新公共行政理论。

1. 传统公共行政理论

传统公共行政理论兴起于19世纪末至20世纪初，这一时期的背景复杂而多元化。随着社会生产力的发展，产业革命带来了社会大生产和科学技术的进步，为行政学的

---

[1] 陈信，邹金汇，柯岚馨．我国基本公共文化服务的理论根源和现实依据［J］．国家图书馆学刊，2015（2）．

产生奠定了物质基础。同时，政府职能逐渐由政治统治扩大到对经济和社会事务的管理，行政职能的加强和行政活动范围的扩大，使得行政机构迅速增加，行政人员队伍日益壮大。然而，这也带来了行政机构臃肿、财政开支庞大、效率低下以及官僚作风等问题，严重妨碍了资本主义商品经济的发展。传统公共行政理论主要围绕以下几个方面展开。首先是政治与行政的分离。传统公共行政理论强调政治与行政的严格分离，认为政策制定是政治家的职责，而行政则是技术性的执行工作，应由专业人员负责。这一思想由威尔逊等人提出，并得到了古德诺等人的进一步阐释和发展。其次是官僚制理论。韦伯的官僚制理论是传统公共行政理论的重要组成部分。他认为官僚制是理想的组织形式，具有明确的分工、层级制度、规则导向等特征，能够提高行政效率。然而，官僚制也存在一些缺陷，如僵化、缺乏灵活性等。最后是科学管理原理的应用。泰勒等科学管理理论的提出者将科学管理原理引入行政管理领域，强调通过科学管理提高行政效率。他们主张对行政工作进行标准化、程序化设计，以减少浪费和提高效率。总之，传统公共行政理论是在特定历史背景下形成的，旨在解决当时社会面临的行政问题。它强调政治与行政的分离、官僚制组织的优越性以及科学管理原理在行政管理中的应用。这些思想对后来的行政管理理论和实践产生了深远的影响。

2. 新公共管理理论

20世纪70年代以后，西方国家的经济出现滞胀，经济增长无法保障社会公共服务投入的增长，加上政府官僚主义、行政低效与腐败的滋生，传统的公共行政管理模式受到质疑与挑战。在此背景下，20世纪80年代以来，以新自由主义思想与价值支撑的"新公共管理"理论得以建立，并成为西方国家改革公共行政与公共服务的指导原则。新公共管理理论崇尚"市场化"，强调市场机制的优越性，提倡政府减少对市场的干预，同时主张将市场竞争机制引入公共服务的运作，以市场的力量改革政府，缩小政府规模，提高公共服务和公共产品的供给效率。因此，新公共管理理论大力提倡在公共服务中实行私营化和合同制，主张将私营部门的管理方法如绩效管理、战略管理、目标管理以及灵活的组织模式运用到公共服务部门的管理之中。与此同时，新公共管理理论还把私营经济部门的"顾客至上"原则引入政府的公共服务中。新公共管理理论把政府视为负有责任的企业家，把公民视为顾客与消费者，试图通过向公众（顾客）作出承诺，让公众（顾客）自由选择公共服务的方式来达到改善公共服务质量的目的。总之，新公共管理理论作为一种以新自由主义经济与政治理念为核心的理论，内在地包含着源于自由市场经济与企业管理的价值观，它要求政府像企业那样实施管理，要求政府的管理者像企业家那样集中精力"掌好舵"而不是做大量具体的服务性工作。

3. 新公共服务理论

20世纪80年代以来，新公共管理理论在西方社会公共行政领域产生了广泛而深入的影响，直到今天仍然在西方主要资本主义国家占主导地位。尽管新公共管理理论曾经适应时代需要，促进了西方国家公共行政领域的变革，提高了政府绩效，但其自身存在的一系列难以克服的问题也遭到越来越多的质疑。比如，新公共管理理论以现代经济学的"经济人"假设为前提，导致市场化与个人利益至上，使政府责任被忽视，公共利益受到损害；再如，新公共管理理论将政府服务的对象看作顾客而非公民，不仅导致公民权利的丧失，也造成公共精神的失落。总体来看，新公共管理理论是在西方资本主义国家的政治经济框架下产生的，其价值取向在个人与公共利益，市场作用与政府职能之间摇摆，不能充分、彻底地解决保障公民文化权利的问题，不能提供公平、均等的文化服务。

作为对新公共管理理论的一种反思与批判，"新公共服务"理论应运而生。与传统公共行政理论相比，"新公共服务"理论试图建立一种更加关注民主价值和公共利益，更加适合后工业社会，更加适应公民社会发展和公共管理实践需要的理论模式。新公共服务理论是对后现代社会中政府责任、公共利益、公共精神乃至公民权利的一种回归，是对长期以来新公共管理理论秉持的"顾客理念"的否定。新公共服务理论认为，政府所面对的并不是简单的顾客，而是享有各种社会权利的公民。公民参与本身是民主政府不可或缺的要素，因此在公共行政管理中民主公民权必须获得充分的保障。与新公共管理理论建立在个人利益最大化的经济观念之上不同，新公共服务理论建立在公共利益的观念之上，建立在公共行政为公民服务的观念之上，其主旨是公民权在民主社会中的实现，以及政府如何为公民服务。在新公共服务理论看来，在公民社会中，政府公务人员应当是公共资源的管家、公共组织的管理人、公民权利和民主对话的促进者，以及社区参与的推动者、街道层次的领导者，这样才能促使统一、和谐的社区的形成与发展。政府公务人员不仅必须与民众共享权力，通过民众展开工作，促成问题的解决，实现公民的共同利益，而且应当明确自己是负责任的参与者，而并不仅仅是管理者和掌舵者，更不是社会的控制者和驾驭者。新公共服务理论的基本内涵是服务而非"掌舵"，重视公民权利和公共服务。在公共文化管理中引入新公共服务理论的"公平性""民主性""服务对象的满意度"成为公共文化管理追求的目标，凸显了其公民导向理念。通过上述关于新公共管理理论与新公共服务理论的简单描述，我们可以了解西方社会公共服务管理领域的基本理念。现阶段我国公共服务以及公共文化服务的理论正是受到了这两种理论的双重影响。

(二)公共产品与文化权理论[①]

经济学视角下,公共文化服务就是生产与提供文化产品的活动,这一文化产品具有公共属性,具有非排他性与非竞争性的特点。任何人都无法阻止社会成员对该产品的消费,也不会因为有人消费了这一公共产品而导致其他社会成员无法获取该产品。以公共产品论述公共服务问题,最早可追溯到19世纪后半叶的德国社会理论学家阿道夫·瓦格纳,最为著名的则是1954年经济学家萨缪尔森在《公共支出的纯理论》中提出"公共产品"概念将其描述为"任何人消费这种物品不会导致他人对该物品消费的减少",是与私人产品相对的概念。

按照当前主流的分类方式,文化产品可分为纯公共文化产品、准公共文化产品与私人文化产品三类。纯公共文化产品以满足全体社会成员的基本文化需求、非营利性的经营方式及社会效益最大化为衡量标准,主要指公共广播电视网络等;准公共文化产品主要指政府给予一定支持并作为主要建设主体,同时参与市场竞争,社会成员需要负担较少部分的费用购买,如艺术教育、各类文化场馆提供的文化产品与服务等;私人文化产品主要指音像制品、商业演出、电影放映等营利性文化产品。从文化产品界定中可以看出,公共文化服务是纯公共文化产品与准公共文化产品的集合,这类产品市场无法全部供给或无法兼顾社会公平,必须由政府干预或提供才能保障全体社会成员获取机会的平等。

文化权利是人类的基本权利之一,与政治权利、经济权利一样,是天然具有的权利。《世界人权宣言》中明确规定"人人有权自由参加社会文化活动,享受艺术,并分享科学进步及其产生的福利"。概括而言,文化权利就是公众享受文化成果的权利、参与文化活动的权利、创造文化成果的权利以及所创造的文化成果受到法律保护的权利。公民享有文化权利是政府必须提供公共文化产品的依据。

(三)数字不平等理论

在信息社会发展过程中,为追求社会公平,学术界从多种视角对信息社会的不平等现象进行研究,产生了"信息公平""信息鸿沟""数字鸿沟"等专门研究领域,也形成了信息政治经济学(Political Economy of Information)、社群信息学(Community Informatics)等专门学科。按照信息政治经济学,信息分化实质上是阶级分化、地区分化的组成部分,它展现的是受已有社会关系决定的等级化信息世界。在这里,社会结构中的强势集团不仅拥有获取信息资源的能力,更重要的是,他们控制着大部分信息生产和交换过程、操纵着国家甚至全球信息政策的制定,能够根据自身利益决定信

---

① 陈昊琳.基本公共文化服务:概念演变与协同[J].国家图书馆学刊,2015(2).

息资源的分配方式。而社群信息学强调缩小数字鸿沟的实践，探索社群信息和知识形成与共享规律，关注信息通信技术（ICT）与社群的互动和平衡。从社会学角度，强调实现社会公平正义，重视弱势群体。

从20世纪末开始，数字不平等理论兴起并受到更多学者的关注。美国弗吉尼亚理工大学政治学教授蒂莫西鲁克于1997年秋在《新政治学》杂志发表《数字不平等的政治学：虚拟空间的获取/接入，能力和分配》，最早提出"数字不平等"概念。2002年以后，社会科学、传播学和教育学的研究者开始强调社会、文化和信息资本方面的不平等。

数字不平等理论为基本公共文化服务在信息环境下的发展提供了理论基础与依据。按照这一理论，我国基本公共文化服务存在的不均等问题与信息分化、数字鸿沟、数字不平等有着直接的关联，信息分化和数字鸿沟现象会导致基本公共文化服务的地区差异、群体差异等，而基本公共文化服务的非均等化又进一步加剧了信息分化和数字鸿沟。信息技术飞速发展拉大了城乡数字公共文化的差距，实质是数字不平等问题。随着技术、服务的发展，文化不平等、数字不平等现象愈发明显。基本公共文化服务体系的建设正是认识到地区、城乡之间日渐显著的差异，通过明确公共文化服务标准、加强欠发达地区公共文化投入等方式，实现标准化、均等化的公共文化服务供给。因此，数字不平等理论对地区、城乡间的具体可行的服务标准制定具有显著意义。

二、我国公共文化服务的现实依据

（一）法律和政策依据

我国公共文化服务起步较晚，但发展迅速。自2002年起，政府明确将公共服务作为政府职能之一，随后出台了一系列政策与法规推动公共文化服务体系建设。特别是2015年后，随着《关于加快构建现代公共文化服务体系的意见》和《中华人民共和国公共文化服务保障法》等文件的发布，我国公共文化服务从政策引导进入法律实施阶段，实现了质的飞跃。同时，《中华人民共和国公共图书馆法》的通过及《中华人民共和国文化产业促进法》的立法进程，进一步体现了国家对公共文化服务的重视，为服务标准化、均等化提供了坚实的法律和政策基础。这说明了我国公共文化服务在法律和政策层面的现实依据，即国家通过不断出台和完善相关政策与法规，逐步构建起现代公共文化服务体系，为实现公共文化服务的标准化、均等化提供了有力的法律和政策支撑，也反映了我国政府对公共文化服务的高度重视和积极推动。

（二）基础与现实依据

自改革开放以来，我国基本公共文化事业实现了显著发展，图书馆、博物馆等文化设施的数量、规模及建设速度均达到历史高峰。然而，与发达国家相比，我国公共文化服务的绝对数量和人均拥有量仍显不足，如图书馆和博物馆的人均占有量远低于美、日等国。此外，我国公共文化服务非均等化现象突出，表现为与公共教育、公共卫生等领域发展不平衡，资源与服务整体不足且分布不均，城乡、区域间差距显著，存在对农村、体制外就业群体、低收入群体及不发达地区居民的歧视性供给。农村地区尤为薄弱，文化设施匮乏且水平落后，农民的文化需求难以满足。现实差异要求公共文化服务必须标准化与均等化，而这一过程需结合国情，即社会主义初级阶段的经济实力，实现广覆盖、低水平的公共文化服务，保障基本文化权益，体现公平正义。短期内全面消除发展差距，实现高标准服务，尚不现实。这反映了我国公共文化服务的基础和现实依据，即公共文化设施虽快速发展但仍滞后于发达国家，且存在显著的城乡、区域及群体间非均等化现象。这些差异和不均衡现象是推动公共文化服务标准化与均等化的重要依据。然而，受限于社会主义初级阶段的国情，公共文化服务的发展需立足现实，采取广覆盖、低水平的策略，以保障基本文化权益为主，逐步缩小差距，体现社会公平。

（三）政府职能转变依据

相较于服务型政府的建设目标，我国政府在公共文化服务中的表现尚存不足，主要体现在服务效率低下，改进滞后，连续性差及服务水平不高。服务型政府理念的推广要求政府由职能导向转向流程导向，构建以公众为中心的服务体系，并简化服务流程。然而，现状是多数政府机构仍沿用职能划分组织模式，服务流程不规范，责任机制缺失，导致资源浪费、效率低下及公众不满。执行力不足进一步加剧了这些问题，影响公共文化服务体系的建设，表现为资金投入不足、设施落后及基层服务受阻。随着政府职能的转变，各级政府的服务意识显著提升，促进了公共文化服务体系的完善。中央政府层面，通过成立跨部门协调组并召开会议，加大了全国性的统筹协调力度。地方政府也在积极调整，克服以往公共文化建设的缺陷，强化主体责任，提升服务效能。这一系列举措体现了政府职能转变对公共文化服务发展的现实推动作用。这揭示了我国公共文化服务领域政府职能转变的现实依据，即现有服务模式与服务型政府理念之间存在差距，表现为服务效率低下、流程不规范及执行力不足等问题。政府职能的转变，特别是服务意识的增强和中央到地方层面的协调机制建立，为公共文化服务体系的建设与发展提供了有力支持，反映了政府通过自我革新，主动适应社会发展需求，推动公共文化服务向更高效、更人性化的方向发展的决心与实践。

三、我国公共文化服务的界定、指导原则与基本特征

(一) 我国公共文化服务的界定

现代意义上的"公共文化服务"概念与"公共文化"和"公共服务"概念的形成密切相关。"服务"作为一种理论上的概念和实际发生的行为，是社会发展到一定阶段才产生的。"公共服务"概念的出现更晚些，与资本主义的发展阶段密切相关。随着资本主义的发展和"市民社会""公共领域"的形成，人们的公共需求才逐步受到重视。

学界对"公共文化服务"的内涵也开始了不同的界定。陈威认为公共文化服务是指由公共部门或准公共部门共同生产或提供的，以满足社会成员的基本文化需要为目的，着眼于提高全体公众的文化素质和文化生活水平，既给公众提供基本的精神文化享受，也维持社会生存与发展所必需的文化环境与条件的公共产品和服务行为的总称。具体包括公共图书馆服务、公共博物馆服务、文化馆服务、社区文化服务、各类公共文化信息平台建设、赞助扶持文化艺术的政策措施等。曹爱军认为公共文化服务是具有非竞争性和非排他性的社会文化服务，是政府公共服务的重要组成部分。公共文化服务是为满足社会的公共文化需求，向公众提供公共文化产品和服务行为及其相关制度与系统的总称，它涵盖了广播电视、电影、出版、报刊、互联网、演出、博物馆、图书馆、档案馆和哲学社会科学研究等诸多文化领域。上述两种看法都将公共部门或准公共部门视为公共文化服务的提供者，将公共文化服务与以一般市场方式提供的文化产品及服务区别开来。也有学者突破物态层面来对公共文化服务进行界定，如闫平认为公共文化服务并非简单地直接提供公共文化产品和服务，而是要求政府承担好文化建设与发展的管理职能。

由此，可将公共文化服务区分为"广义的公共文化服务"和"狭义的公共文化服务"。政府及其公共部门提供的关于文化领域的所有服务，包括对"文化产业"的服务，如文化产业园区的建设、投融资平台的建设等。这样理解的公共文化服务，都可以称为"广义的公共文化服务"。我国现阶段对"公共文化服务"的界定，主要是指"狭义的公共文化服务"，不包括政府对文化产业、文化市场提供的管理与服务。2016年12月25日第十二届全国人民代表大会常务委员会第二十五次会议通过的《中华人民共和国公共文化服务保障法》将公共文化服务明确定义为由政府主导、社会力量参与，以满足公民基本文化需求为主要目的而提供的公共文化设施、文化产品、文化活动以及其他相关服务[1]，即公共文化服务以满足人民群众基本文化需求为主要目的。政

---

[1] 陈跃，公共文化服务政策与实践研究[M].重庆：西南师范大学出版社，2019.

府主导的公共文化服务强调"基本"。"基本"是一个提供内容的范围尺度,也要因地制宜,与时俱进,动态调整,不断提升。

(二)我国公共文化服务的指导原则

《中华人民共和国公共文化服务保障法》规定公共文化服务应当坚持社会主义先进文化前进方向,坚持以人民为中心,坚持以社会主义核心价值观为引领;应当按照"百花齐放、百家争鸣"的方针,支持优秀公共文化产品的创作生产,丰富公共文化服务内容。公共文化服务的基本原则包含两层含义:一是公共文化服务的发展方向,二是公共文化服务的建设方针。

1. 公共文化服务的发展方向

首先是坚持社会主义先进文化前进方向。社会主义先进文化就是当代中国的先进文化,它植根于中华优秀传统文化,吸收国外文化有益成果,构建面向现代化、面向世界、面向未来的,民族的、科学的、大众的社会主义文化。公共文化是文化的组成部分,"以文化人"是文化的本质功能,坚持社会主义先进文化前进方向,就要求公共文化服务以符合自身发展规律的方式方法,通过融入老百姓日常生活的喜闻乐见的文化艺术形式,充分发挥引领风尚、教育人民、服务社会、推动发展的作用,促进在全社会形成积极向上的精神追求和健康文明的生活方式,为实现中华民族伟大复兴的中国梦提供强大精神动力和文化支撑。其次是坚持以人民为中心。公共文化服务的根本目的是满足人民群众日益增长的精神文化需求。以人民为中心,要求公共文化服务确立人民创造文化、人民分享文化的理念,让人民群众成为公共文化服务的主人;要求公共文化服务树立以人民群众的需求为出发点和落脚点的理念,实现公共文化服务与人民群众文化需求的有效对接。最后是坚持以社会主义核心价值观为引领。社会主义核心价值观与中国特色社会主义发展要求相契合,与中华优秀传统文化和人类文明优秀成果相承接,是社会主义先进文化的精神内核,是当代中国的价值共识。一切文化产品、文化服务和文化活动,都要弘扬社会主义核心价值观,发挥精神文化产品育人化人的重要功能。以社会主义核心价值观为引领,体现了当代中国公共文化服务鲜明的价值导向。

2. 公共文化服务的建设方针

公共文化服务以社会主义核心价值观为引领,内容建设是根本。产品的创作和生产是内容建设的源头,"百花齐放、百家争鸣"是内容建设的基本方针。这一方针包含两层含义。第一,与人民群众精神文化需求的多层次、多样性、个性化相适应,公共文化产品和服务需要不拘于一格、不形于一态、不定于一尊,以具有广泛包容性的产品和服务来适应人民群众多样化的需求。第二,文化的本质功能是"以文化人"。政府主导的公共文化服务对弘扬核心价值观、传播正能量、体现主旋律的产品和服务应给予明确的鼓励、有力的支持。发展先进文化，创新传统文化，扶持通俗文化，引导流行文化，改造落后文化，抵制有害文化，是公共文化服务对不同内容、不同样态文化现象的基本态度。

（三）我国公共文化服务的基本特征[①]

我国公共文化服务体系的构建是一个具有中国特色的创新性实践过程。这一体系既不是对全球公共文化服务模式的简单移植，也不同于传统意义上的文化事业，而是在中国特色社会主义制度框架下，基于我国具体国情和文化发展实际，通过系统化的制度设计和实践探索逐步形成的。其核心在于以保障公民基本文化权益为根本出发点，通过动态调整和优化创新，建立起与经济社会发展水平相适应的现代公共文化服务体系。与国际通行的公共文化服务基本原则相比，中国的国家公共文化服务体系建设更加注重现实基础与目标愿景的结合，在公共文化服务的实践中逐步探索，确立了公益性、基本性、均等性、便利性四项特征。

第一，公益性。它规定了公共文化服务非营利的本质属性与根本原则，以政府办的公益性文化机构为主，非营利性的社会组织参与其中。

第二，基本性。它明确了公共文化服务致力于保障公民的基本文化权益，彰显了政府合理使用有限财政，确保公民基本权益的主导立场。

第三，均等性。它体现了公共文化服务必须坚持公平定位，以确保公共文化服务能惠及全民，保障不同地域、不同群体均等享有文化权益。

第四，便利性。它强调了公共文化服务应以人为本，合理布局，便利享有，满足需求。

➡ 【知识链接】[②]

公共服务含义的理解

用手机扫一扫，了解更多信息

[①] 高福安.公共文化服务体系建设创新的研究［M］.北京：中国传媒大学出版社，2018.
[②] 杨晓东，尹学梅.当代我国公共文化服务体系建设论纲［M］.天津：天津社会科学院出版社，2014.

第二节 公共文化服务体系

公共文化服务体系是指为了满足社会的公共文化需要，向公众提供公共文化产品和服务行为及其相关制度与系统的总称，它是公共服务体系的有机组成部分。公共文化是文化在特殊领域的一种表现形式，在不同的语境下其被赋予的内涵和指代均有所差异。在中国语境中，公共文化服务体系是指以公共财产为支撑，以公益性文化单位为骨干，以全体人民为服务对象，以保障人民群众看电视、听广播、读书看报、进行公共文化鉴赏、参与公共文化活动等基本文化权益为主要内容，向社会提供的公共文化设施、产品、服务及制度体系的总称[1]。公共文化服务系统的核心任务是，公共文化服务主体有效配置公共资源，组织并向公众提供基本的文化产品及服务，以确保公民文化权益的实现。从构成成分上看，公共文化服务体系主要包括公共文化服务的实施主体、公共文化服务的服务内容、公共文化服务的保障体系、公共文化服务的协调机制和评估体系[2]。

一、我国公共文化服务的实施主体

所谓公共文化服务的实施主体，是指公共文化服务的领导、组织、协调及具体实施的部门和机构。在公共文化服务体系中，实施主体起着主导性的作用，一切公共文化政策的制定、公共文化产品的提供及服务方式的确立，最终都要直接或间接地通过实施主体来实现。制定公共政策，推动文化发展是各国政府应有的重要责任，政府是公共文化产品与服务的主要决策者和提供者[3]。《中华人民共和国公共文化服务保障法》中规定：政府在公共文化服务提供中起主导作用，各级政府是公共文化服务的责任主体；公民、法人及其他社会组织是公共文化服务的主要参与者。公共文化服务由政府主导的法律依据来源于宪法。我国宪法规定，国家发展为人民服务、为社会主义服务的文学艺术事业、新闻广播电视事业、出版发行事业、图书馆博物馆文化馆和其他文化事业，展开群众性的文化活动。这是宪法赋予各级政府的责任和义务。政府主导公共文化服务是政府履行基本职能的体现。现代社会，享受基本公共服务是公民的权利，提供基本公共服务是政府的责任。我国在"十二五"规划纲要中已经明确把公共文化

---

[1] 文化部2013年1月14日颁布的《"十二五"时期公共文化服务体系建设实施纲要》.
[2] 陈威，公共文化服务体系研究[M].深圳：深圳报业集团出版社，2006.
[3] 孔进，公共文化服务供给：政府的作用[D].山东大学.2010.

服务纳入基本公共服务范畴，奠定了公共文化服务由政府主导的理论基础，也意味着向全民提供基本公共文化服务是政府的基本职能之一。

政府主导公共文化服务不等于政府包揽一切，社会力量也是重要的参与者。政府具有通过其权威保证公共文化产品与服务供给充分和公平的优势，但政府在提供公共文化服务时，无法应对服务对象差异化的需求，难以实现资源的有效配置，从而导致政府失灵。社会力量的参与有利于拓展公共服务的供给主体，提高公共服务的质量和效率。公民、法人和其他组织，涵盖了全社会所有参与公共文化服务的各种力量，也就是通常所说的社会力量。实践表明，有些公共文化服务通过个人、企业及其他社会组织的运作来提供，同样能够实现公平享用公共文化资源的社会伦理目标。动员和鼓励社会力量公共参与公共文化服务建设，需要重视非政府组织和非营利组织的积极作用[1]。通过将鼓励社会力量参与的政策导向上升为法律规范，既体现了社会力量在公共文化服务体系建设中的战略地位，也凸显了多元主体协同治理的现代公共服务理念。这种参与模式不仅是创新公共文化服务供给机制的内在要求，更是激发文化发展活力、提升服务效能的重要保障。[2]

二、我国公共文化服务的内容

法律规定公共文化服务提供的内容包括三大类：公共文化设施、文化产品和活动、其他相关服务。公共文化设施是指用于提供公共文化服务的建筑物、场地和设备，主要包括图书馆、博物馆、文化馆（站）、美术馆、科技馆、纪念馆、体育场馆、工人文化宫、青少年宫、妇女儿童活动中心、老年人活动中心、乡镇（街道）和村（社区）基层综合性文化服务中心、农家（职工）书屋、公共阅报栏（屏）、广播电视播出传输覆盖设施、公共数字文化服务点等。公共文化产品和活动是指应用于公共文化服务的各种样态、形式、种类的文化资源、文化活动、文化产品和文化服务；不论是公共文化机构直接提供的、政府购买的，还是群众自发创造的，都可以作为公共文化服务的提供内容。其他相关服务是指一些与公共文化服务相关的间接的、辅助性的服务。如公共文化场馆为保障基本职能实现展开的预约、报名、办证、存包、引导服务等。

此外，我国通过制定国家指导标准和地方实施标准，对公共文化服务在内容、种类、数量和水平等方面已经有了基本的要求。依据《国家基本公共文化服务指导标准（2015—2020年）》，基本公共文化服务的内容主要由基本服务项目、硬件设施和人员

---

[1] 闫平.试论公共文化服务体系建设［J］.理论学刊，2007.
[2] 李国新.解读公共文化服务保障法主要条文［N］.中国文化报，2017-01-09.

配备三部分组成。随着人民群众的文化需求不断增长，公共文化服务的具体内容需要与经济社会发展和政府财政供给能力相适应。

三、公共文化服务的供给模式

公共文化服务的供给模式对一国或地区的公共文化服务水平有着决定性的影响，选择适合本国或地区的公共文化服务模式，对保障公共文化权利和提升文化软实力有着重要意义。从公共文化服务的供给来源来看，公共文化服务的供给模式可以分为政府主导型公共文化供应模式、市场分散型和"一臂之距"公共文化供应模式。

（一）政府主导型

政府主导型公共文化供应模式是指国家的公共文化服务主要由政府提供，是一种集权式的供给模式。政府通过设立专门的文化行政管理部门，制定文化政策、预算和规划，直接或间接地管理公共文化设施和服务，确保公共文化服务的供给和质量。法国和日本是这一模式的典型代表。以法国为例，从中央到地方政府均设有文化行政管理部门，对文化事业的资助是典型的基于政府主导的公共财政模式。法国的文化预算在国家总开支中占一定比例，各级地方政府还会投入更多的资金用于公共文化建设。

同时我国公共文化服务的供给采用的也是政府主导型供应模式即政府主要负责公共文化的政策制定、资金供应和生产实施。我国公共文化服务保障法中规定：国务院根据公民基本文化需求和经济社会发展水平，制定并调整国家基本公共文化服务指导标准；省、自治区、直辖市人民政府根据国家基本公共文化服务指导标准，结合当地实际需求、财政能力和文化特色，制定并调整本行政区域的基本公共文化服务实施标准。

公共文化服务保障法构筑了我国公共文化服务基本制度体系的框架，其中具有基础性、最能体现公共文化服务中国特色的，就是基本公共文化服务供给标准化制度。公共文化服务供给的标准化主要体现在指导标准和实施标准两个方面。

1. 国务院制定公共文化服务指导标准

关于国务院制定并调整国家基本公共文化服务指导标准的规定有四个要点。第一，指导标准的制定主体是国务院，体现具有在全国范围内保障基本、统一规范的功能。第二，标准的性质是指导性的，特点是主要规范公共文化服务的内容、种类，发挥兜底线、指方向、做示范的作用。这是因为我国人口和民族众多，幅员辽阔，发展不平衡，作为国家层面的"底线标准"，需要给各地留出因地制宜、创新发展的足够空间。另外，我国的公共文化服务属于中央和地方共同财政事权，但与基本养老、公共卫生、义务教育等基本公共服务相比，公共文化服务具有受益范围广、信息复杂、地方特色鲜明等特点，地方政府承担的财政事权外溢程度相对较低。因此，与当地经济社会发展水平相适应的公共文化服务标准，主要应由地方政府决定。第三，制定指导标准的依据是公民基本文化需求和经济社会发展水平。第四，指导标准应动态调整。我国首个《国家基本公共文化服务指导标准（2015—2020年）》于2015年年初发布，内容包括三大类14项22条。

（1）公共文化服务指导标准中的基本服务项目主要涉及读书看报、收听广播、观看电视电影、送地方戏、公共文化设施免费开放以及文体活动等几个方面。

（2）公共文化服务指导标准中涉及的硬件设施主要包含文化设施、广电设施、体育设施、流动设施、辅助设施等。

（3）公共文化服务指导标准中涉及的人员配备主要包括人员编制和业务培训两方面的要求。

2.地方基本公共文化服务实施标准

公共文化服务保障法规定，地方基本公共文化服务实施标准的制定和调整主体是省级人民政府。制定和调整地方实施标准，主要考虑四大因素。一是依据国家基本公共文化服务指导标准，其所提供的基本公共文化服务的内容、种类不能少于国家指导标准，数量和水平不能低于国家指导标准。二是结合当地实际需求。服务项目的具体内容、新增项目的遴选确定、服务的数量和水平指标，要有效对接当地群众的实际需求。三是财政支撑能力。原则是所提供的基本公共文化服务与当地公共财政的支撑能力相匹配，对纳入标准的服务所需资金应进行科学测算，确保落实。四是地方文化特色。所提供的项目、内容，要充分挖掘和利用地方文化资源，传承和弘扬地方文化特色，把更多植根于老百姓生活的、群众喜闻乐见的文化样式、文化活动纳入地方实施标准。

此外，我国公共文化服务体系建设确立了社会力量参与的基本原则，并通过法律框架构建了系统化的参与机制。从制度设计层面来看，相关法律法规为社会力量参与提供了多维度的政策支持：在参与方式上，明确鼓励社会力量通过兴办实体、资助项目、赞助活动、提供设施和捐赠产品等多元化途径参与；在资金保障方面，建立了社会资本投入机制，拓宽了公共文化服务的融资渠道；在治理结构上，推动公共文化机构建立法人治理模式，吸纳专业人士和社会公众参与管理决策；在激励机制上，实施税收优惠政策，鼓励社会捐赠。特别值得注意的是，政府购买公共文化服务作为重要的制度创新，通过制定和公布服务目录，实现了购买行为的规范化和法治化，为社会力量参与提供了稳定的制度保障。这一系列制度安排充分体现了国家鼓励社会力量参与公共文化服务体系建设的政策导向，也为构建多元主体协同治理格局奠定了法律基础。

（二）市场分散型

市场分散型公共文化供应模式是指国家的公共文化服务主要由市场来主导，是一种民权式的供给模式。政府不直接参与公共文化服务的生产和提供，而是通过制定法律法规、提供税收优惠和资金补助等方式，鼓励和支持私人机构、非营利组织等社会力量参与公共文化服务的提供。美国是这一模式的典型代表，美国政府不设立专门的文化行政主管部门，而是通过向文化事业提供经济资助和税收优惠等方式，间接支持公共文化服务的发展。美国政府通过设立国家艺术基金会、国家人文基金会等机构，向符合条件的艺术团体、文化机构和项目提供资金资助。同时，政府还通过税收优惠政策，鼓励企业和个人向文化事业捐赠资金。这些措施促进了美国公共文化服务的多元化和市场化发展，满足了不同层次和需求的公众文化需求。

（三）"一臂之距"

"一臂之距"公共文化供应模式是指政府在公共文化服务的供给过程中，与公共文化服务设施的运营、决策和管理保持一定的距离（即"一臂之距"），通过中介机构或非政府组织等第三方力量来具体执行政策和管理公共文化设施。这种模式既保证了政府的主导地位，又充分发挥了社会力量的积极性。英国是这一模式的典型代表。英国的文化、新闻和体育部（DCMS）负责制定文化政策和提供部分财政拨款，但不直接参与基层文化社团和协会的管理监督工作。这些具体工作由英格兰艺术委员会、博物馆和美术馆委员会等中介机构负责执行。英国政府通过英格兰艺术委员会等中介机构，向全国的艺术团体、文化机构和项目提供资金资助和项目管理服务。这些中介机构在政府的指导下，根据既定的政策和标准，对申请资助的项目进行评估和审批，并负责对资助项目的实施情况进行监督和评估。这种"一臂之距"的管理模式既保证了政府的文化政策得到有效执行，又避免了政府对公共文化服务的直接干预和垄断。

公共文化服务的这三种供应模式各有其独特的作用和意义，在实践中，各国可以根据自身国情和文化传统选择合适的模式或多种模式的组合来推动公共文化服务的发展。同时，随着时代的发展和社会的进步，公共文化服务的供应模式也需要不断创新和完善以适应公众日益增长的文化需求。

四、我国公共文化服务的保障体系

《中华人民共和国公共文化服务保障法》规定：县级以上人民政府应当将公共文化服务纳入本级国民经济和社会发展规划，按照公益性、基本性、均等性、便利性的要求，加强公共文化设施建设，完善公共文化服务体系，提高公共文化服务效能。公共文化服务保障法分别从保障原则、保障制度、保障内容三个方面完善了公共文化服务的保障体系。

（一）保障原则

公共文化服务体系的构建以公益性、基本性、均等性和便利性为核心特征，这些特征相互关联、共同构成了现代公共文化服务的基本框架。公益性作为公共文化服务的本质属性，体现为政府主导的供给模式和公共财政的支撑机制，这是其区别于市场化文化服务的根本特征。基本性则界定了公共文化服务的供给边界，具体表现为《国家基本公共文化服务指导标准》及地方实施标准所规定的服务内容、种类、数量和质量要求。均等性作为公共文化服务的核心价值追求，通过区域、城乡和群体三个维度的均衡发展来实现：在区域层面，通过转移支付等政策工具，重点支持革命老区、民族地区、边疆地区和贫困地区的文化服务建设；在城乡层面，着力增加农村公共文化产品供给，缩小城乡文化服务差距；在群体层面，针对未成年人、老年人、残疾人和流动人口等特殊群体提供差异化服务。便利性作为公共文化服务的基础条件，强调服务设施的可及性和服务获取的便捷性，这是确保文化服务有效性的前提。

（二）保障制度

县级以上人民政府履行保障公共文化服务职责最重要的方式，是将公共文化服务纳入本级国民经济和社会发展规划。因为国民经济和社会发展规划统筹安排和指导本区域经济、社会、文化建设工作，是具有战略性的总体纲要。我国宪法规定，国民经济和社会发展规划由县级以上人民政府编制、提出，经同级人民代表大会审查、批准，再由同级人民政府组织实施，同级人民代表大会还具有审查和批准执行情况的职权。其内容经过了广泛深入的研究与审查，其产生经过了完整的法律程序，其执行情况受同级人民代表大会的监督，具有法律约束力。

（三）保障内容

我国通过制定国家指导标准和地方实施标准，对公共文化服务在内容、种类、数量和水平等方面已经有了基本的要求。《中华人民共和国公共文化服务保障法》对县级以上人民政府在公共文化服务领域的保障内容做出了明确的规定。一是加强设施建设。作为公共文化服务的物质载体，公共文化设施具有典型的公共产品属性，其规划、建设和投资责任明确归属于各级政府，这既体现了政府在公共文化服务供给中的主导作用，也确保了设施建设的公益性和普惠性特征。"体系化"程度不高是我国公共文化服务的短板，一方面人民群众的基本文化需求没有得到很好满足，另一方面存在设施闲置、资源浪费、效益不高的现象。所以，政府履行对公共文化服务的保障责任，必须着眼于完善服务体系，切实弥补体系建设上的短板。二是提高服务效能。公共文化服务效能是指公共文化服务的效率和效果。将提高服务效能纳入政府保障的职责范围，是因为服务效能的提升，不仅仅取决于公共文化机构自身的努力，更取决于制约效能提升的关键性要素是否得到有效保障，这就要求各级政府应建立起一种理念：提升服务效能必须从强化保障、完善体系、突破制约性要素做起。

五、我国公共文化服务的协调机制

长期以来，我国的公共文化服务存在多头管理、条块分割、资源分散、效能不高的现象。构建公共文化服务的协调机制是提高我国公共文化服务效能的必然要求。公共文化服务保障法规定：国务院建立公共文化服务综合协调机制，指导、协调、推动全国公共文化服务工作。公共文化服务保障法从国家和地方两个层面明确了公共文化服务的协调机制和协调职责。国务院文化主管部门承担综合协调具体职责，地方各级人民政府应当加强对公共文化服务的统筹协调，推动实现共建共享。

（一）国家层面的综合协调机制

规定包含四个要点。第一，协调机制的建立主体是国务院，体现了权威性。第二，协调的范围是"综合"。所谓"综合"，一方面是说协调机制要容纳和公共文化服务工作相关的所有中央部委，另一方面是说协调的事项范围广泛，从规划编制、政策衔接到标准规范的制定和实施，都要加强统筹、整体设计、协调推进。第三，协调机制的功能是指导、协调和推动。不改变现行管理体制，不替代、不削弱有关部门现行职责分工，不替代国务院决策。第四，国务院文化主管部门承担综合协调具体职责，也就是如今的文化和旅游部承担协调机制牵头单位的职责，负责协调机制日常的具体工作。2014年3月19日，国家公共文化服务体系建设协调组正式成立。到2016年年底，成员单位已包括26个中央部委。协调组的主要职责是：①协调推进重大公共文化政策、规划的制定和实施；②协调推进基本公共文化服务标准的制定和实施；③协调建立稳定的公共文化服务投入保障机制；④统筹推进基层文化设施和文化项目的建设与管理；⑤协调推进公共文化服务重点惠民项目；⑥协调推进公共文化人才队伍建设；⑦建立健全基层公共文化服务体系监督评估机制；⑧统筹推进公共文化服务体系建设和其他重大事项。国家公共文化服务体系建设协调组成立以来，探索建立了行之有效的会商机制、共同调研机制和督察机制，成为整合各部门优势资源、共同推进现代公共文化服务体系建设的良好平台。

（二）地方政府的统筹协调职责

公共文化服务保障法中明确规定地方政府应承担起统筹协调公共文化服务、推动实现共建共享的职责。地方政府统筹协调公共文化服务的目标是探索整合基层公共文化服务资源的方式和途径，实现共建共享，提升综合效益。

综上所述，我国公共文化服务的协调机制在国家和地方两个层面均有着完善的体系和明确的职责分工。通过这一机制的有效运行，我国公共文化服务得以持续发展，为人民群众提供了更加丰富、便捷、高效的公共文化产品和服务。

【知识链接】

公共文化服务体系

用手机扫一扫，了解更多信息

第三节 公共文化服务效能评估

公共文化服务是政府所提供的公共服务的重要组成部分，与其他种类的公共服务有着共同的社会基础和价值理念。公共服务普遍追求的价值目标同样也是公共文化服务追求的价值目标。自现代政府从传统型政府转变以来，服务型政府的形象出现在公众面前，其公共服务的价值目标转变为"公民主导"和"社会主导"，这意味着公民和社会的需求成为发展公共服务的基本方向和目标。现代政府所提供的公共服务应坚持"以人为本"，树立公共服务的公平意识，以制度化、公共化和社会化为行动方向。就公共文化服务而言，构建公共文化体系的最终使命是最大限度地实施公民的文化权利，公共文化服务绩效评估也应该以此为评判的最高准则。由于公共文化服务的特性，其绩效评估需要从效率、效益、公平等多方面进行评估，评估内容主要包括政府资金投入使用率、公共文化基础设施建设水平、公共文化活动开展情况、文化场馆服务质量、人民群众的满意度等。因此，在评估公共文化服务的绩效时，要看其是否促进了文化产品和文化程度总量的增长；是否增强了文化的供给能力；是否最大限度地提供了更加丰富的社会文化活动；是否使公民获得了更多的高质量的文化享受机会；是否使公民得到了充分的文化参与权利；是否有利于提高公民的文化素养、塑造公民的人格、提升国家精神。

一、公共文化服务绩效评估的基本原则

（一）以公众为主导主体，多种主体参与原则

从现代政府公共治理的立场出发，用绩效评价的客观标准来看，公共文化服务绩效评价的主体具有多元化的特征，这既符合公共治理理论的内在要求，又符合现代政府绩效评估社会化的方向。就其基本类项而言，包括上级评估、下级评估、公众评估、专家评估以及自我评估。在西方国家，评估主体与上级主管部门之间相互独立是其政府绩效的重要特征。反观国内的政府绩效实践，大部分绩效评估均是由上级完成的，在上级对下级的绩效评估过程中，上级往往将自己的喜好作为绩效评价的标准，在很大程度上忽视了社会和公众的需求。政府在公共文化服务体系中是主要的供给主体，不能同时兼任运动员和裁判员的双重角色。基于公共文化服务的公共属性，其执行主体是"政府"，消费与评价的主体则应该转换为"公众"。由于公众构成群体的多元化、利益诉求的复杂化，"无论现行世界上最富裕的国家，还是中国在未来的理想时代富裕到何种程度，政府公共性支出永远都无法完全满足社会的公共性需要。无限增加公共产品的供给数量就必须无限增加税收收入，从这个意义上说，政府要想通过承担非稳定性的风险来无限扩大对公共文化的支出就是走向预设供给政策的反面"。[1] 为此需要改革"政府本位"主导的单向度的公共文化服务评价体系，形成以"公民本位"为主导、多种主体共同参与的公共文化服务绩效评价体系。[2]

（二）供给与实效相结合原则

公共文化服务的两个主要特征是福利性和权利性，文化福利根源于人们的文化需要，也就是公众对公共文化服务的内源性需求。公共文化服务的根本目的是满足公民的文化需求，公众对公共文化供给的满意程度及其产生的影响便构成公共文化供给的"实效"。以政府财政为支撑的公共文化服务供给是保障公民文化权益的主要方式，在我国公共文化服务是为了满足人们基本的文化需求，并通过制定国家指导标准的方式确定了公共文化服务的供给标准，因此公共文化服务绩效评估中首先应注重公共文化供给是否达到国家要求；此外由于公共文化产品供给难以满足公众多元化、复杂化、个性化的文化需求，政府提供的公共文化产品，不一定是每位公民需要的。因此，在公共义化服务绩效评估中需要将公共文化供给与其"实效"相结合，以供给总量来衡

---

[1] 阿耶·L.希尔曼.公共财政与公共政策——政府的责任与局限[M].王国华,译.北京：中国社会科学出版社,2006.

[2] 刘大伟,于树贵.新时代公共文化服务绩效评价的结构转向[J].江西师范大学学报（哲学社会科学版）,2019（6）.

量政府的责任履行情况，以"实效"来改进政府公共文化的供给内容，才能达到公共文化效能评估的目的。

（三）"多维度"综合判断原则

在进行公共文化服务绩效评估时，针对评估客体我们必须坚持评估的多维度的综合判断。多维度的综合判断就是以多层次、多视角、多变量以及变量之间的关系为条件进行评估判断，准确把握住评估中的重点与非重点、短期效益与长期效益的辩证关系，从而保证评估结果可以综合、客观、准确地反映评估对象在提供文化服务时的表现。

（四）动态发展原则

随着社会的发展和人类的进步，公共文化服务绩效评估应不断根据实际情况与公众需求的变化进行动态调整；评估基础指标的设计不仅要考虑到当前的情况与效益，还要能预测社会的发展导致的公共文化服务方向与目标发生变化的趋势，从而提升政府部门或公共文化机构的绩效水平，实现持续改进与优化发展的目标。

（五）规范化、制度化原则

政府部门与公共文化机构应当加快推进文化服务绩效评估的制度化建设，通过制定统一的评估标准、建立科学的指标体系、完善规范的评估程序，构建客观公正的绩效评估机制；同时应建立周期性的绩效评估及评估后的问责制度，对表现欠佳或公众不满意的文化服务实行领导者责任追究，起到鞭策与监督的作用；还可以通过绩效评估树立标杆，促进政府或文化机构文化服务绩效的提高。

二、公共文化服务体系绩效评价方法[①]

毋庸置疑，能否科学、有效地评估公共文化服务体系绩效，主要依赖于评估方法的选择与使用。目前主要的评估方法有"3E"评价法、标杆管理（基准）法、平衡计分卡法、层次分析法等。在这里主要介绍采用定量分析方法来描述政府公共文化服务体系的绩效，即根据政府公共文化服务体系实践构建统计监测评价指标体系，用政府公共文化服务体系绩效综合指数描述和判断我国政府公共文化服务体系绩效水平。

（一）评价指标选取的原则

根据政府公共文化服务体系实践选择有代表性的统计指标，用定量分析的方法构建统计监测评价指标体系，评价不同时期的政府公共文化服务体系绩效。

第一，要科学。指标要能反映政府公共文化服务目标的实现程度，含义明确，测

---

① 蒋建梅.政府公共文化服务体系绩效评价研究[J].上海行政学院学报，2008（4）.

算方式标准，统计计算方法规范。

第二，要全面系统。所设计的指标体系应当具备以下特征：首先，能够系统全面地反映政府公共文化服务的整体发展态势；其次，准确呈现公共文化服务实施过程中的关键环节和核心层面的实际情况；最后，各指标之间需形成功能互补、各有侧重、协同配合的有机整体。

第三，要简明实用。指标体系应尽量简单明了，便于操作，用尽量少的指标反映尽量多的内容，要注意指标的代表性，易得性。

第四，要独立。反映政府公共文化服务体系绩效的指标关联性强，我们在挑选指标体系时要注意所选指标间的相关性问题，所选择的指标间的独立性要强。

第五，要可比。设计的指标要与国内和国际上通用规范的名称、口径和计算方法一致，以便能进行横向比较和纵向比较。

第六，要超前。由于公共文化是动态的发展过程，具有鲜明的时代特征，随着社会的进步和时代的发展，公共文化的内涵会日益丰富，所以设计的指标体系既要考虑当前的实际，又要有一定的超前性，以便为管理层决策和调控提供一些具有前瞻性的信息。

在指标体系构建方面，应以客观指标为主体框架，其能够较为准确地测度政府公共文化服务体系的绩效水平。针对部分难以量化的服务维度，研究应适当引入主观指标作为补充。在评价方法选择上，采用综合评价法进行量化分析，以获得系统性的测算结果。需要说明的是，任何分析工具都存在方法论局限性，统计方法亦不例外。鉴于政府公共文化服务体系的多维性和复杂性，单一统计方法难以全面反映其整体绩效。因此，只能尽量通过科学的指标组合和统计方法，捕捉体系运行的基本态势和发展动态，从而保证评估结果的效度与信度。

（二）评价方法

1. 权数的确定

权数的确定是综合评价的重要因素之一，如何科学而符合实际地确定权数确实颇费斟酌。一般而言，在很难明确各指标的重要性时，我们可以假设它们的重要性相当，尽量采取将同一级指标权重平均化的办法，以避免人为因素对各指标分值的影响，最终造成综合得分的偏差。在本项研究中，一级指标用德尔非法（Delphi）来确定，其余指标都是经过反复筛选得到，其重要程度相当，权数主要采用平均赋权法。

2. 参考值的确定

参考值的确定，既要反映其动态的变化，又不能脱离我国的现实国情，这是最大的难度所在。本书参考值的确定采取四种方式：一是根据国际上公认的标准为参考值，二是根据国际上平均标准作为参考值,三是将上年该指标的实际值作为参考值,四是将某一指标理论上的理想值作为参考值。

3. 确定评价指标体系中指标的无量纲方法

对于每个定量指标评价值可以采用指数法来确定。对于正向指标(指标值越大越好的指标),指标评价值=某指标的实际值/该指标的参考值,大于1的取1;对于逆向指标(指标值越小越好的指标),指标评价值=(1-某指标的实际值)/(1-该指标的参考值),大于1的取1。主观指标量化成非常满意、比较满意、一般、不太满意、非常不满意五个层次,每个层次评价值分别以100、80、60、40、20来计量,然后将所调查的公众评价表的评价结果加权平均,并以与定量指标评价模型一样的计算方法来计算总体指标的满意度。

4. 评价模型

采用综合评价方法对政府公共文化服务体系绩效进行评价。附表中的每个分层指数都从不同的侧面反映政府公共文化服务实践,可以采用多目标线性加权函数法,即常用的综合评分法来进行评价,其函数公式为:

$$B_l = \sum C_j \times Y_j$$
$$A_m = \sum B_l \times Z_l$$
$$F = \sum A_m \times W_m$$

上式中,B_l 是某二级评估指标的评价值,C_j 是某三级评估指标的评价值,只是某三级评估指标在层次下的权重;A_m 是某一级评估指标的评价值,Z_l 是某二级评估指标在层次下的权;F 是总评估指标的评价值,W_m 是某一级评估指标在层次下的权重。

三、公共文化服务绩效评价指标

指标的设定要综合考虑主客观因素,既要考虑难以量化的主观因素,又要重视客观的变化状态。同时,公共文化服务同样是牵涉甚广的一个社会子系统,公共文化服务绩效评估指标也较为复杂。这些基本指标大都分三级。一级指标主要从公共文化服务的供给、实效等方面来确定,围绕一级指标构建若干个二级指标,再在二级指标下构建三级指标,以此类推,从而构建评估指标体系。主要包括以下三个方面:一是公共文化服务供给绩效,二是公共文化服务供给实效,三是公共文化服务可持续发展绩效。具体如表10-1所示(指标来自王维华,2023)。

表 10-1 公共文化服务绩效评价指标

一级指标	二级指标	三级指标
治理主体	财政投入	文化事业费
		公共图书馆财政拨款
		艺术表演场馆财政拨款
		群众文化机构财政拨款
	硬件设施	公共图书馆机构数
		博物馆机构数
		文化馆机构数
		文化站机构数
		艺术表演团体机构数
		群众文化机构数
	软件投入	公共图书馆专业技术人员
		公共图书馆从业人员
		博物馆专业技术人员
		博物馆从业人员
		艺术表演团体专业技术人员
		艺术表演团体从业人员
		文物保护管理机构专业技术人员
		文物保护管理机构从业人员
治理客体	公共文化需求	公共图书馆总藏量
		公共图书馆阅览室座席数
		博物馆藏品数
		群众文化机构组织文化活动次数
	文化市场需求	动漫企业数
		网吧机构数
	人才队伍需求	群众文化机构培训人次
		群众文化机构专业技术人员
		群众文化机构从业人员

续表

一级指标	二级指标	三级指标
治理效能	供给效能	文化事业费占财政支出比重
		居民人均文化娱乐消费支出
		农村居民人均文化娱乐消费支出
		公共图书馆收入
		博物馆收入
		艺术表演团体收入
		群众文化机构收入
		文物保护管理机构收入
	需求效能	公共图书馆总流通人次
		公共图书馆书刊文献外借册次
		博物馆参观人次
		乡镇文化站文化服务惠及人次
		艺术表演团体国内演出观众人次
		文物保护管理机构参观人次
治理环境	政策环境	省级公共文化服务相关政策数
	经济环境	GDP
		人均 GDP
	人口环境	总人口数
		城镇人口比重
		性别比
		文盲人口占 15 岁及以上人口的比重
		15~64 岁人口数

指标详细说明如下。

(一) 公共文化服务供给

提供优质公共文化服务是政府的重要职能，而对服务供给数量与质量的绩效评估则构成政府履职效能的核心衡量标准。政府公共文化服务体系的供给是人们实实在在感觉得到的，是政府公共文化服务体系绩效实现的关键。它主要体现为公共文化设施和公共文化服务。由于不同地区的经济、文化发展水平不同，其公共文化的供给内容和评价标准均有所差异，很难一概而论。因此本书以《国家基本公共文化服务指导标准（2015—2020 年）》中的基本供给要求，作为评估各地方政府公共文化供给绩效的评价指标。

1. 基本供给服务

基本供给服务作为一个综合性的文化服务体系，涵盖了阅读学习（如公共图书馆、阅报栏提供图书报刊借阅及信息服务）、广播收听（通过多种渠道提供丰富的广播节目，包括应急广播）、电视观看（利用卫星和地面数字电视确保多套电视节目的广泛覆盖）、电影观赏（特别是为农村和中小学生提供电影放映服务）、文艺演出（如送地方戏至农村乡镇）、设施开放（公共文化设施如图书馆、博物馆等的免费开放及特定人群的优惠）以及文体活动（鼓励城乡居民参与各类文体活动，并进行文化艺术知识的普及和培训）。这一系列服务旨在丰富公众的文化生活，提升文化素养，促进文化传承与创新，并通过评估机制不断优化服务供给，以满足人民群众日益增长的精神文化需求。

2. 硬件设施

公共文化服务指导标准中的硬件设施涵盖了多个方面，主要包括文化设施、广电设施、体育设施、流动设施及辅助设施。这些设施的建设遵循国家颁布的相关标准，旨在全面提升公共文化服务水平。文化设施方面，从县级到村级均设有相应的公共图书馆、文化馆、综合文化站等，并整合基层资源建设综合文化服务中心，确保文化资源的均衡分布与有效利用。广电设施则确保广播电视信号的广泛覆盖与高质量传输，满足公众的信息获取需求。体育设施方面，县级以上设立公共体育场，基层配置体育活动器材，促进全民健身。流动设施如流动文化车，为偏远地区提供便捷的文化服务。辅助设施则注重人文关怀，为残疾人等特殊群体提供无障碍设施，确保公共文化服务的普惠性与包容性。整体而言，这些硬件设施的建设与评估均依据国家标准，旨在构建一个覆盖广泛、功能完善、便捷高效的公共文化服务体系。

3. 人员配备

公共文化服务指导标准中涉及的人员配备主要包括人员编制和业务培训两方面的要求。首先，人员编制方面，要求县级以上公共文化机构依据职能和编制核准情况，足额配备工作人员，确保乡镇综合文化站至少有一至两名编制人员，大型乡镇则适当增加，同时村（社区）层面也通过政府购买服务的方式设立公益文化岗位，以保障基层文化服务的人力需求。其次，业务培训方面，重视提升从业人员的专业能力，规定县级以上人员需完成不少于15天的脱产培训，而乡镇及村（社区）的文化工作者则需参与至少5天的集中培训，这些培训均遵循国家设定的标准，旨在通过持续的学习与提升，确保公共文化服务的质量和效率。

（二）公共文化服务供给实效

公共文化服务的供给实效是对公共文化服务供给效果的衡量。公共文化服务供给的最终目的是满足人民群众的基本文化需求，促进社会和谐发展，因此可以从公共文化服务供给的公众满意度和社会影响两方面来衡量公共文化服务的供给实效。

1. 公众满意度

公众满意度可以从公众对公共文化服务的供给内容满意度、供给设施满意度、人员的配备及服务和文体活动满意度四个方面予以评估。评估方式可以通过调查问卷方式予以评价。

2. 社会影响

作为现代公共服务体系的重要组成部分，完善的政府公共文化服务体系在促进社会和谐发展中具有多重功能价值。从文化维度来看，该体系为社会治理提供了共同价值基础和精神凝聚力；从发展维度来看，其为经济社会可持续发展注入了文化资本和智力支持。这种体系性功能既体现了文化治理的内在要求，也契合了高质量发展的时代需求。其广泛而深远的外部效应，通过几个关键指标得以量化评估：一是劳动生产率，它见证了公共文化服务如何激发企业文化活力，凝聚员工力量，进而推动生产效率的飞跃；二是公民政策参与度，良好的服务体系不仅依赖公民的积极参与，更激发了他们参与政策制定的热情，增强了民主参与的实际效果；三是社会治安稳定，公共文化服务的正面影响显著降低了刑事案件发案率，维护了社会的和谐安宁；四是受教育程度，作为促进社会流动与共享文明成果的关键，公共文化服务显著提升了国民的整体教育水平，向国际先进水平看齐，为国家的长远发展奠定了坚实的人才基础。

（三）公共文化服务可持续发展

公共文化服务的供给并非一劳永逸，需要政府不断从资金、人才、技术等方面持续地投入；公共文化服务事业的健康发展离不开社会组织和居民的广泛参与。因此，有必要从资金、社会参与、人才支持三方面来评估某地公共文化服务的可持续发展潜能。

1. 资金投入

公共文化服务的供给离不开地方财政资金的支持，地方财政的支持是决定公共文化服务供给数量和质量的决定因素。因此，某地区公共文化服务供给是否具有可持续性，首先应评估其资金投入是否有保障。为此可以采用文化事业投入占财政支出比重和人均文化活动经费支出两项指标来进行衡量。

（1）文化事业投入占财政支出比重。公共文化服务的供给主体主要来自地方政府，公共文化服务的开展离不开地方财政的支持，可以采用文化事业投入占财政支出比重来评估一地对公共文化服务的资金支持程度。此指标可以参考 OECD 国家平均值。

（2）人均文化活动经费支出。一地的人均文化活动经费支出，可以反映其文化服务的发展水平,持续健康的公共文化服务事业发展,需要不断地提升文化活动的资金支持。该指标的理想值为同等发展水平国家的平均值。

2. 活动参与

公共文化服务供给的核心目标在于有效满足公民基本文化需求,其供给效能取决于服务质量水平与社会参与程度两大关键要素。为实现这一目标,公共文化服务机构应当着力完善以下方面:首先,创新服务管理机制,运用现代治理手段提升决策民主化程度;其次,优化资源配置效率,通过提升设施利用率和服务贡献率实现效益最大化;再次,丰富服务内容与形式,增强文化活动的吸引力和参与度;最后,坚持公益性原则,通过降低准入门槛、延长开放时间等措施扩大服务覆盖面。本质上,公共文化服务应考虑以下指标。

(1)文化场馆年人均流通次数。公共文化服务的对象是人民群众,文化场馆(主要包括文化馆、图书馆、博物馆、艺术馆、影剧院)等公共文化设施,是公共文化服务活动的主要载体,为组织开展群众文化活动,丰富活跃群众文化生活,创造了良好的条件。文化场馆年人均流通次数,可以反映服务主体与服务对象的良性互动,是衡量其发展水平的一个标准,该指标可以参考OECD国家的平均值为评判标准。

(2)社会机构的公共文化供给。提高政府公共文化服务体系的效率需要多方努力,共同发展。最重要的是应创新机制,大力倡导社会力量办文化,鼓励社会资金兴办公益性文化事业,资助文化机构和文化活动,创办民间职业剧团。具体可以采用每十万人拥有社会办非营利文化机构数来衡量,该指标的理想值为同等发展水平国家平均值。

(3)公共服务政策的公众参与率。公共文化政策的制定不但决定着公共文化服务的发展方向,而且影响着公共文化服务的供给质量和供给效率。良好的公共文化服务政策制定,离不开公众的广泛参与。该指标的理想值为100%。

3. 人才团队

公共文化服务的可持续发展不仅需要政府的资金保障,还需要一定数量的专业人才团队为支撑。对于公共文化服务可持续发展的人才支撑,可以采用公共文化事业从业人员占总人口比重和公共文化事业从业人员中高学历比重两个指标来衡量。

(1)公共文化事业从业人员占比。公共文化事业从业人员占比可以采用每十万人中从事公共文化事业人员的比例来评估。此指标标准值可以参考OECD国家平均值。

(2)公共文化事业从业人员高学历占比。公共文化事业从业人员高学历占比可采用公共文化事业专业人员中具有研究生以上学历的占比予以衡量。此指标标准值可以参考OECD国家平均值。

【知识链接】

评估结果运用

用手机扫一扫，了解更多信息

第四节　互联网时代的公共文化服务

"互联网+"具有高连通性、高知识性和高增值性等特征。它带来了公共文化服务的在线化、数据化，使公共文化服务的质量和效率在互联互通、共建共享的模式下不断得到提高，更大程度地满足了人民群众对于基本公共文化的需求，改善和保障了文化民生。[1]

一、互联网对于公共文化服务的作用

（一）提高公共文化服务的供给效率

传统公共文化服务的供给主要通过"三馆一院"、电视、广播和艺术下乡等手段和供给形式提供公共文化服务，但其传播方式往往受地域空间和时间的限制，不但造成其所辐射的范围有限，而且导致远离文化场馆群众参与其中的成本较高，公共文化服务的群众参与率不高。此外，传统的公共文化服务只能在特定的时间，针对特定区域的人群提供相应的文化产品和服务，人们只能享有自己区域内所能提供的有限公共文化服务，不同区域之间的公共文化服务共享性极低，造成了公共文化资源的极大浪费。互联网创新了公共文化产品和服务的供给渠道，也拓宽了群众消费该类产品和服务的渠道。通过互联网渠道提供公共文化产品和服务，创新了供给方式、载体和手段，打破了时间和地域空间的限制，延伸了公共文化服务半径，使得群众通过网络，随时随地都能享受不同地域的公共文化服务成果，提高了公共文化产品和服务供给效率。[2]

---

[1] 刘敏."互联网+"助推公共文化服务供给转变[J].中国国情国力，2016（12）.
[2] 陈波.公共文化服务领域供给侧改革动力机制及路径选择——基于"互联网+"视角的分析[J].汉江论坛，2017（10）.

(二)促进公共文化服务的均等化

我国城市与农村的差距是地区经济发展积累的结果。通常情况下,由于城市经济基础良好,一些大型的文化馆、展览馆、剧院等公共文化设施主要集中在大中城市,公共文化服务的供给无论是数量还是质量一直以来都远远优于农村地区,是城市与农村的公共文化服务供给非均等化的根源。互联网技术的普及,在某种程度上缩小了城乡之间享有公共文化服务的非均衡性。这是由于互联网技术打破了文化资源共享的时间和空间限制,通过网络资源共享平台,可使受众随时随地享受内容丰富、形式多样的公共文化服务资源,足不出户即可参观博物馆、观看美术展、欣赏戏剧等,可以使城市与农村居民享受同样的文化资源,有效地促进了公共文化服务的均等化。

(三)提高公共文化服务的参与度

由于文化资源的有限性,传统公共文化服务在供给内容上存在明显的局限性,难以全面覆盖不同群体的差异化文化需求,导致部分居民的文化参与度降低。通过互联网将海量的丰富文化资源联系在一起,实现文化资源的共享,所有人随时都可以根据自己的喜好和需求去选择相应文化服务,提高了公众的参与积极性。此外,互联网对文化传播成本的降低增加了居民参与公共文化服务的广度和深度,为人们大规模地参与公共文化服务提供了机会。这种大规模的参与,不仅改变了原来信息的单向传播方式,更是大规模地改变了公共文化服务的生态结构。互联网增加了人们与公共文化之间的互动性,在互联网世界中,人们面对信息时,不再仅仅是信息的接收者,也是信息的发布者,尤其是移动互联网已经使每个人都处于网状生存中。[①]通过互联网,人们不仅可以随时消费自己感兴趣的公共文化产品,还可以通过网络发表个人感受、想法甚至是创作文化产品与之互动,由此可以有效地提高公共文化服务的公众参与度。

二、利用互联网思维提高公共文化服务质量的路径

(一)构建多终端传播体系

互联网有效地拓展了公共文化服务的传播体系,因此为使公共文化服务均等化,建议将原有的公共文化服务内容通过多平台、多终端方式传播,尤其是利用移动互联网,通过QQ、博客、微博、微信等移动平台传播公共文化服务信息,使处于不同空间中的人都能得到公共文化服务。同时,建议在版权保护的前提下对公共文化服务信息进行电子化传播。

---

① 孙丽君.互联网对公共文化服务质量的影响及对策[J].中国文化产业评论,2018(1).

（二）提高公共文化服务的针对性

互联网为了解人们对公共文化服务的需求提供了一个途径。通过对互联网大数据的分析，可以了解人们一段时间内的精神需求方向，也可以了解一个地区对公共文化服务的共同追求。因此，互联网大数据的分析，可以直接为公共文化服务提供一定的参考数据，为差异化公共文化服务提供方向，从而提升公共文化服务的针对性。同时，互联网大数据分析对经营性文化企业也有着重要的作用，互联网提供的精神需求动向，已成为经营性文化企业知识产权开发、无形资产评估等生产要素市场化的重要参考指标。

（三）改变公共文化服务的理念

目前，随着互联网技术的加速发展，信息已经成为各组织机构进行经济活动的战略性资源。在此背景下，若将公共文化服务简单界定为由财政资金支持、面向弱势群体的非市场化服务，将产生双重局限：其一，难以适应文化消费者日益多元化的需求特征；其二，无法充分发挥公共文化作为战略性社会资本的价值功能，进而阻碍文化市场秩序的培育与完善。当市场经济已经成为一种基本的经济制度时，不仅文化产业必须围绕市场的优势和缺陷发挥自身的功能，具有公益性质的公共文化事业也要围绕市场的优势和缺陷发挥自身的功能。反过来对于消费者来讲，由于精神需求的非刚性特点，免费并不是文化消费或精神消费的必要条件。在许多情况下，有偿反倒是某些消费者认真消费文化的保证。

传统公共文化服务强化对公共文化设施的投入，而互联网降低了信息传播的成本，并变相地降低了对公共文化设施的需求，这就要求政府对公共文化设施的投入转向对内容的投入。完整的公民文化权利的实现，一方面要以公共文化基础设施为物质依托，另一方面还需要以相应的文化价值体系塑造为根本，这是公共文化服务体系建设须臾不可分的一体两面。内容导向的本质在于以消费者的需求为核心。如果说对公共文化设施的重视是传统公共文化事业体系的运作方式，它遵循着"生产导向"的基本原则，那么互联网背景下对内容的重视则是现代文化服务体系的运作方式，它遵循的是"需求导向"的基本原则。与作为社会文化服务体系的传统文化事业体系的功能目标不同，现代公共文化服务体系是一种以保障公民基本文化权利为出发点的功能体系。这同样需要改变公共文化服务的基本理念，由生产管理转向内容监管和价值引导。公共文化服务体系建设的功能目标是要在满足人民群众公共文化需求的过程中实现意识形态的"柔性渗透"，要遵循一种基于文化内容的价值引导原则。在技术路径上，要以尊重人民群众的多样性文化需求为出发点，通过引导而不是管制的方式影响大众文化的发展方向。

(四)适应公共文化服务供给结构的变化

在传统供给模式下,公共文化服务因其公益属性而主要由政府机构提供。然而,互联网技术的发展推动了文化资源的资本化转型,各类市场主体以公共文化资源为基础进行二次开发和商业化运作。这种市场化供给呈现出显著的差异化特征:不同互联网企业基于内容细分和受众定位形成差异化服务模式,催生了多元化的公共文化服务供给主体。从实践来看,当前已涌现大量以提供公共文化服务为宗旨的机构和个人,其差异化经营策略既满足了公众的多元文化需求,也构成了现代公共文化服务体系繁荣发展的市场基础。其中,网络平台通过内容精准投放和受众细分定位形成的商业模式,尤为典型地体现了这一发展趋势。

互联网技术的发展推动了公共文化服务供给主体的多元化转型。从供给机构的所有制结构上看,现在通过互联网提供公共文化服务的有国营和民营机构;从规模上看,有机关、公司和个人;从内容上看,有传统内容也有现代内容;从盈利方向上看,有以经营为主的公司和个人,也有单纯以公益为方向的公司与个人。因此,这种多元化的供给体系使得人们可以尽量自由地选择公共文化服务,但同样也加大了内容监管的难度。

综上所述,互联网技术对公共文化服务供给体系产生了深刻的变革性影响。随着数字化进程的持续推进,互联网思维正在重构文化产业生态,这将进一步推动公共文化供给模式的创新转型。面对这一发展趋势,公共文化服务需要在以下维度实现系统性变革:在管理理念上确立协同治理思维,在运作机制上构建多元参与框架,在价值引导上强化文化导向功能,通过全方位的制度创新适应数字化时代的发展要求。

➙【知识链接】

互联网在公共文化服务领域的运用

用手机扫一扫,了解更多信息

➙【本章小结】

公共文化服务(Public Culture Service)是指由公共部门或准公共部门共同生产或提供的,以满足社会成员的基本文化需要为目的,着眼于提高全体公众的文化素质和文化生活水平，既给公众提供基本的精神文化享受，也维持社会生存与发展所必需的文化环境与条件的公共产品和服务行为的总称。公共文化服务体系演进过程中其理论根源主要来源于新公共行政理论、公共产品与文化权理论和数字不平等理论，其现实依据来源于国家的法规政策。《中华人民共和国公共文化服务保障法》将公共文化服务明确定义为由政府主导、社会力量参与，以满足公民基本文化需求为主要目的而提供的公共文化设施、文化产品、文化活动以及其他相关服务。公共文化服务以满足人民群众基本文化需求为主要目的。政府主导的公共文化服务强调"基本"。"基本"是提供内容的范围尺度，也要因地制宜，与时俱进，动态调整，不断提升。我国公共文化服务的基本特征主要有公益性、基本性、均等性和便利性。

公共文化服务系统的核心任务是，公共文化服务主体有效配置公共资源，组织并向公众提供基本的文化产品及服务，以确保公民文化权益的实现。从构成成分上看，公共文化服务体系主要包括公共文化服务的实施主体、公共文化服务的服务内容、公共文化服务的保障体系、公共文化服务的协调机制和评估体系。

"互联网+"具有高连通性、高知识性和高增值性等特征。它带来了公共文化服务的在线化、数据化，使公共文化服务的质量和效率在互联互通、共建共享的模式下不断得到提高，更大程度地满足了人民群众对于基本公共文化的需求，改善和保障了文化民生。互联网对于公共文化服务的作用主要体现在提高公共文化服务的供给效率、均等化和参与性。利用互联网思维提高公共文化服务质量的路径可以从构建多终端传播体系、提高公共文化服务的针对性、改变公共文化服务的理念、适应公共文化服务供给结构的变化、改变政府在公共文化服务中的作用等方面着手。

【复习思考题】

1. 什么是公共文化服务？
2. 公共文化服务体系形成的理论根源有哪些？
3. 公共文化服务的基本特性有哪些？
4. 简述公共文化服务体系构成。
5. 简述互联网时代政府在公共文化服务中的作用。

第十一章

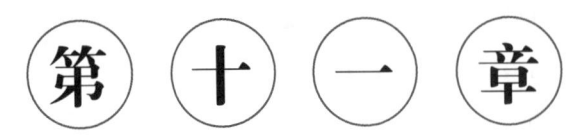

文化遗产保护

➡【学习要点】

1. 文化遗产的内涵、分类及特征。
2. 文化遗产保护的原则、物质文化遗产保护的主要措施。
3. 非物质文化遗产的主要保护措施。
4. 文化遗产保护与利用的关系、文化遗产利用的原则。

➡【引例】

在加拿大，由于政府长期忽视少数族群的权益，少数族群语言和文化传承都面临着严重的危机，有50多种少数族群语言都处于消亡的边缘。在全球母语遗失最为严重的澳大利亚，白人到来之前，澳大利亚大概有250种语言，如今却只剩下不到70种。生活在瑞典北部以及挪威、芬兰的萨米族被称为"欧洲最后的土著"。随着瑞典、挪威、芬兰等国的垦荒者进入萨米人居住的区域随意伐木、开矿、兴建水利，越来越多的萨米人被迫搬到城镇居住，萨米文化和语言逐渐消失。如今，人们探访萨米人的愿望只能在一家面积不足100平方米的博物馆内实现，或是通过观看那些专为旅行团准备的表演聊以慰藉。

【引例启示】

一个地域的文化生态环境，是经过漫长的历史发展形成的，其现状与历史发展息息相关。随着经济发展和全球化的推进，一个国家或地区的少数族群的生存空间和传统文化不断遭到入侵和同化。那些早已被驱逐出家园，被剥夺了语言和文化传统的少数族群，其民族文化濒临消亡。现在世界各地都广泛认识到少数族群处境极为不利，并且少数族群受到严重种族歧视，其保护面临很多问题。在经济发展与文化遗产保护方面，还需要采取更多的措施[1]。

第一节　文化遗产概述

一、文化遗产的内涵

"遗产"一词最初的含义为"财产"，是指祖辈留下来的物质财富。如《后汉书·郭丹传》载有"丹出典州郡，入为三公，而家无遗产，子孙困匮"。英文中源于拉丁语"Heritage"，意为"父亲留下的，为子孙继承的财产"，与古汉语中的"遗产"词义基本相同。随着社会的发展，很多词汇都被赋予新的内涵，"遗产"一词也不例外，而与"遗产"搭配的词也越来越多，如自然遗产、文化遗产、双遗产等。在与"遗产"搭配的众多词汇中，备受关注的是文化遗产[2]。

最初，世界各国对文化遗产（主要是物质文化遗产）没有统一的称谓，其称谓有"古物""历史文化遗产""历史遗迹""文化财产"等。1954年出台的海牙公约首次使用了"文化遗产"这一术语，而且首次界定了文化遗产的类别。海牙公约对文化遗产的定义为"对每一民族文化财产具有重大意义的可移动或不可移动的财产"，例如建筑、艺术或历史纪念物，以及作为整体具有历史或艺术价值的建筑群，艺术作品；具有艺术、历史或考古价值的手稿、书籍及其他物品，以及科学收藏品和书籍或档案的重要藏品或者上述财产的复制品。

联合国教科文组织委托国际古迹遗址理事会起草保护世界文化遗产公约时，采用了"文化遗产"的概念，并于1972年通过了以保护人类自然环境和人文环境为宗旨的世遗公约。此时国际社会认同的"文化遗产"概念，仅指物质文化遗产。其中海牙公约和世遗公约所指的文化财产或文化遗产，就是物质实体。

随着世界遗产保护实践的深入和对文化遗产认识的深化，经联合国教科文组织部分成员国建议，国际社会逐渐形成了对文化遗产"物质"和"非物质"两个方面的共识。经过30多年对非物质文化遗产保护的实践，联合国教科文组织在2003年的第32届大会上通过了非遗公约，不仅将"非物质文化遗产"作为国际法律术语确定下来，

---
[1] 单霁翔. 民间文化遗产保护［M］. 天津：天津大学出版社，2015.
[2] 于海广，王巨山. 中国文化遗产保护概论［M］. 济南：山东大学出版社，2008.

也使国际通用的"文化遗产"概念更加完善。由此可以将文化遗产定义为：先人留给后代的具有文化价值的财产或财富。

可以说，国际通用的"文化遗产"概念，是随着20世纪世界各国，尤其是西方发达国家越来越重视文化遗产的保护与利用而逐渐形成的，是在联合国教科文组织的主导下推进世界遗产保护运动的过程中逐步确定的。这一概念的初始含义，仅限于物质性具有文化价值的古代遗物和遗迹，而如今已是包含了物质文化和精神文化在内的一切具有文化价值的人类遗存。①

二、文化遗产的分类及其特征

（一）文化遗产的分类

文化遗产的分类主要以"有形"和"无形"方式予以区分，分别对应物质文化遗产和非物质文化遗产。

物质文化遗产又称"有形文化遗产"，是指人类在社会历史实践中创造的具有文化价值的物质财富遗存，包括一切体现历史文化内容和价值的物质实体，是相对于"非物质文化遗产"或"无形文化遗产"而言的。

联合国教科文组织于2003年颁布的《保护非物质文化遗产公约》(以下简称《非遗公约》)将非物质文化遗产表述为：被各群体、团体，甚至被个人视为文化遗产的各种实践、表演、表现形式、知识和技能及其有关的工具、实物、工艺品和文化场所。我国在《非遗公约》对非物质文化遗产表述的基础上完善了非物质文化遗产的概念，指"各种以非物质形态存在的与群众生活密切相关、世代相承的传统文化表现形式"，包括口头传说、传统表演艺术、民俗活动和礼仪与节庆、有关自然界和民间传统知识、实践、传统手工艺技能以及与上述传统文化表现形式相关的文化空间。"非物质文化遗产"包括以下方面：①口头传说和表述，包括作为非物质文化遗产媒介的语言；②表演艺术；③社会风俗、礼仪、节庆；④有关自然界和宇宙的知识和实践；⑤传统的手工艺技能。

（二）物质文化遗产的特征

一切事物皆有其特征，此事物的特征是与他事物相比较而显见的。物质文化遗产的特征，是与非物质文化遗产相比较而显见的。

1. 静态性

静态性表现为静止不动而固定存在的状态。物质文化遗产所包含的一切遗迹和遗

---

① 蔡靖泉. 文化遗产学[M]. 武汉：华中师范大学出版社，2014.

物，如海牙公约和世遗公约定义的文化遗产、文物法规定的文物，都是静止不动的客观存在。遗址、墓葬、建筑乃至街区、村镇等遗迹，皆静止地存在于形成的原址并附着于土地或其他不可移动的物体上，除非自然或人为的作用，自身是不会发生迁移的。物质文化遗产的静态性特征，是由其历史遗存物质的本质特征决定的。物质就是客观的，物质文化遗产则是客观存在的历史遗存，是有形、可见、可感的。

2. 原真性

原真性指原本而真实的特征，表现为原本事物真实确切的存在状态。

物质文化遗产所包含的一切遗迹和遗物，都是一定历史时期人类文化创造的成果。每处遗迹或每件遗物，都不同程度地反映特定历史时期的社会生活与文化面貌，具有鲜明的时代特点。其建筑或制作所用的材料和技艺，都是当时社会生产力发展水平的客观反映；其所承载的历史、艺术和科学等信息，都是当时政治、经济、思想、风尚的体现。因此，物质文化遗产的价值，首先体现在原真性上。若是复建物、复制品甚至仿建物、仿制品，就不具有原物的价值，也就不是文化遗产。

物质文化遗产的原真性，意味着物质文化遗产是不可再生的，一旦被损毁就不复存在。中华人民共和国成立之初，时任中央人民政府文化部文物局局长郑振铎强调："文物一旦毁灭，便如人死不可复生一样，永远不会再有原物出现。"1964年出台的《威尼斯宪章》，提出古迹保护与修复的基本原则首要的是原真性，呼吁"将它们真实地、完整地传下去是我们的职责"。联合国教科文组织世界遗产委员会颁行的《实施〈保护世界文化和自然遗产公约〉的操作指南》，将原真性作为文化遗产的首要标准，明确要求缔约国申报的世界文化遗产必须符合原真性标准。

3. 完整性

完整性指完好而整体的特征，表现为各部分未受损缺的存在状态。物质文化遗产所包含的一切遗迹和遗物，只有是完整的遗存，才能最大限度地承载历史文化信息，充分体现其所具有的历史、艺术和科学等价值。古遗址、古建筑、古墓葬以及古代器物、艺术品、文献、手稿、图书等遗迹遗物，一旦因某种原因被损坏，就在很大程度上失去了其原有的历史文化价值。因此，认定和评估、研究和保护物质文化遗产，必须考虑和依据其完整性。考古工作者在遗址或墓葬里发掘的陶器、铜器等已解体的器物，就有必要将破裂的各部分重新黏结起来以尽可能地修复还原。只有修复还原，才能较为充分地展现出原物的风貌并体现出遗产的价值。对于建筑、陵寝、石窟寺、城镇、村落、街区等遗迹的保护，除了尽可能考虑保持其原貌完整性，还要考虑和依据其原生环境的完整性，即其与周边环境形成的传统格局和历史风貌的完整性。

4. 观赏性

观赏性指观看而欣赏的特征。具有观赏性的事物，表现为供人观赏而获得审美感知的存在状态。物质文化遗产的观赏性，来自其本身所具有的艺术价值。人类是在形成初步的意识机能时，就萌发了审美意识。人类在有意识地进行文化创造活动时，也在有意识地美化自己的文化创造成果。因此，物质文化遗产所包含的一切遗迹和遗物，都是特定时代的人们创造的文化成果，都具有艺术价值及观赏性。古代的书画、雕塑等艺术品的观赏性是文献、书稿、书籍等遗物依然会在制作、书写、印刷、装帧等方面体现出来的。长城本是军事防御设施，但它犹如巨龙蜿蜒匍匐于万里关山，其建筑形式和整体形象具有极大的观赏性，成了中国文化的象征。世界遗产委员会评价说："它的文化艺术上的价值，足以与其在历史和战略上的重要性相媲美。"

实际上，人们最初保存古器物、古字画，保护古建筑，主要着眼于其观赏性。将文物古迹作为艺术品看待而予以保存和保护成为传统。保存下来的大量物质文化遗产，大都具有较高的艺术价值，体现出较强的观赏性。因此，《威尼斯宪章》阐明的宗旨是"把它们既作为历史见证，又作为艺术品予以保护"。物质文化遗产的观赏性，既是文化遗产艺术价值的体现，又是文化遗产经济价值的体现，突出地反映出文化遗产的旅游价值。

（三）非物质文化遗产的特征

非物质文化遗产是相对物质文化遗产而言的，其特性是相对物质文化遗产表现出来的特点，具有以下特性。

1. 非物质性或无形性

非物质性是非物质文化遗产的根本特性。非物质文化遗产的存在形态与物质文化遗产的存在形态完全不同，前者是非物质的、无形的。例如藏族、蒙古族、土族、裕固族人民代代传唱的史诗《格萨尔王传》，通过优秀的民间说唱艺人，以不同的风格传唱至今。

2. 活态性

非物质文化遗产是一种"活态"文化。这种活态性，在口头传说和表述及其语言、表演艺术、社会风俗、礼仪、节庆以及传统工艺技能等遗产中表现得尤为突出。它们的文化内涵是通过人的活动得以表现，通过人的活动传达给受众。这一点与物质文化遗产明显不同。物质文化遗产的文化内涵，是通过人的研究、挖掘、探索等取得认知，提示出来，而后以不同形式传递给受众。这种认知和提示，往往受到时代的局限，受到当时的认识能力和学术水平以及科技发展所提供的认知技术手段的局限。

非物质文化遗产的文化内涵在传达给受众时，往往还会有互动，如语言交流，表演者的精彩表演，观众的鼓掌和欢呼。这些是物质文化遗产不具有的。非物质文化遗产中的传说、表述、表演者和传统工艺技能的操作者，是非物质文化遗产"活态"创造的主体，最具有能动性，处于"活态"文化的核心地位。他们在不同时间、不同地域、不同场次或场景的表述、表演和技能操作，都会有不同的发挥，都是一种新的创造。同时这些"活态"的表述、表演，还会随着时间和场景的变化而变化。时代的前进，社会的发展，对表述、表演艺术都会有不同的影响，从而出现不同的面貌。总之，"活态"性是非物质文化遗产的本然形态，也是其生命线，是非物质文化遗产的重要特性之一。

3. 地域性

地域性是非物质文化遗产的重要特点，在不同地域相同的非物质文化遗产项目也会表现出不同的特点。以端午节为例，农历五月初五是中国民间的传统节日端午节，在这一天全国各地都以不同的方式庆祝这个节日，如有的地方在这一天有扒龙舟的习俗，有的地方有洗草药水的习俗，有的地方有放纸鸢的习俗，有的有打午时水的习俗，即便是吃粽子的习俗南北风味也差异很大（南方多以咸味粽子为主，北方多以甜味为主）。强调非物质文化遗产的地域性实质是在强调地域环境和文化对具体类别非物质文化遗产形成的影响。

4. 传承性[①]

文化遗产代代流传，但与有形的文化遗产不同，非物质文化遗产必须通过实践才能传承。在长期的生活、劳动或创造的过程中，非物质文化遗产经过一代代人的积累和改进，以师徒或团体的形式传承下来，逐渐形成今天的技能或习俗。它是社区群体智慧的象征，是传统文化的结晶。因此说，非物质文化遗产大多没有具体的创造者，即使有，也是后人对前辈已有技艺或习俗的加工和创新。

非物质文化遗产通过语音和手势的模仿和重复练习，通过生活或仪式中的言传身教一代代地传承。传承人并不是在学校中学到这些技艺，更多的，他们通过在家庭或社区中观察和模仿父辈而继承到这些知识和技能。他们不断吸收这些知识，将自己变为艺术的实践者，随后再传给下一代。

5. 多样性

非物质文化遗产的类型非常广泛和丰富，以至于我们没有办法知道一个确定的数字。以语言为例，全世界在不到200个国家中，共有至少6000种语言存在，而非物质文化遗产的种类绝对不少于语言的数量。非物质文化遗产不仅数量丰富而且形式多样，

---

① 彭兆荣. 文化遗产学十讲［M］. 昆明：云南教育出版社，2012.

有高雅的宫廷音乐，也有民间的小调；有宗教的仪式表演，也有日常的节日庆典；有气势恢宏的音乐剧，也有沉默不语的哑剧；有一个人的说唱，也有群体的表演；有烦琐的，也有简单的。

➡【知识链接】

文化遗产保护的起源与发展

用手机扫一扫，了解更多信息

第二节　物质文化遗产保护

一、物质文化遗产保护的基本原则

在遗产研究和遗产保护实践中，保护与管理是遗产本体论的核心组成部分。从遗产保护的内在联系来看，遗产保护不仅与自然和生态、国家与地方之间有着复杂而微妙的关联，还涉及国际公约、国家立法等相关的法律法规。在坚持保护原则和立法保护的前提下，探索适合国情与地方文化生态的保护方式显得尤为重要。

就文化遗产的存续而言，原真性与完整性是与之相关的关键性概念，也是文化遗产保护与管理实践中必须遵循的重要依据和原则。

（一）原真性原则

原真性概念最初出现在《威尼斯宪章》中。《威尼斯宪章》提出"将文化遗产真实地、完整地传下去是我们的责任"，强调了文化遗产的保护不仅要保护"最初的状态"，还应保护"所有时代留下的文化精华"，以及历史古迹周围的环境等。这充分表达了文化遗产保护原真性概念的内涵。1994年的《关于原真性的奈良文件》将原真性概念进行了更为详细的阐释。该文件提出从文化多样性与遗产多样性角度来理解遗产原真性问题，认为文化遗产的原真性既包括原初性的遗产要素，也包含与之相关的文化信息的可信度与真实性。这些与遗产原真性有关的信息主要包括遗产的形式与设计、材料与材质、利用与功能、精神与情感，以及其他内在因素与外在因素。2002年版的《世界遗产公约行动指南》将文化遗产的文化价值认证直接与遗产的原真性原则联系起来，并明确指出遗产申报必须经受"原真性检验"。文化遗产原真性保护原则的提出意在提醒人们文化遗产的历史价值、文化价值、艺术价值、科学价值等都是建立在其真实性的基础上的，不可随意改动，随意添加。伴随着人们对遗产概念及保护理念的认识不断提升，时至今日，坚持原真性原则，已经成为文化遗产保护实践中的重要准则。

（二）完整性原则

"完整性"，表示尚未受人干扰的原初状态。在遗产的保护实践中，完整性原则首先出现在国际保护联盟对自然遗产提出的标准中。其后，在文化遗产的保护实践中，人们发现文化遗产的完整性原则同样重要。文化遗产的完整性原则主要体现在两个方面。①文化遗产的保护既包括遗产本身，也涵盖与之密切相关的生存环境。建筑、城市、街区、景区或考古遗址等应当尽可能保持自身组成部分和结构的完整，及其与所在环境的和谐、完整性。②完整性还包括文化遗产所具有的历史、科学、情感、价值等方面的内涵和文化遗产形成的要素，如非物质文化遗产的保护对象既包括物质载体、无形文化，也包含与其相关的文化空间、生态环境等。

在文化遗产保护实践中，坚持原真性原则与完整性原则的目的是促进遗产项目真实、完整地传承下去，强调文化遗产与其文化主体之间的内在自来联系，从而构建遗产与其文化主体、生态环境之间的和谐关系。目前，伴随着大众旅游的盛行，遗产的原真性、完整性保护日益受到来自市场经济、政府行为、商业资本等多方力量的挑战。那么，在坚持原真性与完整性保护原则的前提下，协调好文化遗产保护与开发的关系、"结构式"保护与文化整体观之间的关系、传统文化的保护与市场经济的对接问题等，还有赖于遗产与自然和生态、遗产与国家和地方等诸多关系的良性互动。

二、物质文化遗产的保护措施

物质文化遗产与非物质文化遗产的基本特征有所不同，两者的管理机构和保护措施也有所不同，故有必要对两者分别阐述。物质文化遗产的保护主要包括物质文化遗产的调查、认定、申报、定级、建档、维护修复和督查。

（一）物质文化遗产的调查

物质文化遗产的调查，即国人通常所说的文物调查。保护物质文化遗产，不仅需要进行经常性的文物调查，还需要根据保护形势的变化进行大规模的文物普查。开展任何工作，采取任何措施，前提和基础都是掌握真实的情况。没有调查，不了解实情，也就无法有效地开展工作，正确地采取措施。文物调查，是为了掌握文物，主要是不可移动文物的数量、分布、特征、保存现状、环境状况等基本情况，为准确判断文物保护形势、科学制定文物保护政策和规划提供依据。

文物调查一般为文物行政部门和文物管理机构的一项常态化的工作。全国性的文物普查则是国家文物行政部门组织的全国范围内的调查活动。中国文物调查与普查的对象，主要包括文物法规定的受国家保护的各类文物。在调查实践中，一般将调查对象归纳为古代文物和近代文物，也重视其中的民族文物和民俗文物。

（二）物质文化遗产的认定

物质文化遗产的认定，一般是对文物真伪、年代、类型、名称和价值等的认定，可以说包括了确认和鉴定文物的全过程。世界各国对物质文化遗产的认定，大都在其物质文化遗产保护的法律及相关法规性文件中有明确的规定。

随着世界遗产事业的发展，国际社会所认定的文化遗产的类型不断增多，文化遗产保护的范围也不断扩大。因此，根据世界遗产保护的实践需要而不断修订的《世界遗产公约操作指南》（以下简称《操作指南》），就有对不断丰富的世界遗产的含义所作的补充说明。2002年修订版文物法，就已经将一些国际社会认定的文化遗产类型纳入中国文物保护的范围。第三次全国文物普查进而将国际社会认定以及认定之中的文化遗产类型也纳入普查内容之中，体现出中国文化遗产保护的先进性。新增的物质文化遗产类型，主要有以下几类：

1. 历史文化名城、名镇、名村和历史街区

保存文化遗产特别丰富并且具有重大历史文化价值或历史纪念意义的城市、城镇、村庄或街道，即历史文化名城、名镇、名村或历史街区。

1933年，国际现代建筑学会通过的《雅典宪章》首次提出了"历史街区"的概念，并主张"对有历史价值的建筑和街区，均应妥为保存，不可加以破坏"。1964年出台的《威尼斯宪章》指出："历史古迹的概念不但包括单个建筑物，而且包括能从中找出一种独特的文明、一种有意义的发展或一个历史事件见证的城市或乡村环境。"1975年，国际古遗址理事会通过了《关于历史性小城镇保护的国际研讨会的决议》。随着一系列关于历史街区、历史城镇的国际文件的出台，国际社会尤其是欧美各国不断加大对历史城镇和历史街区的保护，申报为世界遗产的历史城镇和历史街区也逐渐增加。《世界遗产公约操作指南》对历史城镇和城镇中心做了较严格的定义和分类，并制定了将无人居住、尚有人居住和20世纪新建的三类历史城镇列入《世界遗产名录》的操作细则。

中国对历史文化城镇及街区的保护，始于20世纪80年代。1982年2月，为了保护那些曾经是古代政治、经济、文化中心或近代革命运动和重大历史事件发生地的重要城市及其文物古迹免受破坏，"历史文化名城"的概念被正式提出。根据《中华人民共和国文物保护法》,"历史文化名城"是指保存文物特别丰富,具有重大历史文化价值和革命意义的城市"。2005年10月1日,《历史文化名城保护规划规范》正式施行,确定了保护原则、措施、内容和重点。2008年7月1日,《历史文化名城名镇名村保护条例》正式施行,规范了历史文化名城、名镇、名村的申报与批准。如果国家历史文化名城的布局、环境、历史风貌等遭到严重破坏,由国务院撤销其历史文化名城称号。截至2021年3月12日,国务院已将137座城市列为国家历史文化名城,并对这些城市的文化遗迹进行了重点保护。中国历史文化名镇名村,是指保存文物特别丰富且具有重大历史价值或纪念意义的、能较完整地反映一些历史时期传统风貌和地方民族特色的镇和村。中国历史文化名镇名村,由建设部和国家文物局从2003年起共同组织评选。截至2019年1月,住建部和国家文物局先后公布了七批中国历史文化名镇名村,共588个。

2. 乡土建筑

乡土建筑指乡间村里朴素自然而具有历史文化价值的传统建筑。据其特征,或被称为"本土建筑""民间建筑""传统建筑"等。1999年,国际古遗址理事会第12届大会通过了《关于乡土建筑遗产的宪章》并确定了乡土建筑遗产的识别标准:①一个群体共享的建筑方式;②一种和环境相呼应的可识别的地方或地区特色;③风格、形式与外观的连贯性,或者对传统建筑类型的使用之间的统一;④通过非正式途径传承的设计与建造传统工艺;⑤因地制宜,对功能和社会的限制所做出的有效反应;⑥对传统建造系统与工艺的有效应用。

近年来,中国也高度重视对乡土建筑的保护。2007年通过了中国首部关于乡土建筑保护的纲领性文件《中国乡土建筑保护——无锡倡议》。文件呼吁重视对乡土建筑和它所体现的地方文化多样性的保护,涉及立法、规划、合理利用、宣传、普查等方面,为中国乡土建筑保护确立了原则和方向。第三次全国文物普查的实施方案,就将乡土建筑列入了重要的普查内容。乡土建筑调查保护的范围,也扩大到与生活相关的一切具有历史文化价值的民间建筑,如民居、寺庙、祠堂、书院、戏台、酒楼、商铺、作坊、小桥等。

3. 工业遗产

工业遗产,指人类在社会历史实践中从事工业活动遗留的具有文化价值的存在物。广义的工业遗产,包括人类历史上所有工业活动及工程建设中反映人类科技创造的遗存。狭义的工业遗产,则指始于英国工业革命以来采用钢铁及水泥等新材料、煤炭及石油等新能源、机器生产为主要特点的工业遗存。目前,国际社会实施工业遗产保护的对象,大都是狭义的工业遗产。19世纪末,英国兴起了研究工业革命与工业大发展时期的工业遗迹和遗物的工业考古学，人们开始萌发保护工业遗产的意识。2003年7月，在俄罗斯的下塔吉尔召开的国际工业遗产保护协会大会上，通过了关于工业遗产的下塔吉尔宪章。该宪章界定了工业遗产的概念，阐述了工业遗产的价值及其认定、记录和研究的重要性，并就工业遗产的立法保护、维修保护、教育培训、宣传等方面提出了原则、规范和方法的指导性意见。下塔吉尔宪章将工业遗产界定为具有历史、技术、社会、建筑或科学价值的工业文化遗存。这些遗存包括建筑物和机械、车间、作坊、工厂、矿场、仓库、能源生产转化利用地、运输和所有它的基础设施以及与工业有关的社会活动场所，如住房、教育场所等。

21世纪，中国政府也重视对工业遗产的保护，并于2006年通过了《中国工业遗产保护——无锡建议》。文件对工业遗产含义，做了契合中国国情的说明。文件中所规定的工业遗产包括具有历史学、社会学、建筑学和科技、审美价值的工业文化遗存。包括工厂车间、磨坊、仓库、店铺等工业建筑物，矿山、相关加工冶炼场地、能源生产和传输及使用场所，交通设施、工业生产相关的社会活动场所，相关工业设备，以及工艺流程、数据记录、企业档案等物质和非物质文化遗产。文件根据中国工业遗产保护的现状，汲取了别国工业遗产保护的先进理念，对中国工业遗产的保护内容、实现途径、责任和目标等进行阐述；不仅是中国工业遗产保护的第一部纲领文件，也标志着中国工业遗产保护迈出了实质性步伐，对中国的工业遗产保护产生了积极而深远的影响。

2006年5月，国务院公布的第六批全国重点文物保护单位中，就有9处工业遗产，即黄崖洞兵工厂旧址、中东铁路建筑群、青岛啤酒厂早期建筑、汉冶萍煤铁厂矿旧址、石龙坝水电站、个旧鸡街火车站、钱塘江大桥、酒泉卫星发射中心导弹卫星发射场遗址和南通大生纱厂。

4. 文化景观

文化景观是指人类在社会历史实践中，于特定环境里进行文化创造活动所形成的文化景象，是人类创造性活动与自然环境变化相互作用的结果，故称为"人类与自然的共同作品"。1992年12月，在美国圣菲召开的第16届世界遗产大会决定根据世遗公约第一条中关于"文化遗产"的定义，在《世界遗产名录》中列入具有世界意义的文化景观。由此文化景观也就成为世界遗产一个类别。

《实施保护世界文化与自然遗产公约的操作指南》（以下简称《操作指南》）对文化景观作了明确的定义：文化景观属于文化遗产，是人类与大自然的共同杰作。它们见证了人类社会和居住地在自然限制或在自然环境的影响下随着时间的推移而产生，它们也见证了外部和内部社会、经济和文化的发展力量。选择它们的依据包括它们突出的普遍价值和它们在特定地理文化区域中的代表性，还包括它们体现这些地区一般和特殊文化元素的能力。人类刻意设计及创造的景观、有机演进的景观和关联性的文化景观，是《操作指南》确认的 3 种文化景观。其中，有演进的景观分为残遗（或化石）景观和可持续性景观 2 种。1996 年，中国申报的庐山被认定为文化景观而入选《世界遗产名录》。世界遗产委员会对庐山的评价是：江西庐山是中华文明的发祥地之一。庐山的历史遗迹，以其独特的方式融汇在突出价值的自然美之中，形成了具有极高美学价值的，与中华民族精神和文化生活紧密相连的文化景观。2009 年、2011 年、2013 年和 2016 年，山西五台山、杭州西湖、云南红河哈尼梯田、广西花山岩画先后作为文化景观类型成功申报为世界遗产。

5. 文化线路（遗产线路）

文化线路是指主要因服务一个特定目的而形成具有明晰界限并且长期存在的水、陆或混合型通道，呈现出相关性，反映了人类交往和文化交流状况的文化遗产线性分布，是国际社会认定的文化遗产类型。2003 年，国际古迹遗址理事会在提交世界遗产委员会的文件《行动指南》中对"文化线路"的定义是一种陆地道路、水道或者混合类型的通道，其形态特征的定性和形式基于其自身具体的和历史的动态发展和功能演变。它代表了人们的迁徙和流动，代表了一定时间内国家和地区内部或国家和地区之间人们的交往，代表了多维度的商品、思想、知识和价值的互惠和持续不断的交流，并代表了因此产生的文化在时间和空间上的交流与相互滋养。这些滋养长期以来通过物质和非物质遗产不断地得到体现。2005 年版《操作指南》对"遗产线路"的界定是由各种切实的要素组成，这些要素文化意义来自跨国界和跨地区的交流和多维对话，它们说明了在这条线路上运动在空间和时间上的交互作用。文化线路，既可以在国家地域里构建出包含多个在空间、时间维度上相互联系的文化遗产保护网络，也可以在世界范围内构建出包含多个在空间、时间的维度上相互联系的文化遗产保护系统，被认为是极富创新的文化遗产保护理念和方法。2008 年 10 月，在加拿大召开的国际古迹遗址理事会上通过的《文化线路宪章》，是国际文化线路保护的基础性文件。

中国是文化遗产大国，在悠久的历史中形成的文化线路较多。政府近年来高度重视文化线路遗产保护，认真调查国内的文化线路并与他国联合保护共有的文化线路。2005 年 10 月，中国与哈萨克斯坦、吉尔吉斯斯坦、塔吉克斯坦、乌兹别克斯坦、土库曼斯坦协商确定，将"丝绸之路"作为文化线路联合申报世界遗产。第三次全国文物普查明确要求，应重视跨省区的线形遗址和遗迹的调查登录。目前学术界热烈探讨的文化线路有蜀道、茶马古道、佛教之路、长征之路等。

物质文化遗产认定的理论性较强，也相当复杂，实际操作颇有难度。文化部制定出认定标准更明确、操作性更强的管理办法。2009 年 8 月，文化部发布《文物认定管理暂行办法》，共十七条，于当年 10 月 1 日施行。该办法明确了国家对文物实行认定、定级及登录制度，规定由县级以上文物行政部门委托或设置专门机构对认定、定级的文物开展登录工作；顺应了文化遗产多样性的发展趋势，在认定对象中增加了乡土建筑、工业遗产、文化线路、文化景观等特殊类型文物；规定了采用听证会、行政复议等方式，保障公众在文物认定过程中的参与权；适应了在新形势下更为有效地保护中华民族文化遗产的要求，为中国文化遗产的科学化管理奠定了良好的基础。

（三）物质文化遗产的申报

1. 世界遗产申报

世遗公约的缔约国，根据公约的规定将本国评估认定符合世界遗产标准的文化遗产，按照《操作指南》具体规定的申报文本和程序要求申报列入《世界遗产名录》。缔约国申报列入《世界遗产名录》的遗产，除了本国境内的单体的文化遗产外，还可以申报整体的系列遗产，以及联合申报系列遗产或跨境遗产。

系列遗产指包括几个相关组成部分的遗产，这几个相关部分共同组成一个整体，必须具有突出的普遍价值。相关组成部分分别属于：①同一历史文化群体；②具有某地域特征的同一类型的遗产；③同一地质、地形结构，同一生物地理亚区，或同类生态系统。如熏香之路——内盖夫的沙漠城镇就是系列遗产。那巴提人的四个城镇哈鲁扎（Haluza）、曼席特（Mamshit）、阿伏达特（Avdat）和席伏塔（Shivta），以及内盖夫沙漠的相关堡垒和农业景观，分布在通往地中海端的熏香之路两边。它们共同反映了自公元前 3 世纪起到公元 2 世纪间从阿拉伯南部到地中海地区乳香和没药贸易的巨大繁荣景象。复杂的灌溉系统、城市建筑、城堡和商队旅馆等遗迹，见证着条件艰苦的沙漠发展成为贸易和农业定居点的过程；它们体现了同一历史文化，共同成功申报为系列遗产。

缔约国的正式申报文件，必须在每年 2 月 1 日前提交，以便世界遗产中心有足够的时间审查，组织评估，从而将完整材料交付次年 6 月或 7 月举行的世遗大会审核并作出是否列入《世界遗产名录》的决定。《操作指南》中附有世界遗产申报材料的格式要求。概而言之，世界遗产的申报要求，主要在于遗产及其周边环境的原真性、完整性、统一性、突出的普遍价值和申报成功后的保护持久性、规范性：①遗产必须具有突出普遍价值；②遗产必须具有原真性、完整性，而且保护良好，与周边环境和谐统一，其边界和范围能够适应保护的需要；③遗产保护体制健全，具有完善的管理体系、管理制度和管理能力。

1986 年，中国首次向世界遗产委员会提交了包括长城在内的 28 项文化遗产清单，作为中华人民共和国世界遗产预备名录。1987 年，正式将长城、泰山、故宫、秦始皇陵、莫高窟、周口店"北京人"遗址申报世界遗产，并提交了规范的申报文件，经审核通过被列入《世界遗产名录》。截至2023年9月18日，中国世界遗产总数增至57处，世界遗产总数位居世界第二。其中世界自然遗产14项，文化和自然双遗产4项，均位居世界首位。

2. 重点文物保护单位的申报

世遗公约定义的文化遗产，实际上都是不可移动文物。中国文化遗产保护与世界接轨，也主要在于不可移动文物的保护学习和借鉴联合国教科文组织保护世界遗产、发达国家保护文化遗产的先进理念和有效措施。中国自20世纪50年代就对不可移动文物实行文物保护单位制度，随着文化遗产保护实践的深入和认识的深化，同时受到国际上整体保护文化遗产、重点保护历史城区和城镇的理念影响，20世纪80年代开始实施对历史文化名城的保护，2003年以来扩大到对历史文化名镇名村的保护。关于文物保护单位、历史文化名镇名村的申报，国家的相关法规及行政主管部门的专门文件中都有具体规定。

国务院于1961年发布的《文物保护管理暂行条例》，首次从法律意义上确定了文物保护单位制度。文物法的颁行，进一步确定了这一制度的法律地位。文物法第三条规定："古文化遗址、古墓葬、古建筑、石窟寺、石刻、壁画、近现代重要史迹和代表性建筑等不可移动文物，根据它们的历史、艺术、科学价值，可以分别确定为全国重点文物保护单位，省级文物保护单位，市、县级文物保护单位。"基本程序是县、市基层文物管理机构对经调查认定的不可移动文物予以登记并公布，同时向上级主管部门逐层申报以请求核定，最后由中央或地方人民政府公布相应等级的文物保护单位。

全国重点文物保护单位，是不可移动文物的最高级别，受到国家的重点保护。国务院先后于1961年、1982年、1988年、1996年、2001年、2006年、2013年、2019年公布了八批次全国重点文物保护单位，共5058处。其中除少数是国务院直接确定的之外，大多数都是从省级文物保护单位中筛选的。筛选的程序是省级文物行政部门根据国家文物局确定的条件申报。省级、市级和县级文物保护单位的申报，一般由各级地方政府文物主管部门参照全国重点文物保护单位的申报和筛选要求组织申报和评选。

3. 历史文化名城、名镇、名村的申报

国务院于2008年4月颁布的《历史文化名城名镇名村保护条例》对历史文化名城名镇名村的申报作了具体而明确的规定。按照规定，申报历史文化名城、名镇名村首先要具备以下条件：

（1）保存文物特别丰富；

（2）历史建筑集中成片；

（3）保留着传统格局和历史风貌；

（4）历史上曾经作为政治、经济、文化、交通中心或者军事要地，或者发生过重要历史事件，或者其传统产业、历史上建设的重大工程对本地区的发展产生过重要影响，或者能够集中反映本地区建筑的文化特色、民族特色。

申报历史文化名城的城市，在所申报的历史文化名城保护范围内还应当有2个以上的历史文化街区。

《历史文化名城名镇名村保护条例》第九条中规定，"申报历史文化名城，由省、自治区、直辖市人民政府提出申请"，"申报历史文化名镇、名村，由所在地县级人民政府提出申请"。《历史文化名城名镇名村保护条例》还规定，符合条件却没有申报的城市和村镇，上级人民政府确定的建设或保护主管部门可以会同同级文物主管部门向该市、村镇所在的人民政府提出申报建议；仍不申报的，可以直接向其所在地人民政府的上级政府提出确定该城市、村镇为历史文化名城或名镇、名村的建议。

根据《历史文化名城名镇名村保护条例》规定，对于历史文化名城名镇名村的保护，应当对历史建筑、传统格局、依存环境、原始风貌做整体保护。在城市建设中，应该完整地保护旧城区另建新城区，通过合理规划使新旧城区相得益彰，实现传统与现代的对接。

关于历史文化名镇名村的申报，由原建设部和国家文物局共同制定和颁布的《中国历史文化名镇名村评选办法》，对申报材料作了具体、明晰的规定。每批历史文化名镇名村评选前，住建部和国家文物局在印发的关于组织申报的各批中国历史文化名镇名村的通知中，都对评选范围、基本条件、申报程序、评价标准等都有更为具体、详细的要求。

（四）物质文化遗产的评估与定级

文化遗产的评估，目的是确认文化遗产的价值和级别，以便采取相应的保护措施。世界遗产是世界上最高级别的遗产，世遗公约及其操作指南对其评估的标准和程序都有详明的规定。

中国现阶段文物保护的重要方式，就是对文物进行评估定级并采取相应的保护措施。关于可移动文物和不可移动文物定级的标准和程序，文物法及相关法规文件也有详明的规定。关于历史文化名城名镇名村的评选，国家还制定了专门的法规。

1. 世界遗产的评估

世遗公约对世界遗产的定义，就已经确定了世界遗产的价值标准。世界遗产的评估由世界遗产委员会负责，由世界遗产中心具体操作。世界遗产中心对各缔约国递交的申报文件进行核查、登记后，向相关咨询机构转交完整的申报文件，由咨询机构进行评估。咨询机构的评估陈述报告明确表达的评估意见分三类：①建议无保留列入名录的遗产；②建议不予以列入名录的遗产；③建议发还待议或推迟列入名录的遗产。

依据缔约国的申报文件和咨询机构的评估报告，世界遗产委员会在每年定期举行的大会上审核缔约国申报的遗产，并作出列入或不列入《世界遗产名录》、发还待议或推迟列入的决定。

2. 文物的定级

《中华人民共和国文物保护法》第三条规定了不可移动文物可根据价值确定为国家、省、市、县四级文物保护单位，也规定了可移动文物可分为珍贵文物和一般文物；珍贵文物又分为一级文物、二级文物、三级文物。具有特别重要历史、艺术、科学价值的代表文物为一级文物；具有重要历史、艺术、科学价值的代表文物为二级文物；具有比较重要历史、艺术、科学价值的代表文物为三级文物。具有一定历史、艺术、科学价值的代表为一般文物。不可移动文物和可移动文物的级别，都是根据文物的价值，主要是以文物法强调的历史、艺术和科学这三大价值来评估确定的。

文物评估定级，实际上伴随着文物调查和申报、收藏和交易的全过程。国家文物的评估定级，一般由各级政府文物管理部门根据文物分级的标准，组织文物专家鉴定做出。国有可移动文物中的珍贵文物，需要由国家文物鉴定委员会确认。

3. 历史文化名城、名镇、名村的评选

历史文化名城、名镇、名村的评选确认，根据《历史文化名城名镇名村保护条例》的规定，名城由国务院建设主管部门会同国务院文物主管部门，根据省、自治区、直辖市人民政府提出的申请，组织有关部门、专家进行评估论证，提出审查意见，报国务院批准公布；名镇、名村由省、自治区、直辖市人民政府确定的保护主管部门会同同级文物主管部门，根据所在地县级人民政府提出的申请，组织有关部门、专家进行评估论证，提出审查意见，报省、自治区、直辖市人民政府批准公布。该条例还规定："国务院建设主管部门会同国务院文物主管部门可以在已批准的历史文化名镇、名村中严格按照国家有关评价标准，选择具有重大历史、艺术、科学价值的历史文化名镇、名村，经专家论证，确定为中国历史文化名镇、名村。"

《中国历史文化名镇（村）评选办法》规定："评选中国历史文化名镇（村）应在省（自治区、直辖市）人民政府公布的历史文化名镇（村）的基础上进行，由省级建设行政主管部门会同文物行政部门组织专家进行审查，符合条件的报建设部和国家文物局。建设部会同国家文物局将组成专家委员会，根据评价标准对各地上报的材料进行评议，从中评选出符合条件的镇（村），通过实地考察后，对认定的镇（村）提出评议意见，报建设部和国家文物局组成的部际联席会议审定。"为了保证评选质量和便于评选操

作，原建设部和国家文物局还制定了《国家历史文化名镇（村）评价指标体系》，分为价值特色（70分）、保护措施（30分）和若干小项，分别标明分值，总计100分。

（五）物质文化遗产的登记建档

登载记录以建立档案，是保护文化遗产的重要基础性工作。文物的调查和评估结果，都需要登记建档。文化遗产保护的规划制定和措施采用，都直接依据文化遗产的档案资料。国际博物馆协会通过的《国际博物馆协会职业道德准则》规定："确保博物馆临时或永久接受的一切物品得以恰当地、全面地做出记录，以利于证明出处、鉴定断代、记录状况并进行处理，是一项重要的专业职责。"

1. 世界遗产的登记建档

世遗公约及其操作指南，对世界遗产的登记建档有着详明的程序要求和具体规定。世界遗产的登记建档工作，由世界遗产中心负责。世界遗产中心的主要任务之一，就是"接收、登记世界遗产申报文件，检查其完整性、存档并呈递到相关的咨询机构"。

世界遗产中心建立的档案，除《预备名录》和申报文件之外，主要是《世界遗产名录》和《濒危世界遗产名录》及其认定、评估、审议、监测、援助、保护等一切由缔约国提供的和申报后生成的相关资料。所建立的档案都长期保存，并提供给相关缔约国政府。可予以公开的档案资料，如咨询机构对于每一项提名的评估意见和委员会所作的决定等，则在世界遗产委员会网页上发布。

中国政府为了加强对世界遗产的保护和管理，专门制定了《世界文化遗产保护管理办法》，2006年11月由文化部公布。《世界文化遗产保护管理办法》第十二条规定："省级人民政府应当为世界文化遗产建立保护记录档案，并由其文物主管部门报国家文物局备案。国家文物局应当建立全国的世界文化遗产保护记录档案库，并利用高新技术建立世界文化遗产管理动态信息系统和预警系统。"

2. 文物的登记建档

中国的文物保护，高度重视对文物的登记建档。文物法明确规定，凡是依法受到保护的国有文物，都要登记建档。由于文物的类型、特性和管理方式不同，文物档案也分馆藏文物档案和不可移动文物档案。

（1）馆藏文物的登记建档。文物法第三十六条规定："博物馆、图书馆和其他文物收藏单位对收藏当地文物，必须区分文物等级，设置藏品档案，建立严格的管理制度，并报主管的文物行政部门备案。县级以上地方人民政府文物行政部门应当分别建立本行政区域内的馆藏文物档案；国务院文物行政部门应当建立国家一级文物藏品档案和其主管的国家文物收藏单位馆藏文物档案。"关于考古发掘的文物，文物法第三十四条规定："考古发掘的文物，应当登记造册，妥善保管，按照国家有关规定移交给由省、自治区、直辖市人民政府文物行政部门或国务院文物行政部门指定的国有博物馆、图书馆或者其他国有收藏文物的单位收藏。经省、自治区、直辖市人民政府文物行政部门或国务院文物行政部门批准，从事考古发掘的单位可以保留少量出土文物作为科研标本。"文物法实施条例第二十八条则具体规定："文物收藏单位应当建立馆藏文物的接收、鉴定、登记、编目和档案制度。"关于馆藏文物登记建档的技术要求，文化部1986年颁布的《博物馆藏品管理办法》有详细规定。

长期以来，我国博物馆界始终把"制度健全、账目清楚、鉴定确切、编目详明、保管妥善、查用方便"作为藏品保管的基本原则，规范地建立了藏品的完整档案。2000年以前，馆藏文物的登录建档，基本上都是纸质档案。从2001年开始，文物档案的建立已经纳入数字化数据库的建设和管理之中。以数字化手段调查和逐步摸清我国文物的家底，建立并运行动态的文物数据库管理系统，可以为各级政府及有关部门及时、准确地掌握文物保护与管理状况提供科学依据和可靠保证。

（2）不可移动文物的登记建档。不可移动文物的登记建档，迄今主要是文物保护单位的登记建档。其建档的复杂性有别于可移动文物，相关法规对其规定的细致和要求的严格也更甚于馆藏文物。

《文物法》第十五条规定"各级文物保护单位，分别由省、自治区、直辖市人民政府和市、县级人民政府划定必要的保护范围，做出标志说明，建立记录档案，并区别情况分别设置专门机构或者专人负责管理。全国重点文物保护单位的保护范围和记录档案，由省、自治区、直辖市人民政府文物行政部门报国务院文物行政部门备案"。文物法实施条例具体规定："文物保护单位的记录档案，应当包括文物保护单位本体记录等科学技术资料和有关文献记载、行政管理等内容。文物保护单位的记录档案，应当充分利用文字、音像制品、图画、拓片、摹本、电子文本等形式，有效表现其所载内容。"根据文物法及其实施条例的规定，文物保护单位的记录档案，要做到科学、准确、翔实。此外，《全国重点文物保护单位记录档案工作规范》《全国重点文物保护单位记录档案著录说明》等法规文件都对文物保护单位的登记建档，做出了翔实的要求和说明；《历史文化名城名镇名村保护条例》对城镇、乡村中的历史建筑做出了具体的建档规定。

（六）物质文化遗产的维护修复

1. 文化遗产的修复原则

遗存下来的物质文化遗产实物，由于自然或人为的各种原因都不同程度地受到一定的损伤或破坏，必须予以维护修复才能保存。维护修复，是物质文化遗产保护的必要措施和重要环节。维护修复的及时与否、好坏程度，直接决定了物质文化遗产保护的效果。

人类自从有了珍惜和保存物质文化遗产的意识和行为，就存在对物质文化遗产的维护修复。在长达数千年的物质文化遗产保护实践及其维护修复过程中，世界各国都形成了维护修复自己国家物质文化遗产的传统技艺和基本原则。20世纪下半叶以来，随着世界遗产事业的蓬勃发展，各国因为高度重视文化遗产保护而加强了物质文化遗产的维护修复，在维护修复中不仅继承传统技艺，还采用现代科技。同时，在物质文化遗产保护的国际交流和协助过程中，形成了物质文化遗产维护修复的原真性和完整性原则。

物质文化遗产维护修复的原真性强调对文化遗产所进行的任何工程都旨在保护其传统原貌，古迹修复中应采用原始材料，依据确凿文献，以传统修复技术为前提，不可依据今日的审美观改造古建筑，不可随意修补缺失部分并须将必要修补的缺失部分与原作区别开来。物质文化遗产维护修复的完整性强调维护和修复包括与其相关的自然和人工的周围环境，将历史地区及其环境视为不可替代的世界遗产的组成部分。

2. 文物古迹的修复

中国文物古迹保护的基本目的与世界各国一致。中国文物古迹的保护及其维护修复所遵循的基本原则也与国际共识相同。不过，中国文物古迹不但数量丰富、种类繁多，而且独具特色，故在其维护修复的具体要求上与他国不尽相同。文物法规定："对于不可移动文物进行修缮、保养、迁移，必须遵守不改变文物原状的原则。修复馆藏文物，不得改变馆藏文物的原状。"不改变原状，是中国文物古迹维护修复必须遵守的基本原则，这实际上是为了维护文物古迹的原真性和完整性。具体而言，文物藏品或不可移动文物构成的原状包括文物构成材料和文物的形式、内容及制作工艺。对文物的维护修复，要求原则上采用原用的材料和工艺，保持原初的形状、色彩、纹饰、铭文等风貌。可移动文物只有在破损之后才需要修复，如破损器物的修补、破损字画的装裱、破损图书的粘贴等。这种修复，也就是恢复和维持其原状的完整性。文物如果改变了原状，也就失去了原有的价值。

国务院1961年发布的《文物保护管理暂行条例》，首次对不可移动文物的管理和维护修复作了具有法律效力的明晰规定。条例明确规定一切公布的文物保护单位，应当划出必要的保护范围，做出标志说明，建立记录档案；对其内的保护文物进行修缮、保养时，必须严格遵守原状或保存现状的原则，在保护范围内不得进行其他建设工程。这一条例明确了中国对不可移动文物保护的基本原则和主要措施。"不改变文物原状"以维持文物古迹的原真性，划定保护范围以维护文物古迹的完整性的基本原则，以及"划定必要保护范围，做出标志说明，建立记录档案等"则规定了主要的保护措施。不可移动文物的原状，除了同于可移动文物的原状含义外，还主要包括：①文物的规模

（或范围）和布局及相互关系；②建筑的结构、形式、营造法式和基本材料；③文物古迹周围的地形、地貌及自然环境与历史人文环境。

1982年颁布的文物法，既对文物古迹的周边环境保护有所规定，又对历史文化名城的保护做了规定。《历史文化名城名镇名村保护条例》规定："保持和延续其传统格局和历史风貌，维护历史文化遗产的真实性和完整性。"在保护措施中，《历史文化名城名镇名村保护条例》规定："历史文化名城、名镇、名村应当整体保护，保持传统格局、历史风貌和空间尺度，不得改变与其相互依存的自然景观和环境。对其核心保护范围内的建筑物、构筑物，应当区分不同情况，采取相应措施，实施分类保护，不得改变外观形象及色彩等。"这些规定将文物法确定的"不改变文物原状"的原则予以具体化、丰富化，也对国际社会确认的文物古迹保护的原真性和完整性原则有着适合国情的创造性和系统化的运用。近30年来，随着中国城市化、现代化建设快速发展，城镇改造过程中对文化遗产及其整体面貌的破坏日趋严重，国家对历史文化城市、街区和村镇的保护力度也不断加大，并借鉴国际的保护理论和方法采取了许多有效措施，在艰难的探索中逐步走上有效保护的正轨，即从"以旧城为中心发展"到"发展新区、保护旧城"，从"大拆大建式旧城改造"到"历史城区整体保护"，从"大规模危旧房改造"到"循序渐进，有机更新"。洛阳、苏州等历史文化名城在城市发展规划和建设中都避开历史城区，另拓新的商贸区和工业园区，保留历史城区的原真风貌，将现代化的城市功能转往新区，效果良好。

3. 文物古迹维护修复的工艺技术

文物种类繁多，不同种类和质地的文物也在制作和维修上形成了专门的传统技艺，如铜器焊接、陶器烧制、书画装裱等。这些传统技艺，许多已经成了专门的学问。历史上，文物的维护修复也长期采用传统技艺。

随着近代科学技术的发展，文物维护修复也越来越多地采用了新发明的科学技术。而且，由于现代科技的便利和高效，人们更乐意采用现代科技的材料和方法。现代科技也大量被用于文物的维护修复工作中，取得了良好的效果。如出土古代丝织品的保存、秦始皇陵铜车马的修复、秦俑彩绘的保护、出土饱水简牍的脱水保存、出土铁骑脱盐锈蚀处理等，都充分显示了现代科技在文物保护中的重要作用。

现今的文物维护修复，都是采用传统技艺和现代科技相结合的方法。如何运用传统技艺和现代科技，如何运用现代科技的材料和方法，是在文物保护的长期实践中逐渐形成的。依据"不改变文物原状"的原则，文物的修复当然宜用传统技艺，但文物古迹的维护修复，并非不允许使用现代科技。《中国文物古迹保护准则》规定："文物修复要按照保护要求使用保护技术。独特的传统工艺技术必须保留。所有的新材料和新工艺都必须经过前期实验和研究,证明是最有效的,对文物古迹是无害的,才可以使用。经过处理部分与原物或前次处理的部分既相互协调,又可识别。所有修复的部分都应有详细的记录档案和永久的年代标志。"可见现代科技,尤其是新材料和新工艺的使用必须以"不改变文物原状"为前提,因此应当慎用。修复文物要尽可能使用传统工艺技术;维护文物,如检查、探察、监测、鉴定、护理等,则要更多地使用现代科技。随着文物古迹保护对象的扩大、保护要求和难度的提高,现代科技发挥的作用也越来越大。为了有效保护文物古迹,还应该鼓励科技发明和创新,鼓励采用经过前期实验和研究证明确实有效、无害于文物古迹的新材料和新工艺。

(七)文化遗产的监管检查

为了有效、长久地保护人类遗产,世遗公约不仅确定了建立《世界遗产名录》,还确定了建立保护状况出现严重危险的《濒危世界遗产名录》,赋予了世界遗产委员会通过监督、检查、审议、评估认定将不再符合世界遗产标准的世界遗产列入《濒危世界遗产名录》乃至除名的权力。

世遗公约第十一条规定,世界遗产委员会将世遗名录中保护状况出现危险的遗产列入《濒危世界遗产名录》。第二十九条规定,公约的缔约国应在规定的时间,以确定的方式向联合国教科文组织提供关于本国世界遗产保护的详细报告,世界遗产委员会审议这些报告后,再向联合国教科文组织大会的每届常务会提交世界遗产保护工作的总报告。

操作指南要求,缔约国每6年一次,向世界遗产委员会提交关于世遗公约执行情况的定期报告,主要包括位于其领土内的世界遗产保护状况。其目的是:①评估缔约国世遗公约的执行情况;②评估《世界遗产名录》内遗产的普遍价值是否得到长期的保持;③提供世界遗产的更新信息,记录遗产所处环境的变化及遗产的保护状况;④就世遗公约实施及世界遗产保护事宜,为缔约国建立起区域空间合作以及信息分享、经验交流机制。收到定期报告后,世界遗产中心与咨询机构合作,会同缔约国的世界遗产主管部门及当地专家,对缔约国的报告情况实行年度检查,然后进行评估完成世界遗产区域性报告,提交世界遗产委员会审议。世界遗产委员会将认真审核定期报告所述议题,并且就不足之处向相关区域的缔约国提出建议。若发现世界遗产的保护状况出现危险,世界遗产委员会可决定将其遗产列入《濒危世界遗产名录》。

在考虑将某处世界遗产列入《濒危世界遗产名录》时,世界遗产委员会会尽可能与相关缔约国磋商,制订或采纳一套补救方案并提供可能的援助。对已经列入《濒危世界遗产名录》的遗产,世界遗产委员会每年会对其保护状况进行例行检查。如确认保护状况已经有根本改善,世界遗产委员会将该遗产从《濒危世界遗产名录》中删除。

如确认该遗产因为严重受损而丧失赖以列入《世界遗产名录》的特征，世界遗产委员会将考虑依据程序将其从《世界遗产名录》和《濒危世界遗产名录》中除名。截至2019年，经过更新的《濒危世界遗产名录》中共有33个国家的53项世界遗产（包括文化遗产36项和自然遗产17项），其中濒危遗产数最多的国家是叙利亚现有6处遗产进入濒危名录，第二多的是刚果（金）和利比亚各有5处遗产进入濒危名单；美国大沼泽地国家公园第二次进入名单；中国没有世界遗产位列"濒危名单"。此外，已有两处世界遗产被除名，即2007年被除名的阿曼阿拉伯大羚羊保护区和2009年被除名的德累斯顿易北河谷。这两处世界遗产被除名，都是由于缔约国或当地政府没有遵守世遗公约的规定和履行保护责任，造成了对世界遗产的破坏。

《世界遗产名录》进退机制的建立，世界遗产督查除名制度的实施，对于强化缔约国的荣誉与责任共担，预防缔约国重申报轻保护的偏向，促进缔约国不断加强对世界遗产的保护与管理，有着重要作用。

中国鉴于国情和全面保护文化遗产的需要，借鉴国际社会保护文化遗产的经验先后颁布了《世界文化遗产保护管理办法》《中国世界文化遗产监测巡视管理办法》《风景名胜区条例》《历史文化名城名镇名村保护条例》等法律法规，对加强文化遗产的监督、检查和管理做出明确的要求，制定了较为严格、完善的监管检查制度，但却未形成相应的除名制度。

→【知识链接】

文化遗产保护与自然生态环境的和谐共生

用手机扫一扫，了解更多信息

第三节 非物质文化遗产保护

一、非物质文化遗产保护的法规、制度

国际上非物质文化遗产保护先行国家关于非物质文化遗产保护的法律制度已经建立

很长时间，如日本1950年就颁布了《文化财产保护法》，韩国在1962年颁布了《无形文化财产保护法》。2006年，世界教科文组织颁布的《非物质文化遗产公约》是国际上保护非物质文化遗产的重要约束性文件。我国的非物质文化遗产保护的立法和制度建设起步较晚，直到2011年才正式颁布了《中华人民共和国非物质文化遗产保护法》。

《中华人民共和国非物质文化遗产保护法》是我国非物质文化遗产保护的根本性法规，对我国非物质文化遗产的界定和保护进行了明确的说明和要求。非遗法对非物质文化遗产的保护原则做出了明确要求：对于保护非物质文化遗产，应当注重其真实性、整体性和传承性，有利于增强中华民族的文化认同，有利于维护民族团结和国家统一，有利于促进社会和谐和可持续发展。此外，为了发挥政府的主导作用，建立协调有效的保护工作领导机制，国务院决定由文化部（现为文化和旅游部）牵头，建立由发展改革委、教育部、国家民族事务委员会、财政部、建设部、宗教局、文物局等组成中国非物质文化遗产保护工作部际联席会议制度，统一协调非物质文化遗产保护工作。

部际联席会议的主要职能包括：拟定我国非物质文化遗产保护工作的方针政策，审定我国非物质文化遗产保护规划；协调处理我国非物质文化遗产保护中涉及的重大事项；审核《国家级非物质文化遗产代表作国家名录》，上报国务院批准公布；承办国务院交办的有关非物质文化遗产保护方面的其他工作，重大问题向国务院请示、报告。

二、非物质文化遗产保护的主要措施

随着《中华人民共和国非物质文化遗产保护法》的实施，非物质文化遗产保护工作的开展主要依据："国家对非物质文化遗产采取认定、记录、建档等措施予以保存，对体现中华民族优秀传统文化，具有历史、文学、艺术、科学价值的非物质文化遗产采取传承、传播等措施予以保护。"从文化部（现为文化和旅游部）到各省、市对非物质文化遗产保护的行动实践主要有建立四级名录体系、实施两大工程、文化生态区建设、传承人的寻访与认定等。

（一）四级名录体系的建立

2005年，文化部颁布了第一批国家级非物质文化遗产名录，由此，国家级非物质文化遗产名录体系诞生。随后各省、市、县也纷纷颁布本省或本市县的非物质文化遗产名录。由此，非物质文化遗产名录体系已经形成了国家、省、市、县四级体系。

（二）两大工程的实施

1. 中国民族民间文化保护工程

2003年1月，文化部、财政部等有关单位启动了"中国民族民间文化保护工程"。该工程是在以往民间文化保护工作成果的基础上，结合新时期的新情况和新特点，由政府组织实施，对珍贵、濒危并具有历史、文化和科学价值的民族民间传统文化进行有效保护。

"保护工程"计划从2004年到2020年实施，实行"保护为主，抢救第一，合理利用，继承发展"的方针，正确处理抢救、保护和利用的关系，在确保对我国民族民间文化有效保护的前提下，促进抢救、保护、利用的有机结合和协调统一。

"保护工程"的实施原则是"政府主导，社会参与；长远规划，分步实施；明确职责，形成合力"。坚持立法保护与政策保障相结合，政府保护与民间保护相结合，决策系统与咨询系统相结合，财政投入与社会资助相结合，国内立法与国际立法相结合。

"保护工程"的保护对象主要是珍贵、濒危并具有历史价值的民族民间传统文化，例如传统的口述文学和语言文字，传统的戏剧、曲艺、音乐、舞蹈、美术、杂技，传统的工艺美术和制作技艺，传统的礼仪、节日、庆典和体育活动，与上述各项相关的代表性原始资料、实物和场所。

"保护工程"主要事实内容有9项。①全面普查，摸清家底，制定民族民间文化保护规划。②建立分级保护制度和保护体系，建立国家级民族民间文化保护名录和地方各级民族民间文化保护名录。③利用现代科技手段，对珍贵、濒危并具有历史价值的民族民间文化进行系统的抢救和保护。④建立民族民间文化传承人（传承单位）的认定和培训机制，通过采取自主扶持等手段，鼓励民族间文化的传承与传播。⑤在民族间文化形态保存较完整并具有特殊价值、特殊鲜明的民族聚集村落和特定区域，分级建立文化生态保护区；建立民族民间文化艺术之乡的申报、审核和命名机制。⑥合理开发利用民族民间文化资源，推动优秀的民族民间文化融入现代日常生活。⑦普及民族民间文化保护知识，提高全社会的民族民间文化保护意识。⑧建立起责任明确、运转协调的各民族民间文化保护工作机制。⑨建立一支强大的高素质的专业队伍，培养一大批热爱民族民间文化、专业知识精湛、具有奉献精神的民族民间文化保护工作者。

通过"保护工程"建设，到2020年，我国珍贵、濒危并具有历史、文化和科学价值的民族民间文化得到有效保护，初步建立起比较完备的中国民族民间文化保护制度和保护体系，在全社会形成自觉保护民族民间文化的意识，基本实现民族民间文化保护工作的科学化、规范化、网络化、法治化。

2. 中国民间文化遗产抢救工程

2003年2月，中国民间文化遗产抢救工程在北京正式启动，该工程是由文化部和文联联合实施的对民间文化进行国家级抢救、普查和整理的宏大工程。具体内容包括：出版《中国民间美术集成》120卷、《中国民俗志》2000余卷、《中国民俗图录》200卷、《中国民俗分布地图集》100卷、《中国民间文艺荟萃》200卷；拍摄电视片《中国民俗》

365集；建立"搜集库"和"中国民俗"网站；命名一批民间文艺之乡，编制《中国民间文化遗产名录》；确定并向联合国教科文组织申报一批有形民间和无形民间文化遗产名录；陆续举办该工程成果展示、展览和展演。

中国民间文化遗产抢救工程的实施对非物质文化遗产保护具有重大意义。这是有史以来第一次对民间文化进行国家级抢救、普查、整理和出版的宏大工程，对了解文化国情、民情，鉴别良莠，促进文化创造，在全球经济一体化的历史潮流中，对增强国家文化实力、建设国家文化主权具有重要的意义。通过这一工程抢救和记录下来的优秀民间文化遗产，能够保存一段历史的记忆，又服务于"两个文明"建设，为先进文化的创造提供不竭的资源，振奋民族精神，促进人们思想道德素质的提高；同时可以丰富国际文化交流，让世界真切地了解中国和中华民族灿烂、悠久的文化，促进人类进步和世界和平。

（三）文化生态区建设

"国家级文化生态保护区"是以保护非物质文化遗产为核心，对历史文化积淀丰厚、存续状态良好，具有重要价值和鲜明特色的文化形态进行整体性保护，并经文化和旅游部同意设立的特定区域。

国家级文化生态保护区建设应坚持保护优先、整体保护、见人见物见生活的理念，既保护非物质文化遗产，也保护孕育发展非物质文化遗产的人文环境和自然环境，实现"遗产丰富、氛围浓厚、特色鲜明、民众受益"的目标。

2007年，文化部设立了我国首个国家级文化生态保护实验区——闽南文化生态保护实验区。文化和旅游部于2019年、2023年公布国家级文化生态保护区。截至2023年8月，我国共设立国家级文化生态保护区16个，国家级文化生态保护实验区7个，涉及省份17个。

国家级文化生态保护区是根据《国家"十一五"时期文化发展规划纲要》提出的"确定10个国家级民族民间文化生态保护区"这一目标建设的。保护区经中华人民共和国文化和旅游部同意建立。试验性阶段的各保护区暂定为"文化生态保护实验区"，条件成熟时正式命名为"文化生态保护区"。

文化生态系统是文化与自然环境、生产生活方式、经济形式、语言环境、社会组织、意识形态、价值观念等构成的相互作用的完整体系，具有动态性、开放性、整体性的特点。加强文化生态的保护，是文化遗产保护工作的重要组成部分。

文化生态保护区是指在一个特定的区域，采取有效的保护措施，修复一个非物质文化遗产（口头传统和表述，包括作为非物质文化遗产媒介的语言，表演艺术，社会风俗、礼仪、节庆，有关自然界和宇宙的知识和实践，传统的手工艺技能等以及与上述传统文化表现形式相关的文化空间）和与之相关的物质文化遗产（不可移动文物、可移动文物、历史文化街区和村镇等）互相依存，与人们的生活生产紧密相关，并与自然环境、经济环境、社会环境和谐共处的生态环境。划定文化生态保护区，将民族民间文化遗产原状地保存在其所属的区域及环境中，使之成为"活文化"，是保护文化生态的一种有效方式。为此，国家提出设立国家级文化生态保护区。

（四）传承人的寻访与认定

非物质文化遗产保护的先行国家，如日本、韩国都建立了"人间国宝计划"和"活的文化财"制度，用于保护具有特殊价值的非物质文化遗产的传承人，对其进行资金扶植，鼓励其传授技艺并促进其保有的非物质文化遗产的传承与传播。我国也曾授予部分民间艺人"工艺美术大师"等称号，启动"中国民间文化杰出传承人调查认定和命名"项目，调查对象是民间文学讲述人、民间艺术传承人和民间工艺美术师，如民间说唱艺人、民间故事家、民间舞者、民间歌手、民间工艺家等。最终评定出的杰出传承人，将被授予"中国民间文艺山花奖·终身成就奖"，列入《中国民间文化杰出传承人名录》系列丛书。相关专家和工作人员将整理建立专门的图文影像数据库，展开专业分析，并向社会进行推介和传承。2024年2月19日，文化和旅游部公布第六批国家级非物质文化遗产代表性传承人推荐人选名单。

三、非物质文化遗产的申报与审批

（一）联合国教科文组织"人类口头与非物质遗产代表作"的申报

1. 申报方式

每个会员国每两年只能申报一个国家作品。多国共同体的多民族作品可以在每个国家的限额之外申报。

参评作品的申报可以通过三种方式提出：

（1）会员国或联合会员国政府提出；

（2）政府间组织在听取有关国家的教科文组织全委会的意见后提出；

（3）与联合国教科文组织有正式关系的非政府组织在听取本国教科文组织全委会的意见之后提出。

申报的作品需要附有作品所有者个人或群体认可的文字、录音、录像或其他证明材料，无材料证明者不可申报。

2. 申报单格式和内容

申报单应按照联合国教科文组织非物质文化遗产申报指南附录中所要求的标准格式制作，申报单应包括下列内容：

一个适合于这种文化表达的计划。包括参评作品的法律规范和在后十年中对该口头及非物质遗产的保护、保存、支持和使用的办法。这个行动计划要对所提出的措施和措施的执行提出完整的说明。

协调行动计划与保护民间传统文化建议的预定措施之间，以及和联合国教科文组织宗旨之间的关系。

有关群体对他们自己的口头及非物质遗产进行保护和利用所要采取的措施。

社区和（或）政府内监督其参评的口头及非物质遗产作品，以及与申报的作品不会变更的监督机关名称。

申报作品相关的评选文件齐全。包括卡片、摄影、幻灯、录音、录像及其他有用材料。对作品要有分析说明，并备有完整的参考目录。

3. 评审团

总干事要在各成员国、非政府组织及秘书处提名的基础上每四年任命一个包括九名成员的评审团。这个评审团的工作方式由《联合国教科文组织宣布人类口头及非物质遗产优秀作品国际评审团工作规则》来确定。

4. 评选标准

在评定工作中评审团及其专家们，把参选作品应该具备体现人类的创造天才的优秀作品的特殊价值作为评定的首要条件。因此，为了让评审团注意到这一点，参评作品的特殊价值要从以下几方面得到证实：或者是具有特殊价值的非物质文化遗产的集中体现；或者在历史、艺术、人种学、社会学、人类学、语言学及文学方面有特殊价值的民间传统文化表达。

申报的文化空间或文化表达形式，为了能被联合国教科文组织宣布为人类口头及非物质遗产优秀作品，还必须符合《联合国教科文组织宣布人类口头及非物质遗产优秀作品国际评审团工作规则》的五项条件。因此，此申报的作品应该包含：①表明其深深扎根于文化传统或有关社区文化历史之中；②能够作为一种手段对民间的文化特性和有关的文化社区起肯定作用，在智力借鉴和交流方面有重要价值，并促使各民族和各社会集团更加接近，对有关的群体起到文化和社会的现实作用；③能够很好地开发技能，提高技术质量；④对现代的传统具有唯一见证的价值；⑤由于缺乏抢救和保护手段，或加速的演变过程，或城市化趋势，或适应新环境文化的影响而面临消失的危险。

5. 参评作品的评审和评审程序

根据《联合国教科文组织宣布人类口头及非物质遗产优秀作品国际评审团工作规则》，总干事每四年的12月末任命新的9位评审团成员。每两年的12月31日结束对本届参评作品的统计，12月31日后收到的参评作品计入下一届评审。作品的申报表先由联合国教科文组织秘书处研究,然后递交由评审团和总干事指定的专家组进行审议。申报表和专家组的评审意见在当年的年底之前寄回秘书处。

评审团每隔两年的1月份集中开会,认定那些文化空间或文化表达形式够条件被联合国教科文组织宣布为人类口头及非物质遗产的优秀作品。1月底之前评审团向总干事提交联合国教科文组织宣布的作品和两年后复审的作品意见。总干事每两年的2月份举行仪式宣布人类口头及非物质遗产优秀作品。专家的评审报告递交给评审团作最后评审,评审团把决定性意见列入两个表中提交给总干事。一个表是建议联合国教科文组织宣布为人类口头及非物质遗产优秀作品,另一个表所列的参评作品是建议在两年之后复审。总干事根据评审团的建议宣布人类口头及非物质遗产优秀作品,所宣布的全部文化空间或文化表达形式列入一个名录表中,于公布的第二个月发表,这个名录表还发给会员国并公布于众。

评审团在实施代理业务过程中,不考虑参评人员的国籍、种族、性别、语言、职业、意识形态、宗教情况,但评审团可能要求非物质口头遗产的管理人员到场或征集他们的意见。会员国或非政府组织的代表不应对他们国家或非政府组织提交的文化空间或文化表达形式的采纳发表意见,只能对向他们提出的问题提供补充信息。如果有捐赠国或私人赞助商提供预算外的资金支持奖励活动的设立或赞助口头及非物质遗产的抢救、保护、弘扬活动,评审团可以在众多的文化空间或文化表达形式中挑选优秀作品为优胜者。

(二)国家级非物质文化遗产名录的申报与评定

国务院办公厅为加强非物质文化遗产保护工作,规范国家级非物质文化遗产代表作的申报和评定工作,根据《中华人民共和国宪法》第二十二条"保护名胜古迹、珍贵文物和其他重要历史文化遗产"及相关法律、法规,制定了国家级非物质文化遗产代表申报评定暂行办法。国家级非物质文化遗产代表作的申报评定工作由非物质文化遗产保护工作部际联席会议(以下简称"部际联席会议")办公室具体实施。部际联席会议办公室要与各有关部门、单位和社会组织相互配合、协调工作。

1. 建立国家级非物质文化遗产代表作名录的目的

(1)推动我国非物质文化遗产的抢救、保护与传承;

(2)加强中华民族的文化自觉和文化认同,提高对中华文化整体性和历史连续性的认知;

(3)尊重和彰显有关社区、群众及个人对中华文化的贡献,展示丰富的中国人文传统;

(4)鼓励公民、企事业单位、文化教育科研机构、其他社会组织积极参与非物质文化遗产的保护工作；

（5）履行《保护非物质文化遗产公约》，增进国际社会对中国非物质文化遗产的认识，促进国际的文化交流与合作，为人类文化的多样性及其可持续发展做出中华民族应有的贡献。

国家级非物质文化遗产代表作的申报项目，应是具有杰出价值的民间传统文化表现形式或文化空间，或在非物质文化遗产中具有典型意义，或在历史、艺术、民族学、民俗学、社会学、人类学等方面具有重要价值。

2. 具体评审标准

（1）具有展现中华民族文化创造力的杰出价值；

（2）扎根于相关社区的文化传统，世代相传，具有明显的地方特色；

（3）具有促进中华民族文化认同、增强社会凝聚力、增进民族团结和社会稳定的作用，是文化交流的重要纽带；

（4）出色地运用传统工艺和技能，体现出高超的水平；

（5）具有见证中华民族活的文化传统的独特价值；

（6）对维系中华民族的文化传承具有重要意义，消除因社会变革或缺乏保护措施面临消失的危险。

3. 需采取的措施

申报项目需提出切实可行的十年保护计划，并承诺采取相应的具体措施。这些措施主要包括：

建档：通过搜集、记录、分类、编目等方式，为申报项目建立完整的档案；

保存：用文字、录音、录像、数字化多媒体等手段，对保护对象进行真实、全面、系统的记录，并积极搜集有关实物资料，选定有关机构妥善保存并合理利用；

传承：通过社会教育和学校教育等途径，使该项非物质文化遗产的传承后继有人，能够继续作为活的文化传统在相关社区尤其是青少年中得到继承和发扬；

传播：利用节日活动、展览、观摩、培训、专业性研讨等形式，通过大众传媒和互联网的宣传，加深公众对该项遗产的了解和认识，促进社会共享；

保护：采取切实可行的具体措施，以保证该项目非物质文化遗产及其智力成果得到保存、传承和发展，保护该项遗产的传承人（团体）对其世代相传的文化表现形式和文化空间所享有的权益，尤其要防止对非物质文化遗产的误解、歪曲或滥用。

4. 申报者及需提交的资料

公民、企事业单位、社会组织等，可向所在行政区域文化行政部门提出非物质文化遗产代表作项目申请，由受理的文化行政部门逐级上报。申报主体为非申报项目传承人（团体）的，申报主体应获得申报项目传承人（团体）的授权。

省级文化行政部门对本行政区域内的非物质文化遗产代表作申报项目进行汇总、筛选，经同级人民政府核定后，向部际联席会议办公室提出申报。中央直属单位可直接向部际联席会议办公室提出申报。

申报者须提交以下资料：

（1）申请报告：对申报项目名称、申报者、申报目的和意义进行简要说明；

（2）项目申报书：对申报项目的历史、现状、价值和濒危状况等进行说明；

（3）保护计划：对未来十年的保护目标、措施、步骤和管理机制等进行说明；

（4）其他有助于说明申报项目的必要材料。

传承于不同地区并为不同社区、群体所共享的同类项目，可联合申报；联合申报的各方须提交同意联合申报的协议书。部际联席会议办公室根据本办法第十条的规定，对申报材料进行审核，并将合格的申报材料提交评审委员会。

评审委员会由国家文化行政部门有关负责同志和相关领域的专家组成，承担国家级非物质文化遗产代表作的评审和专业咨询。评审委员会每届任期四年。评审委员会设主任一名、副主任若干名，主任由国家文化行政部门有关负责同志担任。部际联席会议办公室通过媒体对国家级非物质文化遗产代表作推荐项目进行社会公示，公示期30天。部际联席会议办公室根据评审委员会的评审意见和公示结果，拟订入选国家级非物质文化遗产代表作名录名单，经部际联席会议审核同意后，上报国务院批准、公布。

国务院每两年批准并公布一次国家级非物质文化遗产代表作名录。对列入国家级非物质文化遗产代表作名录的项目，各级政府要给予相应支持。同时，申报主体必须履行其保护计划中的各项承诺，按年度向部际联席会议办公室提交实施情况报告。

部际联席会议办公室组织专家对列入国家级非物质文化遗产代表作名录的项目进行评估、检查和监督，对未履行保护承诺、出现问题的，视不同程度给予警告、严重警告直至除名处理。

→【知识链接】

博物馆在非物质文化遗产保护中的角色与责任

用手机扫一扫，了解更多信息

第四节　文化遗产的利用

一、文化遗产利用的必要性

（一）文化遗产的价值，只有在利用中得以体现和实现

文化遗产具有多方面的价值，但其价值是在利用中得以体现和实现的。倘若将文化遗产封存起来，虽然可以使其得到较好的保护，却无法体现和实现其价值。文化遗产的价值无从体现和实现，文化遗产的保护也就失去了意义。

可移动文物如果都根据其物质特性存放在具有避光、恒温等良好保护条件的保管室里而不予以陈列展示，其保护效果无疑会好得多，可以最大限度地减少自然和人为的损害。但这样保护的物质文化遗产，不予利用，供人观赏、研究，人们何以知其为历史的见证而具有反映历史、证实历史、补正历史、传承历史的价值？人们又何以知其美在何处而具有审美感知、审美体验和审美理想的价值？

非物质文化遗产的利用，则尤为必要。因为具有活态性的非物质文化遗产的保护，需要在传承、宣传、参与、观赏等利用中进行。倘若仅对非物质文化遗产作文字、音像等记录登记建档并封存于档案馆或数据库，其价值无从体现不说，其存在也难以长久。因此，非物质文化遗产的保护必须建立传承机制，而传承机制既是保护，又是利用。传承人或传承单位进行非物质文化遗产的传承，不仅需要传授者和传播者，也需要继承者和接受者，否则就传承不下去。有了继承者和接受者，非物质文化遗产就得到了利用。非物质文化遗产的继承者和接受者越多，非物质文化遗产的价值也就越能够得以充分体现和实现。

（二）文化遗产的价值，可以在利用中得到发掘和实现增值

人们对文化遗产价值的认识，是随着研究的深入或宣传的普及而逐步深化的。利用文化遗产作为研究资料，人们在不断深入的研究中也会不断发现其价值。

关于古埃及金字塔，人们很早就从希罗多德的描述中知道它是为埃及法老修建的陵墓。但在很长时间里，人们对金字塔所蕴含的丰富文化价值缺乏更多的认识。近代以来，学者经过对金字塔的不懈研究，逐步发现并解开了一些金字塔的文化之谜。1947年，英国古埃及学家爱德华兹经过对古埃及文明遗存的综合研究后，在其《埃及金字塔》一书中指出，金字塔的修建反映了古埃及人相信人死后灵魂会升天的宗教意识，金字塔的层级阶梯象征着国王灵魂升天的天体。金字塔的修建还反映了古埃及人

的太阳崇拜意识,角锥体金字塔的四条棱线就象征着太阳放射的光芒。甚至有学者认为,金字塔的构造不仅能够计时、计日,还可以记录世纪。人们对金字塔及其他古埃及文化遗产的研究越来越全面深入,金字塔所蕴含的历史、艺术、科学、思想等诸多文化价值也不断被发掘出来。

再如玛雅文化遗产、殷墟文化遗产等,以及非物质文化遗产中的许多表现形式,都在利用其作为历史文化资料的研究中不断发掘出其蕴含的丰厚文化价值。

文化遗产的增值,明显体现在社会经济活动中。随着社会经济的发展,被利用为经济资源的文化遗产都会有所增值。文物在市场中的交易,其经济价值总的说来是逐年逐代地不断提高。文化遗产富集而价值甚高的文化遗产地,尤其是被列入《世界遗产名录》的世界遗产地,作为旅游胜地所带来的旅游收入也不断提高。民族民间文化中的表演艺术、传统手工艺产品等,在旅游业、文化产业和商品交易中加以利用,同样也可实现和提高其经济价值。

(三)民族文化的个性、国家文化的主权、世界文化的多样性、人类的生命力和创造力,都能在利用文化遗产中得以展示、标举、丰富和增强

文化创造的地域性和多元性,形成了民族文化的鲜明个性、国家文化的主体形象、世界文化的多样形态。倘若对文化遗产予以封存保护而不充分利用,在全球经济一体化和社会生活现代化的冲击下,民族文化的鲜明个性就会丧失,国家文化的主体形象就会暗淡,世界文化的多样形态就会消失。物质文化遗产的开放性利用、非物质文化遗产的传承性利用,可以使世界各民族、各地区的文化得到展示,并且在展示中相互映照而显现其民族文化的特殊性和世界文化的多样性。国家文化的主体形象和自我权益,也能够在利用文化遗产的开放性和传承性的展示中得到维护。

世界各国、各民族的文化遗产,都蕴含着其国民和民族特有的精神价值、思维方式和想象力,体现出国民和民族的生命力和创造力。文化遗产在利用的过程中继承和发展、延续和增强。只要世界各国人民和各地民族特有的精神价值、思维方式和想象力得以继承和发展并用于文化创造的实践,世界文化的多样性就会得到丰富。

二、文化遗产的保护与利用的关系

在现实中,文化遗产应该利用,故利用文化遗产有很强的现实性;同时,文化遗产又必须得到保护,必须处理好利用文化遗产与保护文化遗产的关系。利用文化遗产的现实性,也就是现实中文化遗产保护与利用的关系反映。

(一)文化遗产保护与利用有着目的一致的同一性

世界各国、各民族对文化遗产的保护和利用,首先是直接为了本国、本民族的社会经济文化的发展，进而促进人类的共同发展。保护文化遗产与利用文化遗产，两者的根本目的是一致的。正因为如此，各国政府都既强调保护文化遗产，又重视利用文化遗产，尽力做到保护有助于利用，利用可促进保护。

非遗法第三十七条明确规定，国家鼓励和支持合理利用非物质文化遗产资源以开发具有地方、民族特色和市场潜力的文化产品和文化服务。2011年3月发布的《中华人民共和国国民经济和社会发展第十二个五年规划纲要》，特别说明要"加强文物、历史文化名城名镇名村、非物质文化遗产和自然遗产保护，拓展文化遗产传承利用途径"。2012年2月中共中央办公厅、国务院办公厅发布的《国家"十二五"时期文化改革发展规划纲要》明确提出："正确处理保护与利用、传承与发展的关系，促进文化遗产资源在与产业和市场的结合中实现传承和可持续发展。"

（二）文化遗产的保护与利用有着相互制约的矛盾性

文化遗产的保护与利用，是一件事情趋向不同的两个方面，因而具有相互制约的矛盾性。在现实中，文化遗产的保护与利用实践突出地体现出两者的矛盾性：偏重于保护，就会制约利用而不能充分发挥文化遗产的资源效益；偏重于利用，就会影响保护，甚至对文化遗产造成损害。

30多年来，中国文化遗产保护与利用的实践相当突出地体现了两者的矛盾性。有的地区积聚有丰厚的文化遗产资源，却只是按照保护的要求采取基本的保护措施，而没能充分利用以促进地方社会经济文化全面发展。有些地区则为经济利益驱动，对文化遗产资源开发过度，造成对文化遗产的破坏。比较而言，对文化遗产重开发利用、轻保护管理的现象更为严重。近年来很多媒体报道的这种现象，可谓层出不穷，甚至极为严重。比较突出的现象，就是一些风景名胜区及世界遗产地大力进行旅游开发，在景区内大建宾馆、饭店、商店、索道以及相关的配套设施，以致景区城市化、人工化和商业化。更有甚者，一些地方政府为了发展旅游业，以所谓"所有权与经营权分离"的名义，将文化遗产作为经济资源划归或租赁给旅游企业进行市场化经营；部分旅游企业为了最大限度牟利而过度开发，严重破坏了文化遗产及周边环境。

（三）文化遗产的保护与利用有着相辅相成的促进性

文化遗产价值的体现，能够让民众了解保护的意义而形成保护的意识。其综合价值的充分体现，更能够激发广大民众保护文化遗产的热情，从而自觉参与到保护工作中去。文化遗产的全面和有效的保护，需要全民的自觉参与。

国家财政投入是有限的。利用文化遗产的经济价值而获得经济效益，不仅可以弥补国家财政投入的不足，甚至可以为国家或地方的经济发展作出贡献。陕西临潼的秦始皇陵、秦兵马俑博物馆和华清池每年的门票及其他综合收入达10亿元，成为地方财政收入的重要来源，利用文化遗产而使经济得以发展，获得实惠的民众就会直接认识到文化遗产的价值而提高保护文化遗产的自觉性，由此具有财力的地方政府也可以加大对保护文化遗产的资金投入。

非物质文化遗产的传承，形成有观众欣赏、百姓参与、产品销售，也就是在利用中实现保护。因此，非物质文化遗产的保护与利用，最为明显地体现为相辅相成的关系。学者提出，非物质文化遗产的保护应提倡"生产性"保护，实际上也就是通过利用而实现保护。当前，中国政府也大力推进非物质文化遗产的"生产性"保护。2010年10月，文化部着手开展"国家级非物质文化遗产生产性保护示范基地"的建设。2011年10月，文化部公布了评选出的第一批基地名单，涉及41个项目企业或单位、39项国家级名录项目。2012年2月，文化部出台了《关于加强非物质文化遗产生产性保护的指导意见》，对非物质文化遗产生产性保护的意义、方针、原则、措施及工作机制等作了阐明。

文化遗产的保护，只有融入社会成为全社会成员自觉参与的行动，才能全面有效地实现；文化遗产的保护，只有惠及民众而为民众广泛了解其意义，才能使得民众自觉参与；文化遗产的保护如要融入社会、惠及民众，就必须通过文化遗产的利用。因此，文化遗产的保护与利用，是管理文化遗产的两个方面，不可偏废。妥善处理两者关系，也就可以充分发挥其相辅相成的作用，取得保护成就利用、利用促进保护的良好效果。

三、利用文化遗产的基本原则

利用文化遗产的基本原则，在国际及中国的相关法规性文件中都有所阐明，归纳起来，大致有四条。

（一）保护为主

无论是联合国教科文组织会议通过的，还是世界各国制定的关于文化遗产的法规性文件，大都以保护文化遗产为基点。

文物法第四条明确指出，文物工作基本方针的首要内容就是"保护为主，抢救第一"。非遗法则特别规定，非物质文化遗产的利用和开发，必须是"在有效保护的基础上"。这说明，文化遗产的利用必须在保护的前提下进行；没有保护开发，文化遗产的利用也不可持续。这意味着对文化遗产虽然保护与利用不可偏废，但两者毕竟有主有次、有先有后，不可本末倒置。遵循"保护为主"的原则，就是要求人们在利用文化遗产时首先做好保护工作，并且只能是在对文化遗产的原真性和完整性或原生性和传承性方面实施保护。这也是世界各国在文化遗产保护与利用工作中实际遵循的原则。

"抢救第一",是中国政府针对现阶段文化遗产保护提出的工作方针。提出这一方针,是对"保护为主"方针的补充,也进一步突出了"保护为主"的重要性。随着现代化进程的加快,文化遗产受到的破坏和损失越来越重。尤其是非物质文化遗产,受到的冲击越来越大。一些依靠口授和行为传承的文化遗产正在消失,许多传统技艺濒临消亡,大量珍贵的实物和资料遭到毁弃或流失境外。因此,保护文化遗产,首先必须抢救文化遗产。

"保护为主,抢救第一"方针的提出,是为了使文化遗产这一珍贵资源得到保存以资利用。利用文化遗产,首要在于遵循和贯彻"保护为主"的原则。

(二)合理开发

文化遗产的开发,指将文化遗产作为资源加以利用;文化遗产的利用,是对文化遗产资源效能的开发。开发与利用,语意大体相同,只是在习惯表述上似乎有着程度的高低。中国政府确定的文化遗产保护基本方针,强调了"合理利用"。合理利用,就意味着合理开发。

合理,即合乎事理。文化遗产的合理开发,即开发必须符合文化遗产的事理。文化遗产的事理,简言之就是国务院下发的通知中指出的"文化遗产是不可再生的珍贵资源"。符合这一事理的文化遗产开发,应做到如下基本要求。

首先,在不损害文化遗产原真性和完整性或原生性和传承性的基础上进行开发,也就是要在保护好文化遗产的前提下进行开发。开发的对象是文化遗产,开发的方式和过程往往就会直接或间接地触及甚至作用于文化遗产。当然,倘若是脱离了文化遗产保护地点和生存环境的产业化开发,如将文物仿制为工艺品,将民间文艺改变为表演节目或网游产品等,则不必限于此要求。

其次,根据文化遗产的具体特性和存在环境进行有针对性地开发,充分发挥文化遗产的资源效能。文化遗产包括物质的和非物质形态,充分发挥文化遗产的资源效能,就必须针对具体文化遗产的特性进行适宜的开发。静态的物质文化遗产,尤其是建筑类的文化遗产的开发,应该着重开发其功能性和观赏性;动态的非物质文化遗产,应该着重开发其传承性和娱乐性。尽管两者的开发都在于着重发掘和突出其历史价值和艺术价值,以让人民充分了解其历史文化信息并获得审美愉悦,但开发和利用的方式方法是明显不同的。就是同类或同种的文化遗产,因存在的环境不同,也需要采取因地制宜的不同开发方式。

最后,以追求文化遗产保护与利用的双赢为目标的开发,真正做到保护宜于利用、利用促进保护。文化遗产的资源效能应予开发,但开发既要着眼于追求经济、社会效益,也要顾及保护效果。文化遗产的开发,只能立足保护、服从保护性开发,绝对不可一味追求经济利益。

当今对文化遗产利用的实践，几乎是人工化和商业化的开发，尤其是对非物质文化遗产的利用较为严重，不能为了逐利而全然不顾文化遗产的原真性和完整性或原生性和传承性。

(三) 传承发展

传承发展主要是针对非物质文化遗产而言的。国务院下发的通知阐明的非物质文化遗产保护的十六字基本方针中，最后四字即"传承发展"。非遗法则将"传承与传播"规定为非物质文化遗产保护的一项基本制度。

传承发展意味着通过传授和传播使非物质文化遗产得以继承和发展，故对非物质文化遗产既是保护，又是开发。

非物质文化遗产的传授者、传播者和继承者、接受者，狭义言之，指非物质文化遗产变现形式的传授者（如民间艺人）和继承者（如民间艺人的子孙或徒弟）；广义言之，指非物质文化遗产变现形式的所有传播者和接受者。民间文艺如果没有参与者，也会自然消歇。非物质文化遗产的传承活动不但直接体现其历史、艺术和科学等综合价值，而且往往直接与经济利益挂钩，正如民间文艺的表演或作品需要受众付酬，民俗活动的举行和参与也需要主办者的投入和参与者的消费，因此，非物质文化遗产传承活动的开展，也就是直接或间接地发挥出非物质文化遗产的经济和社会效能。大力开展非物质文化遗产的传承活动，实际上就是大力开发非物质文化遗产的资源效能。

非物质文化遗产的表现形式和文化空间，在历史的传承过程中必然会因时代的变化而变异。因此，非物质文化遗产的传承，实际上也是发展，只是其以往的发展是在传承人自觉或不自觉的传承活动中进行的。迄今遗存的非物质文化，其传承的历史也是发展的历史。入选世界非遗名录和中国国家非遗名录的非物质文化遗产，更是在历史传承过程中有着重大发展。非物质文化遗产的资源效能的充分发挥，取决于其发展的状况和程度。

活态的非物质文化遗产，不可能做静止的原生态保护。利用非物质文化遗产，就应该在不损害非物质文化遗产的基本特征的前提下，大力传承，积极发展。

(四) 永续利用

具有深厚底蕴和诸多方面价值的文化遗产，只有在永续利用中才能充分发挥其资源效能。具体的文化遗产，在时代变化中会凸显出其蕴含的不同的文化价值。因此，可以根据时代变化大力发掘文化遗产为当世人们所需要的文化价值。世世代代所做因地制宜的开发，即永续利用，也就能充分发挥文化遗产的资源效能。

文化遗产是人类发展的根基和保证，并不只属于当世的某一个民族或群团，而是属于全人类及其子孙后代。因此，对文化遗产的利用，既出于现实发展的需要，也要着眼于人类的未来。着眼于人类未来而利用文化遗产，就必然要以"永续"为原则。

可持续地利用文化遗产，必须在文化遗产的开发中坚持以人为本，通过可持续发展，制定出文化遗产保护与利用规划，做到全面协调和统筹兼顾，即全面保护与利用文化遗产，并在保护与利用中进行各方面、各环节的协调，统筹文化遗产保护与利用的步骤、措施，才能使文化遗产的效能得以长久发挥。

【知识链接】

遗产的多维存在形式与传承

用手机扫一扫，了解更多信息

【本章小结】

文化遗产是指先人留给后代的具有文化价值的财产或财富。从有形和无形的角度来看，文化遗产可以分为物质文化遗产和非物质文化遗产。文化遗产的保护应坚持完整性和原真性原则。物质文化遗产的保护主要包括：物质文化遗产的调查、认定、申请、定级、建档、维护修复和督查。国家对非物质文化遗产采取认定、记录、建档等措施予以保存，对体现中华民族优秀传统文化，具有历史、文学、艺术、科学价值的非物质文化遗产采取传承、传播等措施予以保护。从文化和旅游部到各省、市对非物质文化遗产保护的行动实践主要有建立四级名录体系、实施两大工程、文化生态区建设、传承人的寻访与认定。在现实中，必须处理好文化遗产利用与保护的关系。利用文化遗产应坚持保护为主、合理开发、传承发展、永续利用的基本原则。

【复习思考题】

1. 什么是文化遗产？
2. 简述文化遗产的分类及其特征。
3. 简述文化遗产的保护原则。
4. 简述我国文化遗产保护的主要措施。
5. 简述文化遗产利用的基本原则。

第十二章

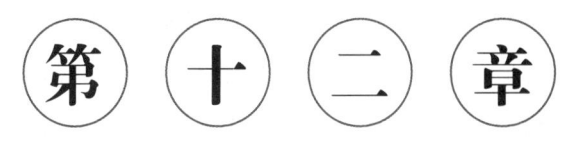

国外公共文化管理实践

> 【学习要点】

1. 掌握国外公共文化管理的三种典型模式。
2. 了解国外公共文化管理的经验。
3. 了解国外公共文化管理的发展趋势。

> 【引例】

据法国国民教育与青年部（以下简称教育部）官方网站2023年2月15日报道，教育部和法国文化部出台了一份关于文化艺术教育政策的文件，希望通过合作来推广文化通行证，并进一步普及艺术文化教育。

2022年，法国76%的学生都受益于至少一项与艺术文化教育相关的活动。在过去的五年里，阅读是艺术文化教育的重要内容之一。自2018年以来，政府启动了"在学校阅读一刻钟"的活动，并在2021—2022年开展了众多其他与阅读相关的活动，以提升孩子们对阅读的兴趣，减少他们沉溺于电子设备的时间。近期，政府还组织了校内大师班、作家驻校和"高声朗读"等实践活动。此外，本次合作拓展了该政策的实施范围，使得文化机构与学校能够共同参与到国家政策之中。由法国国家电影和动画中心开展的项目，每年250万名中小学生有机会走进电影院观影，而"合唱团"计划则使学校的集体艺术实践得到了进一步发展。

发行于2019年的"文化通行证"是对艺术文化教育的重要补充，其初衷是让每个年轻人都能够在不受制于经济条件的情况下，获得文化体验的机会。自2022年1月起，针对个人部分，通行证依据年龄提供享受相关文化产品的补贴：年满15周岁将获得每人每年 20 欧元的个人消费补贴，16—17 周岁的学生将获得每人每年 30 欧元的个人消费补贴，年满 18 周岁则能获得 300 欧元。迄今为止，已有近 280 万年轻人主动进行文化体验与文化消费。在集体层面，教师能够利用通行证为其班级的艺术文化教育提供资金支持，为探索文化多样性提供更多可能性。其中，文化部每年拨款 1.85 亿欧元实现对个人部分的资助，教育部拨款 5100 万欧元实现对集体部分的资助。这不仅有利于增加年轻人进行文化体验的机会，同时也促进了法国文化产业的复兴。2022 年，440 万张电影票通过"文化通行证"售出，为年轻人重返电影院做出了重大贡献。

法国教育部充满信心地表示，艺术文化教育与文化通行证将会重构年轻人与文化的关系。目前，文化通行证的集体部分已覆盖 37% 的学生和 70% 的学校，而这两个数字预期到 2026 年年底将变成 100%。

资料来源：上海外国语大学全球教育研究中心．孙文青：欧洲｜法国教育部协同文化部共同部署"文化通行证"与文化艺术教育政策［Z/OL］．https://mp.weixin.qq.com/s/3XGvVyXZV7XdRwLnfm7VWA

【引例启示】

法国政府高度重视文化艺术教育，将其视为促进社会公平、提高社会凝聚力的重要举措。通过出台政策文件、加大资金投入、拓展实施范围等方式，积极推动文化艺术教育的普及。此外，政府还采取了阅读计划、校内大师班、作家驻校、高声朗读等多种措施，激发学生对艺术文化的兴趣，增强学生的参与度。最终该政策取得了显著成效，得到了社会的广泛认可。

第一节　国外公共文化管理的典型模式

一、政府主导模式

政府主导模式的特点是文化事业以私人兴办为主，但政府并非放任不管，而是发挥主导作用，利用自身拥有的权力及合法有效的手段，进行积极主动的引导和协调，使文化事业在国家许可的范围内，沿着特定的方向繁荣发展。在这一模式下，政府对文化事业的引导和协调是较为有力的，许多后现代化国家为追求文化事业的快速发展而采用这一模式。韩国和新加坡是实行这一模式的主要代表。[1]

---

[1] 李丹．公共文化管理［M］．北京：高等教育出版社，2018：192.

政府主导模式具有以下几个特点：国家设有专门的文化管理机构；政府对文化事业的宏观调控较强；政府注重引导文化事业的发展方向；政府高度重视文化产业的发展。

政府从宏观上管文化，而不是从微观上办文化，做到既让文化在开放中繁荣，又防止文化在开放中腐化，是政府主导型文化事业管理模式的目标。它具有以下的优点：第一，政府的强力调控有助于消除文化交流中颓废、腐朽等不良外来文化的负面影响，有助于帮助国民消除现代化过程中焦虑、困惑、不信任等消极文化心理的束缚，有助于继承和发扬本国的优秀文化传统，进而提高社会的整合程度。第二，文化管理机构"少而精"，有利于提高管理效率。在这种模式下，政府鼓励部分文化事业单位转制为企业，为文化企业参与市场竞争创造了条件。市场的自由竞争机制有利于扩大文化产品和服务的产出，有利于提高本国的文化生产力。[1]而政府主导模式也具有一定的弊端，主要体现在这一模式在实践中容易导致政府干预过多的局面。在政府主导模式下，政府在公共文化管理方面的干预范围、干预事项等仍较为宽泛，一定程度上容易限制基层文化单位的积极性与主动性。因此，政府主导模式更适合于人口较少、地域小、民族文化比较简单、单一制的小国，不适合人口众多、地域辽阔、多民族、文化多样的大国，在应用上缺乏普适性。

二、市场调节模式

市场调节模式也称社会调节模式。与前两种模式不同，这种模式更强调市场和社会力量对公共文化事业发展的调节作用，是一种单纯依靠社会力量引导、调节文化事业的开放式管理模式。在市场调节模式下，政府不直接参与，主要通过制定法律法规、发布经济政策以及由民间文化机构和中介组织来间接管理文化事业。在这种模式下，市场在文化事业的发展过程中发挥主导作用。美国、加拿大、澳大利亚和英国都采取这一模式发展文化事业，其中以美国最为典型。

市场调节模式的主要特点包括以下几方面：国家不设立专门的文化行政部门，政府不直接干预文化事业的发展；国家十分重视文化立法工作，文化法律体系较为健全；国家对营利性的文化产业和非营利性的文化事业采取不同的政策，对营利性的文化产业单位实行"市场决定型"的放任政策，通过利益驱动，使文化活动充分遵循市场价值规律，对于非营利性的文化事业单位，着重通过经济手段向其提供财政上的支持。[2]

市场调节模式具有以下的优点。第一，政府较少干预文化发展，文化单位在文化市

---

[1] 李丹.公共文化管理［M］.北京：高等教育出版社，2018：192.
[2] 孙萍.文化管理学［M］.北京：人民大学出版社，2015：268.

场上自由竞争，有利于形成符合文化活动规律、多样化层次高的文化格局，从而较好地满足人们的文化生活需要。第二，政府对非营利性文化单位以经济优惠政策而非行政拨款的方式进行扶持，一方面避免了文化事业发展的"官方"倾向，减轻了政府的财政负担，另一方面又鼓励了社会各界关心和支持文化事业的发展，有利于将更多的社会财富用于发展文化事业。第三，依靠众多民间文化机构去调节文化与公众的关系，沟通文化单位之间的联系，有助于调动地方和个人的积极性，提高对内对外的文化交流水平，丰富社会各阶层的文化生活。第四，依靠法律手段而非行政手段规范文化市场和推动文化发展的做法，有利于文化事业健康、有序地向前发展。美国的文化立法大多由地方创设，而后渗透到联邦，上升为联邦政府的法律，所以法律较符合客观实际，容易落到实处。但是，市场调节模式过分依赖市场自身力量来调节公共文化事业发展，缺乏国家的统一管理，因而会产生一些由于市场失灵的固有弊端带来的问题：一是在市场调节模式下，半官方和非官方的文化管理机构较多，与有限数量的官方管理机构混杂在一起，容易造成管理权限的重叠混乱和管理工作中的扯皮现象，降低公共文化管理效率。二是在市场调节模式下，由于缺乏国家层面的整体引导，人民群众在意识形态领域中较难形成统一的意志和思想，社会凝聚力较差，不利于群众形成健康文化心理，减弱其抵御外来有害文化侵害的能力，使本国文化易受外来腐朽文化的侵蚀。[①]

三、多元复合模式

多元复合模式是指在同一国家内，对不同种类或性质的公共文化事业或同一种类或性质的公共文化事业的不同层次、不同发展阶段的事物，采用不同的管理体制和管理方式，甚至在同一公共文化事业管理体制中包含截然不同的多元化因素的公共文化管理模式。目前，世界上使用多元复合模式进行公共文化管理的代表国家是法国。

多元复合模式具有一定的独有特征，其最大的特点便是综合利用集权、分权、放权等手段，使多种管理方式在一国的公共文化事业中多元交叉和并存。具体而言，多元复合模式的特点主要包括以下几点：在多元复合模式下，国家一般设有专门的文化事业管理机构；政府注重对公共文化事业的宏观调控，国家对公共文化事业的干预力度强于采用市场调节模式的国家；国家虽注重对公共文化事业的直接管理，但同时也注重将权力下放，允分发挥地方政府和市场的积极作用；政府重视利用文化手段解决社会经济问题，以期通过文化水平的提升促进经济社会的发展。[②]

[①] 孙萍.文化管理学[M].北京：人民大学出版社，2015：277.
[②] 李丹.公共文化管理[M].北京：高等教育出版社，2018：193.

多元复合模式具有以下优点：第一，在多元复合模式下，中央集权与地方分权相结合，有利于调动地方办文化的积极性，有利于增加对地方文化单位和文化活动的资助，并在必要的时候保护本国文化不受外来文化的冲击，维护国家文化安全；第二，国家干预与市场调节相结合，有利于对那些需要加强调控的部门进行有效的监控，也有利于使那些可交由市场调节的行业得到充分自由的发展；第三，集权、分权、放权并用，体现了这一管理体制的灵活性，可根据实际情况适时适度采用不同的管理方式，使文化事业管理能遵循文化活动本身的规律和要求。

但是，这种模式也有其内在的缺陷，集权和分权的矛盾、放权和收权的冲突会给管理带来一定的负面影响，给协调工作造成较多的问题。比如，中央政府投巨资扩建和新建卢浮宫、印象派艺术博物馆等重大工程时，在无形中就减少了对地方文化事业的投入；政府一般不向电影业提供经济援助，但当其受到内外冲击时，又不得不出面进行协调，甚至将其直接纳入干涉和管理的范围。[①]

上文介绍的三种公共文化管理模式，是目前世界上较为典型的几种模式。值得注意的是，这三种公共文化管理模式并不是完全互斥的，在具体的公共文化管理实践过程中，由于文化活动具有复杂性和多变性，一国在主要采取某一种文化管理模式的同时，也会夹杂着其他某种模式的某些特点和做法，具有较强的灵活性。

→【延伸阅读】

美国公共文化管理模式的特点及其启示

用手机扫一扫，了解更多信息

第二节　国外公共文化管理经验

近年来，文化软实力在竞争中的地位逐渐上升，各国对公共文化的重视程度也随之提升，各国在公共文化管理方面加强探索与实践，进行了许多方面的改革与创新。本节选取上文介绍的国外公共文化管理的三种主要模式的代表国家为研究对象，介绍

---

① 孙萍.文化管理学[M].北京：中国人民大学出版社，2015：283.

各国的公共文化管理经验。

一、政府主导模式的典型代表——韩国的文化事业管理

1993年"文化产业"这一概念第一次被韩国政府重视起来，对其含义做了详细的界定，并制定了《文化繁荣五年计划》，把文化产业的开发作为政府的重要目标。1998年金大中总统上任以后，提出要优先发展文化产业，使其成为国家经济的战略性支柱产业之一，这奠定了韩国"文化立国"的发展战略，推动了韩国的文化产业更进一步的发展壮大。1998年到2012年，韩国政府颁布了一些十分具有代表性的文化产业发展计划，尤其是《内容韩国蓝图21》（金大中政府）、《C韩国战略》（卢武铉政府）和《内容产业振兴基本计划》（李明博政府）政策三部曲，进一步为文化产业的全面发展提供了有力的保障。

为了大力发展文化产业，韩国政府对管理机构进行了数次调整。1994年，韩国文化观光部设立了"文化产业局"来主管文化产业，其后在2000年成立了"韩国文化产业振兴委员会"，主要负责国家文化产业整体发展规划、扶持政策及相关工作，并随后设立了"韩国工艺文化振兴院"和"文化产业支援中心"两家机构来辅助管理。2001年进行了文化部门的资源整合，设立了"韩国文化产业振兴院"，统领支持全国文化产业发展，扶持力度进一步加强，尤其是影视、动漫、音乐、网络游戏等娱乐文化产业领域。

韩国文化产业的崛起令人瞩目，近十年来各项指标数据都在持续高增长。据韩国文化体育观光部统计，2008—2011年，韩国文化产业出口规模以年均22.5%的速度飞速增长。2012年出口额达到46.12亿美元，同比增长7.2%，创历史新高，贸易顺差达29.38亿美元。其中，电影、音乐和游戏业增长最为显著，分别达到27.5%、19.9%和11%。出口产业中，游戏业多年来一直是主要行业，占据大半壁江山，2012年占文化产业出口总额的57.2%。2014年韩国文化产业出口额达53.2亿美元，同比增长8.1%；2017年则达到68.9亿美元，同比增长14.7%。据文化体育观光部与韩国未来创造科学部联手发布的《韩国文化产业对外输出促进方案》预测，力争到2020年，将韩国文化内容出口额提高到224亿美元，从2010年全球排名第9位（2.2%的市场份额）提高到2020年第5位（5%的市场份额），使韩国成为世界第五大文化强国。[①]

从韩国文化产业的发展历程看，其呈现了"自上而下"的发展特点。与同属亚洲文化产业强国的日本和欧美国家不同，韩国在第二次世界大战后才建国并走上了独立

---

① 夏莉霞.韩国文化产业发展对中国的启示[J].新闻界，2015（21）：62-65.

发展道路，文化产业发展的经济社会基础不牢固，因此没有实现通过市场自发地发展起来。韩国的文化产业是在20世纪80年代工业化完成和政府提出文化发展政策目标后才得以初步发展，1998年韩国正式提出"文化立国"后，韩国文化产业在法制保障和政策支持下才实现了快速的发展。因此，韩国文化产业的发展是在国家刺激和支持下，带动企业、民间组织和国民参与到文化产业发展之中，促进了文化产业的快速发展。

纵观韩国的政府主导型文化事业管理模式，主要有以下几方面举措。

（一）建设完备的文化行政体系

韩国政府认识到组织管理在公共文化发展中的重要作用，不断对文化行政管理机构进行整合与调整。韩国目前的中央文化行政机构是文化体育观光部，是2008年2月29日，根据韩国政府组织法的修订，合并文化观光部、国情宣传处与信息通信部（数码产业业务）职能成立的，其主要职能部门包括文化政策局、艺术局、观光产业局和亚洲文化中心城市促进团等。[①] 文化体育观光部的主要职责包括推动韩国文化、观光产业的发展，使其成为具有竞争力的核心创收产业；搞活韩国文化、体育活动，提高中产阶级的生活质量；加强国际文化交流，促进国际文化合作；等等。

在加强原有文化行政部门建设的同时，为了避免业务重复和减少资金浪费，韩国的文化行政机构还积极进行跨部门、跨地区的合作。1999年，文化观光部与产业资源部、信息通信部通力合作，建立了各自下属的"游戏综合支援中心"（主管政策、规划等）、"游戏技术开发支援中心"（主管游戏产业园区建设和管理）、"游戏技术开发中心"（主管游戏产业技术开发），多方形成合力，重点扶持游戏产业。文化观光部和产业资源部还分别设立韩国卡通形象文化产业协会（负责创作等）、韩国卡通形象产业协会（负责市场开发），共同推动卡通形象产业的发展。在电子图书、在线游戏等高新技术文化产业领域，由信息通信部主管基础技术开发，文化观光部负责应用技术开发。

2000年，韩国根据《文化产业振兴基本法》，成立了韩国文化产业振兴委员会，文化观光部长官（部长）任委员长，由15~20人组成。其中由国会常任委员会推荐2人，财政经济部、外交通商部、行政自治部、文化观光部、产业资源部、信息通信部、企划预算处各委派1名次官（副部长），以及广播、电影、出版、音像、游戏等有关部门各1位负责人。委员任期三年，可以连任，职责是制定国家文化产业政策方向、发展计划及文化产业振兴基金运营方案，检查政策执行情况，开展有关调查研究及其他相关工作。

---

① 参见韩国文化体育观光部网站：http://www.mcst.go.kr/chinese/aboutus/history.jsp。

文化观光部于2000年4月、12月，先后设立韩国工艺文化振兴院和文化产业支援中心。2001年又将文化产业支援中心扩建为文化产业振兴院，由其全面负责文化产业具体扶持工作，同时侧重音乐、动画、漫画和卡通形象产业的发展。与原有的广播影像、电影、游戏等主管单位分工协作，推动文化产业的整体发展。

韩国政府还于2000年在釜山、光州、大田，2001年在大邱、春川、富川、清州，金州，2002年在木浦、庆州和济州，分别建立了文化产业支援中心，形成中央与地方的文化产业管理运行机制，加强相互之间的协作、技术交流、信息沟通等，推动文化产业在全国均衡发展。

除了政府文化行政机构之外，韩国还有140多个由民间自发组织的社团组织，如出版协同组合，游戏制作者协同组合等，这些社团组织在文化领域各行业的自律和发展方面发挥了重要的作用。[1]

从韩国的文化行政机构设置和职能划分，我们可以清楚地看到，韩国政府对文化发展不但有很强的主动性，在制定文化政策、管理文体事业方面更是详尽、细化、具体、有针对性。

（二）建设完善的法律保障体系

在文化事业管理的法律保障方面，韩国先后制定了《文化产业振兴基本法》《文化产业发展五年规划》《著作权法》《电影振兴法》《演出法》《广播法》《唱片录像带暨游戏制品法》《出版与印刷振兴法》等具体法律法规，使得文化产业发展有法可循，避免了盲目操作。[2]

韩国于1995年对《文化产业振兴基本法》做了重大修改。从修改后的内容可以看出，韩国政府对本国文化发展采取的政策更为积极主动。《文化产业振兴基本法》共八章二十九条：第一章为"总则"，阐明立法目的、文化艺术与文化产业的定义、施政与资助原则及文化艺术振兴委员会的成立；第二章为"国语的发展与普及"；第三章为"文化艺术空间的设置"，规定了文化艺术空间设置的资助和奖励原则；第四章为"文化艺术福祉的增进"，规定了相关的文化活动日、文化讲座、学校等文化艺术的推动原则和文化产业的培养和支持；第五章为"文化艺术振兴基金"，说明基金的设置、组成、筹集和用途等；第六章为韩国文化艺术振兴院的设立；第七章、第八章分别为补充说明和惩罚条例。尤其值得注意的是，该法将文化产业首次纳入，并在第十六条中明文规定了国家与地方自治团体必须在资金与技术方面对文化产业进行支持。政府

---

[1] 永春.韩国发展文化产业的战略和措施[N].中国文化报，2003-08-22.
[2] 陈怡.韩国："文化立国"成就后起之秀[EB/OL].新华网，2011-10-18.

主管文化方面的官员也必须对文化产业的培育、支持、协助和推动承担应有之责，并应与其他方面的官员经济协调有关事项。在韩国的《文化产业振兴基本法》中，我们不但能够看出他们对提升国民文化素质的重视程度，更能发现他们在制定文化政策上，采用了更为大胆的策略，即政府主动推动文化发展的策略，并为此制定了很多具体可行的方案。[1]

（三）对公共文化提供强有力的资金和政策支持

1. 资金方面

韩国政府采取一系列措施，多渠道筹措资金，按照"集中与选择"的原则，有目的、有重点地实施资金支持，在经费上确保文化事业的发展。资金的筹措渠道主要有以下三种。

（1）国家预算支出。韩国文化部门获得的可支配预算占国家全部预算5%左右的份额，仅次于国防和教育的开支。20世纪90年代末，韩国政府财政预算支出全年是100兆韩元，其中拨给文化部的预算就达到了1%，现在这一比例已经上升到了3%，现在每年韩国政府在培养培育文化产业方面的投入达到20兆韩元。[2]

2014年3月31日，韩国文化体育观光部宣布，为增强韩国文化产业的竞争力，将投资384亿韩元（约合1.92亿元人民币）启动文化技术研究开发项目。其中，241亿韩元（约合1.42亿元人民币）用于文化产业先导型技术开发，101亿韩元（约合5931万元人民币）用于支持增进公共文化福祉的相关技术项目开发，42亿韩元（约合2466万元人民币）用于支援文化产业作业现场所需技术研究。

文化技术研究开发项目将侧重于文化技术与产业化的结合，以及提升文化商品的附加价值，并将以音乐、电影等五大重点文化产业为中心，支援核心技术的研究开发工作。韩国文化体育观光部下属的韩国文化产业振兴院将为此设立20个新课题，并根据课题性质，为相关研究人员或团队提供2~3年不等的研究经费支持，覆盖包括演出、音乐、电影等10个门类，其中包括"大型LED灯的公演照明设计技术开发""3D打印技术应用于传统文化遗产的文化内容重构及著作权保护技术"等重要项目。[3]

（2）国家设立的专项基金。近几年韩国先后建立了文艺振兴基金、文化产业振兴基金、信息化促进基金、广播发展基金、电影振兴基金、出版基金等，为文化事业的发展提供了大量资助。

（3）官民共同融资。通过运作"文化产业专门投资组合"，以动员社会资金为主，

---

[1] 刘轶. 他山之石：美、英、法、韩等国的文化政策[J]. 社会观察，2004（4）：10-11.
[2] 疏影，等. 多国文化艺术基金：平衡文化 补充财政 推进普及[J]. 中国文化报，2014-01-16.
[3] 宋佳烜. 韩国投入384亿韩元支持文化技术研究[EB/OL]. 新华网，2014-04-03.

官民共同融资。据韩国 Mecenat 协会发表的《韩国企业对文化艺术的支持概况》报告，2010 年韩国各大企业对文化及艺术的资助支持金额达 1735 亿韩元（约合 1.6523 亿美元），较 2009 年的 1.5 亿美元增加了 10%。这表明韩国各大企业对文化艺术活动的投入日趋增加。2010 年，韩国各大企业对文化艺术投入金额排名前十的企业包括三星、现代重工、POSCO、Hanwha、KT、乐天百货、现代百货、Hana 金融、SK 和现代汽车。[1]

以上三种方式在文化事业的资金筹措方面发挥了重要的作用。大量资金的投入，保证了主要文化部门的正常运转。韩国的故宫、博物馆、科技馆等面向大众开放的场所的门票价格很低，学生和老人可以免费参观，而且在重大节日人们均可免费参观。这些举措最大限度地保证了韩国民众，特别是受现代西方文化影响最大的青少年接近民族文化的机会。

2.政策方面

韩国政府通过完善公共政策体系为文化事业的发展提供了良好的外部软环境。

（1）文化发展政策。韩国政府先后制定了《文化产业发展五年计划》《文化产业前景》《文化产业发展推进计划》等，在宏观层面上为韩国文化产业的发展指明了方向，并明确指出了文化领域相关产业在发展过程中可以享受的政策优惠待遇。

（2）文化经济政策。韩国政府完善了相关的文化经济政策，利用税收、信贷等经济杠杆，实行多种优惠政策。如为重点发展的游戏、动画等风险企业，以及进驻文化产业园区的单位提供长期低息贷款，减少甚至免除税务负担。在文化产业园区建设中，免除农田、山林、草场转让费和再造费，以及交通设施补偿费等。

（3）文化奖励政策。韩国在文化领域拥有一套奖励措施。近年来尤其加大了对影像、游戏、动画、音乐等重点文化产业的奖励力度。2002 年，游戏、动画业分别评出 15 个、12 个获奖产品和单位，"国务总理奖"（大奖）为最高奖项，奖金 1000 万韩元，"文化观光部长官奖"（优秀奖）奖金 500 万韩元，"特别奖"奖金 300 万韩元。文化观光部计划 2003 年把"大奖"升格为"总统奖"，提升了奖励的权威性。[2]

（4）文化集约生产政策。韩国在全国各地建立了多个文化产业园区，发展集约经营。其中具有代表性的有旨在推动出版文化发展、促进流通结构优化和实现现代化的坡州出版产业园区；由数百名艺术工作者建造的工作室、美术馆、博物馆等组成的 Heyri 艺术村，文化艺术产品在这里进行生产、加工、展示和传播，并进行交易和销售，从而实现从生产到销售的一体化；此外，还有富川影视文化园区、春川动画基地、

---

[1] 韩国各大企业加强文化艺术活动之投入［EB/OL］.台湾服务贸易商情网，2011-08-26.
[2] 田绪永.韩国经验对我国文化产业发展的借鉴意义［J］.中国青年研究，2004（1）：63-72.

各类民俗村等。这些产业园区打造了各自的产业链，使资源得到优化组合，形成规模优势，并确立自己的品牌。[①]

2002年7月，韩国文化观光部决定为下属的文化产业振兴院、广播影像振兴院、电影振兴委员会、游戏产业开发院、国际广播交流财团5个部门组建文化产业支援机构协议会，旨在避免业务重复，加强信息交流，将原来分散组织的活动大型化、集中化，提高工作的整体效果。

（5）文化出口政策。韩国政府充分认识到国内市场规模有限，必须大力开拓国际市场，才能真正实现文化事业的发展。其基本战略是，利用国内市场收回制作成本，利用国际大市场盈利。通过加强调研开发适销对路产品、集中力量开发名牌产品、积极开展跨国生产合作、积极举办和参加国际性展销洽谈活动、设立出口奖励制度、构筑海外营销网等措施开拓国际市场，并取得了显著成效。

韩国把中国、日本作为其文化出口的战略地区，并建立了"前沿据点"。韩国的文化产业振兴院首先在日本的东京建立了办事处。2001年10月9日，又在中国设立了北京办事处，主要收集和提供有关中国文化产业界的市场、技术、人力、有关单位及机构的信息，为其国内企业进入中国市场做安排、洽谈和提供综合性的咨询服务，并举办研讨会、投资说明会、作品说明会等，积极促进中韩两国之间的文化产业交流。2008年，韩国政府对将韩文译成外语和制作费用提供70%~80%的补助，并设立驻外文化院，加强对国外市场的调研和开发。韩国企业则充分利用发达的网络、代理商等多种渠道，综合使用直销、合作经销等手段，构建起了庞大的海外营销网。

1997年，韩国文化产业首次取得500万美元的出口额，2005年韩国文化产业出口达2.68亿美元，2007年增至4.48亿美元，2010年更是上升到6.37亿美元。2011年韩国文化产业出口7.94亿美元，比2010年增长25%，创历史新高。2011年的出口规模同1997年相比，14年里猛增近160倍。韩国文化产品的大量出口，不但实现了良好的经济效益，而且成为彰显韩国软实力的重要载体。以中国观众熟知的电视剧《大长今》为例，它综合了韩国饮食、服饰、医学等文化元素。该剧在全球的热播，除使韩国商品出口获得大量收益外，还带动了旅游热，韩式美食养生热和韩国传统文化热。近年来世界范围内出现的"韩语热"，也是与韩国文化的对外输出分不开的。[②]

2013年12月6日，韩国文化体育观光部与企划财政部联合宣布，政府将投入28亿韩元于2014年启动韩国海外文化院分区域巡回打包项目，全面推动韩国文化艺术的

[①] 陈怡.韩国："文化立国"成就后起之秀[EB/OL].新华网，2011-10-18.
[②] 陈大为.确立"文化立国"战略，扶持企业主攻海外[N].中国文化报，2012-08-29.

海外传播。按计划,政府将组织专家评审团,对韩国国内的各项舞台演出及展览进行严格筛选,通过甄选的韩国文化艺术产品将被打包,按照亚洲、欧洲等不同区域,进行巡回演出及展出,突出展现韩国文化艺术的多样性,有关部门期待这种方式能够成为韩国文化海外传播的全新模式。①

（6）文化人才政策。韩国十分重视文化产业相关人才的培养和储备。据统计,韩国全国各大专院校开设的有关文化产业的专业总数超过900个。从学制上看,既有2~3年制的专科院校,也有4年制的本科院校,还有研究生院和网络教育院校,人才培养的层次和渠道非常多,并加强实用性教育。大量的人才储备,给韩国文化产业的可持续发展提供了保证。②

二、市场调节模式的典型代表——美国的文化事业管理

美国是目前世界上最发达,市场化程度最高的资本主义国家。基于这样的社会文化发展水平,国家对文化发展的管理和协调机制以"无为而无不为"为特征,具体管理方式以各州政府为核心协调单位,充分发挥官方和民间基金会的作用,政府不直接参与文化事业,至今未设置专门的文化部。但这并不意味着美国政府对文化发展无所作为,而是说政府对文化发展的各项事宜不直接插手,将其文化发展策略巧妙地转化为一种"开放性"的市场策略,将文化艺术活动放置于市场经济和民间社会中成长,政府只提供宽松的外部环境和严格的法律保障。③

美国主要采用市场调节的文化管理模式,市场在公共文化管理中发挥着重要作用。具体而言,美国的公共文化管理实践主要包括以下几方面。

（一）通过中介代理机构为文化事业提供资助

美国未设置专门的文化行政部门,而是通过联邦艺术暨人文委员会、国家艺术基金会、国家人文基金会和国家博物馆委员会,作为联邦政府的文化代理机构,负责对全国重要的文化艺术活动的计划协调和对非营利的文化团体和个人的财政资助等。1965年,国会通过了《国家艺术及人文事业基金法》。依据此法,美国国会每年将一部分国家预算拨给国家艺术基金会和国家人文基金会这两个独立的管理机构,再由这两个基金会下属的拨款委员会按照法律规定,将这些经费提供给申请拨款的非营利性艺术团体或艺术家个人。申请拨款的艺术团体和艺术家,必须就其团体的性质、作品的艺术质量、财政状况和管理水平提交详尽的书面报告,由有关艺术门类的专家小组

---

① 宋佳烜.韩国:文化输出将细分目标区域[N].中国文化报,2013-12-19.
② 陈怡.韩国:"文化立国"成就后起之秀[EB/OL].新华网,2011-10-18.
③ 孙萍.文化管理学[M].北京:中国人民大学出版社,2015:278.

实地评估并提出建议,最后由拨款委员会以表决的方式裁定。2014年3月3日,美国总统奥巴马向国会提交的2014—2015财年联邦政府预算案中,文化艺术领域的拨款总额比上一财年增长约3%,预算案对美国国家艺术基金会和美国国家人文基金会的预算均为1.46亿美元。[①]到目前为止,基金会已经投入40亿美元用于支持艺术在全美的普及。成立近50年以来,基金会支持了全美艺术的发展:舞蹈团从1958年的28个增加到现在的400个,歌剧院从1964年的29个发展到1989年的209个,各类乐团多数是近20年组建的,现在总数已达1120个,美国的8200座博物馆多数是20世纪70年代以来在基金会的资助下建立的。

基金会在促进美国基层文化繁荣上发挥了重要作用。基金会成立以来持续支持州级艺术机构的建设与发展,鼓励每个州建立州艺术事务处,并将其作为获得资助的条件。1965年基金会成立的时候,全美只有17个州拥有艺术机构。2005年,每个州在基金会的帮助下都设立了自己的艺术机构。目前,基金会每年约40%的预算拨给州级、海外和地区性的艺术机构。分散的拨款带来各地艺术的繁荣。截至目前,美国约有3800个社区艺术机构,这些基层艺术机构的成立使基金会的资助在州级使用效率提高。[②]

美国政府其他一些部门也为文化事业提供资金。这些部门有的是独立的文化艺术部门,有的挂在本身与文化艺术没有直接关系的政府部门(如国防部)之下。受联邦政府资助的文化项目达200多个。在2014—2015财年预算案中,国家美术馆获得的资金将增加5.3%,达到1.4亿美元。这些支出包括支付运营费用和整修、新建场馆。运营支持将增加2.5%,达到1.2亿美元,为美术馆装修的资金将增加26.7%,达到1900万美元。美国博物馆和图书馆服务协会(为美国所有的博物馆和图书馆提供资金支持的机构),获得的拨款为2.265亿美元,比2013—2014财年削减41.2万美元。史密森尼学会始终是联邦政府文化支出最多的机构。2013—2014财年的预算是8.05亿美元,新财年预算案中提出增至8.509亿美元,涨幅为5.7%。其中,对史密森尼学会的日常运营费用将增加8.3%,7.008亿美元;用于建设的费用将下降5%,为1.501亿美元。[③]这些资金保证了美国文化事业的持续发展。

(二)州和地方政府的文化事业管理创新

美国的州政府和地方政府在文化事业的发展过程中发挥着积极的作用,2003年,美国经济危机后,加利福尼亚州艺术委员会的预算缩水超过90%,成为美国人均艺术投入最低的州。2013年6月14日,加利福尼亚州立法机构通过了2340亿美元的新财

---

① 郑苒. 美国文化艺术预算仅3%:被指令人失望[N]. 中国文化报,2014-03-20.
② 疏影等. 多国文化艺术基金:平衡文化 补充财政 推进普及[N]. 中国文化报,2014-01-16.
③ 郑苒. 美国文化艺术预算仅3%:被指令人失望[N]. 中国文化报,2014-03-20.

年预算，其中削减了7.6%的艺术机构赞助资金。加利福尼亚州艺术委员会共获得拨款502.4万美元，其中政府承担21%，为107万美元，联邦政府拨款109.9万美元，其余的285.5万美元来自捐赠。这距离艺术创意者们在5月的州议会拨款委员会上主张的7500万美元相去甚远。当年7月15日，美国加利福尼亚州众议院议长约翰·佩拉茨宣布，从他可支配的州预算中拿出200万美元，用于资助艺术机构。至此，从7月1日开始的2013—2014财年，加州艺术委员会从州政府获得的拨款从原计划的107万美元增加至307万美元。[1] 由于财政压力，近年来许多州的艺术经费都有不同程度的减少。州政府支持艺术的做法与国家艺术基金会类似，但更注重小型的、地方色彩更浓的艺术组织，以及年轻和不知名的艺人，州艺术机构还扶持社区团体的艺术活动，以及艺术在医疗保健、犯罪教育学和老年医学中的应用。[2]

近几年面对社会政治经济文化环境的变化，美国很多州及地方政府积极发挥创造性，探讨和实践促进文化事业持续发展的新方法，取得了一定的成效，主要方法有以下几种。

（1）创设"文化区"。政府制定出符合当地情况的民众同意的新的税收政策，目的是适当提高税收，增加政府收入，用以支持"文化区"的发展，而"文化区"的设立又会促进旅游业和商业的发展，使当地受惠。

（2）建立"信托基金"，资助国家级艺术项目。联邦政府每年将征收的烟、酒等消费品税的一部分存入"信托基金"，以五年为"信托基金"的积累本金期，其间，不得从中提取分文用作拨款。目前，得克萨斯、密苏里等几个州已率先试行此做法。密苏里州还将到外州参加表演或比赛的收入较高的专业艺术家和体育运动员的部分个人所得税存进"信托基金"。亚利桑那州则抽取部分娱乐税，支持文化"信托基金"。

（3）适当调配文化资源。如邀请十分成功并获得很高报酬的著名艺术家，到经济不发达地区的文化艺术团体帮助工作，促进其发展。

（4）联合其他部门共同举办活动。这样做可以扩大文化活动的影响，吸引更多的资金投入，国家艺术基金会设有专门网站，及时提供文化艺术活动的信息，供社会各界选择。

（5）适度提高服务费标准。例如，佛罗里达州政府将提高的举办商业活动的申请费和私家车主上特色车牌须多付的牌照费，用在了发展文化艺术事业上。[3]

---

[1] 疏影.美国加州政府提高资助艺术预算[N].中国文化报，2013-07-18.
[2] 韩红.美国资助文化事业的运作方式[J].学习月刊，2007（14）：6+22.
[3] 孙萍.文化管理学[M].北京：中国人民大学出版社，2015：279.

（三）地方艺术机构发挥重要作用

据统计，美国有 4000 多个地方艺术机构，其中 75% 属于非营利性机构，又称为半官方性机构。这些地方艺术机构享有财产税和销售税减免优惠政策，并在寄发宣传广告等邮件时享受减免 60% 邮资的优惠。

（四）通过政策优惠，包括税收优惠，鼓励社会各界和慈善机构对文化事业进行资助

在传统上，美国的博物馆，图书馆等机构的经费，绝大部分来自私人的捐赠。这是因为一则美国国民有这样的捐赠传统，二则各项对捐赠者有利的政策也吸引着他们乐施好捐。美国的税法对捐助文化艺术教育等社会公益事业的个人和机构应享有的减免税收优惠做了详细的规定。政府的这一政策促使大批慈善机构、基金会应运而生，也鼓励公司、团体和个人积极去资助文化艺术和其他社会公益事业。众多的美国重要文化艺术团体和机构也因此与一些大公司、大银行基金会等建立起了相对稳定的资助关系。例如，华盛顿肯尼迪艺术中心每年 1.85 亿美元的预算，联邦政府投入 3000 万美元，7500 多万美元来自企业个人基金会募捐。美国旧金山亚洲艺术馆的藏品，由曾担任国际奥委会主席的美国人布伦戴奇捐赠。亚洲艺术馆还有第二个名字"Chong-Moon Lee Center for Asian Art and Culture"，由韩国的硅谷企业家李重孟捐助 1600 万美元获得冠名。旧金山亚洲艺术馆的董事会有 70 位董事，董事一任 3 年，每年需捐赠 2.5 万美元，当博物馆有特展等项目时也要认捐。

除了资金资助之外，还有大量的志愿者为文化事业提供服务资助。在美国，为社会公益事业志愿服务，是受人尊敬的美德，是文化艺术发展不容忽视的力量。著名的纽约大都会博物馆，有一半工作人员是义工。据统计，义工一年工作时间有 100 万小时，这些贡献如果折合成工资，以最低水平来算，也要七八百万美元。[①]

（五）健全的法律体系保障文化事业发展

美国国内的文化事业多种所有制并存，大多数为私人所有。政府充分强调自主经营，强调文化依赖于公众，所以通常不对文化事业的发展方向和文化发展形式加以政策限制，允许文化单位在市场上自由竞争、优胜劣汰。中央和地方政府主要通过建立健全文化法规体系，保障文化事业的健康发展。其中最关键的两部法律就是《国家艺术及人文事业基金法》和《联邦税收法》。

《国家艺术及人文事业基金法》（以下简称《基金法》）于 1965 年颁布。这部法律保证了美国政府每年必须投入文化艺术的资金比例，并确保这项资金用于以公益性为主的文化艺术事业，而不是耗费于庞大的文化行政机构的运行之中，根据《基金法》，

---

① 王晓映. 志愿服务·艺术捐赠·制度推手［N］. 新华日报，2012-03-08.

政府对非营利性质的文化艺术团体和公共电台、公共电视台免征所得税,并减免为其赞助的个人和公司的税额。

1917年颁布的美国《联邦税收法》明文规定对非营利文化团体、机构和公共电视台、广播电台免征所得税,并减免资助者的税额。对非营利且以促进文化、教育、科学、宗教、慈善事业为目的的团体免征赋税,个人和企业对上述非营利团体的捐赠,可享受减免税收的优惠政策。《联邦税收法》规定可以享受免税待遇的机构和组织有交响乐团和类似的团体、促进爵士乐发展的音乐节或音乐会组织者、合唱艺术团体、青少年艺术团体、艺术展览团体、戏剧表演团体、舞蹈艺术团体和学校、历史文物保护团体等。

这些与文化发展相关的法律和制度,既保证了文化发展充足的资金来源,也激发了全社会参与文化活动和投资文化的热情,从而形成了美国文化发展的一大特色——投资主体的多样性。《基金法》颁布的同年,国家艺术基金会与国家人文基金会相继成立,国家艺术基金会与国家人文基金会每年向各州及联邦各地区艺术委员会拨款一次,占年总基金额的20%,其余款项直接用于向各个艺术人文领域内的个人及团体有关项目提供直接资助,也用于对优秀艺术成就的奖励。联邦政府主要通过国家艺术基金会、国家人文基金会和博物馆协会对文化艺术给予资助,州和市镇政府以及联邦政府某些部门在文化方面也提供资助。美国文化艺术团体得到的主要社会资助则来自公司、基金会和个人的捐助等,其数额远远高于各级政府的资助。[1]

美国政府1996年通过了《联邦通信法》,对文化生产内容放松管制,允许传媒企业取得跨媒体的垄断地位,美国传媒企业乘势而起,一些大型企业迅速垄断市场。1997年美国政府在"北美行业分类"文件中将文化产业的软件和硬件进行剥离,使硬件生产归于传统产业,着重发展以"内容创新"为基本特征的文化产业。同时,进一步促进、保护和开发国内外文化资源,在使"文化资源小国"变成"文化产业强国"的基础上,通过传媒集团的国际化,逐步扩大国内和国外文化市场。这些法律政策的出台,为美国的文化产业发展并占领国际市场提供了有力的支持。

那些没有专门立法的文化行业,宪法和其他有关法律也对他们做了规定。比如,美国没有专门的出版法,但涉及出版活动的法律很多,使该项工作基本有法可依。

法律和规章制度是美国文化管理的重要特征。除了上述法律之外,美国还有许多其他有关文化的法律和规章制度,如电影法、新闻法、版权法、图书馆法、志愿人员保护法案,以及电影分级制度、电影制作放映的审查定级制度等,这些法律法规对文

---

[1] 任一鸣.英美文化管理体制探考[J].社会观察,2004(6):15-16.

化发展的不良因素进行了限制，以确保文化的健康发展。[①]

（六）对营利性文化产业的放任政策

美国的营利性文化单位一般由个人投资或采取多方合资的模式，美国政府鼓励非文化部门和外来资金的投入，甚至大力吸引外国资本的参与，鼓励文化产业的跨国经营。营利性的文化产业单位采用老板负责制的管理体制，决策与管理均由老板负责，在若干名雇员协助下开展工作。政府对营利性的文化产业实行"商业决定型"的放任政策，文化企业不能享受减免税的优惠政策，政府一般也不给予资助而彻底交由市场调节，他们必须自谋生路，在文化市场中参与竞争。当然，美国政府也注重文化产品是否合乎法律的规范，一旦发现文化产品与国家法律背离的情况，便迅速加以监管或取缔。

美国的文化产业发展时间较长，现在文化产业已成为美国最具活力并带来巨大经济收益的产业。美国的影视业、出版业、艺术表演和娱乐业等文化产业都十分发达。据测算，美国400家最大的企业中，文化企业占到1/4。美国资产在100万美元以上的文化企业超过400家，其收入总和高达1500亿美元。2011年，美国文化艺术增加值为5040亿美元，占2011年美国GDP的3.2%，高于旅游产业在GDP中所占2.8%的比例。2011年，美国文化艺术生产总值为9160亿美元，广告服务业产值占有最大份额，达2000亿美元，占总产值的20%；其次为艺术教育（包括中高级美术学校、美术和表演系、专业表演、艺术中心等），产值达1040亿美元；有线电视制作和播出名列第三，产值达1000亿美元；电影和录像及服务名列第四，产值达830亿美元。[②]

三、多元复合模式的典型代表——法国的文化事业管理

法国作为多元复合文化管理模式的代表国家，专门的文化管理起步较晚。在法兰西第五共和国成立（1958年）之前，法国没有完整的文化政策，也没有专司文化管理的部门。1959年，法国成立了国务部，由著名作家安德烈·马尔罗任部长，兼文化事务专员。国务部的任务是"使最大多数法国人能够接近人类的尤其是法国的文化杰作，确保他们对法国文化遗产的兴趣，促进文化艺术创作，繁荣艺术园地"。文化事务专员的管理范畴为艺术、文学（包括戏剧、音乐、博物馆、特殊的艺术教育）、建筑、档案等。[③]

在法国成立国务部之后，公共文化管理逐步规范化与科学化。具体而言，法国公共文化管理的主要实践包括以下几方面。

---

① 孙萍.文化管理学[M].北京：人民大学出版社，2015：281.
② 美国文化艺术产业已占GDP重要比重[N].中国文化报，2014-07-10.
③ 李丹.公共文化管理[M].北京：高等教育出版社，2018：219.

（一）政府宏观调控

法国政府非常重视文化的发展和管理，这一点在欧洲国家中较为突出。法国坚持文化为公众服务的目的，在文化工作中遵循三个原则：一是保护建筑遗产；二是鼓励各种形式的创作，并且保护它们的多样性；三是确保知识传播和文化民主。

法国文化部全称是文化与通信部，设有文化部部长，并设立顾问委员会为文化部部长提供建议。文化部中央机构设置为三个总司和一个办公厅（总秘书处），办公厅的职能是为各总司和公立机构提供财务、人事、法律、外事咨询和建议，负责指导文化部的各项改革，协调各项跨领域的文化政策，例如艺术教育、创新探索、前瞻性研究等。遗产总司负责制定、协调和评估国家建筑档案，博物馆、建筑和考古遗产政策。艺术创新总司负责制定、协调和评估国家有关造型艺术和舞台艺术的文化政策。媒体和文化产业总司负责制定和推动落实国家鼓励媒体和广告业多样化发展的政策，保证增加网络内容供给，促进音像产业的发展，鼓励图书出版和阅读。总司跟踪国家电影和动画中心的业务活动。[①]

（二）分散文化权力

法国在强化政府调控的同时，还推行"分散文化权力"的政策，把一些文化权力移交给地方，如把对某些遗产的认知和管理权充分下放，交由最直接的地方组织来负责。目前，法国政府已与多个地区签署了遗产领域权力下放协议书。此外，法国政府还通过合同制对地方的重要文化项目给予帮助，加强地方机构的文化设施建设，帮助地方建立文化活动中心和文化发展中心等，在许多方面强调重新定位角色，落实权力下放原则。对营利性的文化产业和文化单位，法国政府也不大包大揽，而是交由市场调节。即使是对一般人看来最需宏观调控的新闻事业，法国政府也采取了国家垄断与自由放任相结合的方式。例如，法国的法律规定，法国公共广播部门为国家垄断，凡国营、私营的广播电视部门都必须置于国家控制之下，但对同属于新闻事业的报刊业，则采取自由放任政策，从报道内容到机构设置均不加干预。近来，法国还推行"文化的民主性"政策，强调公众对文化的享有，并采取措施提高公众对文化管理的参与度。法国有15.7万个文化民间组织——协会（不包括教育娱乐协会），这些协会在法国文化事业管理，尤其是法国文化遗产保护过程中发挥了重要的作用。法国共有1.8万多个协会把保护和展示文化遗产作为自己的主要工作，约占协会总数的12%。

2001年7月1日，法国政府签署了《国家与协会契约宪章》，充分肯定民间组织在遗产保护中的地位，并给予它们在制定有关遗产政策中一定的参与权。多年来，协

---

① 法国文化部机构改革终于落实［EB/OL］．中国文化网，2010-01-21．

会在法国遗产保护方面做了大量的工作，主要有鉴定遗产内容，参与制定法律和行政管理，增强民众的遗产保护意识，发挥遗产的价值作用，传播知识和技能，建立资源信息库等，为配合、支持政府完成保护和弘扬国家遗产发挥了重要作用。他们的行动也对乡村生活水平的提高和城市生活环境的改善起到了积极的推动作用。[①]

（三）完备的文化行政体系及契约式管理

第二次世界大战以后，法国出于"使最大多数法国人能够接近人类的，尤其是法国的文化杰作，确保他们对法国文化遗产的兴趣，促进文化艺术创作，繁荣艺术园地"[②]这一目的，在欧洲国家中最早设立国家文化部，从全局上集中管理全国文化事业，还成立了出版社和通信对等委员会、法新社最高委员会、广播电视质量委员会等独立的行政分支机构。这些文化行政机构负责主管全国的文学、艺术、电影、戏剧、音乐、博物馆、广播、电视、出版、档案、建筑和美食等事务。此外，还另设各种咨询机构、专门协会及直属专业中心协助处理这些事务。文化部在每个大区（法国的国家行政单位，也是区域自治单位）都设有文化事务管理局作为文化部的派出机构，统一对全国的文化事业进行协调管理。法国于1971年9月设立了文化发展委员会，由诗人艾玛纽埃尔领导，40名艺术界、大学及行政部门的杰出人物组成。作为一个对文化活动进行比较、思考和提出建议的机构，文化发展委员会起草了很多文件，对电视、学校教育、文化发展、部际文化干预基金、诗歌创作等提出了不少建议。

法国政府对文化部门的管理有别于对一般行政部门的管理，表现形式并非行政命令，而是通过签订文化协议的契约形式确保管理目标的实现，这是法国的独创。在这一模式下，法国的许多公共文化部门拥有一定的自主权，有自己的人事制度和自己的收入。

（四）健全的文化法律体系

法国对文化事业的立法工作历来很重视。通过立法，从制度上保证文化事业的健康发展。议会在文化发展中的作用是显著的。法律草案源于文化部，议会对草案进行修改。在第五共和国的政治体制之下，政府始终属于议会中的多数派，政府提出的法律草案几乎没有不通过的。

法国在文化方面先后出台了《保护及修复历史遗迹法》《古迹保护法》《遗产捐赠与继承抵偿法》《建筑法》《图书单一价格法》《著作法》《电视台法》等。为保护法语，抵制英语语言帝国主义，1994年8月4日法国议会通过了文化部部长杜蓬提出的《关

---

① 孙萍.文化管理学[M].北京：人民大学出版社，2015：284.
② 肖云上.法国的文化政策[J].国际观察，1999（6）.

于法语使用的法案》（以下简称《杜蓬法》）。《杜蓬法》规定禁止在公告、广告中，在电台、电视台播送的节目中（外语节目除外）使用外语，要求在法国境内出版的出版物必须有法语的概述，在法国境内举行的各种研讨会，法国人必须使用本国语言作大会发言等，对违反者将处以5000~25000法郎的罚款。法国出台的一系列文化方面的法律，有效地保护了本国文化的发展。[1]

（五）充足的资金保证

自17世纪末波旁王朝开始，国家对文化艺术的管理和资助模式就成为法国的传统，时至今日，法国依旧基本采用这一模式。法国每年对文化事业总体投入预算是3600亿欧元。其中法国文化与通信部每年的文化发展投入额约占整个国民生产总值的1%（约40亿欧元）。此外，文化经费还来自国家教育部、高等教育研究部、外国与欧洲事务部、内务部、总理服务部委、司法部等其他各部委。[2]除此之外，法国地方各级政府还要投入两倍于国家预算的资金，用于发展本国文化。国家每年拿出大约50亿法郎扶持新闻、文学、艺术、音乐、电视、电影等行业。[3]虽然近几年法国的经济在低谷中徘徊，政府受到巨额财政赤字、高失业率和社会排斥等问题的困扰，但法国并没有牺牲文化投资来发展经济，而是通过增加文化投入推动文化事业的发展，并积极利用文化手段解决上述社会经济问题。文化投资在国家经费预算中所占的比例不断增高，2014年法国划拨文化与通信部的资金约为72.6亿欧元。其中26.9亿欧元用于文化和文化研究领域，45.6亿欧元用于传媒、文化产业和公共影视领域。2014年，法国文化与通信部计划增加500万欧元的专项资金用于青少年文化与艺术教育，这使得该领域的全年预算总额达到了3820万欧元。这些资金将专门划拨给各地文化机构用于提供文化与艺术课程，尤其是针对目前被忽视的区域，包括城市困难社区和偏远农村地区。

此外，文化艺术领域的高等教育预算将提高7%，达到2.49亿欧元，这些资金将被用于建筑设计学校，艺术专业学校和表演艺术学校的改革与发展，艺术专业学校将与欧洲普通大学体系的学位和课程设置接轨，为艺术研究奠定基础。实践证明，法国在文化投资方面所采取的措施是正确的，文化投资的增加不仅促进了经济的复苏，而且通过文化活动为不同阶层人士提供了相互了解的机会，有利于减少社会排斥，维护社会稳定。

此外，法国政府顺应时代发展的要求，根据企业参与文化赞助活动的社会实践，先后制定了《企业参与文化赞助税收法》《文化赞助税制》《共同赞助法》等一套文化

---

[1] 孙萍.文化管理学[M].北京：人民大学出版社，2015：285.
[2] 乔燕冰.法国为什么会成为欧洲文化中心？[N].中国艺术报，2013-03-29（T01）.
[3] 刘轶.他山之石：美、英、法、韩等国的文化政策[J].社会观察，2004（4）：10-11.

赞助税制体系，对文化赞助的性质、范围、条件、形式、对象、目的等都做了严格的界定，鼓励和支持个人、社会和企业赞助文化事业。

来自政府、社会、企业和个人的多渠道、充足的资金保证了法国文化事业特别是传统文化的持续发展。[①]

（六）重视对本国文化的保护

随着美国文化产品在全球领域的迅速传播，法国在文化保护和文化产业开发方面的压力逐渐增大，在这一形势下，法国政府采取积极的保护政策，保护国内文化市场，更主要的是保护日益受到美国通俗产品侵蚀的民族文化。在关贸总协定乌拉圭回合1993年谈判中，法国坚决反对美国把文化列入一般服务贸易范畴，提出了"文化不是一般商品""文化例外"等新概念，拒绝了美国的要求。这一措施有效地保护了法国的影视业。1999年，法国文化及通信部在《文化例外与文化多元化》一文中，把文化领域分为两个部分，其中戏剧、出版、新闻、建筑等作为参与全球化市场可以妥协的部分；影像事业（包括电影、广播、电视、图书馆、博物馆、档案及其他相关领域）等，则为不可妥协的部分。[②] 法国在电影、音乐、出版等许多文化领域，都通过立法，为保护民族文化特色和文化独立性，筑起牢固的堡垒。

1. 对电影的保护

电影作为法国最重要的文化产业，近几年一直保持着强劲增长的势头。法国电影产业的持续发展与法国政府的保护政策是密不可分的。在法国，电影拍摄能够获得国家资助。自1948年以来，法国电影业享受一个特别的财政资助系统，即在财政法中有一项特别的支出款项：电影工业财政资助账户。尽管这项支出被写进财政法，但资金并不直接从国家预算中支出，而主要以税的方式从一些行业收入上征收（影院、电视、录像），然后再返还到电影行业。2012年，国家电影中心为影视业提供的资助金总额为7.7亿欧元，占该产业增值总额的4.7%。法国国家电影中心2012年度研究报告由此得出了"政府每资助1欧元给影视业，便会产生21欧元的经济效益"的结论。[③] 法国国家电影中心建立的这种资助机制最初为法国独有，令许多电影大国羡慕不已。首先，它保证了法国民族电影的生产不受国外特别是好莱坞的商业影片的影响，而诸如英国、德国和意大利这样有着电影生产悠久历史的国家都受到了严重的影响。其次，这种资助机制鼓励欧洲国家之间生产合拍片，扶持国际合作制片，法国电影人非常珍惜地使用它，以保持与欧洲各国的和谐发展。这种资助机制的运作非常透明，建立电脑售票

---

① 孙萍. 文化管理学［M］. 北京：人民大学出版社，2015：286.
② 杰夕，等. 从2014预算看多国文化走向［N］. 中国文化报，2013-11-07.
③ 梁建生. 法国影视业年度效益直逼汽车业［N］. 中国文化报，2013-11-12.

和资助合同存放系统，电影票房和电影的电视播放权都得到了严密监控。对投资者而言，这是一种难得的保障。外国投资者可以对他们的产品在法国产生的收入一清二楚。此外，充足的资金也避免了片面追求利润和过度商业化所导致的影片质量问题，现在，法国电影几乎成了"艺术电影"的代名词。[①]

2. 对电视业的保护

法国是世界上电视业最为发达的国家之一，其电视行业的竞争激烈程度和技术水平都比较高。根据世界银行的数据，法国总人口约为6544万（2011年），其付费电视用户总数约为4261万（2012年）。相关研究结果显示，法国人每天平均看电视的时间是282分钟。[②] 法国政府1989年制定的"无国界电视"要求欧洲的电视台必须为欧洲的作品保留"绝大部分的播放时间"及"播放配额"。配额始终包含着限制的意义。音像配合制度是为了保护法国的（和欧洲的）视听作品制作和播放。音像作品播放配额规定40%的时间必须是播放法国作品，60%留给其他国家。这一要求限制了美国电视剧的播放量，保护了本国文化和本国影视制作业。由于法国政府的严格规定，现在进入法国这个受到严格管理和封锁的市场的美国频道并不多，只有福克斯儿童频道（Fox Kids）、迪士尼公司（Disney）和环球制片公司（Universal）等几家公司。由此可以看出，政府政策上的支持，对于影视业的保护还是有效的，2008年1月8日，时任法国总统萨科齐启动了一项对法国电视业影响深远的改革，将取消法国两家公共电视台的广告，转而通过对移动电话运营商和互联网服务提供商征税，以及对私营频道广告收入课税来筹集资金。作为回报，法国公共电视台将必须提供高质量的节目，并宣传法国的作品。[③]

3. 对文化遗产的保护

法国拥有丰富的世界文化遗产及较为完善的文化遗产保护体系。法国的文化遗产保护体系主要是通过出台与文化遗产保护相关的法律而构建起来的。1887年，法国通过法律保护具有国家历史及艺术价值的纪念性建筑和艺术品，出台了有关遗产保存的若干章程，规定国家必须参与历史古迹保护工作。法国成为世界上第一个立法保护文化遗产的国家。1913年，法国立法设立了专门负责对历史古迹分类的机构，并且将所有古迹登记造册。被确认为历史古迹的私人财产，第一次跻身法律保护的范围，与公立机构享受同等待遇。1930年，自然遗产首次以法律形式受到保护。1943年，距历史古迹四周500米范围内的区域被法律划定为受保护区域，任何人不得在未经授权的情

[①] 孙萍. 文化管理学[M]. 北京：中国人民大学出版社，2015：287.
[②] 李宇. 法国电视业探微[J]. 声屏世界，2013（6）：66-68.
[③] 萨科齐启动法国电视业改革 拟对移动运营商征税[EB/OL]. 搜狐网，2008-01-09.

况下随意改动原建筑风格。1962年,通过《马尔罗法》,明确文化遗产保护的双重目标,即"保护我们的历史文化遗产和改善法国人民的生活和工作环境"。1988年,政府以免除继承税的方式鼓励私人所有遗迹向公众开放。自2003年以后,政府对遗产的保护工作逐渐下放到地方,并进一步扩大公共开放程度。

此外,法国政府注重加强在文化遗产保护方面的投入。2013年,法国政府在编制预算时,计划为文化、科研及传媒产业共投入35.5亿欧元,其中文化遗产保护7.76亿欧元,属于文化遗产保护之列的历史性建筑保护3.33亿欧元。

法国政府还出台政策,鼓励有实力的基金会、企业和个人出资支持文化遗产保护事业。个人可以获得相当于捐赠数额66%的税收优惠,企业从营业税中扣除相当于捐款60%的税款。政府还简化了遗产保护性基金会成立和运作的手续,并给予税收优惠支持。[1]

近年来为使尽可能多的人能够接触法国文化遗产,法国政府积极努力开发文化遗产的数字化及网上传播,希望利用计算机技术和全球信息网络宣传法国丰富的文化遗产,扩大国际影响。主要的措施有:保证国家对文化遗产的宏观控制,防止以任何目的对文化遗产的数字化形式进行资源占有;增加文化作品数字化方面的资金投入;科学推广数字肖像收集及著作权开发,商业推广数字复制;加速在互联网上进行文化数据传播,扩大国家图书馆对数字化作品的收藏与传播;设立一个包括政府与出版界代表在内的评价委员会,专门研究文学创作数字化的效果;等等。[2]

2009年年底,时任法国总统萨科齐宣布法国政府将投入7.5亿欧元用于文化遗产数字化工程,涉及的文化资源包括书籍、图片、影像、文件及声音资料等,资金主要投入给国家图书馆、国家电影资料中心、卢浮宫、蓬皮杜中心、巴黎歌剧院等十几家相关文化机构。[3]

4. 文化保护的新趋势

随着互联网技术在全球的普及,法国的文化保护政策也逐渐扩大到互联网领域。2005年3月初,美国最大的互联网搜索供应商谷歌(Google),宣布将成立大规模环球化网络图书库,把英文世界里最具权威性的5座图书馆里超过1500万册藏书和文件放在网络上供全球阅览。消息传出后立刻引起法国的不安,担心美国领军的大英文化无止境地在全球扩散,会使"法文文化堡垒"进一步边缘化,最终沦为狭隘的地方性语言。法国政府随即发表声明说,有鉴于知识数码化运动横扫全世界,法国和欧洲凭

---

[1] 梁霓霓,杜艺.法国对历史文化遗产的保护[N].中国旅游报,2013-06-24.
[2] 童心.法国面向信息社会的文化发展政策[J].全球科技经济瞭望,1999(2):31.
[3] 雄心勃勃的法国文化遗产数字化工程[EB/OL].中国文化网,2009-12-22.

借丰厚独特的文化历史,必须起带头作用确保环球化知识保留文化多元性。法国将争取英国、德国、西班牙政府的支持,集中注资几千万欧元,"探讨一切可行方案,尽速把法国和欧洲各国权威图书馆的藏书全数放上互联网",开展这项"欧洲互联网反美文化运动"。[1]2010年1月,法国政府同意与谷歌合作,共同扫描法国图书馆的图书,但同时表示,绝不会放弃法国文化遗产的合法控制权。[2]

由此可见,在经济全球化进程加快和科学技术迅猛发展的形势下,法国的文化保护政策所涉及的领域将越来越广。同时,随着欧盟的成立,法国的文化保护行为将不再是孤军奋战,而是争取其他欧盟国家的支持,共同开展。[3]

→【延伸阅读】

国外网络文化建设现状及经验启示

用手机扫一扫,了解更多信息

第三节 国外公共文化管理发展趋势

纵观国外公共文化管理模式的演变历程及各国公共文化管理经验,随着科技和信息技术的发展以及各国经济发展模式的转变,国外公共文化管理呈现出分权化、去行政化和法治化的发展趋势。

一、分权化趋势

分权化公共文化管理的理念,不是改变国家体制的意思,而是指公共文化管理权力的分化。具体来看,主要有两种分权形式。

第一,垂直分权。垂直分权即中央政府及所属文化行政部门和各地方政府间进行纵向分权。一方面,中央政府及所属文化行政部门享有本国文化政策制定和实施的主

---

[1] 法反对美文化称霸天下,欧美对立延至互联网[EB/OL].中国文化传媒网,2013-08-13.
[2] 法国同意与谷歌合作 共同落实图书扫描计划[EB/OL].腾讯网,2010-01-12.
[3] 孙萍.文化管理学[M].北京:中国人民大学出版社,2015:289.

要权力；另一方面，中央将部分权力交由地方政府，要求各级地方政府必须行使相应权力和承担相关责任，以对各地方的文化事务进行具体管理。

第二，水平分权。水平分权即各级政府及所属文化行政部门与非政府性质的文化机构间进行横向分权。在这种分权方式下，政府和市场共同管理一国的文化事业，既有利于通过市场的自由竞争机制，发挥市场对文化资源配置的决定性作用，使文化活动按自身规律运行，还有利于通过政府必要的宏观调控，使本国的文化事业朝着正确的方向发展。

从国外三种典型的文化管理模式——政府主导模式、市场调节模式及多元复合模式的管理特点来看，各模式均在不同程度上实现了文化管理权力的横向与纵向分化。实际上，各国在具体的文化管理实践中，均根据自身国情和实际情况采取了不同方向的权力分散策略。

韩国对其文化管理权力主要在横向上进行分化，韩国将更多的文化管理权力从政府手中交由市场和社会，给私人文化部门更多的发展空间，政府在进行必要调控的基础上，其在国家文化管理中的作用相对弱化。一方面，韩国政府对其文化事业的发展高度重视，形成了较为健全的文化行政体系，政府通过其文化部门对文化事业进行统一管理，形成了较为完善的文化法律体系，政府通过颁布一系列相关法律法规来规范文化事业的发展。政府还通过拨付一定的国家预算、设立专项基金、颁布一系列相关政策的方式，对文化事业给予资金上的支持和制度上的保障。韩国政府对文化事业的管理保证了其在正确的轨道上运行。另一方面，在国家宏观调控的基础上，市场和社会在韩国的文化事业中，也发挥了一定的作用。例如，在资金支持方面，民间也投入了大量资金进行文化市场的开发。韩国采取动员社会资金为主，官民共同融资投资的运作方式，广泛吸纳社会资金投入文化事业，支持本国文化事业发展的资金来源渠道多样。

文化管理权力在横向上的分化在美国表现得尤为突出。美国采用市场调节模式管理本国文化事业，政府不直接进行行政干预，而是依靠社会力量引导，调节文化事业，无论是中央还是地方，其在行政体制上皆没有设立管理文化事业的行政部门。此外，美国对其文化管理权力在纵向上也进行了一定的分化，主要表现为在美国间接文化管理体系中的政府管理系统内，除联邦层级设置的总统艺术与人文委员会、国家艺术基金会、国家人文基金会以及博物馆与图书馆事业学会这四个机构管理全国文化事业以外，中央还将部分权力分给地方，美国各州、县、市政府都设有文化艺术理事会，他们是州和地方政府的文化办事机构，在各地方文化事业管理中发挥重要作用。

法国和英国在横向和纵向上皆对文化管理权力进行了分化。在横向分权方面，法国政府通过形成较为完备的文化行政管理体系，统一对全国的文化事业实行"一竿子插到底"的协调管理,着力完善相关法律制度,加大对文化事业的财政支持力度。同时,政府把一些权力移交给市场,例如,将营利性的文化产业和文化单位交由市场调节。政府还推行文化民主性政策,强调公众对文化的享有和支配,肯定公众在文化事业管理中的重要作用,并采取措施提高公众对文化管理的参与度。英国政府对文化事业奉行"一臂之距"的管理原则,即"不能不管,也不能多管"。具体表现为:在文化管理机构设置上,不仅有政府性质的中央及各地方政府文化行政机构对全国几个地方的文化事业进行统一管理,还有非政府性质的公共文化执行机构、行业性文化联合组织与政府机构共同管理文化事业;在具体的文化管理方式上,政府与市场分别发挥了不同的作用,如在财政拨款方面,政府不对文化单位直接提供资金支持,而是通过改变对各非政府公共文化机构的财政拨款分配比例,在政策上加以协调,突出文化事业的重点支持领域。在纵向分权方面,法国的文化管理行政机构不仅包括中央政府文化领导机构,还包括直属文化和通信部的文化单位、地方文化机构等。中央把一些权力移交给地方,例如,法国中央政府已与多个地区签署了遗产领域权力下放议定书,把对某些遗产的认定和管理权充分下放,交由最直接的地方组织来负责。英国的文化管理行政机构不仅包括中央层级政府文化机构,还包括地方层级政府文化机构。地方政府在管理各地方具体文化事业中的作用不可忽视。例如,在对文化事业的财政支持方面,英格兰、苏格兰和威尔士等地区的地方政府用于艺术、博物馆和图书馆的总支出,已超过了中央政府相同领域的支出。虽然在英国法律中并未对其文化财政支持等相关内容做出强制规定,但各地方政府在对文化事业的投资上实际发挥了重要的作用。[①]

二、去行政化趋势

所谓去行政化,简单地说,就是淡化行业、职业或某项工作的行政色彩,尽可能地突破行政的束缚,突出行业、职业的主导地位。在文化事业管理方面,具体表现为,政府在对文化事业的管理上,减少直接的行政干预,而更多使用经济、法律等手段,激发文化主体的积极性与创造性,使其进行自我管理,或利用非政府性质的文化机构的力量对文化事业进行管理。在早期的国家计划模式下,文化事业主要由国家兴办,文化事业在国民经济中的比重由国家规定,国家对文化事业实行全面直接的行政控制。以苏联为例,最高苏维埃是领导全国文化事业最高层次的行政机构,负责审查和批准国民经济计划和预算中有关文化事业建设的重要指标,通过发布指令,对各项文化事业进行行政领导和直接控制。后来,随着这种方式一系列弊端的显现,各国在文化管

---

① 李丹.公共文化管理[M].北京:高等教育出版社,2018:223-225.

理手段上不断改进和优化,去行政化的趋势逐步显现。

政府主导模式相对于国家计划模式,弱化了政府在文化事业管理中的地位,减少了国家直接的行政干预行为。此种模式下,各国文化管理机构设置上的一大突出特点是文化管理机构"少而精",并且鼓励部分文化事业单位转为企业,参与市场竞争,谋求发展;政府将更多的管理权交由文化市场,突出文化行业自身的主导地位。

在市场调节模式下,政府行政干预非常少。在这种模式中,国家不设文化行政部门,政府不直接干预文化事业的发展,文化单位在文化市场上自由竞争,并且依靠众多民间文化机构等第三部门的力量调节文化与公众的关系,沟通文化单位之间的联系。对于非营利性质的文化单位,以经济优惠政策而非行政拨款的方式扶持。此外,还注重通过完善相关法律制度,依靠法律手段规范文化市场和推动文化事业的发展。因此,去行政化的趋势在这种文化管理模式下表现得十分明显。

在多元复合模式这种较为灵活的管理体制下,由于其综合利用分权、放权等手段,对于文化事业的管理采取国家干预和市场调节相结合的方式,留给市场一定的自主空间,使文化机构进行自我约束和管理。这种模式下文化管理手段也较为多样,除适当使用一定的行政手段对文化事业进行必要的行政干预以外,还综合使用法律、经济等手段,淡化了文化活动中的行政色彩。

从各国具体的文化管理实践来看,韩国在对文化事业的管理手段上,除通过建立相对健全的文化行政体系,国家文化部发布相关行政命令等方式对文化事业进行行政干预以外,还通过颁布《文化艺术振兴基本法》《影像振兴基本法》《著作权法》《演出法》《广播法》《唱片录像带暨游戏制品法》等相关法律,使用法律手段来规范各项文化活动。同时,韩国还注重使用经济手段,通过健全的文化活动资金支持体系以及文化经济政策、文化奖励政策、文化集约生产政策、文化出口政策等,给予政策优惠,激发文化机构的积极性和主动性,替代政府的直接行政规划行为。

美国由于没有文化部,政府不直接管理具体的文化活动,而是通过各级政府间接管理部门、直属政府领导的文化事业单位、政府指导下的民间文化机构对国家的文化事业进行管理。文化活动中的行政色彩被极大淡化,即文化管理手段完全"去行政化"。由于不使用行政手段,经济和法律手段在美国文化管理实践中的利用率较高,其所发挥的作用十分突出。例如,美国政府对营利性文化产业实行"商业决定型"放任政策,通过价值规律鼓励这类文化机构在文化市场上自由竞争,有效地提高了营利性文化机构的产出率。此外,美国通过建立健全文化法律体系,使用法律手段保障文化事业发展,使得美国的各项文化活动虽不经由政府直接管辖,但始终规范有序地开展和进行。

法国政府设有文化部,但其对文化部的管理有别于对一般行政部门的管理,表现形式并非行政命令，而是通过签订文化协定的契约形式确保管理目标的实现，这种契约式的管理方式体现了国家对文化事业自主性的肯定。同时，法国注重文化管理权限上的横向分化，政府把一些权力移交给文化市场和民间，淡化文化活动中的行政色彩。法国管理文化事业并非单纯使用行政手段，而是综合利用多种手段促进文化事业的发展，例如，在对文化活动的资助方面，法国政府通过对部分文化机构给予财政拨款、进行税收减免、建立相关基金的方式，使用经济手段进行资金上的支持，还通过制定企业文化赞助税制体系，利用政策优惠的方式引导和鼓励企业参与文化赞助活动。此外，法国同样重视法律手段的使用，法国出台的一系列文化方面的法律，有效地支持和促进了公共文化服务体系的建设和发展。①

三、法治化趋势

随着国外文化管理实践的不断演化和发展，在其具体管理文化事业的过程中，对于完善相关法律体系的重视程度也有所提高，所颁布的相关法律和规章数量不断增加，内容不断细化，范围不断扩大，文化事业管理的法治化程度不断加深。通过立法，文化事业从制度上得到了充分的保证，对文化事业的发展起到了极大的规范作用。

苏联作为早期国家计划模式的代表，管理具体的文化活动的依据是以国家行政指令为主，成文的文化法律条例较少，更没有形成较为完整的文化法律体系。苏联解体后，俄罗斯对其文化事业管理体制不断探索并进行改革，注重使用法律的手段进行文化管理。而作为政府主导模式的代表国家，韩国高度重视法律在文化管理中的重要作用，并形成了相对完善的文化法律保障体系。在美国，法律和规章制度是美国文化管理的重要特征，从建国初期美国就开始对文化事业实行法律保护。此外，美国还有如电影法、新闻法、版权法、图书馆法、志愿人员保护法案以及电影分级制度、电影制作放映的审查定级制度等许多其他有关文化的法律和规章制度，通过对他们不断进行修改和完善，保障美国的各项文化事业规范化发展。法国历来也很重视文化事业的立法工作，在文化立法方面，法国相继颁布了一系列与文化有关的法律法规，现阶段还有多部文化法案正在规划酝酿，法国的文化法律体系还在不断完善和成熟。迄今为止，法国出台的一系列文化方面的法律，对本国文化的发展起到了保护和规范作用。公共文化服务的各主体、各客体都在法律监督下活动，行使自己的权利，履行自己的义务，也正是由于各项法律制度的约束，法国的文化事业得以规范化发展。

综上所述，世界各国在公共文化管理方面的分权化、去行政化和法治化的趋势，

---

① 李丹.公共文化管理[M].北京：高等教育出版社，2018：225-227.

显现了强调社会多元主体参与的治理理论在公共文化管理方面的应用与推广。随着世界各国对公共文化管理及软实力建设重视程度的逐步提升，公共文化管理实践将会继续出现新的探索与尝试。[1]

【延伸阅读】

"文化奥林匹克"：一项雄心勃勃、内容丰富的活动计划在各地开展

用手机扫一扫，了解更多信息

【本章小结】

目前，国外公共文化管理的典型模式主要有三种，分别是政府主导模式、市场调节模式和多元复合模式。每一种模式都有各自的特点及优缺点。世界各国在实践中积极探索，韩国、美国、法国等都积累了丰富的公共文化管理经验，逐步形成了分权化、去行政化和法治化等趋势。

【复习思考题】

1. 政府主导模式的优点和缺点有哪些？
2. 市场调节模式的主要代表国家有哪些？这一模式有什么利弊？
3. 多元复合模式的主要特点有哪些？
4. 当前国外公共文化管理的发展趋势是什么？结合实际谈谈自己的理解。

【电子资料】

法国文化产业的发展及其启示

用手机扫一扫，了解更多信息

法国巴黎奥运会宣传片

用手机扫一扫，了解更多信息

---

[1] 李丹.公共文化管理［M］.北京：高等教育出版社，2018：228-229.

参考文献

[1] 蔡靖泉.文化遗产学[M].武汉：华中师范大学出版社，2014.

[2] 陈跃.公共文化服务政策与实践研究[M].重庆：西南师范大学出版社，2019.

[3] 陈建宪.文化学教程[M].武汉：华中师范大学出版社，2004.

[4] 陈立旭.都市文化与都市精神中外城市文化比较[M].南京：东南大学出版社，2002.

[5] 陈威.公共文化服务体系研究[M].深圳：深圳报业集团出版社，2006.

[6] 陈宇飞.城市文化概论[M].北京：文化艺术出版社，2008.

[7] 邓安球.文化产业发展研究[M].北京：中国社会科学出版社，2010.

[8] 高福安.公共文化服务体系建设创新的研究[M].北京：中国传媒大学出版社，2018.

[9] 顾伯平.论文化创新[M].上海：上海人民出版社，2005.

[10] 贺善侃.国际大都市公益性文化比较研究[M].上海：学林出版社，2010.

[11] 胡惠林.文化政策学[M].上海：上海文艺出版社，2003.

[12] 胡惠林.文化产业学概论[M].太原：书海出版社，2006.

[13] 黄永林，袁堃.武汉市文化创意产业发展报告2013[M].北京：社会科学文献出版社，2013.

[14] 江华.文化哲学与文化建设[M].北京：国家行政学院出版社，2015.

[15] 金冠军，郭常明.市场经济与文化管理[M].上海：学林出版社，1996.

[16] 李丹.公共文化管理[M].北京：高等教育出版社，2018.

[17] 林金枫，赵琳.文教事业管理[M].哈尔滨：哈尔滨工程大学出版社，2016.

[18] 吕红平.农村家族问题与现代化[M].保定：河北大学出版社，2001.

[19] 刘德忠，齐才.文化管理学[M].哈尔滨：黑龙江人民出版社，2006.

[20] 刘德忠，许冬梅.论公共文化服务体系构建的特征公共管理学[M].哈尔滨：黑

龙江人民出版社，2006.
[21] 刘宏球.电影学［M］.杭州：浙江大学出版社，2006.
[22] 刘吉发，金栋昌，陈怀平.文化管理学导论［M］.北京：中国人民大学出版社，2013.
[23] 刘建明，王泰玄，等.宣传舆论学大辞典［M］.北京：经济日报出版社，1993.
[24] 彭兆荣.文化遗产学十讲［M］.昆明：云南教育出版社，2012.
[25] 祁述裕.中国文化产业十家论集［M］.昆明：云南大学出版社，2015.
[26] 覃红梅.建设和谐社区系列丛书：社区民主建设与文化活动［M］.天津：天津科学技术出版社，2016.
[27] 宋桂友.文化产业管理概论［M］.重庆：重庆大学出版社，2014.
[28] 单霁翔.民间文化遗产保护［M］.天津：天津大学出版社，2015.
[29] 孙萍.文化管理学［M］.北京：中国人民大学出版社，2015.
[30] 阿耶·L.希尔曼.公共财政与公共政策——政府的责任与局限［M］.王国华，译.北京：中国社会科学出版社，2006.
[31] 王京生.坚持先进文化前进方向，努力促进公民文化权利的实现［M］.北京：中国社会科学出版社，2004.
[32] 王玉德.文化学［M］.昆明：云南大学出版社，2006.
[33] 王玉印，郑晓华.文化产业学［M］.郑州：中原农民出版社，1994.
[34] 王志敏.电影学：基本理论与宏观叙述［M］.北京：中国电影出版社，2002.
[35] 吴克礼.文化学教程［M］.上海：上海外语教育出版社，2002.
[36] 姚朝文.城市文化教程［M］.南京：南京大学出版社，2014.
[37] 杨晓东，尹学梅.当代我国公共文化服务体系建设论纲［M］.天津：天津社会科学院出版社，2014.
[38] 叶辛，蒯大申.城市文化研究新视点：文化大都市的内涵及其发展战略［M］.上海：上海社会科学院出版社，2008.
[39] 于海广，王巨山.中国文化遗产保护概论［M］.济南：山东大学出版社，2008.
[40] 于燕燕.社区建设基础知识［M］.北京：中国劳动社会保障出版社，2001.
[41] 昝胜锋.文化经济学［M］.北京：中国人民大学出版社，2016.
[42] 张旭霞.市政学［M］.北京：对外经济贸易大学出版社，2015.
[43] 赵红川.中国文化产业管理研究［M］.昆明：云南人民出版社，2013.
[44] 赵晶媛.文化产业与管理［M］.北京：清华大学出版社，2010.
[45] 赵玉忠.文化市场概论［M］.北京：中国时代经济出版社，2004.

［46］朱筠笙.跨文化管理碰撞中的协同［M］.广州：广东经济出版社，2000.

［47］竺乾威.公共行政学［M］.上海：复旦大学出版社，2000.

［48］（澳）托比·米勒，（美）乔治·尤迪思.文化政策［M］.刘永孜，付德根，译.南京：南京大学出版社，2017.

［49］（荷）E.舒尔曼.科技文明与人类未来在哲学深层的挑战［M］.李小兵，等，译.北京：东方出版社，1995.

［50］陈波.公共文化服务领域供给侧改革动力机制及路径选择——基于"互联网+"视角的分析［J］.汉江论坛，2017（10）.

［51］陈昊琳.基本公共文化服务：概念演变与协同［J］.国家图书馆学刊，2015（2）.

［52］陈坚良.论公共文化服务体系构建的特征［J］.世纪桥，2007（11）.

［53］陈信，邹金汇，柯岚馨.我国基本公共文化服务的理论根源和现实依据［J］国家图书馆学刊，2015（2）.

［54］杜玉梅.社会变迁中的中国城市文化发展［J］.中国文化论衡，2016（1）：231-237.

［55］郝祥坤.农村公共文化服务体系建设研究［J］.合作经济与科技，2019（12）：180-181.

［56］郝新凤.关于公共文化服务体系建设的思考［J］.学习论坛，2006（8）.

［57］蒋建梅，政府公共文化服务体系绩效评价研究［J］.上海行政学院学报，2008（4）.

［58］金春梅，凌强.当前日本实施观光立国战略的研究［J］.日本问题研究，2014，28（2）：1-7.

［59］李国新，公共文化服务保障法的制度构建与实现路径［J］.图书情报工作，2017（16）.

［60］李文宁.文化产业管理问题及对策［J］.河北工程大学学报（社会科学版），2014，31（3）：37-39+49.

［61］李晓玲.公益性文化事业共享发展的路径分析［J］.边疆经济与文化，2017（9）.

［62］梁玉芬.城市文化体系与价值的思考［J］.海淀走读大学学报，2004（2）：35-38.

［63］刘大伟，于树贵.新时代公共文化服务绩效评价的结构转向［J］.江西师范大学学报（哲学社会科学版），2019（6）.

［64］刘春静，高艳萍.提高居民文化素质大力培育我省新兴文化消费市场的调研［J］.理论探讨，2010（1）：119.

［65］刘敏."互联网+"助推公共文化服务供给转变［J］.中国国情国力，2016（12）.

［66］任一鸣.巴黎公共文化发展及其启示［J］.文化艺术研究，2012，5（4）：17-24.

［67］孙富江.文化的定义、内容与作用［J］.国际关系学院学报，2003（3）：57.

［68］孙丽君，互联网对公共文化服务质量的影响及对策［J］.中国文化产业评论，2018（1）.

［69］史征.论文化产业成为国民经济支柱产业的有效路径［J］.改革与战略，2012，28（2）：121-124.

［70］王磊，当前我国公共文化服务的理论基础、概念界定与价值取向［J］.河南教育学院学报（哲学社会科学版），2014（1）.

［71］吴锡标.城市文化与城市化的互动性［J］.探索与争鸣，2005（5）：39-41.

［72］向德平，田北海.论我国城市文化建设存在的问题及对策［J］.武汉大学学报（社会科学版），2003（2）：252-256.

［73］闫平，试论公共文化服务体系建设［J］.理论学刊，2007（12）.

［74］姚旻.乡村旅游政策大事记［J］.中国生态旅游，2021，11（3）：468-470.

［75］於贤德.20世纪中国城市文化的发展道路［J］.开放时代，2000（10）：91-94.

［76］张胜康.城市社区文化及其效应分析［J］.社会科学辑刊，1999（3）：3-5.

［77］张卫.论社区文化建设中的几个基本原则［J］.学海，1998（3）：3-5.

［78］赵承.在之江大地上推进中华民族现代文明建设新探索［J］.求是，2024（2）：69-73.

［79］朱继东.毛泽东"双百"方针的深刻内涵及时代意义，［J］.中华魂，2020（5）.

［80］黎瑞奕.公共文化服务中的政府职能研究［D］.上海：华东政法大学，2014.

［81］梁智文.我国公益性文化事业发展研究［D］.郑州：郑州大学，2013.

［82］石彪.鄂尔多斯市城市文化治理研究［D］.呼和浩特：内蒙古大学，2019.

［83］王斐.推进国家治理现代化视阈下公益性文化事业发展研究［D］.北京：中共中央党校，2015.

［84］王唯华.我国省级公共文化服务治理绩效评价研究［D］.西安：长安大学，2023.

［85］肖肖.公益性文化事业建设研究［D］.大连：大连理工大学，2005.

［86］张扬.公共管理视域下城市文化治理问题研究［D］.石家庄：河北师范大学，2016.

［87］赵艺卓.大连市公益性文化事业发展对策研究［D］.大连：大连理工大学，2019.

［88］刘娟娟.国外建设国家文化中心的经验与启示——以巴黎、伦敦、东京为例［C］//北京文化发展报告（2017）.2018：29.

［89］艾斐.文化事业与文化产业的关系［N］.人民日报，2005-11-02.

［90］柴如瑾.同汉学结缘促文明互鉴——来自首届世界青年汉学家论坛的声音［N］.光明日报，2023-12-08（9）.

［91］方晴.维护国家文化安全的路径［N］.光明日报，2016-06-12.

［92］李国新.解读公共文化服务保障法主要条文［N］.中国文化报，2017-01-09

［93］孙庆聚.深刻领会习近平新时代中国特色社会主义文化思想［N］.人民政协报，2017-12-14.

［94］中国传媒大学调研组.以文化浇灌助"双减"扎根——青少年儿童文化产品供给调研［N］.光明日报，2022-9-22（7）.

［95］翱翔学长.文化产业和文化事业的区别与联系［EB/OL］.（2021-05-13）［2023-07-21］.https://zhuanlan.zhihu.com/p/83819289.

［96］光明网.陈彬斌：创新实施文化惠民工程，抓好公共文化服务阵地建设［EB/OL］.（2023-12-14）［2024-04-03］.https://politics.gmw.cn/2023/12/14/content_37028833.htm.

［97］环球.博物馆，让巴黎始终是座有温度的城市［EB/OL］.（2022-11-17）［2024-07-20］.http://www.news.cn/globe/2022/11/17/c_1310677463.htm.

［98］南京晨报.抓好文化人才队伍建设［EB/OL］.（2018-01-03）［2023-8-17］.http://news.sina.com.cn/c/2018-01-03/doc-ifyqcsft9612618.shtml.

［99］文化部.党的十八大以来对外和对港澳台文化工作创新发展成就综述［EB/OL］.（2017-10-20）［2023-10-17］http://www.gov.cn/zhuanti/2017-10-20/content_5233383.htm.

［100］新华社.《决定》解读：如何完善公共文化服务体系建设？［EB/OL］.（2011-12-14）［2023-8-20］.https://www.gov.cn/jrzg/2011-12/14/content_2019768.htm.

［101］新华网.关于深化群众性精神文明创建活动的指导意见［EB/OL］.（2017-04-05）http://www.xinhuanet.com/politics/2017-04/05/c_1120753464.htm.

项目策划：段向民
责任编辑：孙妍峰
责任印制：钱　宬
封面设计：温　泉

图书在版编目（CIP）数据

公共文化管理教程 / 晏雄主编；解长雯等副主编. --北京：中国旅游出版社，2025.3. --（21 世纪高等学校旅游管理专业本科教材）. -- ISBN 978-7-5032-7488-6

Ⅰ．G11

中国国家版本馆 CIP 数据核字第 20259A9X11 号

书　　名：	公共文化管理教程
主　　编：	晏　雄
副 主 编：	解长雯　张　波　叶晓龙　范　朋　赵文炜
出版发行：	中国旅游出版社
	（北京静安东里 6 号　邮编：100028）
	https://www.cttp.net.cn　E-mail:cttp@mct.gov.cn
	营销中心电话：010-57377103，010-57377106
	读者服务部电话：010-57377107
排　　版：	北京旅教文化传播有限公司
经　　销：	全国各地新华书店
印　　刷：	北京工商事务印刷有限公司
版　　次：	2025 年 3 月第 1 版　2025 年 3 月第 1 次印刷
开　　本：	787 毫米 × 1092 毫米　1/16
印　　张：	26.75
字　　数：	509 千
定　　价：	59.80 元
Ｉ Ｓ Ｂ Ｎ	978-7-5032-7488-6

版权所有　翻印必究
如发现质量问题，请直接与营销中心联系调换